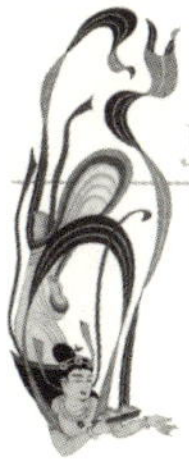

JIUQUAN LISHI WENHUA CONGSHU

酒泉历史文化丛书

元明时期西北边疆民族史论

YUANMING SHIQI XIBEI BIANJIANG MINZU SHILUN

孙占鳌　胡小鹏　张　瑛 / 著

蘭州大學出版社

图书在版编目（CIP）数据

元明时期西北边疆民族史论 / 孙占鳌，胡小鹏，张瑛著. -- 兰州 : 兰州大学出版社，2020.11
ISBN 978-7-311-05833-3

Ⅰ. ①元… Ⅱ. ①孙… ②胡… ③张… Ⅲ. ①边疆地区－少数民族－民族历史－西北地区－元代②边疆地区－少数民族－民族历史－西北地区－明代 Ⅳ. ①K280.4

中国版本图书馆CIP数据核字(2020)第232055号

责任编辑　原彦平　张爱民
封面设计　管军伟

书　　名　元明时期西北边疆民族史论
作　　者　孙占鳌　胡小鹏　张　瑛　著
出版发行　兰州大学出版社　（地址：兰州市天水南路222号　730000）
电　　话　0931-8912613（总编办公室）　0931-8617156（营销中心）
　　　　　0931-8914298（读者服务部）
网　　址　http://press.lzu.edu.cn
电子信箱　press@lzu.edu.cn
印　　刷　兰州银声印务有限公司
开　　本　889 mm×1194 mm　1/32
印　　张　10.5
字　　数　260千
版　　次　2020年11月第1版
印　　次　2020年11月第1次印刷
书　　号　ISBN 978-7-311-05833-3
定　　价　78.00元

前言

元明两朝是中国历史上统一多民族中央集权国家发展的重要时期。蒙元时期的征服和统治，明朝的承继和包容，对甘宁青地区民族格局的形成和变迁有深远影响：一是蒙古国时期蒙古千户的大规模分封和迁徙，包括元朝各族镇戍军的定居，极大地改变了西北地区的民族成分，在各民族大迁徙、大融合的背景下，通过长期政治、经济、文化交往，完成了以蒙古族为支配因素的民族重构，今日西北特有的少数民族，如裕固族、土族、东乡族、保安族、撒拉族等都形成于元明以后，且多与蒙古族有密切的关系。二是元朝统治者在西北民族地区的统治方式被明清统治者借鉴改进，形成独具特色的治理体制。这些管理形式在元代突出了多制并举的一面，即以蒙古法为主，杂糅了汉地、各民族地区的习惯法，形成了新型的边疆民族管理体制。边疆民族地区与内地的联系更为密切，前代有统治之名而无行政之实的所谓羁縻地区，在元朝版图内则因政、俗、教的不同，分别受到不同形式的统治和管理，这是中国历史上前所未有的创制，也是对古代藩属或羁縻体制的超越，是更加积极有效的统治方式。在明清两代，则突出了“王化”的一面，如开始于元朝的土官制度，在明清两代发展为成熟的土司制度；在藏传佛教地区，地方性的政教合一制度或广泛封授番僧的制度，也是肇始于元代，发扬光大于明清时期。三是在蒙古统治者支持下，西北地区同时出现了藏传佛教扩张、伊斯兰教兴起的现象，与民族互动方面的藏化、蒙古化及回族的形成过程相对应，构成元明清时期西北民族地区的文化面貌。

关于元明时期西北民族史的研究，过去主要依靠《元史》《明史》及《明实录》等资料，子部集部材料极少。由于明初修史仓促，修史者多为南方人，所以对元代西北史事记载疏略，空白甚多。明代虽有《实录》，但记事多涉及民族，如无相关学术背景，很难正确利用。宋元以来，西北文化渐趋落后，地方文献十分稀缺，不能充分补充正史记载之不足。晚清西北舆地之学兴起，也重汉唐而轻元明，相关研究极少，也是由于史料不足之缘故。

新中国成立以来，地方志文献、碑刻文献及少数民族文字文献陆续得到发现、整理、翻译、出版，域外史料的大量引进、介绍，如波斯史籍关于西北蒙古族和回族的记载，为整体研究元明时期西北地区民族史提供了较充分的资料基础，研究成果日益丰富。一是以20世纪50—60年代民族地区社会调查为基础编写的《中国少数民族简史丛书》《中国少数民族社会调查资料丛书》和《中国少数民族语言简志丛书》有关部分，具有重要的参考价值，但由于编写仓促，对民族历史发展的描述过于简略，有些调查材料是先有框框，在科学性上还不严密。二是改革开放以来，在《西北史地》《西北民族研究》《甘肃民族研究》《西域研究》《回族研究》《青海民族研究》《民族研究》《中国边疆史地研究》《中国藏学》等刊物上，发表了一系列该领域的论文，既有探索性的研究，也有许多资料性的成果，但较为分散，需要在一定的框架下综合整理，上升为宏观性成果。近年来出版的《青海通史》《甘肃通史》《宁夏通史》《西北通史》《中国西北少数民族通史》等著作，在这方面做了初步的整合，但相对简单，不够深入。三是新出版的一批关于西北各民族历史、语言、文化的研究著作，是该领域的研究成果的初步总结，但多为元、明、清断代研究，或是集中于藏、蒙古、回、土、东乡等族别历史，或是着眼于土司制度、羁縻卫所、僧纲制度等设治施政方面，或是茶马贸易等民族经济方面，还没有从元明这样一个长时段观察这一地区民族格局形成和变迁的综合性研究著作。

总体来看，元明西北民族交融史研究在最近一个世纪受到学界关注，取得了较大成果，但毋庸讳言，其研究仍存在较多缺陷。一方面，大部分研究尚停留在具体问题上或局限于某一朝代，未能打通元明两朝，总体考虑元明时期西北民族关系和交融过程。另一方面，研究主要利用中文文献，对域外文献运用不够，成果吸收不足。元明西北民族交融史作为一专门研究对象，跳出为某一或某些民族撰写民族志的藩篱，全方位发掘史料，才可能真正推进民族交融研究深入发展。

有鉴于此，本书注重综合利用正史资料、地方志资料和出土文献，对照域外文献，全面收集整理元明两代西北民族关系史资料，力求打通元明两代，完整理解这一历史时期民族关系的发展脉络和交融趋势，改变目前民族关系研究中的条块分割的碎片化现象，在较长的历史时段考察西北民族关系。探讨元明两代西北民族交融过程和中原王朝西北民族政策、制度在四百年中的发展变迁，也重视横向影响的研究思路，探讨每一时期内民族关系、政策、制度、文化交流之间的相互影响，全面、有机把握元明时期的西北民族交融史。

在内容上，主要通过对元明时期西北地区治理模式、民族变迁交融的整体与个案研究，分析民族形成与融合的内部条件（如杂居在相对封闭的地理环境中、部落组织固化、经济文化整合等）和外部条件（例如元明两代的民族政策和管理措施），揭示在特定的政策背景下地方治理与民族交融的一般规律和特殊规律，总结其历史作用和意义，以期对今后的民族理论研究和民族工作实践提供历史借鉴，正确对待各民族经济、文化和生活变迁过程中出现的问题，正确处理各民族经济文化遗产，认识中华民族同源异流、多元一体的历史关系，消除民族偏见。突出三个方面：一是研究蒙元时期徙入今甘宁青地区的蒙古族人口及其分布情况，包括分布于河西走廊东部的阔端系诸王及其游牧千户的历史活动，分布于河西走廊西部的出伯系诸王及其千户的历史活动，分布于湟水流域的赤窟系诸王及其千户的历史活动，以及定居于以上各地的各族镇戍军的情况。阐明他们的活动对今西北地区民族分布格局发生了何种影响。在说明元代边疆诸王分封出镇与行省制并存的同时，探索其历史经验与教训。二是研究元代以来蒙古族的多次迁入对当地民族关系的影响，西北特有民族（裕固族、撒拉族、保安族、东乡族、土族等）的形成过程及各民族融合同化之特点和趋势。研究蒙元制度在明代的沿袭变革及其影响。三是经过蒙元时期的民族大迁徙大混合之后，新兴的明朝在甘宁青地区有两方面的统治经验值得重视：一方面是在安多藏区承袭了故元的土官制度，在元朝设治的基础上设立了西番诸卫，确立了“土流参治”的统治体制，强化了中央王朝的权威；同时以羁縻的方式，将河西西部的蒙古诸王集团转化为关西七卫，维持宽松的民族关系，这既是对当地民族历史和实际的顺应，又为当地的民族形成和民族融合提供了特殊的环境条件，这是研究上述民族形成和民族交融现象不可忽略的前提。另一方面，明初在西北建立卫所，移民屯田，大批内地人口来到西北地区，一定程度上改变了当地的民族构成，这些措施对民族融合的影响也是值得研究的。

本书的研究力争做到两个贯穿：一是贯穿元明中央政府的民族政策和统治措施，从总体上分析考察不同时期民族政策的变化、含义及其对民族关系的影响；二是贯穿蒙藏关系这一主线，强调蒙藏关系对当地历史的支配作用，特别是着眼于蒙古族的历史活动对西北民族格局形成的推动作用。强调元、明两代中央政府对这一地区的治理思想和施政措施的连续性和继承性，以及对西北地区各民族国家认同产生的催化作用。

目　录

第一章　元代西北边疆民族政策与治理模式

第一节　元代的边疆民族政策

在历代边疆民族政策演变过程中，大体上说，主要有两种性质和特征的边疆民族政策：除了脱胎于汉族王朝传统夷夏观的边疆民族政策外，还存在着非汉民族建立的王朝所具有的民族观及其边疆民族政策。其中最典型的就是蒙古族入主中原后建立的元王朝，其世界主义的草原政治文化，在很大程度上突破了此前羁縻之治的局限，丰富和发展了边疆民族政策，有力地推进了大一统的进程，对中国疆域的奠定产生了深远的影响。

秦汉至唐宋对边疆民族地区的羁縻之治，产生于古典儒家应付“非我族类”的传统。这些汉族王朝继承春秋以来“内诸夏而外夷狄”的思想，在处理边疆民族问题时，强调“夷夏之别”“戎晋不杂”，体现在政策方面，一是以长城塞垣“别内外，异殊俗”；二是“贵中华，贱夷狄”，将民族之间不可避免的接触转换为自我中心的羁縻关系。班固将其操作原则总结为“来则惩而御之，去则备而守之，其慕义而贡献，则接之以礼让，羁縻不绝，使曲在彼”[1]。可见此时的羁縻政策着眼于维护郡县制国土的安全，在边疆民族地区只求“纲纪粗定，夷、

〔1〕〔汉〕班固：《汉书》卷94下《匈奴传下》，北京：中华书局，1962年，第3834页。

汉粗安"[1]而已，显示出自给自足的农耕社会文化民族主义的保守性。此后，经过魏晋南北朝时期民族大迁徙、大融合的洗礼，隋唐统治者的民族观也有所变化，如李世民就宣称"自古皆贵中华、贱夷狄，朕独爱之如一"[2]。在这种理想化的天下一家主义的导向下，羁縻制度在唐太宗时期发展成为边疆地区施政的定制。公元630年，突厥颉利可汗被俘，唐王朝在其旧地设定襄都督府和云中都督府，从此，对内附各周边小国、部落均照此制设置羁縻都督府或州县，均以当地部落首领任都督、刺史、县令，而且可以世袭。各羁縻府州由所在都护府直接管辖，再统一于唐朝中央政府，形成了虽然有别于中原地区的管理体制，但统领于同一政治体系框架的向实质性方向发展的统一。从一定意义上讲，这种羁縻制度与秦汉时期"羁縻不绝"的原则相比，已经有了相当大的进步。但由于羁縻州府的"贡赋版籍多不上户部"，这种畿服式的大一统仍具有内实外虚的局限性。

元朝重建的大一统不同于汉唐，元朝统治集团以边疆民族入主中原，其政权的性格与政治文化不同于各汉族王朝，所采取的巩固统一及促进统合的政策亦与前代颇有歧异。元朝所采取的巩固统一的政策虽有因俗而治、多制并举以及对不同的族群给予差别待遇的一面[3]，但与汉族王朝文化中心主义的传统相反，元朝统治者虽然坚持蒙古至上主义，但并不重视文化上的差别，而是执着于草原家产制传统，"取天下了呵，各分

〔1〕〔西晋〕陈寿:《三国志》卷35《蜀书·诸葛亮传》注引《汉晋春秋》，北京:中华书局，1982年，第921页。

〔2〕〔宋〕司马光:《资治通鉴》卷198唐太宗贞观二十一年，北京:中华书局，1956年，第6247页。

〔3〕萧启庆:《元朝史新论·序言》，台北:允晨文化实业股份有限公司，1999年，第1页。

地土，共享富贵”[1]，将其他各族均视为联合或征服对象，这种联合“是建立在互相承诺和互相忠诚基础之上的，而这种承诺和忠诚是超越血缘关系、种族区分及宗教信仰的”[2]。这一政治文化特征反映在边疆民族政策上就是由此前消极的羁縻转变为积极的统治。

首先，南北对抗局面的消失，使元代边疆格局与前代明显不同。历史上南方农耕地区和北方草原地区的和战关系构成中原王朝边疆秩序的主要内容。元朝实现大一统后，标志华夷边缘的长城塞垣不复重要。相反，草原文化与农耕文化的过渡带大大加宽，成为联系两大区域的纽带，两都制的实施就是最好的说明。元朝统治集团以边疆民族入主中原，有一个从草原本位向中原本位的转变过程，但草原地区始终没有被边缘化、边疆化。从窝阔台到忽必烈，蒙古统治中心从和林到开平再到燕京，步步南移，但最终选择了两都制。位于草原地区的上都作为与大都并列的政治中心，政治军事地位十分重要，元朝皇帝每年有近半年的时间在这里处理朝政，忽里台大会经常在这里举行，从忽必烈起大部分皇帝在上都即位[3]。这不能不使人感到，跨越500公里，连接草原环境与汉地中心的两都制及其政治流动把昔日的华夷边缘变成了政治中心，这意味着元代统治者始终没有彻底脱离草原根本之地，走上畿服式中心—边缘格局的老路，而是开创了蒙汉二元体制框架下草原内地一体化的新路。

随着两都制的确立，岭北、辽阳、甘肃三行省相继建立，表面上看，或从中原本位看，漠北、东北和西北的边疆性质逐

[1]陈高华、张帆、刘晓、党宝海点校:《元典章》卷9《吏部三》改正投下达鲁花赤，北京:中国广播电视出版社，1998年，第302页。

[2](美)杰克·威泽弗德著，温海清、姚建根译:《成吉思汗与今日世界之形成》，重庆:重庆出版社，2006年，第64页。

[3]陈高华、史卫民:《元代大都上都研究》，北京:中国人民大学出版社，2010年，第232页。

渐凸显，但与前代不同，其地位并没有边缘化。因为在上述草原地区实施的以黄金家族血缘纽带为基础的“游牧封建制”才是元朝二元体制之根本，草原游牧千户集团作为强大的预备军事体制，实际上也是统治帝国各地区的武力基础。坐镇漠北的抚军宗王因为掌握了这一国本，取帝位如探囊取物，成宗、武宗、泰定帝、明宗等莫不如此。辽阳、甘肃诸王也经常被卷入帝位争夺的漩涡。元朝统治者不断从汉地汲取财富，向上述地区输血，驻守在漠北的宗室贵族不仅有丰厚的岁赐，而且“吏有优秩，兵有厚饷”〔1〕，待遇比中原内地优厚，这也是“贫极江南，富夸塞北”民怨产生的重要原因。所以，其边疆性质只是表面的地理意义上的，是站在“内中华而外夷狄”立场的看法。从草原传统看，特别是从政治军事的重要性上讲，绝非如此〔2〕。换句话说，“黄金家族”及其蒙古千户集团的游牧地，是元朝政治结构的重要一极，不论其在东西南北，不管其为蒙古贵族私产或帝国之公产，在政治版图上均处于中心位置。

其次，元代的边疆观与前代不同。元代的君王兼具蒙古大汗与中原帝王的双重身份，任何一个蒙古大汗都有征服新疆域实行再分封的义务。一旦扩张停滞，疆域固化，必然导致内部关系紧张。换句话说，在再分封的压力下，元代的边疆政策主观上只能进不能退。批评忽必烈穷兵黩武的人，均是从传统儒家立场出发，并不理解这是由蒙古征服者性格决定的。草原分封政治造成的再分封预期，导致“黄金家族”对疆域的渴望是无限的，这就是为什么成吉思汗被奉为“世界征服者”，窝阔台汗以“统治世界的皇帝”自居，元世祖忽必烈大力提倡“天下一家之义”〔3〕。事实上，元朝的边疆始终处于动态变迁之中。

---

〔1〕〔元〕虞集著，王颋点校：《虞集全集》，《道园类稿》卷44《岭北行省左右司郎中苏公墓碑》，天津：天津古籍出版社，2007年，第867页。

〔2〕胡小鹏：《试论元代边疆民族政策》，载《中国边疆史地研究》2009年第4期。

〔3〕〔明〕宋濂：《元史》卷4《世祖纪》建元中统诏，北京：中华书局，1976年，第65页。

忽必烈即位后，遵循“你每底民户里投拜了的人依旧住坐，不投拜底人户杀有”这一蒙古征服模式[1]，遣使“招谕”的国家或地区近40个[2]，从至元十一年至三十一年（1274—1294），除征服南宋之外，元世祖还连续对日本、缅甸、占城、安南、爪哇等国发动了10次大规模征伐战争，前后调动士兵数量达60多万，丧师亦数十万，而造船、聚粮等备战措施更使江南地区“破家者相望”，民变蜂起[3]。元成宗即位后，仍以八百媳妇国“未奉大元正朔”而兴兵征讨，反对者力陈“自征伐倭国、占城、交趾、爪哇、缅国以来，近三十年，未尝见有尺土一民内属之益，计其所费钱财，死损军数，可胜言哉！”[4]主张“此曹第可怀柔，不宜力竞，宽其法以羁縻之，使不至跳梁可也。若乃舍中国有用之民，争炎荒不毛之地，非长策也”[5]。但鼓动者提醒成宗：“江南之地尽世祖所取，陛下不兴此役，则无功可见于后世”[6]。正是这种征服的使命感促使元成宗不顾民生凋敝而再次大动干戈，激起新一轮民变。两种边疆观凸显了儒家政治文化与草原政治文化的差异，交锋的结果清楚体现了元代君王积极的政策取向。在蒙古统治者看来，上述战争实际上都是征服南宋战争的继续。为了扩张新疆，必然要对现有的边疆积极经营，汲取人力物力，以战养战，作为

[1]郑麟趾：《高丽史》卷23《高宗世家》，韩国首尔大学藏太白山史库本（万历四十一年钞本），第5页。

[2]高荣盛：《关于蒙古征服动因及其“天下观”的思考》，《元史及民族与边疆研究集刊》（第十九辑），上海：上海古籍出版社，2007年，第1-12页。

[3]方骏：《元初亚洲征伐战争的对内影响》，《元史及民族史研究集刊》（第十五辑），广州：南方出版社，2002年，第51-60页。

[4]〔明〕宋濂：《元史》卷168《陈天祥传》，北京：中华书局，1976年，第3949页。

[5]〔明〕宋濂：《元史》卷176《谢让传》，北京：中华书局，1976年，第4110页。

[6]〔明〕宋濂：《元史》卷156《董士选传》，北京：中华书局，1976年，第3678页。

发展的跳板或基地[1]。

再次，元代对边疆的统治方式多有创新，兼具蒙、汉、夷多元色彩，并且极具刚性。蒙古统治者自认受长生天之命征服世界，所到之处，虽有因俗而治，多制并举的一面，“成吉思皇帝降生，日出至没，尽收诸国，各依风俗”[2]，但必须是在遵守蒙古“旧制六事”——“纳质、助军、输粮、设驿、编户籍、置长官”[3] 的前提之下。不论是什么种族，在元朝统治范围内，“见住处与民一体当差”[4]，很少考虑华夏夷狄之类的文化差别。有学者指出，元朝统治的一个特点是“全民皆差户”，因为从草原习惯看，全体人民都是皇帝、贵族吃粮当差的被役使的人户[5]。正是基于此，元代在边疆民族地区取消了以往的羁縻州府制度，而代之以宣政院、行省、宣慰司、安抚司、长官司等各级行政机构。有学者称之为直接治理型官司[6]。在岭北、东北和西北，行省及宣慰司是直接治理边疆的主要官府形式。在西南，除云南设行省和宣政院主管吐蕃外，主要是宣慰司、宣抚司、安抚司、长官司等土官设置。李治安先生指出，直接治理型官司取代羁縻州大抵是蒙古统治者视边疆蛮夷地为一般被征服区域理念的产物，蒙古统治者在上述地区重新组建官府秩序之际，将草原万户、千户、百户的传统塞了进来，隐藏着蒙古草原旧俗的政治文化背景。换句话

---

[1]如《元史》卷136《哈剌哈孙传》载至元三十年，元廷曾打算“发湖湘富民万家屯田广西，以图交趾”，因徙民瘴乡阻力过大，遂改募土著之民五千户屯田，“内足以实空地，外足以制交趾之寇”。北京：中华书局，1976年，第3292页。

[2]陈高华、张帆、刘晓、党宝海点校：《元典章》卷57《刑部一九·禁回回抹杀羊做速纳》，北京：中国广播电视出版社，1998年，第2057页。

[3]〔明〕宋濂：《元史》卷208《高丽传》，北京：中华书局，1976年，4614页。

[4]方龄贵校注：《通制条格》卷2《户令·户例》，北京：中华书局，2001年，第23页。

[5]何兹全：《中国社会发展史中的元代社会》，《北京师范大学学报（社会科学版）》1992年第5期，第39－47页。

[6]李治安：《元代政区地理的变迁轨迹及特色新探》（三），《历史教学》2007年第3期，第5－10页。

说，这些管理形式以蒙古法为主，杂糅了汉地、各民族地区的习惯法，形成了新型的边疆民族管理体制。

唐宋以来羁縻之治的最大特点就是在羁縻州县之下，当地的贡赋和户籍并不上缴或上报到中央政府，即使有贡赋，数量也很少，“仅备供办”，具象征意义而已，基本上仍由原地区的土酋直接管理统治。元朝一改唐、宋旧制，对少数民族地区均和内地一样设制统治，大政在行中书省、宣慰使司两级，中央委派流官大员坐镇主治，同时兼用土酋。其下则依地区有所不同，或设路、府、州、县，或立万户、千户、百户等各级行政组织，或置宣抚司、安抚司、招讨司、蛮夷司、寨、洞、甸等职守，往往以族或部落而设，其长官主要由各族大姓充任，在吐蕃地区还任用宗教首领统摄军民。土官俱有品秩职位，等同于流官，但可以世袭。土官之间发生纠纷，要接受行省官员的裁决。各民族地区的户口、民田都要登记造册[1]，上报中央，以便缴纳赋税，承担徭役，《元史·地理志》等对各土官州府诸司多有户口记载。土酋私聚之兵也为国家所用，如云南的“寸白军”，广西的“撞兵”，湖广海南之黎兵，四川西昌之“罗罗斯军”，开南州之蛮兵，静江路之瑶兵，等等，不仅出境作战，而且从事屯田以自给军粮。元朝还在边疆民族地区“开山凿险”，广设驿站，以“通达边情，布宣号令”，规定当地部落必须提供驿站所需的人力物力，保障道路畅通，从而使统治深入到各个角落，同时也大大方便了各地区、各民族之间的相互往来，增进了各民族间的经济文化联系和感情。“驿传往来，不异内地，非与前代虚名羁縻而异方物产邈不可知者比”[2]。元朝所建立起来的完善的行政区划与管理系统，其影响至今

[1]《元史》卷12《世祖纪》载“自兀良合带镇云南，凡八籍民户，四籍民田。”既可见括户籍田之彻底，也反映出抵制之顽强。北京：中华书局，1976年，第246页。

[2]〔元〕许有壬：《至正集》卷31《〈大元本草〉序》，台北：台湾商务印书馆，1986年文渊阁《四库全书》影印本（集部第1211册），第225页。

犹存。

元朝在少数民族地区的施政虽有因俗、因教的一面，所谓“必任土人，可以集事”[1]，但决不是被动的、放任自流的，而是遵循蒙古法原则，以强大的政权力量加以控制。一方面，采取封王分民和诸王出镇的传统形式，将蒙古贵族及其部民分迁到各民族地区，如辽阳行省有成吉思汗三王弟兀鲁思和五投下，在云南行省分别以云南王、梁王等九王分镇，西夏故地有忽必烈系的安西王、阔端系的永昌王、察合台系的威武西宁王等游牧集团，吐蕃地区则有忽必烈系的西平王、镇西武靖王和弘吉剌部宁濮郡王系统，湖广行省有镇南王等，各种投下领地穿插其间[2]，与汉地官僚制度相补充。另一方面，在云南、八番、海南、海北、广东、江西等“蛮夷腹心之地”，派重兵驻守屯田。镇戍辽东的有钦察、乃蛮、捏古思、那亦勤四千户；镇戍吐蕃的有畏兀儿军为主的脱思麻探马赤军四万户，礼店文州蒙古汉军西番军民元帅府等；湖广行省南北三千里，则置戍38处，“东尽交广，西亘黔中，地周湖广，四境皆有屯戍，制度周密，诸蛮不能复寇”[3]。这是号称重仁政、尚德治、惜民力的汉族王朝难以做到的。这种利用民族差别进行统治的后果之一就是造成了民族大迁徙、大杂居的局面，在这一过程中，“北人则徙广海，南人则徙辽东”，边远之地如云南广海，有所谓的“蒙古军”“契丹军”“畏兀儿军”“回回军”等，东

---

〔1〕〔明〕宋濂：《元史》卷26《仁宗纪三》延祐六年夏四月壬辰，北京：中华书局，1976年，第589页。

〔2〕〔明〕宋濂：《元史》卷43《地理志四》载四川行省阿永蛮部，“自言阿永邻境乌蒙等蛮悉隶皇太子位，愿依例附属，诏从其请，以阿永蛮隶宫府”。（北京：中华书局，1999年，第703页。）就是蒙古诸王直接以蛮夷部落为投下领地的事例。事实上，吐蕃各万户也是如此，“蒙哥汗以必里公派，薛禅皇帝以搽里八派，旭烈兀以帕木古鲁派作为福田”，沈卫荣曾指出，旭烈兀在其供养地内还设置了“守土官”，类似于诸王投下领地的达鲁花赤。沈卫荣：《论元代乌思藏十三万户的建立》，中国元史研究会编：《元史论丛》第五辑，中国社会科学出版社，1993年，第76－96页。

〔3〕〔明〕宋濂：《元史》卷162《刘国杰传》，北京：中华书局，1976年，第3811页。

北辽阳境内则有回回、畏兀儿、钦察、阿速、斡罗思、唐兀、乃蛮、吉儿乞思等西疆各族人口。即使在漠北高原，也有大量各族军队、商人、工匠涌入，“婚嫁耕植，比于土著”〔1〕。这些措施在加强统治的同时，客观上也推进了民族融合的进程，甚至孕育催生了新的民族共同体，反过来又进一步加强了边疆和内地的联系。元朝边疆统治的强化不仅表现在军政建置方面，更重要的是在民族成分和经济结构的变化方面，日本学者大岛立子就指出元朝统治对湖广地区的汉化起了很大作用〔2〕。

总之，元朝统治者打破了“内中国而外夷狄”的旧华夷秩序，汉族王朝视作文明未开而施以羁縻的蛮荒地带，元朝统治者都视同封域，不惜国力地投入开发，从中获得人力物力回报〔3〕，完全没有“疲弊中国，以事四夷”的儒家禁忌，突破了“以有用之民取无用之地”的怪圈。因此，元朝时期边疆地区与内地的联系更为密切。前代有统治之名而无行政之实的所谓羁縻地区，在元朝版图内则因政、因俗、因教的不同，分别受到不同形式的统治和管理，在元朝统治范围内，漠北草原设立岭北行省，大理国改设云南行省，吐蕃三道设三宣慰使司归宣政院统领，东北极边诸族纳入辽阳行省辖治，西南民族地区则设土官土司管辖。正如《元史·地理志》所说：“盖岭北、辽阳与甘肃、四川、云南、湖广之边，唐所谓羁縻之州，往往在是，今皆赋役之，比于内地”〔4〕。这是中国历史上前所未有的创制，也是对古代藩属或羁縻体制的超越，是更加积极有效

---

〔1〕〔元〕虞集著，王颋点校：《虞集全集》《道园类稿》卷44《岭北行省左右司郎中苏公墓碑》，天津：天津古籍出版社，2007年，第867页。

〔2〕大千：《国际元史学术讨论会》，《内蒙古大学学报（哲学社会科学版）》1986年第4期，第72－76页。

〔3〕方铁：《蒙元对贵州、广西与海南地区的统治和经营》，《蒙古史研究》（第七辑），呼和浩特：内蒙古大学出版社，2003年，第92－124页。

〔4〕〔明〕宋濂：《元史》卷58《地理志》，北京：中华书局，1976年，第1346页。

的统治方式。

当然，应当看到，元朝的边疆民族政策在强化大一统的同时，也不可避免地带有民族压迫性质，特别是赋税差发加重了各族人民的负担，而且动辄“以兵威之”，“发军征索”，从而激起了各族人民的反抗，“不输税赋”，“实不愿做大元百姓”[1]。据统计，在元成宗至元文宗在位的36年中，全国发生的总数为155起的起义中，少数民族起义即有131起，占总数的85%，范围遍及今天的湖北、湖南、江西、福建、广东、广西、云南、贵州、四川、西藏等广大地区，涉及苗、瑶、彝、壮、黎、傣、白、藏、布依、仡佬、土家等族[2]。这些反抗事件是在边疆内地一体化过程中，即边疆各族逐渐融进内地封建体制的过程中发生的，在这一过程中，各少数民族传统的风俗习惯与内地的政治制度（包括蒙古法、汉法）不可避免地发生摩擦，而过重的赋税、兵役，边疆官吏的民族歧视和贪赃枉法等，加剧了摩擦，使之上升为大规模的民族矛盾和冲突。这一磨合过程是痛苦的，也是不可避免的，明清时期的边疆体制和民族政策就是在这种反复的磨合中逐渐调整并完善的。

汉唐羁縻之治所依据的汉法主要根据儒家学说，以中原为本位，处理民族关系时强调文化至上，内外有别，华夷边缘往往成为模糊的政治边疆。在政治操作上则富于弹性，有限度地使用武力，主张以文化经济上的优越性吸引教化蛮夷，意在建构畿服式大一统的中心—边缘格局，是强调文化认同的保守主义。元朝的边疆民族政策则有一个从草原本位向中原本位的转变过程，其征服者文化具有较强的刚性，是忽略文化差异、重在政治认同的军事帝国主义。因此，元代的边疆民族政策虽有

---

〔1〕《丛书集成》初编本(第3911册)《招捕总录》,上海:商务印书馆,1935年,第18页。

〔2〕陈世松:《试论元代中期的少数民族起义》,《西北民族大学学报(哲学社会科学版)》1979年第2期,第15－23页。

蒙、汉、夷等多重文化色彩，但以蒙古“旧制六事”为基本原则，在很大程度上突破了夷夏有别、内实外虚的传统，采取了直接的更加积极的统治方式，将所谓羁縻关系实质化，加深了边疆与内地的联系，巩固了大一统，促进了各族经济文化的交流，也促进了中华民族自身的发展。正如日本学者冈田英弘所说：“蒙古帝国留给中国的最大遗产恰恰是中华民族本身”[1]。

第二节　元代西北边疆的治理模式

蒙古灭夏亡金后，结束了自中唐以来西北地区各族割据建政的分裂历史，新的大一统局面为新一轮的民族交往和融合提供了历史条件。作为草原文明与农耕文明过渡地带的西北地区，又一次成为民族交往和融合的重要场所。蒙元时期有来自天南海北不同文化、不同宗教信仰的各个民族的人群徙入，包括此前徙入尚未来得及整合的各种文化群体，极大地改变了西北地区的民族成分和人文景观，经过有元一代国家政权的文化整合，初步形成了今日西北地区民族分布的格局。探究今日西北地区各民族形成发育的源头，不能不追溯到这一时期。

从边疆治理的角度考察，元朝的政治体制是多元的，因时因地而异。那么，元代西北的地方体制又有什么特点？植根于草原家产分配和黄金氏族共权原则的分封制，是蒙古游牧国家的三项基本制度之一。由于成吉思汗及其继承者的悉心经营，该制曾发展为以宗王、贵戚、功臣为封授对象，包括兀鲁思封国、五户丝食邑、投下私属等分封实体的一代通制，而且推行于蒙古征服所及的广阔地区。这项制度经历了蒙古草原国家、大蒙古国、元王朝等三个不同时期，并始终与蒙古征服以及随之而来的草原文明和农耕文明间的交融、冲突相联系。以河西

[1] (美)杰克·威泽弗德著，温海清、姚建根译：《成吉思汗与今日世界之形成》第三部分“忽必烈汗和新蒙古帝国”，重庆：重庆出版社，2006年，第220页。

为中心的西北地区是分封制推行的地区之一，受封于这一地区的有窝阔台系诸王、察合台系诸王，贵戚有弘吉剌部赤窟驸马系、高昌畏兀儿亦都护系等。他们的投下分布、谱系传承及统治实态如何，也是值得探讨的，而《元史》之《诸王表》与《宗室世系表》的缺漏和错误，又使对这一问题的研究具有特殊的意义。

《经世大典·序录·屯戍》言："国初征伐，驻兵不常。其地视山川险易，事机变化而位置之，前却进退无定制。及天下平，命宗王将兵镇边徼襟喉之地。如和林、云南、回回、畏兀、河西、辽东、扬州之类。"西北方面，忽必烈第三子忙哥剌受封安西王，开府京兆，第七子奥鲁赤受封西平王出镇吐蕃地区，第六子爱牙赤也曾一度驻军西北地区。说明宗王将兵出镇既是元代的一项重要制度，也是治理西北边疆的重要举措。

宗王分封出镇与行省系统并存分治是元代地方体制的一大特色。一方面，蒙古帝国时期，在西北地区广泛地实行了宗王分封制度，忽必烈时期又推行了诸王镇戍制度，这是蒙古传统在政治体制上的表现。另一方面，陇右河西之地是汉唐旧疆，郡县制度历史悠久。金朝、西夏统治时期，尽管糅合了一些部落制度文化，但都基本沿用了中原官僚体系和郡县制度。元朝建立后，在保留郡县制度的同时，创建了行省和宣慰司，进一步发展和完善了地方行政制度和治理模式。而在朵思麻、畏兀儿等地区，还有"各依风俗"、因俗而治的一面。这种多元体制开创了边疆多民族地区治理新模式，有许多值得总结的经验。

一、蒙古诸王的分封与出镇

蒙古灭西夏后，西夏故地全部被赐予诸王驸马，大致情况是术赤之子拔都分得了沙州，察合台之孙阿只吉分得了删丹（今甘肃山丹），从察合台部将按竺迩镇删丹，置驿通酒泉、玉门关来看，察合台系在河西西部的分地不仅有删丹一地。窝阔台时期，又将以西凉为中心的唐兀惕之地赐给阔端作为兀鲁思。在土地被肢解的同时，西夏遗民一部分被诸王将领瓜分，沦为各投下或蒙古贵族属民、驱口[1]，剩下的或为国家编户，或被佥为军户，编入蒙古军籍，从征作战。在旧的社会结构瓦解的同时，大批蒙古牧民徙入适于游牧的西夏故地，主要有阔端兀鲁思速勒都思部、雪你惕部三千户军民集团入牧西凉一带，蒙古弘吉剌部赤窟驸马系四千户军民集团徙入湟水流域。忽必烈时期，来自中亚的以出伯为首的察合台后王军民集团入据河西西部，元王朝甚至空出瓜、沙之地以接纳其部民，亦集乃路的宁肃王系统也出自出伯家族。忽必烈之子爱牙赤所部出镇于兀剌海路，忙哥剌安西王系统出镇于六盘山左右，奥鲁赤系统出镇于吐蕃地区。蒙古帝国时期，上述诸王不仅对其分地沙州、删丹、西凉等城子里百姓拥有人身权利，对大汗派出的大小官员也可发号施令。特别是阔端兀鲁思，其权力并不局限于河西，原西夏故地（唐兀惕）以及故金陇右、京兆等地均曾是他的势力范围，世守其地的巩昌汪氏、临洮赵氏都纳质子于阔端帐中[2]，陕西京兆等路万户刘黑马、总管田雄、万户郝和尚拔都、都元帅铁哥、朱哥那颜并其余大小达鲁花赤、管民官、课税所官等都要按其令旨行事[3]。在窝阔台汗、贵由汗

〔1〕如《蒙古秘史》续集卷2记成吉思汗战败西夏军后，降旨曰："军人每可各取其所执，所获之各色唐兀惕云"。成吉思汗升天后，又"与也遂妃以极多唐兀惕百姓矣"。呼和浩特：内蒙古人民出版社，1979年道润梯步《新译简注〈蒙古秘史〉》，第352页，355页。

〔2〕《元史》卷155《汪世显传》、卷123《赵阿哥潘传》，中华书局1976年版，第3650页、3029页。《陇右金石录》卷5《汪忠烈公神道碑》《汪忠让公神道碑》，国家图书馆善本金石组编：《历代石刻史料汇编》13，北京：北京图书馆出版社，2000年，第1034－1035页，第1041页。

〔3〕参见蔡美彪《元代白话碑集录》（中国社会科学出版社2017年修订版）收载的《一二四三年鄠县草堂寺阔端太子令旨碑（一）》《一二四五年盩厔重阳万寿宫圣旨碑（五）》《一二四五年鄠县草堂寺阔端太子令旨碑（二）》《一二四七年鄠县草堂寺阔端太子令旨碑（三）》《一二四七年鄠县草堂寺阔端太子令旨碑（四）》。

时期，阔端在上述范围内可以“大发民为兵”[1]，承制封拜将帅，任用官吏，管领驿站，征收税粮[2]。堪称“人地割界”[3]，宰制一方。他还派兵入藏，迎请萨迦班智达往凉州会晤，进而将西藏纳入自己的统治之下[4]，建立了划时代的蒙藏关系。以上种种说明，阔端是当时强有力的宗王之一，在川陕甘青藏一带拥有充分的权力。

忽必烈坐稳汗位后，为了解决皇权与藩权的矛盾，加强中央集权，采取了一系列削藩措施。一方面，设立行省、行枢密院、行御史台等中央派出机构，管理地方军政事务，实施监察，削弱限制诸王的特权。中统二年（1261），忽必烈在西夏故地设立中兴等路行中书省，也就是甘肃行省的前身，开始将窝阔台以来以阔端系诸王为首的河西宗藩对西夏故地的统治权收归中央。行省官员在皇权支持下对宗王特权进行了种种限制，使习惯于草原旧俗的蒙古宗室贵族难以接受，冲突时有发生。《元史》卷148《董文用传》载：“时诸王只必帖木儿镇西方，其下纵横，需索无算，省臣不能支，文用坐幕府，辄面折以法…… 王怒，召文用，使左右杂问之，意叵测。文用曰：‘我天子命吏，非汝等所当问，请得与天子所遣为王傅者辩之……’因历指其不法者数十事。”只必帖木儿所谓不法事，包括这次追呼省臣官属的行为，无非是依草原旧俗行事而不合于皇权利益罢了。行省官吏的使命就是秉承“上旨”，限制诸王不法事。陈佑佥中兴等路行尚书省事时，“西凉隶永昌王府，

---

〔1〕〔元〕虞集：《道园类稿》卷25《重建高文忠公祠记》，元人文集珍本丛刊（五），台北：台湾新文丰出版公司，1985年，第631页。

〔2〕此据《永乐大典》卷19421站赤六、卷19417站赤二及《道园类稿》卷50《翰林学士承旨董公行状》。

〔3〕〔元〕吴澄：《吴文正集》卷67《赵国董忠穆公墓表》，台北：台湾商务印书馆，1986年文渊阁《四库全书》影印本，集部1197册，第655页。

〔4〕蔡巴·贡噶多吉著，东嘎·洛桑赤列校注，陈庆英、周润年译：《红史》，拉萨：西藏人民出版社，1988年；达仓宗巴·班觉桑布著，陈庆英译：《汉藏史集》，拉萨：西藏人民出版社，1986年版。

其达鲁花赤及总管为人诬构，家各百余口，王欲悉致之法，佑力辨其冤。王怒甚，佑执议弥固，王亦寻悟，二人皆获免，持佑泣曰：‘公再生父母也’”[1]。可见行省对诸王的干预有所加强。从只必帖木儿收敛气焰，“省府事颇立”而“中兴遂定”的记载看，西夏行中书省的设立，已经初步将河西地区置于元朝中央的直接控制之下，诸王的特权受到了一定的约束。

此后，元朝中央又颁布了一系列限制诸王驸马特权的条款。至元元年（1264），“定立诸王使臣驿传税赋差发，不许擅招民户，不得以银与非投下人为斡脱，禁口传敕旨及追呼省臣官属”[2]。至元二年，因有使者奏诸王只必帖木儿设官太滥[3]，“诏并诸王只必帖木儿所设管民官属”[4]。至元十七年，“诸王只必帖木儿请各投下设官，不从”[5]。一度将投下官吏任命权收归中央。至元二十年，“诸王只必帖木儿请于分地（巩昌）二十四城自设管课官，不从；又请立拘榷课税所，其长从都省所定，次则王府差设，从之”[6]。至元二十三年，“罢巩昌二十四城拘榷所，以其事入有司”[7]。同年，又在昌吉驸马分地西宁州设立拘榷课程所[8]。对宗王自设管课官、征收领民差发的特权作了部分限制，扩大了朝廷的征税范围。至元二十七年，诏“诸王分地之民有讼，王傅与所置监郡同治；无监郡者王傅听之”[9]，使行省有权在一定场合下过问领

[1]〔明〕宋濂：《元史》卷168《陈祐传》，北京：中华书局，1976年，第3940页。

[2]〔明〕宋濂：《元史》卷5《世祖纪》，北京：中华书局，1976年，第98页。

[3]〔明〕宋濂：《元史》卷120《察罕传附亦力撒合》，北京：中华书局，1976年，第2957页。

[4]〔明〕宋濂：《元史》卷6《世祖纪》，北京：中华书局，1976年，第106页。

[5]〔明〕宋濂：《元史》卷11《世祖纪》，北京：中华书局，1976年，第223页。

[6]〔明〕宋濂：《元史》卷12《世祖纪》，北京：中华书局，1976年，第258页。

[7]〔明〕宋濂：《元史》卷14《世祖纪》，北京：中华书局，1976年，第285页。

[8]〔明〕宋濂：《元史》卷60《地理志三》，北京：中华书局，1976年，第1452页。

[9]〔明〕宋濂：《元史》卷16《世祖纪》，北京：中华书局，1976年，第337页。

地司法事务。并先后将沙州、删丹城等诸王领地收归省部直隶[1]。

按蒙古之统治，对草原游牧地在诸王贵戚间行分封，对被征服之农耕地区与城市如汉地或河中地区，则视为帝国之公产，由大汗任命长官会同诸王之代表进行统治。阔端兀鲁思的权力结构也可分为这样两个部分，阔端及其后裔对所分得的三千户军民集团与足够该游牧单位使用的河西牧地——禹儿惕的世袭所有权是其基本权力，而对其分地以外的各种权力都是参与性、附加性的。窝阔台、贵由时期，阔端负责川陕青藏一带的攻伐，参与乃至代管这部分帝国公产是很自然的，因而也使上述地区与阔端系形成了类似分地的统辖关系。当时大汗与阔端系关系特殊，利益一致，这种所有权的矛盾并不明显。而当汗位转移后，这种矛盾就突出起来了，忽必烈设立行省就是要解决这一矛盾，把以前阔端系代行的这部分权力收归中央，从而使阔端系权力范围缩小到河西本投下领地一隅，并且使其从有严重封国性质的兀鲁思下降为普通王位下了。但其领地实体一直得到保留，并且在家族内部不断进行再分封。阔端后王们对领地部民仍拥有传统的人身权利、经济权力。如荆王位下"概管军民"，"本位下自有设置仓敖，岁收税石甚多"[2]。并且自立自管境内站赤，不仅永昌路许速都、双松等驿"直隶永昌王傅提调"[3]，西域之人取道河西往内地，也"每于诸王只必铁木儿府告给驿马"[4]。与荆王位下领有"蒙古七站"一

[1]〔明〕宋濂:《元史》卷9《世祖纪》,《元史·地理志》,北京:中华书局,1976年,第184、1450、1452页。

[2]〔明〕姚广孝、解缙等:《永乐大典》卷19421站赤六,北京:中华书局,1986年,第7237页。

[3]〔明〕姚广孝、解缙等:《永乐大典》卷19420站赤五,北京:中华书局,1986年,第7226页。

[4]〔明〕姚广孝、解缙等:《永乐大典》卷19417站赤二,北京:中华书局,1986年,第7201页。

样，湟水流域的岐王位下也拥有红城儿等驿站[1]。当站户贫乏之时，行省或宣慰司官员必须敬奉令旨，给钞接济[2]。永昌王分地虽设有永昌路总管府，但监郡者往往就是永昌王家臣[3]，从而总揽了本投下事务。阔端后王位下分地不仅相对独立于行省，永昌王只必帖木儿时期还沿袭惯例，参决行省事务。“在先朝故事，凡诸侯王各以其府一官入参决尚书事”[4]，以体现黄金家族共有天下之原则。陕西行省、甘肃行省曾经是阔端系的势力范围，阔端本人就是当地最高军政首脑，忽必烈即位后，立行省以分诸王之权，但诸王仍依惯例与行省官员共听政事，《元史》卷7《世祖纪》至元九年春正月条载“京兆复立行省，仍命诸王只必帖木儿设省断事官”就是一例。只必帖木儿分地主要在河西，所以他在甘肃行省事务中发挥作用也是不难想象的。

随着汉化改革，行省制推广，忽必烈对蒙古传统的分封制度也进行了调整，以诸王出镇制度取代了分封制度。在以行省制削弱前朝诸王权力的同时，忽必烈还分遣皇子皇孙出镇襟要，威慑制约旁系宗王。西北方面，忽必烈第三子忙哥剌受封安西王，开府京兆，第七子奥鲁赤受封西平王出镇吐蕃地区，第六子爱牙赤也曾一度驻军瓜州、沙州、兀剌海路，在保证蒙古军事力量的同时，通过以藩制藩，以亲制疏的策略，进一步压缩了阔端系在河西一带的势力。

与诸王出镇同步，元廷还逐步完善和健全中央派出机构。

---

〔1〕〔明〕姚广孝、解缙等:《永乐大典》卷19421站赤六，北京:中华书局，1986年，第7237页。

〔2〕〔明〕姚广孝、解缙等:《永乐大典》卷19417站赤二，北京:中华书局，1986年，第7200页。

〔3〕〔元〕虞集:《道园类稿》卷39《逊都思氏世勋碑》，元人文集珍本丛刊(六)，台北:台湾新文丰出版公司，1985年，第215页。

〔4〕〔元〕姚燧:《牧庵集》卷12《有元故资善大夫中书左丞赠银青荣禄大夫平章政事谥武愍公李公家庙碑》，台北:台湾商务印书馆，1986年文渊阁《四库全书》影印本，集部1201册，第516页。

如至元二十年，移巩昌按察司治甘州，改称河西陇北道肃政廉访司，取代了以前的河西行御史台，隶属于陕西行御史台，负责甘肃行省的监察事务。至大四年，在甘州设立甘肃等处行枢密院，提调西路军马。为了规措诸王镇戍军马粮草，又设有甘州和籴提举司、甘州转运司、宁夏都转运司、河西办课提举司等，以备给军饷，赈济部民。为抵御西北叛王的入侵，元廷从山东、河南、四川等地蒙古军都万户府调发蒙古军、探马赤军往河西轮戍。在大批军队涌入河西前线后，为保证军粮供应，又设立宁夏等处万户府屯田、管军万户府屯田、亦集乃屯田、征西都元帅府、沙瓜州屯储总管万户府等，摘发汉军、新附军、巩昌总帅府军于甘、肃、瓜、沙、亦集乃、中兴等路屯戍，客观上对分封镇戍诸王起到了制约作用。

通过以上措施，元朝中央成功地完成了河西陇右地区的行省化进程，同时也有意保留了当地诸王驸马的分地和部分特权，初步形成了行省与诸王并存分治的边疆体制。这一新体制是适应草原游牧帝国向定居农耕王朝转变的需要，产生于草原经济与农业经济错杂交界的地区，有其历史的合理性。

需要指出的是，随着大批察合台后王的内附及其涌入河西，元朝政府对其削藩政策进行了必要的修改，以羁縻安排诸王部民。察合台汗国本来就分封于天山南北，其东境错入河西，在元朝同西北叛王的战争中，由于地缘的关系，察合台系诸王的向背举足轻重，所以元朝对他们的争取是不遗余力的。如出伯、合班兄弟投奔元朝后，忽必烈即委以河西方面统帅的重任，位高权重，声威远播中亚。对内附的其他察合台系诸王，也令其率部民在河西前线镇戍，抵御海都军的内侵，如察合台后王拜答寒驻军于瓜州，其后裔被封为安定王，领有撒里畏兀儿之地，入明后为安定卫。而他们也以察合台汗国的继承人自居，视河西为故土，不让他们拥有自己的兀鲁思是不可想象的。所以，皇权进行了妥协，对进入河西的几个察合台系游牧集团封以王号，承认其镇戍地转化为分地，世袭罔替，以换取他们对大汗的效忠。察合台系后王在河西的崛起，在一定程度上改变了本来已经开始削弱的诸王地位，使宗王分封出镇与行省并存分治的体制最终得到确立。可见，由于蒙古游牧民族旧俗的制约，民族问题的尖锐复杂，以及宗室军事贵族在黄金家族内部权力争夺中举足轻重的作用等因素，忽必烈对宗藩的削弱是有限度、有保留的，所谓削弱不削平。

二、行省与宣慰司的创置

蒙古政权草创之初，官制未备，“惟以万户统军旅，断事官治刑政”[1]。在灭夏亡金入主中原的过程中，所下城邑，或设达鲁花赤监管，或以来降故金将领官号封授之，官称渐繁，大体仍是随事设立，未有定制。忽必烈即位之中统元年(1260)，初置燕京、开平、京兆、平阳等十路宣抚司，作为地方一级的最高行政机构。同时以都省官行某处事系衔，代表中书省赴各地处理政务，从而也设立了不少行省，其性质仍为中书省的派出机构。以后由于以宰执行某处省事系衔，权力过大，嫌于外重，行中书省的官员遂不再以中书省行某处省事系衔，于是行省就从中书省派出机构逐步演变为地方一级的最高权力机构了。从中统元年到至元二十八年（1291），元代的行省建制几经演变，基本形成了除直辖于中书省的腹里以外，辽阳、陕西、甘肃、四川、云南、湖广、江西、江浙、河南、征东、岭北等十一行省分布各地的建置格局。受蒙古草原旧俗的影响及民族历史地理环境的制约，各行省的历史发展存在不小差异。西北边疆地区的治理机构主要有甘肃行省、吐蕃三路宣慰使司都元帅府、畏兀儿之地的北庭都护府等。

（一）甘肃行省

元代甘肃行省辖区范围颇广阔，基本相当于原西夏国疆

[1]〔明〕宋濂:《元史》卷85《百官志一》,北京:中华书局,1976年,第1409页。

域，下属七路及二直隶省部之州，即甘州路、永昌路、肃州路、沙州路、亦集乃路、宁夏府路、兀剌海路，山丹州、西宁州。其特点之一是行省所辖有司路州少，仅有甘州路、肃州路、亦集乃路、宁夏府路、兀剌海五路，属州仅灵州、鸣沙州、应理州三个，而且一概没有属县。诸王投下路州多，不仅有永昌路、沙州路和山丹州、西宁州二直隶州，其他诸路也均有诸王分布。而且有司管辖户口数偏少，如甘州、肃州二路合计仅2812户，其他一概阙如。在统属关系上，诸王部民与系官民户混存，户计构成多样，屯田户、军户、站户比例较高，诸王投下自行管理辖地内“赋税军站”事务。在民族成分上，“种复非一”，正如张养浩所云：“张掖距京师为里数千，民错居其间者，种复非一。其隶省州郡犬牙相靡，剧者以十数。地邈俗悍，利驯病逆，绥御小有失，易摇以离。”[1] 其路州建置之复杂，户计成分之多样，民族之混杂，在元代诸省中最为典型[2]。特点之二是驻戍诸色军队数量多，种类复杂，统属不一，既有分封镇戍诸王之投下军，也有山东四川轮戍之蒙古探马赤军，更有地方世侯土官之军队。甘肃行省与诸王在军需财赋、总兵上虽有分权而治的一面，但总体上倾向于宗王节制，前期以窝阔台后裔阔端系诸王为主，后期以察合台后裔出伯系诸王为尊。特点之三是屯田规模大，分布广，各族成员参与，军屯比例高。据《元史》记载，甘肃行省军屯有宁夏等处新附军万户府屯田、管军万户府屯田、亦集乃屯田、大德七年蒙古军万人屯田、大德八年诸王出伯所部军屯田、至大四年过川军屯田等；民屯有宁夏营田司屯田、宁夏路放良户屯田、沙瓜等处屯储总管万户府及至元十三年王孝忠等采宝玉者屯田；此外

---

〔1〕〔元〕张养浩：《归田类稿》卷5《甘肃行省创建来远楼记》，台北：台湾商务印书馆，1986年文渊阁《四库全书》影印本，集部1192册，第520页。

〔2〕李治安：《元代甘肃行省新探》，《元史论丛》第11辑，天津：天津古籍出版社，2009年，第171－207页。

还有各种临时性屯田。从屯田者的民族成分看，有畏兀户屯田、回回屯田、唐兀人屯田、蒙古军屯田、江南新附军屯田、随州和鄂州投降人民屯田等。在开发当地经济的同时，也改变了当地的民族构成。

（二）吐蕃三路宣慰使司都元帅府

元朝按照西藏历史传统，将藏区及其周边划分为乌思藏、朵甘思、脱思麻三大区域，设立了乌思藏纳里速古鲁孙宣慰使司都元帅府、土蕃等路宣慰使司都元帅府和吐蕃等处宣慰使司都元帅府，藏文文献称为“却喀”，意思是上述三个地区是元朝皇帝以接受灌顶者的身份奉献给上师的供养。各宣慰使司都元帅府都是典型的军政合一的机构，具有很强的军事功能，中央则设宣政院总管吐蕃三宣慰司，“遇吐蕃有事，则为分院往镇，亦别有印。如大征伐，则会枢府议”〔1〕。

元代宣政院“用人则自为选”，有独立的人事权。其官员有僧人，也有俗人，有蒙古贵族，也有藏族人。宣政院使作为朝廷重要官员，是由皇帝直接任命的，这就确定了西藏的行政体制从一开始就是与元朝中央的行政体制相联系的，是元朝行政体制的一部分。而且八思巴的领天下释教特别是统领藏传佛教各派寺院和僧人又同时领总制院事的这种身份，标志着忽必烈和八思巴对西藏行政体制的设想是政教结合、僧俗并用的一种行政体制。有元一代，宣政院掌管西藏地方的军事、行政、司法和宗教等各项事务，是西藏和其他藏族聚居区的最高管理机构。西藏地方官员的举荐、任用，以及在西藏地方调解纠纷、审理案件、完善驿站体系、实施户口调查、调兵入藏平乱等，都是在宣政院主持下进行的。宣政院的院使和高级官员经常前往西藏地方办理各项事务，考察调研，沟通交流，牢牢掌

〔1〕〔明〕宋濂：《元史》卷87《百官志三·宣政院》，北京：中华书局，1976年，第2193页。

握着政局。总之，元代宣政院在处理佛教和吐蕃地方事务中发挥着主导作用。

元朝在西藏地方一方面坚持蒙古国俗，创建宣慰司制度，另一方面则“因俗而治”，即把地方特点和中央集权有机地结合起来。

第一，元朝创造性地采取了国师或帝师管理吐蕃地方事务的措施，这实际上是承认了西藏僧侣地位高于世俗领主地位的现实，并且顺势而为，让国师或帝师成为管理西藏地方的最高领袖。宣政院的官员有别于其他机构，僧俗并用，军民通摄，院使位居第二者，必以僧为之，出帝师所辟举，充分保障僧人的地位和权益。帝师地位非常崇高，其法旨在吐蕃地方可以和皇帝诏敕一并颁布并具有效力。正衙朝会，帝师也有专座，往来则须大臣迎送，显赫异常。在经济方面，元朝政府也给予僧人特权，在清查户口时特意划出一定数量的僧户，对僧人寺院所属土地人民，予以免税、免役的特权，保障了僧人的经济利益，增加了僧人的权势，促进了西藏地区政教合一制度的形成。

第二，承认并尊重其他教派的权益。在忽必烈放弃让西藏所有教派都改宗萨迦派的想法后，西藏各教派一方面与各蒙古宗室建立了联系，另一方面与地方世俗权力相结合，形成了与萨迦派类似的家族与教派相结合的统治方式，包括帕竹噶举派和朗氏家族结合而成的帕竹政教合一体，蔡巴噶举派和噶尔家族结合而成的蔡巴政教合一体，止贡噶举派和居热家族结合而成的止贡政教合一体，夏鲁教派和杰氏家族结合而成的夏鲁政教合一体，雅桑噶举派的雅桑政教合一体等。正如帕竹万户长绛曲坚赞所说：“蒙古法律严峻难道不好吗？由于蒙哥皇帝的恩泽和法令，才有你们止贡人的名号和教法；仰仗薛禅皇帝的恩泽和法令，才有萨迦派和蔡巴的权势和教法；仰赖旭烈兀的恩泽，才有帕木竹巴的政权和安定”[1]。元朝政府允许各教派修建寺庙，发展僧徒，享有发展的机会，从而避免了宗教冲突，保证了社会稳定。

第三，元朝承认地方实力派的地位和权益。乌思藏十三万户是在藏区原有势力的基础上，通过行政划分方式建立起来的，实际上是在蒙元政治框架下重新赋予了其合法性。元朝任命各地方世俗首领为万户，各万户自己掌握属下的官员，处理领地内部事务，享有一定的自主权。对于各万户之间的纠纷（主要是辖区和利益上的争夺），元朝政府在派使臣设立法庭解决的同时，更多的是授权萨迦本钦进行裁决。各万户也可通过传统方法自行解决，主要是通过邀请高僧大德来调解，平息彼此纠纷。

第四，在保证元朝政府征发差役赋税权力的前提下，充分考虑西藏地方的实际情况，适当减轻了其赋役负担，照顾到了各阶层的利益。

总之，蒙元王朝在西藏建立统治过程中，并未改变西藏社会性质，而是深刻理解了西藏社会历史传统，充分照顾到西藏僧俗统治阶层的利益，通过保留其基本政治权力，吸引他们效忠中央政府，有效地实行了统治。

（三）高昌畏兀儿亦都护与北庭都护府

畏兀儿地区是元朝统治下的一个特殊政区，其三元一体的复合行政体制颇具特色。首先，沿用成吉思汗建立的蒙古国体制；其次，元代在畏兀儿地区设立行政机构对其实施有效统辖；再次，以亦都护为首的地方政权在管理畏兀儿事务中起着重要作用[2]。

第一，元朝在畏兀儿地区的行政管理。1209 年，高昌畏兀

[1]绛求坚赞著，赞拉、阿旺、佘万治译：《朗氏家族史》，拉萨：西藏人民出版社，1989 年，第 143 页。

[2]尚延斌：《元代畏兀儿研究》，北京：民族出版社，1999 年。

儿亦都护仳俚伽帖木儿杀西辽少监，遣使成吉思汗输诚归顺。1211年巴而术应召至漠北朝贡，成吉思汗以女也立可敦嫁之，“使与诸皇子约为兄弟”，享有“第五子”的宠遇。这样畏兀儿地区成了蒙元统治者的封国，亦都护作为蒙元汗王所封的畏兀儿国主和藩臣，必须履行纳质、纳贡、从征、助役、置长官等藩国义务，但对自己的领地和属民则拥有一定程度的自主权。

蒙元时期畏兀儿之地属于大汗的直接统辖地，其体制基本上是成吉思汗建立的蒙古国的体制。成吉思汗保留了亦都护对畏兀儿的管辖权，同时在畏兀儿人集中聚居的火州、坤闾和独山诸城设置达鲁花赤，担任这些职务者多是畏兀儿人。元朝统治时期，又将札鲁忽赤（断事官）制度推行到畏兀儿地区，“至元十一年，初置畏吾儿断事官”〔1〕。稍后，至元十五年(1278)，又在哈剌火州设立了提刑按察司。蒙古国俗，断事官主刑政，计点财赋，校阅户口青册。畏兀儿之地设断事官和提刑按察司，说明元朝政府在畏兀儿之地主导着司法权，以蒙古札撒和元朝法律为上位法，畏兀儿习惯法中与蒙古法相抵触的部分内容被严加禁止，如元朝皇帝曾多次下诏，明令禁止畏兀儿田地男子在处理休妻一类事务上征求家族内亲属意见，禁止畏兀儿已出嫁妇女的娘家继续充任其保护人〔2〕，禁止火州城里流行的溺杀女婴的恶习〔3〕。至元十二年，“敕畏吾地春夏毋猎孕字野兽”〔4〕，则以皇帝圣旨的形式重申了传统的札撒。蒙古札撒和元朝法律的统治地位在畏兀儿语文书中也多有反映，这些契约文书中都强调违约者将受到札撒法的制裁，甚至将札撒法称作“国法”。

---

〔1〕〔明〕宋濂：《元史》卷89《百官志五》，北京：中华书局，1976年，第2273页。

〔2〕方龄贵校注：《通制条格》卷4“畏兀儿家私”条，北京：中华书局，2001年，第181页。

〔3〕方龄贵校注：《通制条格》卷4“女多渰死”条，北京：中华书局，2001年，第192－193页。

〔4〕〔明〕宋濂：《元史》卷8《世祖纪》，北京：中华书局，1976年，第161页。

在元朝与中亚窝阔台汗国、察合台汗国争夺西域期间，大批元朝军队进入畏兀儿之地，使当地处于军管状态。但管理民政的机构仍然存在，至元十七年（1280）十二月，元廷“置镇北庭都护府于畏吾境，以脱脱木儿等领其事”[1]，同时“立畏吾境内交钞提举司”[2]及交钞库[3]，主管当地钞币的印制、发行和保存。但由于中亚蒙古诸王的侵扰，天山南北战火不断，畏兀儿部民遭乱离散，大批迁徙到河西、陇右等地，亦都护也迁驻凉州永昌。元朝政府于是省罢哈剌火州提刑按察司，以其事归河西行御史台，至元十九年，“以领北庭都护阿必失哈为御史大夫、行御史台事”[4]，管理内迁的畏兀儿部民。但直到元文宗至顺元年（1330），元廷还设立了哈剌火州总管府。上述行政机构行使司法、征税[5]、农田水利、印发交钞等权责，反映了元朝中央政府在当地垂直型的管理模式。

除以别失八里（今新疆吉木萨尔）、哈剌火州（今吐鲁番）、彰八里（今新疆昌吉）、仰吉八里（今新疆玛纳斯）、唆里迷（今新疆焉耆）等五城为中心的畏兀儿之境外，元朝在新疆西部的斡端（今和阗）、曲先（今库车）等地也设置了宣慰使、元帅府、都元帅府等机构，行使行政管理权[6]。

在征服之地设立驿站是蒙古统治者宣示维护主权的标志之一。早在成吉思汗征讨西夏之时，察合台部将按竺迩就已设置了从河西删丹通往察合台兀鲁思中心阿力麻里的驿路。忽必烈即位后，更是大力建设从漠北到新疆地区的驿站。蒙元时期通

[1]〔明〕宋濂:《元史》卷11《世祖纪八》,北京:中华书局,1976年,第228页。

[2]〔明〕宋濂:《元史》卷11《世祖纪八》,北京:中华书局,1976年,第223页。

[3]〔明〕宋濂:《元史》卷63《地理志》,北京:中华书局,1976年,第1567页。

[4]〔明〕宋濂:《元史》卷12《世祖纪》,北京:中华书局,1976年,第241页。

[5]〔明〕宋濂:《元史·世祖纪》载至元十六年五月,“命畏吾界内计亩输税”。次年,以畏兀地遭战乱,“仍免其赋税三年”。北京:中华书局,1976年,第211、225页。

[6]〔明〕宋濂:《元史》卷11《世祖纪》载至元十八年闰八月,“诏谕斡端等三城官民及忽都带儿,括不兰奚人口”。

往西域的路线主要有两条，一条由太和岭（今山西朔县东）到别失八里，是为北线。北线的设置始于窝阔台时期，到至元十八年，元政府沿太和岭至别失八里一线，又设置了30个新站[1]。后又在亦集乃路以西设置了通往火州的黄兀儿于量站、塔失八里站（今新疆哈密东北）、揽出去站（即腊竺城）。一条从河西走廊出发，由罗不（今新疆罗布泊）经阇鄽（且末）、斡端到鸭儿看（今新疆莎车）等地，是为南线。史载至元十一年，元廷设“于阗、鸭儿看两处水驿十三”，并在沙州北设水驿和陆驿。至元十九年以后，又先后设立罗不、阇鄽、怯台、斡端等处驿站，贯通了河西—疏勒河—罗布泊—塔里木盆地南沿—葱岭这一传统交通线[2]。蒙元时期在新疆设立的这些驿站，不仅加强了畏兀儿之地与漠北及中原的联系，也为元朝中央政府在畏兀儿地区建立完整的行政管理制度打下了基础。

在设立行政机构和驿站的同时，蒙元王朝统治还深入到了畏兀儿地区的基层社会。近代吐鲁番出土的畏兀儿语文书反映元朝时期畏兀儿民户亦按“十户”（onluq）、“百户”（yüzluq）、“千户”（mïngluq）划分，即10个男子共同组成一个独立的军事单位，其上则有“百户长”（yüz bägi）、“千户长”（mïng bägi）。应该说，这种具有军事和行政职能的社会组织与蒙古千百户制度有一致性。

畏兀儿语文书中还有一种称为“il budun”的组织，直译为“族与民”，与元代内地的社制相类似，il指氏族和行政首领，而budun指经济管理机构的共同体[3]。元朝政府在畏兀儿地区以il budun为征税单位，实际上是将il budun成员视同

[1]〔明〕宋濂：《元史》卷11《世祖纪八》，北京：中华书局，1976年，第231页。

[2]〔明〕宋濂：《元史》卷8《世祖纪》、卷14《世祖纪》，北京：中华书局，1976年，第153、285页。

[3]（德）葛玛丽著，邹如山译：《高昌回鹘王国的生活（850—1250年）》，乌鲁木齐：吐鲁番市地方志编辑室，1989年，第35页。

编户，表明元朝中央政府对当地的统治已深入到畏兀儿社会的基层细胞。

元朝政府通过司法、水利、征税等事务与普通畏兀儿人发生着广泛联系，元朝皇帝、各级官员的地位如此重要，以至于畏兀儿农民们在各种场合向皇帝、官员祝福，“愿（上天）赐福给（蒙古）皇帝陛下，然后赐福给（皇帝）诸兄弟，诸皇子，再愿（上天）赐福给高昌诸官、按察使们”[1]。

第二，亦都护地方政权及其职能。亦都护是元代畏兀儿地区最高长官的称号，作为畏兀儿国主，他有权处理本地区发生的纠纷和日常事务，对自己的领地和属民拥有至高无上的权力。一方面，亦都护依照本民族传统委任九宰相、都督、司法官和各级大小伯克对封国事务和地方行政进行管理。另一方面，他作为元朝皇帝的藩臣，必须履行纳质、纳贡、从征等义务，接受元朝皇帝派遣的达鲁花赤，提供站役、赋税等。可以说亦都护地方政权是元朝中央政府设在畏兀儿地区的自治权力机构，是蒙古统治者的代理人，直接受元朝汗廷的册封与调遣。内迁后亦都护的职权主要表现在招集流散本土外的属民，指挥本部的探马赤军，内政方面仍拥有相对的自由。这在司法方面表现得最明显。元代在处置侨寓中土的各族居民乃至边境地区各族人民同类相犯的司法政策是“各从本俗法”。畏兀儿作为元朝统治下的一个地区，其法律制度不仅遵循蒙古“札撒”（圣旨）法，同时在处理本地行政及各部类经济纠纷案时使用本地区传统的习俗法。至元十七年设立“都护府，秩从二品，掌领旧州城及畏吾儿之居汉地者，有词讼则听之”[2]。又，大德八年（1304），“诏诸路畏吾儿、合迷里自相讼者，归都护府；与民交讼者，听有司专决”[3]。更具体的规定见于《元典

〔1〕耿世民:《两件回鹘文契约的考释》,《中央民族学院学报》1978 年第 2 期。

〔2〕〔明〕宋濂:《元史》卷 89《百官志五》,北京:中华书局,1976 年,2273 页。

〔3〕〔明〕宋濂:《元史》卷 21《成宗纪》,北京:中华书局,1976 年,第 459 页。

章》："延祐六年四月二十一日，钦奉圣旨，节该如今交（亦之误）都护为头畏吾儿，的斤迭林为头哈迷里，除致伤人命奸盗公事交管民官归问者，其余军站差发不拣甚么合对问公事有呵，朵歹等都护府官人每管者，管民官休侵犯者。外据畏吾儿、哈迷里每自己其间里公事有呵，委付来的头目每断者，若与百姓每有相争的公事呵，委付来的头目每与各城子里的官人每一同归断者。若无畏吾儿、哈迷里头目每呵，管民官依例断者。钦此。"[1] 由此可以想象，蒙元时期在畏兀儿之地，特别是在畏兀儿人内部，其法律的最主要部分仍是畏兀儿传统法制体系的继承和发展，蒙古札撒或元朝法律则作为上位法而发挥作用。

元朝对其所征服的畏兀儿社会的军事行政统治虽然是间接的，是通过自上而下的蒙古制度与自下而上的当地制度之间相互交叉渗透的结合来实现的，但是毫无疑问，在这一多元体制中，蒙古法占据主导地位，而且随着时间的推移，在元朝军事存在日益增强的背景下，元朝在当地的统治更具有直接性。

---

〔1〕《元典章》附新集《刑部·畏吾儿若无头目管民官断》，北京：中国广播电视出版社，1998年，第2414页。

第二章　元代西北地区的行政体制

第一节　甘肃行省的设立

甘肃行省，初名西夏中兴行省，又名河西行省、甘州行省，盖随省治迁移而名称不一。有一段时间甘肃、西夏两行省分治，旋又合并。《元史》卷91《百官志上》载：“甘肃等处行中书省。中统二年，立行省于中兴。（至元）十年罢之。十八年复立，二十二年复罢，改立宣慰司。二十三年，徙置中兴省于甘州，立甘肃行省。三十一年，分省按治宁夏，寻并归之。”这里只是说明了甘肃行省置废徙治之大概，其间行省性质的演变、事务的繁简、机构的完善尚经历了一个渐进变化的过程。

蒙古灭夏期间，战况惨烈，“郡县废于兵”[1]，战后西夏故地在大汗和诸王之间进行了分配，河西之地被分割为一件百衲衣。太宗丙申年、宪宗壬子年两次籍户，将西夏遗民纳入到蒙古帝国户籍体系中，设立种田户、站户、军户等，令其纳税服役。如太宗下令：“蒙古、回鹘、河西诸人，种地不纳税者死。”[2] 至元二十七年的一份文件“又奏甘肃行省言：甘肃两经抄籍，站户计一千六百户。中统元年，直浑都海军兴逃散，

〔1〕〔元〕虞集：《道园类稿》卷15《西夏相斡公画像赞》，元人文集珍本丛刊（五），台北：台湾新文丰出版公司，1985年，第455页。

〔2〕〔明〕宋濂：《元史》卷146《耶律楚材传》，北京：中华书局，1976年，第3457页。

及佥充秃鲁花并僧人诸色隐占外，实有一百六十二户当站。”〔1〕另一份文件追溯故事说：“初，大德六年，甘肃行省言甘州甘泉站户役充僧人、秃鲁花、军匠答黑下牧羊等户，窥避站役，负损见户等事……追勘得六十年前立站之时，拨户三百四十八，即今当役者，止存一百七十六，除实逃亡事故四十六户外，隐占投下计一百二十六户，随时复役者，已二十五户，尚余一百一户，系初定站籍，见种赡站地土，却属各投下户计，请区处事。”〔2〕说明在丙申年和壬子年籍户时，对西夏地区的系官民户划分了户等，有种田户、站户、军户、包银户等，世代承袭，不得改变，称为根脚（出身）。此时的中兴河西等地，基本是按蒙古旧俗实行统治的。

蒙哥汗死后，其弟忽必烈与阿里不哥起兵争夺汗位，西夏故地成为双方争夺的主战场，西夏遗民又遭到一场浩劫，“民间相恐动，窜匿山谷”〔3〕。原有的户籍散失，河西民饥、民贫的记载屡见于史。忽必烈坐稳汗位后，采取种种措施安集西夏遗民，重建元王朝在西夏地区的统治秩序。在恢复壬子年户籍的同时，元廷首次在西夏设立中央派出机构，直接管理西夏各地事务。至元元年，忽必烈命张文谦行省西夏中兴等路，文谦“得蜀士陷于俘虏者五六人，理而出之，使习吏事，旬月间簿书有品式，子弟亦知读书，俗为之一变”〔4〕。又命郭守敬与唆脱颜行视西夏河渠〔5〕。先是西夏沿河五洲，都有古渠，其在中兴者一名唐来，长袤四百里；一名汉延，长袤二百五十里；

〔1〕〔明〕姚广孝、解缙等：《永乐大典》卷19418站赤三至元二十七年八月，北京：中华书局，1986年，第7211页。

〔2〕〔明〕姚广孝、解缙等：《永乐大典》卷19420站赤五，北京：中华书局，1986年，第7222页。

〔3〕〔元〕虞集：《道园类稿》卷50《翰林学士承旨董公行状》，元人文集珍本丛刊（六），台北：台湾新文丰出版公司，1985年，第453页。

〔4〕〔明〕宋濂：《元史》卷157《张文谦传》，北京：中华书局，1976年，第3696页。

〔5〕〔明〕宋濂：《元史》卷5《世祖纪》，北京：中华书局，1976年，第97页。

其余四州又有正渠十，长袤各二百里，支渠大小共六十八条，计溉田九万余顷。自浑都海兵乱后，废坏淤浅，郭守敬“因旧谋新，更立版堰，役不逾时，而渠皆通利”[1]。董文用又开辟中兴、西凉、甘、肃、瓜、沙等州境内水田，“于是民之归者四五万，悉授田种，颁农具”。同时造舟置黄河中，接引诸部落及“溃叛之来降者”[2]。在派出行省官员行使中央集权的同时，元廷又有意识地起用忠于蒙古统治者的西夏贵族担任管民官，安抚西夏遗民。于是，西夏人朵儿赤继其父为中兴路副管民官后被授予中兴路新民总管[3]，高智耀被任为西夏中兴等路提刑按察使[4]，自太祖以来任肃州达鲁花赤的阿沙被提升为甘肃等处宣慰使[5]。经过元政府的努力经营，西夏中兴等路社会秩序安定，民各归籍，原有的统治秩序逐渐得到恢复，至元二十五年建宁夏路，标志着对西夏的治理取得成效，旧史所谓“夏境遂安”，郡县制度也得到恢复。

从当时的历史背景看，西夏中兴行省的最初设立有以下两个原因。

首先，元朝政府为了恢复浑都海、阿蓝答儿之乱后西北地区的社会秩序，而设置西夏中兴行省。如中统二年九月癸未，“以甘肃等处新罹兵革，民务农安业者为戍兵所扰，遣阿沙、焦端义往抚治之”[6]。中统四年八月甲子，“以西凉经兵，居民困弊，给钞赈之，仍免租赋三年”[7]。《经世大典》也记载

〔1〕〔元〕苏天爵:《元文类》卷 50 齐履谦《知太史院事郭公行状》,台北:台湾商务印书馆,1986 年文渊阁《四库全书》影印本,集部 1367 册,第 648 页。

〔2〕〔元〕虞集:《道园类稿》卷 50《翰林学士承旨董公行状》,元人文集珍本丛刊(六),台北:台湾新文丰出版公司,1985 年,第 453 页。

〔3〕〔明〕宋濂:《元史》卷 134《朵儿赤传》,北京:中华书局,1976 年,第 3255 页。

〔4〕〔明〕宋濂:《元史》卷 125《高智耀传》,北京:中华书局,1976 年,第 3073 页。

〔5〕《大元肃州路也可达鲁花赤世袭之碑》,见吴景山辑《西北民族碑文》,兰州:甘肃人民出版社,2001 年,第 51 页。

〔6〕〔明〕宋濂:《元史》卷 4《世祖纪》,北京:中华书局,1976 年,第 74 页。

〔7〕〔明〕宋濂:《元史》卷 5《世祖纪》,北京:中华书局,1976 年,第 94 页。

元廷此时在甘肃至中兴一带大规模地重新设立整顿站赤。中统二年黏合南合行省事于中兴，当属于此类安集流民、整顿社会秩序之事。事毕即罢。至元元年至三年重新设置西夏中兴行省，其使命也是以招集避乱流民还本籍，兴修河渠水利，开垦农田，恢复农业生产，检括民田，征收租税为主[1]。《元史·董文用传》载："中兴自浑都海之乱，民间相恐动，窜匿山谷。文用至，镇之以静……始开唐来、汉延、秦家等渠，垦中兴、西凉、甘、肃、瓜、沙等州之土为水田若干，于是民之归者四五万，悉授田种，颁农具，更造舟置黄河中，受诸部落及溃叛之来降者。"由此可见设置西夏行省的目的和作用。

其次，元廷设置西夏行省与忽必烈着手限制诸王特权，推行汉法有关。如《元史·世祖纪》载至元元年八月，颁西夏中兴等处行中书省条格，"定立诸王使臣驿传税赋差发，不许擅招民户，不得以银与非投下人为斡脱，禁口传敕旨及追呼省臣官属"。《元史·董文用传》又云："时诸王只必铁木儿镇西方，其下纵横，需索无算，省臣不能支，文用坐幕府，辄面折以法。其徒积忿，谮文用于王，王怒，召文用，使左右杂问之，意叵测。文用曰：'我天子命吏，非汝等所当问，请得与天子所遣为王傅者辨之。'王即遣其傅讯文用。其傅中朝旧臣，不肯顺王意。文用谓之曰：'我汉人，生死不足计。所恨者，仁慈宽厚如王，以重戚镇远方，而其下毒虐百姓，凌暴官府，伤王威名，于事体不便。'因历指其不法者数十事，其傅惊起，去白王，王即召文用谢之曰：'非郎中，我殆不知。郎中持此心事朝廷，宜勿怠。'自是谮不行而省府事颇立。二年，入奏经略事宜还，以上旨行之，中兴遂定。"可见最初设立西夏行省的目的也是为了限制西北诸王不法行为，禁止诸王干预地方

[1]〔明〕宋濂：《元史》卷6《世祖纪》载至元四年二月"丁亥，括西夏民田，征其租"。九月，"癸丑，申严西夏中兴等路僧尼、道士商税、酒醋之禁"。北京：中华书局，1976年，第114、116页。

事务。

西夏行省最终并入甘肃行省，并将治所固定在甘州，是与至元十三年以后，元朝为抵御以海都为首的中亚蒙古宗王对元朝的不断内侵有着密切关系的。史载至元十三年以后，在与中亚蒙古诸王争夺西域的战争中，大批元军开赴西北前线，河西乃至西域一线，竟然聚集了十数万大军，为了维持这样一支大军的给养，必须设立一个统筹钱粮、转输、屯田等事务的权威机构，而西夏行省治所中兴府地理位置离前线较远，指挥不灵，于是有必要将治所迁往甘州。甘肃行中书省设立后，陆续罢河西办课提举司、甘州路宣课提举司、甘州转运司等机构，并其事入行省。由于甘肃行省多有供军钱粮，常有官吏侵盗行为发生[1]，需要加强监察力量，故《元史·世祖纪》又载至元二十年正月，“移巩昌按察司治甘州”，改“巩昌按察司为河西陇北道”，大德七年三月，“甘肃行省供军钱粮多弊，诏徙廉访司于甘州”[2]。完善了甘肃行省的监察制度。

甘肃行省所属七路及二直隶省部之州[3]：

1. 甘州路

甘州路，上。唐为甘州，又为张掖郡。宋初为西夏所据，改称镇夷郡，又立宣化府。元初仍称甘州。元世祖至元元年，置甘肃路总管府，辖有甘州和肃州。至元五年二月辛丑，“析甘州路（应为甘肃路）之肃州自为一路”。至元八年，改甘州路总管府。至元二十七年，甘州路户口统计数为 1550 户，

---

〔1〕如《元史》卷21《成宗纪四》载大德七年闰五月，“甘肃行省平章合散等侵盗官钱十六万三千余锭，盐引五千余道，命省、台官征之”。北京：中华书局，1976 年，第 452 页。《大元仓库记》载：“甘肃仓库官多任色目之人，不知官事利害，止是本省差设，比年以来，钱粮失陷连绵，追理不能杜绝。”杨家骆主编：《中国法制史料》第二辑第三册，台北：鼎文书局，1979 年，第 2157 页。

〔2〕〔明〕宋濂：《元史》卷21《成宗纪四》，北京：中华书局，1976 年，第 449 页。

〔3〕李治安：《元代甘肃行省新探》，《元史论丛》第 11 辑，天津：天津古籍出版社，2009 年，第 171－207 页。

23987 口[1]。成宗大德七年（1303 年）十月，升甘州为上路。户数不足二千，却能跻身上路，显然是因为甘肃行省省治所在提升了它的政治军事地位。由于是行省治所，元世祖、成宗、武宗、仁宗四朝，屡次修筑扩建甘州城池，建立仓库，存储金谷，是西部地区最重要的物资集散地。同时也曾是甘肃行枢密院和河西陇北道肃政廉访司的治所。

2. 永昌路

永昌路，下。唐代为凉州。宋初为西凉府，景德中陷于西夏。蒙古国时为窝阔台汗次子阔端斡耳朵驻地。元初仍称西凉府，归阔端王府管辖。元世祖至元九年（1272）十一月，“诸王只必帖木儿筑新城成，赐名永昌府。”至元十五年（1278），元廷以该地为永昌王宫殿所在，立永昌路，降西凉府为州隶之。阔端系绝嗣后，至正三年，元顺帝在永昌一带设永昌等路宣慰司都元帅府，管辖阔端系诸王所遗领地部民。永昌宣慰司先隶属于甘肃行省，至正十七年改隶皇太子詹事院。

3. 肃州路

肃州路，下。唐为肃州，又为酒泉郡。宋朝初年，为西夏所据。元太祖二十一年（1226），肃州被蒙古军攻占，人口损失极大。世祖至元五年，肃州从甘肃路析出自为一路，至元七年，置肃州路总管府。至元十七年，沙州又从肃州路析出自为一路。至元二十七年，肃州路户口统计数为 1262 户，8679 口。

4. 沙州路

沙州路，下。唐代为沙州，又为敦煌郡。宋初仍为沙州，景祐初，西夏陷瓜、沙、肃三州，尽得河西故地，自此沙州一直归西夏管辖。元太祖二十二年，蒙古攻占瓜、沙一带，《元史》说沙州为八都大王分地，从河西西部与察合台家族的渊源关系看，八都很可能是拜答儿之误。至元十四年，复立沙州。

[1]〔明〕宋濂：《元史》卷 60《地理志三》，北京：中华书局，1976 年，第 1450 页。

十七年，升为沙州路总管府，以瓜州隶之。据《元史·地理志》讲，“沙州去肃州千五百里，内附贫民欲乞粮沙州，必须白之肃州，然后给与，朝廷以其不便，故升沙州为路。”沙州升为路的表面原因是距肃州路途遥远、管理不便所致，实际上是此时以出伯为首的察合台汗国属民大量内附，使西部形势复杂化，为了更好地协调与西部诸王的关系，元朝政府将沙州升格为路。至元二十九年九月，“沙州、瓜州民徙甘州，诏于甘、肃两界画地使耕”[1]，说明沙州、瓜州成为察合台系西道诸王的分地，系官民户内迁后，沙、瓜路州机构已没有治民课赋的职能，“但名存而已”，仅代表朝廷供办诸王事务。

5. 亦集乃路

亦集乃路，下。西夏为黑水镇燕军司辖地。亦集乃，西夏语为黑水，亦集乃城就是黑水城。位于甘州城北一千五百里，城址在今内蒙古额济纳旗东南二十五公里哈剌浩特古城。城东北为黑河下游尾闾的大泽，西北都与沙碛相连。元太祖二十一年内附蒙古。至元二十三年，元朝在此立亦集乃路总管府。亦集乃路的设置有多方面原因，一是管理元朝在此设立的大量屯田，屯田发达使亦集乃路粮储丰富，成为元军北出大漠军事行动的基地。二是协调管理东西南北交汇的驿站，元代以大都、和林为起点的纳怜站赤在此交汇，然后分路，一条南下至甘州，一条西去北庭，驿使川流不息，提调供办任务繁重。三是察合台裔西部诸王分置此地，元后期更是诸王猬集，需要路级总管府供养接济。亦集乃路总管府一直维持到北元时期。

6. 宁夏府路

宁夏府路，下，又名中兴路。该地唐代隶属灵州。宋初，废为镇，领蕃部。唐末拓跋思恭参与镇压黄巢起义，赐姓李，升夏州节度使，世代领有银、夏、绥、宥、静五州之地。宋真

[1]〔明〕宋濂:《元史》卷17《世祖纪》,北京:中华书局,1976年,第366页。

宗天禧间，其孙李德明在怀远镇建城池宫室，改称兴州。李元昊建西夏国后，升兴庆宫，定为都城。又改中兴府。1227年，蒙古灭西夏，仍称中兴府。至元二十五年，置宁夏路总管府。元世祖朝曾在中兴府之地设有西夏中兴行省，后废，中兴府归甘肃行省管辖。元朝在宁夏府路设有宁夏等处新附军屯田万户府。宁夏府路领州三：灵州、鸣沙州、应理州。至元十二年三月，元廷还在中兴路置怀远、灵武二县，“分处新民四千八百余户”〔1〕。

7. 兀剌海路

兀剌海路。旧为西夏的兀剌海城，又作斡罗该、兀剌该。元兀剌海路建立在西夏黑山威福军司基础上，城址位于河套北部中兴府和东胜州之间的狼山口附近〔2〕。至元二十一年六月甲戌，“赐皇子爱牙赤怯薛带孛折等及兀剌海所部民户钞二万一千六百四十三锭”〔3〕。就是说，兀剌海路曾是忽必烈第六子爱牙赤所部军民的驻牧地。

8. 山丹州

山丹州，下。唐代为删丹县，隶属甘州。宋初为西夏国占据，设置甘肃军司于此。蒙古军攻占河西后，该地为察合台系诸王分地。至元六年，立山丹城，删讹为山。至元十三年七月，“敕山丹城直隶省部，以达鲁花赤行者仍领之”〔4〕，一度直隶于中书省部。至元二十二年，升为州，隶甘肃行省。

9. 西宁州

西宁州，下。唐代在此置鄯州，领湟水县，上元年间为吐蕃所据，改称青唐城。宋朝收复此地，改为西宁州，隶属陕西

〔1〕〔明〕宋濂：《元史》卷8《世祖纪五》至元十二年三月甲申，北京：中华书局，1976年，第164页。

〔2〕周清澍：《内蒙古历史地理》，呼和浩特：内蒙古大学出版社，1994年，第129页。

〔3〕〔明〕宋濂：《元史》卷13《世祖纪十》，北京：中华书局，1976年，第267页。

〔4〕〔明〕宋濂：《元史》卷9《世祖纪六》，北京：中华书局，1976年，第184页。

路。金代，仍称为西宁州，隶属凤翔路。窝阔台汗时，弘吉剌部赤窟驸马随阔端皇子征略西路秦陇川蜀藏区，子孙遂以湟水流域为分地。至元二十三年，元朝在此立西宁州等处拘榷课程所。

此外，《大元混一方舆胜览》和《事林广记》甘肃行省条下有“小和州”，应当是安集从哈剌火州内迁的畏兀儿人的临时性管民机构，其治所不明。

元朝灭亡后，甘肃行省的设置依然延续了一段时间。北元时期的甘肃行省依然使用“至正”“宣光”年号，又增设“肃州分省”“亦集乃分省”和“分省左右司”，依然有“丞相、平章就省堂上抬饭用过酒羊”，拨付粮食招待北元“朝廷差来官”“少监”“刑部郎中”等及宣使也先不花呈文核销之类的活动。还有“本省左丞袁殊札付郎中也里帖木提调”，“移咨肃州分省指办”，“亦集乃路分省元出规运官本，从本划息”等权力运作[1]。反映了北元势力在甘肃一带与明朝相持对峙的局面。直到明英宗正统年间，瓦剌部首领也先拥戴脱脱不花为元朝皇帝，征服沙州、赤斤等卫后，还在沙州一带设立甘肃行省，任命沙州、赤斤两卫头目为平章政事，可见甘肃行省影响之长久。

第二节　甘肃行省的职掌与选官

“分中书之治”是元代行中书省的主要职能，具体而言是“掌国庶务，统郡县，镇边鄙”，“凡钱粮、兵甲、屯种、漕运、军国重事，无不领之”[2]。甘肃行省境内分布着许多诸王分地，中亚察合台汗国、窝阔台汗国从大蒙古国分裂出去后，称兵东

---

[1]李治安：《元代甘肃行省新探》，《元史论丛》第11辑，天津：天津古籍出版社，2009年，第171－207页。

[2][明]宋濂：《元史》卷91《百官志七》，北京：中华书局，1976年，第2305页。

向，与元廷争夺正统地位，双方激战数十年。甘肃行省地处军事前线，其职责主要是提调西路军马，供给大军钱粮，协调与诸王的关系等。

一、甘肃行省的职掌

（一）规措钱粮

《牧庵集》卷14《平章政事蒙古公神道碑》载甘肃行省初设的至元十八年，博罗欢“以右丞行省甘肃，时大军驻西北，仰哺省十数万人，自陕西、陇右、河湟，皆不可舟，惟车辇而畜负亡，途费之伙，十石不能致一，米石至百缗，公经画得方，供亿不乏，贼不敢窥边者二年”。由此亦可见甘肃行省设立的初衷就是经画钱粮，给食诸军。“甘肃之为地，军储之实有待于运输，不知其方则阙事而民困”[1]。所以历任甘肃行省官皆以筹粮转输、军粮不乏为主要政绩，如《吴文正公集》卷32《鲁国元献公神道碑》载，延祐元年伯都“授光禄大夫甘肃行省平章政事，时米直踊甚，公通治粮道，其年直顿减，明年又减，计岁粜米之费，省缗钱四十万有奇，兵饷既足，民食亦饶。”乃蛮台至治二年为甘肃行省平章，时“甘肃岁籴粮于兰州，多至二万石，距宁夏各千余里至甘州，自甘州又千余里始达亦集乃路，而宁夏距亦集乃仅千里。乃蛮台下谕令挽者自宁夏径趋亦集乃，岁省费六十万缗”[2]。甘肃行省官也一再言，“本省极边重地，供给诸王屯驻大军，规措粮储浩大”[3]。甘肃行省的钱粮来源主要有三：一是朝廷拨赐钞、盐引等，由行省用以中粮或籴粮，如《元史·成宗纪》载大德元年正月丙

---

〔1〕〔元〕虞集：《道园类稿》卷42《昔里哈剌襄靖公神道碑》，元人文集珍本丛刊（六），台北：台湾新文丰出版公司，1985年，第278页。

〔2〕〔明〕宋濂：《元史》卷139《乃蛮台传》，北京：中华书局，1976年，第3351－3352页。

〔3〕《大元仓库记》第23页，杨家骆主编《中国法制史料》第二辑第三册，台北：台湾鼎文书局，1979年，第2157页。

戍，“以钞十二万锭，盐引三万，给甘肃行省”。二是朝廷直接给粮，发民转输。有时这两种做法可合而为一，以避免贪污或浪费的弊端。如《元史》卷185《盖苗传》载“甘肃每岁中粮，奸弊百端，请以粮钞兼给，则军民咸利矣。”三是屯田足食（详见下文）。

（二）提调军马

河西乃诸王密集之地，长期以来是以出伯为首的察合台系宗王统率着元朝西陲军队，那么甘肃行省官是否有权提调军马呢？表面看甘肃行省长官是有权提调军马的，如畏兀人哈珊大德三年任甘肃行省平章，“易三珠虎符，统领西边军马”。《元史》卷139《乃蛮台传》载“至治二年，改甘肃行省平章政事，佩金虎符”。说明上述两人都有权指挥军队，与此相印证，《元史》卷86《百官志二》载“甘肃行枢密院。至大四年，置行院于甘州，为甘肃等处行枢密院，设官四员，提调西路军马”，同时“拘还甘肃、陕西、辽阳省臣所佩虎符”，即一度设甘肃行枢密院代替行省统兵，但罢行枢密院后，仍“以甘肃省丞相提调”。凡此，都似乎说明甘肃行省长官可以提调西路军马。但实际上，甘肃行省长官能够提调军马的只是少数蒙古、畏兀亲贵大臣，且必须与亲王“同领甘肃诸军”，即位于亲王之下，不能自主地总领兵柄〔1〕。如至顺二年十二月，“丁卯，御史台臣言：‘甘肃行省平章月鲁帖木儿，既非蒙古族姓，且闇于事机，使总兵柄，恐非所宜。’诏枢密院勿令提调军马。”〔2〕 月鲁帖木儿为高昌畏兀儿亦都护，其祖先被成吉思汗认为第五子，其家族与黄金氏族世代通婚，谊属蒙古宗室近戚，在历任甘肃行省平章政事中是少有的大根脚出身，连他都不能名正言顺地提调军马，其他人可想而知。所以甘肃行省长

〔1〕〔元〕苏天爵辑撰，姚景安点校：《元朝名臣事略》，北京：中华书局，1996年，第136页。

〔2〕〔明〕宋濂：《元史》卷35《文宗纪四》，北京：中华书局，1976年，第794－795页。

官提调军马只能是在特殊情况下，且必须受宗王节制。

（三）敬事亲王

元代河西一带集结大批诸王牧民军队，在当地自然地理条件下是难以自给的，需要朝廷经常性地接济，这一任务就是由甘肃行省来承担的，所以中书省臣曾言："甘肃省僻在边垂，城中蓄金谷，以给诸王军马。"[1] 史籍中甘肃行省接济赈给诸王的记载很多，说明甘肃行省平章的职责之一就是代表朝廷厚给诸王恩泽，"安在藩屏诸王暨军民悦泽输忠而已"[2]。

（四）治民理财

在稳定了对西夏地区的统治关系后，元廷在西夏之地重括田地户口，恢复和完善赋役剥削制度。西夏地有常租，民有定赋，史称地得尽利，民得营生，官得赋役，"官民便之"[3]。至元八年，"又定西夏中兴路、西宁州、兀剌海三处之税，其数与前僧道同"[4]。上述三路民户与僧、道、儒、也里可温、答失蛮户计一样，只纳地税。元制："军、站户除地四顷免税，余悉征之"，即军站户只征四顷赡户地亩之外部分地税，河西多站户、军户，中上之家，尽为军户，即也免征丁税，只纳地税。有时军户连地税也免[5]。

（五）移民屯田

蒙古灭夏之役的惨烈，使西夏故地人户剧减，"土瘠野圹，十未垦一"[6]，元朝建立后，为恢复西夏地区的社会生产，从各地徙入大批民户，开垦荒地。在西夏地区屯田开荒者，除了汉族外，还有蒙古族、畏兀儿、回回等，呈各族混杂现象。除

---

[1]〔明〕宋濂：《元史》卷23《本纪武宗二》，北京：中华书局，1976年，第345页。

[2]〔明〕宋濂：《元史》卷28《本纪英宗二》，北京：中华书局，1976年，第419页。

[3]〔明〕宋濂：《元史》卷170《袁裕传》，北京：中华书局，1976年，第3999页。

[4]〔明〕宋濂：《元史》卷93《食货志一》，北京：中华书局，1976年，第2358页。

[5]〔明〕宋濂：《元史》卷14《世祖纪》至元二十四年正月"免唐兀卫河西地元籍徭赋"。北京：中华书局，1976年，第295页。

[6]〔明〕宋濂：《元史》卷134《朵儿赤传》，北京：中华书局，1976年，第3255页。

了民屯外，随着元朝与西北叛王之间战事的日趋激烈，元政府又在河西广开军屯，摘军屯田，以备战守，于是又有大批军队涌入河西。随着西北战事的吃紧，元政府在西北还屯兵数十万，其中许多驻于河西。这些屯田戍守军民在恢复发展河西经济的同时，也在一定程度上改变了西夏地区的民族构成，有利于元廷控制西北地区。

二、甘肃行省的选官

《元史》卷91《百官志三》载行中书省长官构成：丞相一员，平章二员，从一品；右丞、左丞各一员，正二品；参知政事二员，从二品，甘肃、岭北二省各减一员。参政之下，曾设签省，后罢不置。丞相或置或不置，尤慎于择人，故往往缺焉。

现将所能检索到的有元一代甘肃行省主要官员列为一表，以供观察：

元甘肃行省丞相、平章、左右丞暨参政表

姓名	职务	任职时间	出身	史料来源
粘合南合	西夏中兴行中书省事	中统二年	女真人，宿卫	《元史·世祖纪》《元史·粘合南合传》
张文谦	西夏中兴行中书省事	至元元年至三年	邢州人，儒生，忽必烈潜邸幕僚	《国朝文类》卷58、《元史·张文谦传》
趁海	西夏行尚书省参政	至元八年		《元史·世祖纪》
陈祐	佥中兴等路行尚书省事	至元八年至十二年	赵州人，儒生，忽必烈潜邸幕僚	《元史·陈祐传》《秋涧集·陈公祭文》
乌马儿	甘肃行中书左丞		回回人，巨商	《九灵山房集·丁鹤年》

续表

姓名	职务	任职时间	出身	史料来源
博罗欢	以中书右丞行省甘肃	至元十八年至二十年	蒙古忙兀氏，畏答儿后裔	《牧庵集》卷14《元史·博罗欢传》
麦术丁	甘肃行省左丞	至元十九年	回回人	《元史·世祖纪》
王椅	甘肃行省参知政事	至元二十年		《元史·世祖纪》
崔彧	甘肃行省右丞	至元二十三年	弘州人，忽必烈幕僚	《元史·崔彧传》
秃烈羊呵	甘肃行尚书省参政	至元二十五年		《元史·世祖纪》
吴诚	甘肃行尚书省佥省	至元二十五年		《元史·世祖纪》
赵仁荣	佥甘肃行尚书省事	至元二十六年	惠州滦阳人，宿卫，赵炳之子	《元史·奸臣传》
哈珊	甘肃行省平章政事	元贞元年至大德八年	畏兀人，睿宗家臣	《常山贞石志》卷21、《元史·成宗纪》《元史·小云石脱忽怜传》
昔里哈剌	甘肃行省左丞、参政	大德九年至至大年间	畏兀人，宿卫	《道园类稿》卷42
陈英	甘肃行省参知政事	大德十年	析津人，儒生	《归田类稿》卷5，卷12
托迪	甘肃行中书丞相	大德十年		《勤斋集》卷4
脱脱木儿	甘肃行省右丞	至大元年		《元史·武宗纪》

续表

姓名	职务	任职时间	出身	史料来源
脱因纳	甘肃行省参政、右丞	至大二年至延祐三年	蒙古答答叉氏	《元史》卷135
阔里吉思	甘肃行省平章	至大四年		《元史·仁宗纪》
李良卿	甘肃行省参政	皇庆初年		嘉靖《真定府志》
伯都	甘肃行省平章政事	延祐元年至四年	蒙古忙兀氏	《元史·博罗欢传附子伯都》、《吴文正集》卷32
吴元珪	甘肃行省左丞	延祐元年至二年	广平人，宿卫	《元史·吴元珪传》
钦察台	甘肃行省平章政事	延祐七年	畏兀人，亦都护帖木儿补化之叔	《元史·仁宗纪》
兀伯都剌	甘肃行省平章政事	延祐七年	回回人	《吴文正集》卷13、《元史·仁宗纪》
朵儿只	甘肃行省平章政事	泰定末至天历初	礼店蒙古人	《闲居丛稿》卷16
怯来	甘肃行省平章政事	天历二年		《元史·明宗纪》
只儿哈郎	甘肃行省平章政事	天历二年		《金华黄先生文集》《元史·明宗纪》
月鲁帖木儿	甘肃行省平章政事	至顺二年	高昌畏兀儿亦都护	《元史·文宗纪》
巩卜班	甘肃行省平章政事	后至元五年		《元行省丞相平章政事年表》

续表

姓名	职务	任职时间	出身	史料来源
盖苗	甘肃行省左丞	至正六年	大名元城人，进士	《元史》卷185
严度	甘肃行省左丞	约至正六年	东平人，汉人世侯	《柳待制文集》卷8
亦怜真班	甘肃行省平章政事	至正六年后	西夏人	《元史·亦怜真班传》
韩镛	甘肃行省参知政事	至正十一年	济南人，进士	《元史》卷185
帖木哥	甘肃行省平章	至正十二年	乃蛮氏	《元史》卷42，卷140
锁南班	甘肃行省平章政事	至正十三年		《元史·顺帝纪》
怯的	甘肃行省右丞	至正十四年		《元史·顺帝纪》
迭里迷失	甘肃行省平章政事	至正十五年	大宗正府札鲁忽赤	《元史·顺帝纪》
咬咬	甘肃行省左丞相	至正十七年		《元行省丞相平章政事年表》
阿吉剌	甘肃行省左丞相	至正十八年		《元史·顺帝纪》
陈祖仁	甘肃行省参知政事	至正二十三年	汴人，进士	《元史》卷186
吴绎	甘肃行省参知政事		信都人，宿卫	《申斋文集》卷4，卷7
朵儿只班	甘肃行省平章	至正二十五年		《元史·顺帝纪》
武祺	甘肃行省参知政事			弘治《桐城县志》卷2

续表

姓名	职务	任职时间	出身	史料来源
杨惟良	甘肃行省参知政事		萧县人	《大明一统志》卷 18
商高	甘肃行省平章政事	元末		《万姓统谱》卷 52
朵儿只失结	甘肃行省右丞	元末	西宁蒙古弘吉剌部	《明太祖实录》卷 78 洪武六年正月己未条
汪文殊奴	甘肃行省平章政事	元末		《明太祖实录》卷 87 洪武七年二月己酉条

从所能检索到的有元一代甘肃行省主要官员情况看，元代甘肃行省几乎不置丞相（只有元末左丞相两例），平章政事中出身最显贵的为蒙古忙兀氏的博罗欢、伯都父子和木华黎五世孙乃蛮台等三人，均属蒙古世臣之家，其余各级省官以色目人和汉人居多，表明甘肃行省在元代政治经济地位不甚重要。从时间上看，至元初，西夏行省长官多以忽必烈信任的汉族谋士出任，这与忽必烈当时在西夏故地大力推行汉法，有意限制诸王权力有关。至元十八年（1281）以后到英宗至治三年（1323）之前，是元朝与察合台、窝阔台两汗国战事激烈之时，元朝显贵重臣出任甘肃行省官员集中在这一时期，反映了该阶段甘肃行省在军事上的重要性。元朝末年，甘肃行省官员多为一般蒙古人、无大根脚的色目人或汉人，其中有一些还是在朝廷政争中失败贬官至甘肃的，说明元朝与察合台汗国约和后，甘肃行省地位再次下降。元代甘肃蒙古诸王密集，各有分地，负有军事镇戍的重任，而且其政治身份高于行省官员，这也是甘肃行省选官倾向于出身较低者的一个原因吧。

第三节　诸王分封出镇与行省的关系

尽管元代行省职权极重，“凡钱粮、兵甲、屯种、漕运、军国重事，无不领之”[1]。但依据黄金家族共有天下的原则，行省官员也是宗王的臣属，宗王的政治地位高于行省官员。至元元年立诸王条例，明令禁止诸王“口传敕旨及追呼省臣官属”，但仍发生了永昌王只必帖木儿召问行省官董文用的事例，说明行省官员至少表面上还要听命于诸王。《廉文正王神道碑》载至元年间丞相安童荐廉希宪行省河西，忽必烈说：“河西诸王列地，希宪执法于朕意无所曲从，岂听宗王语者。”[2]

分封镇戍诸王不仅相对独立于行省，而且有可能干预行省事务。如只必帖木儿时期，前阔端兀鲁思已经削弱为普通王位下了，但仍沿袭惯例派家臣充行省断事官与行省官员共听政事[3]。豳王出伯镇戍河西十几年，甘肃行省诸军、陇右诸王驸马、兀丹等处宣慰司都元帅府、吐蕃乌思藏宣慰司、巩昌等处便宜总帅府等并听节制[4]，兼提调甘肃等地军站仓库等军国重事，可谓权倾行省。继其后曾提调甘肃行省诸军的还有豳王喃答失、高昌王帖木儿补化等，高昌王月鲁帖木儿还曾兼任甘肃行省平章[5]。行省或行院提调军马的制度在此几同虚文。

关于分地达鲁花赤由元帝还是由投下主任命，也存在着持

[1]〔明〕宋濂:《元史》卷91《百官志七》,北京:中华书局,1976年,第2305页。

[2]〔元〕苏天爵:《元文类》卷65元明善《平章政事廉文正王神道碑》,台北:台湾商务印书馆,1986年文渊阁《四库全书》影印本(集部1367册),第853页。

[3]〔明〕宋濂:《元史》卷7《世祖纪》至元九年春正月条,北京:中华书局,1976年,第140页。

[4]〔清〕屠寄:《蒙兀儿史记》卷42《出伯列传》,北京:中国书店出版社,1984年,第337页。

[5]张维:《陇右金石录》卷5《高昌王世勋碑》,《历代石刻史料汇编》13,北京:北京图书馆出版社,2000年,第1056页。《元史》卷35《文宗纪》,北京:中华书局,1976年,第794页。

久的争论，这是双方权益的分歧。分地达鲁花赤的任命权是元史中最重要的问题之一，地方政府的地位正显现于元廷与分封诸王的关系之中。忽必烈曾多次企图限制投下主的自主权，分地达鲁花赤于1264年被罢设，但分地达鲁花赤却存在于整个忽必烈统治时期，而且分地的机构设置体例正是在这个时期建立的。在13世纪60年代，诸王可以荐举分地的职官，其所属州县长官可从本分地分到城邑内迁转；诸王还可以委任断事官进入宗正府，以代表自己那部分权力。仁宗废除诸王任命的断事官和诸王任命分地达鲁花赤的权力，但又遭到失败。晋王、周王保持自己对达鲁花赤的任命权，倾向于维持蒙古社会政治传统，在御史台及一些宗王的强烈抨击下，终于被迫恢复诸王任命分地达鲁花赤的权力。

这就说明在内外条件的制约下，元廷对宗藩只能是削弱而不能削平，有意使宗王与行省并存分治，相互维系，相互制约，并经常通过宗王参决行省事务，诸王家臣担任行省管民官或断事官及皇帝遥控，将两者有机地结合起来。在这一体制下，宗王的政治身份高于行省官员，但行省总揽庶务，并以此为手段挟制诸王，宗王与行省之间的关系则由朝廷调节。如河西屯驻大军，粮草不能自给，元朝政府每年都要花费巨钞，规措粮储以给诸王，负责此事的甘肃行省也就可以借供给之机，行监督牵制之实。因此，行省长官的为政之道颇有机巧。行省虽在粮钞方面有画一之权，但在“隆亲厚本”的既定方针下，必须“敬事亲王”，厚给恩泽，以使“藩屏诸王及军民悦泽输忠”。

行省除了掌管军国重事，总揽庶务外，一般不过问诸王分地事务。“后诸侯王与十功臣既有土地人民，凡事干其城者，各遣断事官自司，听直于朝”[1]。终元之世，在甘肃行省所辖七路二直隶州内，交错分布着诸王分地，大体是阔端后王和亦都护高昌王在河西走廊东端的凉州一带，察合台系诸王在河西西部以及哈密、柴达木盆地一带，宁濮郡王—岐王系统在青海西宁至永登、兰州一带，其王号分地均在本家支内世袭传承，直至元末。诸王对领地部民拥有传统的人身权利，有相对独立于行省的军政司法权。史载荆王、豳王、西宁王、肃王、威武西宁王、高昌王、岐王位下均设有王傅府，或王府总管，统领本位下怯薛及“怯连口奴都赤、八儿赤、昔保赤、哈赤军民诸色人匠”[2]。如荆王位下“概管军民，最为富庶”，“本位下自有设置仓敖，岁收税石甚多”[3]。诸王还不顾朝廷禁令，自行招纳私属人户，隐占系官民户，如甘州甘泉站初立时有站户348户，至60年后的大德六年，止存176户，隐占于各投下以逃避站役者就有126户，连赡站地土也被各投下户计耕种，甘肃行省屡屡伸奏都省，要求检括隐占站户，回复站役，均不见效[4]，最后只得另想办法，由中书省、枢密院、通政院于诸部重新拨马增户以济之[5]。又如延祐元年，甘肃行省于曲尤、沙州、瓜州上户内签发一百户以充察巴站役，结果“诸王纳忽里执把圣旨，云属本位下种田户，有司不得侵犯，于所签站户内，指择位下户计者取去”[6]。由于行省不能直接干涉各投下

[1]〔元〕苏天爵:《元文类》卷59姚燧《平章政事莽果(忙兀)公神道碑》,台北:台湾商务印书馆,1986年文渊阁《四库全书》影印本,集部1367册,第778页。

[2]〔元〕虞集:《道园类稿》卷39《逊都思氏世勋碑》,元人文集珍本丛刊(六),台北:台湾新文丰出版公司,1985年,第215页。

[3]〔明〕姚广孝,解缙等:《永乐大典》卷19421,北京:中华书局,1986年,第7237页。

[4]〔明〕姚广孝,解缙等:《永乐大典》卷19420,北京:中华书局,1986年,第7222页。

[5]〔明〕宋濂:《元史》卷23《武宗纪》,北京:中华书局,1976年,第513页。

[6]〔明〕姚广孝,解缙等:《永乐大典》卷19421,北京:中华书局,1986年,第7232页。

事务，必须由都省甚至皇帝亲自出面，缓不济急，投下户怯怜口的负担又较官户为轻，所以在诸王与行省争夺民户的斗争中，占上风的总是宗王。但是在都省和皇帝的干预下，领地部民也还是要承担一定的军站差役等封建国家义务。

在领地司法权方面，明确规定“诸王分地之民有讼，王傅与所置监郡同治，无监郡者王傅听之。”〔1〕就是说投下部民除了致伤人命奸盗公事等情节性质极严重的场合外，一般情况下都由领主行使司法权，若领地部民与行省百姓发生司法纠纷，则由王府官属与行省官员共同审理，即领地司法权相对独立。前引《元史·陈祐传》载永昌王对投下官员拥有生杀予夺的权力，就是一个很典型的事例。

在驿站权方面，河西并入蒙古之初，是由镇守删丹的察合台家臣按竺迩置驿，经酒泉、敦煌、玉门关通往西域〔2〕。阔端出镇河西后，总揽军民，驿站自然归其提调。甘肃行省设立后，驿站的管理和使用形成双轨制，在管理方面，既有直隶于行省、通政院的国家站赤，也有诸王在自己分地内自立自管的站赤；在使用铺马方面，行省的铺马圣旨与诸王的铺马令旨共同使用，如至元年间，西域之人取道河西往内地者，“每于诸王只必铁木儿府告给驿马，不得，则求于宣慰司迎传以来”〔3〕。因诸王令旨易得，造成驿户不胜负担而破产逃亡之事，史籍触目皆是。当诸王专制方面军事时，一般都兼领军站事，如诸王出伯就曾提调甘肃等地军站事。河西诸王分地都有自己的站赤，如荆王位下有蒙古七站，与岐王位下站赤相接，肃王宽彻之地也有自己的站赤，这些站赤一般“从本位下自行接

---

〔1〕〔明〕宋濂：《元史》卷16《本纪》世祖十三，北京：中华书局，1976年，第337页。

〔2〕〔明〕宋濂：《元史》卷121《按竺迩传》，北京：中华书局，1976年，第2982页。

〔3〕〔明〕姚广孝，解缙等：《永乐大典》卷19417，北京：中华书局，1986年，第7201页。

济”[1]，所需马匹料粟，属于自立自管。但宗王往往借口天灾流行，要求行省或朝廷出钞粟接济本位下站赤，遇到这种情况，就得由都省出面协调解决。诸王分地站赤既运送本位下使臣租赋，也要供朝廷使臣乘传使用。另外，还有行省与诸王共同提调的站赤，如永昌路许速都、双松等驿原“直隶永昌王傅提调”，后因管理不善而改由王傅与永昌路达鲁花赤共同提调[2]。

在统军权方面，诸王位下都拥有本位下怯薛军队，其领地部民本身就是一个游牧军民集团，担任着镇戍任务[3]。此外，宗王还经常率本投下军队从征出戍[4]，这是诸王对皇权承担的封建义务，随领主出征也是投下部民为国家承担的军役。但是诸王军队不直接听命于行省，而是由皇帝指定的某宗王节制，由他来协调诸王军队与行省的行动。如出伯、喃答失、帖木儿不化、月鲁帖木儿等，就是统一指挥诸王与行省军队的。在发生紧急事变时，行省官员只能约请诸王出面统军，如至元二十五年，“也速不花以昔列门叛。甘肃行省官约诸王八八、拜答寒、驸马昌吉，合兵讨之”[5]。既云“约”，则说明行省官不能指挥而只能协调诸王军队。其他如延祐三年关陕有警，甘肃行省平章夜抵岐王府，谋议檄各镇兵讨叛党[6]。天历天

[1]〔明〕姚广孝，解缙等：《永乐大典》卷19421，北京：中华书局，1986年，第7237页。

[2]〔明〕姚广孝，解缙等：《永乐大典》卷19420，北京：中华书局，1986年，第7226页。

[3]虞集撰《逊都思氏世勋碑》记唐兀解领永昌王府怯薛官及所属军匠保马诸民，“内赞府事，外著边职”。虞集：《道园类稿》卷39，元人文集珍本丛刊（六），台北：台湾新文丰出版公司，1985年，第215页。

[4]《元史·文宗纪》所记荆王也速也不干、豳王不颜帖木儿出征云南，《元史·顺帝纪》所记西宁王牙罕沙、高昌王月鲁帖木儿出兵镇压红巾军等。

[5]〔明〕宋濂：《元史》卷15《世祖纪》，北京：中华书局，1976年，第317页。

[6]〔元〕吴澄：《吴文正集》卷64《故光禄大夫江南诸道行御史台大夫赠银青荣禄大夫江浙等处行中书省左丞相上柱国鲁国元献公神道碑》，台北：台湾商务印书馆，1986年文渊阁《四库全书》影印本，集部1197册，第630页。

顺之战时，荆王为陕西行台诸军领袖，失败后奉檄放罢诸军[1]。元末政争，四方诸王军卷入，豳王、豫王为西方诸王军代表[2]，等等，说明河西诸王军始终拥有独立的统军权。诸王军队的出省远戍，必须由皇帝亲自调发，这方面的例子有文宗时期荆王也速也不干的从征云南及豳王不颜帖木儿的求征云南。至元朝末年，由于屯戍汉军的逃亡、山东河南蒙古军轮戍制度的废弛，甘肃行省几无可调之兵，明军抵达河西时，与之对阵的基本上是诸王军队，可知元朝后期诸王在河西的地位当更加突出。

总之，不管忽必烈如何附会汉法，他仍不可能彻底摆脱草原旧俗的束缚，特别是由于元朝民族问题的复杂尖锐，以及黄金家族内部的争权夺利，迫使他不得不更多地依靠皇亲国戚、宗室贵族。所以在岭北辽阳也好，在河西云南也好，只要是诸王驸马集中之地，他搞的都是行省宗王并存分治、相互监督、相互制约的双轨制，以同时照顾到皇权与宗室贵族的利益。这一做法被后继诸帝奉为国策，相沿不改。尤其是到了元朝后期，皇位争夺激烈，诸王向背举足轻重，皇权不得不向藩权做出更大的让步，反映在河西便是诸王的地位比世祖时期有所上升。

第四节　元代西北地区的社会特点

甘肃行省治理下的西夏故地及陇右故金地，具有世官土官多而治理方式多元，军户多而军事化程度高，僧户多而享有特权，各族移民众多而文化多元的特点，这也从一个侧面体现了

〔1〕〔明〕宋濂:《元史》卷137《阿里海牙传》,《元史》卷32《文宗纪》,北京:中华书局,1976年,第720、3317页。

〔2〕〔明〕宋濂:《元史》卷205《搠思监传》,《元史》卷141《察罕帖木儿传》,北京:中华书局,1976年,第3390、4587页。

元朝政府对西北地区的控制方式。

一、河陇地区的世官土官

地方统治形态是指行省之下路府州县等地方行政机构的建置、治理方式和官员任用制度。由于元朝地域广大，民族众多，地区情况千差万别，加上政治体制多元化的背景，因而其地方统治形态也因时因地而异。西北地区比较突出的现象是世官土官制度，集中体现在以汪氏为中心的陇右世官土官集团、诸处探马赤军或元帅府等军事集团，以及与部落制合一的军政集团。也就是说元代西北地区的世袭制大致可区分为三种类型：

第一种类型是家族世守其地，世袭制与迁转法并行。代表者是陇右汪氏集团和肃州唐兀阿沙家族。巩昌汪氏自汪世显归降蒙古统治者之后，始终以巩昌便宜都总帅身份兼领军民，专制一方，历太宗、定宗、宪宗三朝而不变。忽必烈时期曾一度削夺汪氏军民之权，但至元二十八年桑哥罢相后，汪氏又基本恢复了以前万户兼管民官统领军民的世袭权力。武宗至大三年(1310)，姚燧为汪氏撰《乔木堂记》时就说：“中统之末，诏夺强诸侯之世其土者，俾不得而有转使牧州，独是一门父死而子以继，兄终而弟可及，旄钺相后先，圭衮相焜煌，自乙未(1235)至庚戌(1310)，七十有六年，袭守其土而不变，非列圣私之，亦克终为下有以致也。呜呼，不曰故国谓之何哉！校今名臣，无亚匹者。”〔1〕史籍和碑传所见，汪惟和、汪惟孝〔2〕之后，汪安昌、汪寿昌、汪延昌、汪有成（长生奴）、汪庸（灵真保）相沿袭职，世系历然可考，直至明初。这在元代汉人世侯中是独一无二的。所以时人慨叹有元一代“以世业显

〔1〕〔元〕姚燧：《牧庵集》卷8《乔木堂记》，台北：台湾商务印书馆，1986年文渊阁《四库全书》影印本，集部1201册，第477－478页。

〔2〕〔元〕《汪惟孝墓志》，至元三十年至大德元年，汪惟孝曾任巩昌府尹兼总帅。

荣者固多得统其军，世守其地者，惟汪氏”[1]。当然，兼管军民并非是说其权力不受制约，汪氏世职便宜都总帅属军职，例得世袭，汪氏所兼巩昌府尹属管民官，一般不得世袭，此职由汪氏世袭是比较特殊的现象。但府尹位于监郡达鲁花赤之下，受到其制约。史籍所见曾任巩昌路达鲁花赤的除别速帖木儿外，还有忻都、阔阔木及高昌亦都护家族的帖睦而补化等人。此外，巩昌汪氏所任各官包括便宜都总帅兼府尹世职及巩昌府大小官吏都需按迁转法依例迁转，如汪良臣、汪惟正、汪惟孝、汪惟和等均曾由巩昌便宜都总帅世职出任其他官职，或由他职再调任此二世职，只是这两个世职必须从汪氏子侄中选任袭职。汪氏集团的其他成员，如临洮赵氏、祁氏都是在保留了其世职的同时，也通过迁转法仕进。另一个例子是肃州达鲁花赤阿沙家族，《大元肃州路也可达鲁花赤世袭之碑》记载了其一门六代十三人的世次传承，从中反映出肃州达鲁花赤一职在其家族内继承甚至转让。世袭制得到保留的一个原因是宋金夏以来西北社会军事化程度较高。宋金夏以来，西北地区各族杂处，军事活动频繁，中上之家，尽入军户，出现了不少世代为将之家，形成了有利于世袭制的社会结构。

第二种类型是军职世袭。元制：军官可以世袭[2]。这在西北地区表现得十分明显，主要是徙入当地的蒙古探马赤军镇戍万户、千户、元帅之类。如礼店文州军民元帅府的按竺迩家族世袭礼店文州元帅之职，直至明初。所谓蒙古万户、千户、元帅府都是独立的军民集团或单位，只有世袭制才能维系其组织不致流散。明代河湟诸卫的西宁李土司、祁土司、永登鲁土司、必里卫指挥等，都是由元代蒙古部落世袭千户、万户演变

〔1〕〔元〕虞集：《道园类稿》卷16《陇右王汪氏世家勋德录序》，元人文集珍本丛刊（五），台北：台湾新文丰出版公司，1985年，第465页。

〔2〕〔明〕宋濂：《元史》卷22《武宗纪》：“军官与民官不同，父子兄弟许其相袭，此世祖定制”。北京：中华书局，1976年，第482页。

而来。正如《安多政教史》所载，华锐地区（今甘肃天祝与青海互助、民和一带）的吉家、李家、鲁家、杨家等许多小土官都是蒙古阔端汗的后裔〔1〕。

第三种类型是与部落制度合一的军民统摄型。西北地区是多民族地区，在各族杂居的地区，如脱思麻地区，地理环境封闭，人身领属关系极强，部落制几乎是唯一的社会组织形式，适应这一历史的民族的环境，一些地方机构往往因族或部落而设，如十八族元帅府等，地方行政建置与部落合一，部落首领充任地方官，兼具双重身份。如河州宣慰司下属的岷州吐蕃后氏家族，自中唐以来即镇守其地，入元后至少有六人先后承袭宣慰使都元帅一职，分别是定而迦、阿波赤、扎释巴、舍啰领占、哈儿迦、半曲，其他家族成员任路同知、达鲁花赤、行宣政院判者也有不少〔2〕。这种军民兼理的世袭土官，既是朝廷官员，又是部落首领，明代河湟诸卫土司有一部分就是从元代部落土官转化而来。

可以看出，元代西北地区行政中多元性特点比较突出，存在着复合的结构。这种特殊现象的存在或可归因于：元朝统治者以世袭代替考选的偏好，投下及其他有一定自治性的地域与居民的存在，征服以前蒙古社会结构的影响以及征服后蒙汉二元政治体制的确立，唐末以来西北历史、地理、民族环境的特殊性和复杂性，蒙元时期大规模的多元文化民族的迁入本区和大分散小集中分布格局的形成，等等。元朝在西北的统治方式对明朝有深刻的影响，河州西番诸卫的设立，土流参设制度的实行，关西七卫体制的建立，可以说都是在元朝经营的基础上

---

〔1〕智观巴·贡却乎丹巴绕吉著，吴均、毛继祖、马世林译：《安多政教史》，兰州：甘肃民族出版社，1989 年版，第 35 页。

〔2〕《金刚乘起信庄严宝鬘西天佛子源流录》，参见苏航《大智法王班丹扎释的家族与世系——以〈西天佛子源流录·佛子本生姓族品〉为中心》，《民族研究》2011 年第 2 期，第 81 – 90 页。

对原有统治方式继承扬弃的结果。

二、唐兀军户与军役

早在1221年木华黎经略中原之时，“西夏国李王请以兵五万属焉”[1]，以助征伐。同年，西夏将领也蒲甘卜“奉旨同所管河西人，从木华黎出征”[2]。《元史》卷133《拜延传》载：“拜延，河西人。父火夺都，以质子从太祖征河西，太祖立质子军，号秃鲁花，遂以火夺都为秃鲁花军百户。”这些早期归附的西夏军被编入蒙古军籍，镇戍四方。蒙古灭夏后，征发更多的西夏人从军，此时在元政权中崭露头角的西夏人也多以军功知名。《元史》中签发河西军的记载比比皆是，如至元八年二月“以沙州、瓜州鹰坊三百人充军”[3]。至元十二年五月“遣肃州达鲁花赤阿沙签河西军”[4]。至元十六年九月，又“诏河西地未签军之官，及富强户有物力者，签军六百人”[5]。至元二十四年九月，“以米二万石、羊万口给阿沙所统唐兀军”[6]。从受赐米、羊数量看，阿沙本人统领的唐兀军人数也不少，由此也可见西夏地区社会军事化程度颇高，除了军官世家，各色户计只要物力富强，随时可签为军，于是中上之户，尽入军籍，充当站户、军户，负担站役、军役成为唐兀户最重的负担，这也是元代甘肃地区的一个特色。

唐兀户担负的另一经常性军役，是充任宿卫军，“至元十七年三月，发忙古䚟、抄儿赤所领河西军士，及阿鲁黑麾下二

[1]〔明〕宋濂：《元史》卷119《木华黎传》，北京：中华书局，1976年，第2934页。

[2]〔明〕宋濂：《元史》卷123《也蒲甘卜传》，北京：中华书局，1976年，第3027页。

[3]〔明〕宋濂：《元史》卷7《世祖纪》，北京：中华书局，1976年，第134页。

[4]〔明〕宋濂：《元史》卷8《世祖纪》。《元史》卷98《兵志一》载至元十二年五月，正阳万户刘复亨乞签河西等户为军，“有旨，命肃州达鲁花赤，并遣使同往验各色户计物力富强者签起之。”北京：中华书局，第167页，2516页。

[5]〔明〕宋濂：《元史》卷98《兵志一》，北京：中华书局，1976年，第2517页。

[6]〔明〕宋濂：《元史》卷14《世祖纪》，北京：中华书局，1976年，第300页。

百人，入备扈从”[1]。至元十八年，设唐兀卫亲军都指挥使以长其军，领河西军三千人[2]，为宿卫军中色目军卫之一。唐兀卫军士多为西夏军官世家子弟，故带虎符金牌者甚众。西夏郡县官员和富户皆有子弟入仕京师，备禁卫，且“汉兵右卫大小将校之设，必自唐兀卫择人，以为之监”[3]，既有受重用的一面，也包含为质子于朝的含意，故唐兀卫又称秃鲁花军，即质子军。西夏之地也被称为“秃鲁花之地”[4]。充任宿卫秃鲁花成为西夏人最重的负担，“所征发多惮行”。因为秃鲁花是有力人户，所以关于秃鲁花隐占民户、驿户之事在史籍中也数有反映。唐兀卫侍卫亲军的设立，在利用西夏人强悍善战、刚直守义的特点加强中央集权的同时，也间接地强化了对西夏遗民的控制。

三、僧户及其特权

僧户多而享有特权也是元代唐兀地区的一个特点。西夏王室崇佛重教，一般民众也普遍信仰佛教。“虽凶狠庸愚，亦大敬信，况宿习智慧者哉。所以七宝妆严，为塔为庙者有矣；熔塑彩缋，泥土沙砾，无不为之，故浮图梵刹，遍满天下。”[5]大德高僧，尊为国师，有的甚至参预军政，如《蒙古源流》载蒙古军围攻灵州时，时有咒者哈喇刚噶媪，登城楼，摇黑旗而咒之。西夏人极尊国师，凡有女子，必先荐于国师，然后才敢嫁人。成吉思汗以此二者恶之，破西夏，曾脔其国师。但蒙古统治者并不敌视任何宗教，元代西夏地区仍然重僧，加上蒙古统治者对宗教职业者有种种优待，所以元代河西僧户之多在时

---

〔1〕〔明〕宋濂:《元史》卷99《兵志二》,北京:中华书局,1976年,第2535页。

〔2〕〔明〕宋濂:《元史》卷99《兵志二》,北京:中华书局,1976年,第2527页。

〔3〕〔元〕虞集:《道园类稿》卷42《彭城郡侯刘公神道碑》,元人文集珍本丛刊(六),台北:台湾新文丰出版公司,1985年,第267页。

〔4〕〔明〕宋濂:《元史》卷15《世祖纪》,北京:中华书局,1976年,第328页。

〔5〕《凉州重修护国寺感通塔碑铭》,见吴景山辑《西北民族碑文》,兰州:甘肃人民出版社,2001年,第2页。

人笔下屡有反映。如王恽《弹西夏中兴路按察使高智耀不当状》就称“河西土俗，大半僧祇。”〔1〕马祖常《河西歌效长吉体》则云：“贺兰山下河西地，女郎十八梳高髻。茜根染衣光如霞，却召瞿昙作夫婿。”〔2〕可知元时河西僧人享有初夜权，可以娶妻生子〔3〕的习俗仍然保留。由于西夏佛教与蒙古族信奉的藏传佛教有很深的渊源关系，所以河西僧作为西僧之一种颇受蒙古王室优待重用。著名者如杨琏真加与杨暗普父子，前者任江淮诸路释教都总摄达十年以上，后者为官宣政院使，受封秦国公，为元朝皇帝所倚重，是元代宗教界显赫一时的人物〔4〕。元朝还设宁夏甘肃释教总统所管理西夏地区僧户和宗教活动，如武宗即位后，曾以亲信西夏人乞台普济为丞相，其弟日尔塞授荣禄大夫、宣政院使、宁夏甘肃释教都总统〔5〕。天历二年十一月“西夏僧总统封国公冲卜卒，其弟监藏班臧卜袭职，仍以玺书、印章与之”〔6〕。正因为河西僧户多，宗教影响大，加上世祖以后唐兀人在政治上的崛起，所以元政府加意笼络，赞助其宗教事业，世祖时曾下令刊刻河西字藏经板，准备印刷西夏文大藏经，至元三十年一度“罢宣政院所刻河西藏经版”。成宗大德六年，于江南浙西道杭州路大万寿寺雕刊西夏文大藏经三千六百二十余卷〔7〕，武宗、仁宗又陆续印制，并

〔1〕〔元〕王恽：《秋涧集》卷86《弹西夏中兴路按察使高智耀不当状》，台北：台湾商务印书馆，1986年文渊阁《四库全书》影印本，集部1201册，第240页。

〔2〕〔元〕马祖常：《石田文集》卷5《河西歌效长吉体》，台北：台湾商务印书馆，1986年文渊阁《四库全书》影印本，集部1206册，第537页。

〔3〕〔明〕宋濂：《元史·世祖纪》载至元十九年冬十月己丑，“敕河西僧、道、也里可温有妻室者，同民纳税”。北京：中华书局，1976年，第247页。

〔4〕陈高华：《略论杨琏真加和杨暗普父子》，《西北民族研究》，1986年第1期，第55－63页。

〔5〕〔元〕姚燧：《牧庵集》卷26《史公先德碑》，台北：台湾商务印书馆，1986年文渊阁《四库全书》影印本，集部1201册，第677页。

〔6〕〔明〕宋濂：《元史》卷33《文宗纪二》，北京：中华书局，1976年，第744页。

〔7〕王国维：《观堂集林》卷21《元刊本西夏文华严经残卷跋》，北京：中华书局，1959年，第1051页。

不惜耗费驿力，将其施放于河西各寺院[1]。河西僧户不仅在宗教、政治方面受到优待，而且还经常享有免输租税等经济方面的特权，他们因此积极为元政府服务，为元朝大一统事业出力。

四、各族移民众多，多元文化并重

元代西北各族移民众多，除了随分封出镇蒙古诸王徙入的众多草原蒙古千户、探马赤军团外，还有因战乱而徙入河西之地的各族，如畏兀儿、合迷里、回回等。流徙于河西一带的各族部落，以高昌畏兀儿亦都护部最为有名。亦都护家族之所以选择留居河西永昌，将此地作为其根据地，是因为在此之前，永昌已定居有不少畏兀儿大族。如至元十七年，元廷就下令畏兀儿户居河西界者屯田。畏兀儿贵族阿台不花曾“挈家以从”亦都护火赤哈儿的斤入朝，“行次永昌，相其土地丰饶，岁多丰稔，以为乐土，因之定居焉”[2]。可见定居于河西的畏兀儿人，除了亦都护及其家族外，还有相当多的畏兀儿贵族[3]。这从元廷屡次下诏令亦都护召集甘、沙、肃等州畏兀儿流民也可看出”[4]。《高昌王世勋碑》载亦都护纽林的斤定居永昌后，“会吐蕃脱思麻作乱，诏以荣禄大夫、平章政事领本部探马赤等军万人，镇吐蕃宣慰司”。可见经过一番召集检括，亦都护的实力有所恢复，能签军万人之多，则定居于河西的畏兀儿当不下四五万人。此外，陕西行省之巩昌、平凉、秦州、凤翔、奉元等地都有畏兀儿人定居。

总之，有元一代，各族人口通过移民开荒、军事镇戍、摘

[1]〔明〕姚广孝，解缙等：《永乐大典》卷19421站赤六，北京：中华书局，1986年，第7230、7231页。

[2]〔元〕危素：《西宁王忻都公神道碑》，《陇右金石录》卷5，《历代石刻史料汇编》13，北京：北京图书馆出版社，2000年，第1068页。

[3]罗贤佑：《元代畏兀儿亦都护谱系及其地位变迁》，《民族研究》，1997年第2期，第70－80页。

[4]〔明〕宋濂：《元史》卷13《世祖纪》，北京：中华书局，1976年，第277页。

军屯田、避乱内迁等形式，徙入西夏地区，与西夏遗民交错而居，形成各族杂居、多种宗教文化并存的局面。如元代亦集乃路就有蒙古户、汉户、唐兀户、畏兀儿户计和回回户计等，有回回礼拜寺和哈的大师、佛寺和僧户等。《元史》也屡次将河西僧、道、也里可温、答失蛮、先生等并列，一体对待，既体现了元朝政府利用民族差别进行统治的策略，也为民族的融合提供了条件。适应这一局面，元朝统治者采取了多元文化政策以统合多民族国家。元朝建立后，蒙古统治者从文化的破坏者转变为文化的建设者，元朝在河西文化建设的重点就是儒学，如分封于西凉的荆王曾重修凉州庙学，还命常德路分地达鲁花赤为永昌路西凉州儒学铸造祭器。行省官员也以兴学宾士为己任。甘肃提举儒学官员也从内地选调。这无疑是照顾唐兀故地文化特点的政策。出于统治多民族国家的需要，元朝统治者同时起用各族知识分子，官府内通行汉文、畏兀儿文、亦思替非文字、波斯文、八思巴文等。值得一提的是畏兀儿文在河西极为流行，如肃州泰定三年喃答失太子所立《重修文殊寺碑》，肃州至正二十一年的《大元肃州路也可达鲁花赤世袭之碑》，武威元统二年的《高昌王世勋碑》，武威至正二十二年的《西宁王忻都公神道碑》等，大多是汉文、回鹘文双体合写的，同时在敦煌发现的有确切纪年的回鹘文、蒙文、汉文的文书或题记，也大多写于 14 世纪前半期[1]，这一现象是很值得注意的。一方面表明了回鹘文化在河西的地位和影响，暗示着 14 世纪前期回鹘文是居住在河西的各个民族所共同使用的语言，另一方面也反映了当地居民的文化多元性。

第五节　陕西行省巩昌便宜都总帅府

《元史》卷 60《地理志》载陕西等处行中书省下辖有四

〔1〕(日)森安孝夫:《敦煌出土元代回鹘文佛教徒书简》,《东洋文库研究部欧文纪要》第 40 辑,东京:东洋文库,1982 年。

路，巩昌等处便宜都总帅府为其中之一，似乎巩昌府始终隶属于陕西行省，实际上，巩昌等处便宜都总帅府从皇子阔端辖地划归陕西行省是经历了一个过程的。

1235 年阔端统兵攻四川时，先招降盘踞巩昌一带的故金残余势力汪世显部，权“官以便宜都总帅，凡前所节度二十四城还受节度”。按“国初方事进取，所降下者，因以与之”的惯例，巩昌总帅府就此成为阔端系的领地，汪氏成为其私属家臣。1240 年秋，窝阔台汗召汪世显入觐，“帝数其功，赐金虎符”[1]。1243 年春，阔端又承乃马真皇后制，正式拜汪世显为便宜都总帅，“手诏抚秦、巩、定西、金、兰、洮、会、环、陇、庆阳、平凉、德顺、镇戎、原、阶、成、岷、迭、西和二十余州。事无巨细，惟公裁决”[2]。汪氏遂跻身蒙古帝国汉地世侯之列，辖有今甘肃中东部。随着征蜀战争的进程，四川隆庆府利、巴、大安、褒、沔、龙等州也一度归属巩昌总帅府管辖，这既与巩昌汪氏长期在当地驻兵屯田有关，也与当时阔端全权负责陕西四川军政大权有关。当时巩昌汪氏集团与阔端王府的私属关系是很明确的，如汪世显降阔端后，就以长子汪忠臣留质窝阔台汗处，以次子汪德臣质于阔端处，其部将李忽兰吉“隶皇子阔端为质子”[3]，临洮赵阿哥潘子重喜也“给侍皇子阔端”[4]。汪世显死后，“皇子择宜世帅者，意在忠烈”[5]，遂立曾在自己身边为质子的汪德臣袭巩昌都总帅。汪德臣袭位后，欲请全真教终南山洞真真人作醮荐父灵仪，“虑其不能动，

---

〔1〕〔元〕杨奂:《汪义武公神道碑》,《陇右金石录》卷 5,《历代石刻史料汇编》13,北京:北京图书馆出版社,2000 年,第 1034 页。

〔2〕〔元〕杨奂:《汪义武公神道碑》,《陇右金石录》卷 5,《历代石刻史料汇编》13,北京:北京图书馆出版社,2000 年,第 1034 页。

〔3〕〔明〕宋濂:《元史》卷 162《李忽兰吉传》,北京:中华书局,1976 年,第 3791 页。

〔4〕〔明〕宋濂:《元史》卷 123《赵阿哥潘传》,北京:中华书局,1976 年,第 3029 页。

〔5〕〔元〕姚燧:《牧庵集》卷 16《便宜副总帅汪公神道碑》,台北:台湾商务印书馆,1986 年文渊阁《四库全书》影印本,集部 1201 册,第 567 页。

启于王府，以汪侯开国大臣，遂命丞相完颜凤哥敬诣终南山礼请，师即应之"[1]。可见巩昌汪氏事无大小，均需请示阔端王府而行。

蒙哥即汗位后，处心积虑地限制旁系诸王权力，以漠南汉地事务委之忽必烈，让他以皇太弟身份总天下兵权，阔端系诸王在陇右京兆的权力遭到削弱。此后巩昌汪氏在军事上需听从忽必烈调遣，在忽必烈登上汗位后更是如此，但在身份上仍属阔端王府家臣，如赵阿哥潘子重喜在中统三年讨平忽都等人的叛乱后，阔端之子"制必帖木儿王承制，使袭父职为元帅"。汪氏子侄仍继续为质子于永昌王府，如汪惟明、汪必昌等。中统元年五月，立十路宣抚司，以"削夺郡县官吏世袭专擅之弊"，但范围不包括京兆以西的巩昌府，同年八月"立秦蜀行中书省"，当也不包括巩昌。

至元九年，忽必烈以三子忙哥剌为安西王，赐京兆为其封地，分兵驻六盘山，又立王相府，统河西、吐蕃、四川诸处军民之政，巩昌汪氏似乎也转归其管辖，与安西王府的关系日益密切，但与永昌王府的关系依然保持着。如魏初曾于至元十七年到巩昌造访时任四川东道宣慰使的汪惟孝，不数日而"公（汪惟孝）复以事诣凉州"，凉州是永昌王驻地，汪惟孝以事诣凉州只能是因受到永昌王的征召。故魏初赋诗称颂汪氏"上国贤藩俱倚重"[2]。至元十七年西安王相府罢，所以此处的"贤藩"当指永昌王位下。诗文说明朝廷和永昌王府均信赖和倚重汪氏，汪氏具有朝臣和家臣的双重身份。但是，至元九年以后朝廷和永昌王位下的关系是微妙的，一方面朝廷有意削弱旁系诸王权势，特别是限制其对地方事务的干预；另一方面，由于元朝蒙汉二元体制的特点，以诸王藩权为代表的草原旧俗不可

[1]〔元〕李道谦：《终南山祖庭仙真内传》卷下"洞真真人"，《道藏》19册。

[2]〔元〕魏初：《青崖集》卷1《读汪氏义武忠烈二碑》，台北：台湾商务印书馆，1986年文渊阁《四库全书》影印本，集部1198册，第701－702页。

能完全退出政治领域。因此，新法和旧俗的斗争在巩昌就体现为朝廷和永昌王府之间的争论。如至元十六年，“总帅所辖城邑，有站户三百四十户，今皆投充诸王只必铁木儿、驸马爱不花投下户”，中书省、御史台官员合议后，奏取圣旨，“依先例，回当站役”。又，“临洮府站赤，元有牧地，今只必铁木儿王令旨，令海阴秃、昔纳陈、铁木儿不花三人为主”。省台官又“议令审实，回付站赤”[1]。至元二十一年，“诸王只必帖木儿请于分地二十四城自设管课官，不从。又请立拘榷课税所，其长从都省所定，次则王府差设，从之。”[2] 至元二十三年，“罢巩昌二十四城拘榷所，以其事入有司”[3]。以上数事说明，直到世祖至元后期，永昌王府对巩昌总帅府所辖城邑事务还有很大影响。马儿年（1282 年或 1294 年）《巩昌城隍庙令旨碑》和猪儿年（1299）《宝庆寺约禁令旨碑》里阔端系诸王称“巩昌府里属咱每的城隍坏了么道”，要求修复保护当地寺庙，表明他们一直将巩昌看作自己的分地。

《元史·地理志》载，巩昌总帅府当时辖境极广，统有五府二十七州，据宪宗壬子年（1252）抄数的结果，有户四万五千一百三十五，口三十六万九千二百七十二，这当然不是全部人口，中统初的实际户口更是远不止此数。按蒙古军制，至少可签军数万。汪氏佩虎符本身就说明了其“将万军”的实力[4]。从 1236 年汪世显从阔端入蜀，至 1278 年四川平定，在四十二年期间里，汪家军始终在四川前线厮杀，除汪世显死于

〔1〕〔明〕姚广孝、解缙等:《永乐大典》卷 19417，北京:中华书局，1986 年，第 7200 页。

〔2〕〔明〕宋濂:《元史》卷 12《世祖纪》，北京:中华书局，1976 年，第 258 页。

〔3〕〔明〕宋濂:《元史》卷 14《世祖纪》，北京:中华书局，1976 年，第 285 页。

〔4〕〔明〕宋濂:《元史》卷 162《李忽兰吉传》，第 3793 页；又《元史》卷 163《李德辉传》也说:“时汪世显宿兵利州，扼四川衿喉，以规进取，数万之师仰哺德辉。”北京:中华书局，1976 年，第 3816 页。

钓鱼城之役外，汪德臣兄弟七人“殁于王事者半”[1]，而“资粮甲兵之赋，始终毕给”[2]，为平定四川立下了汗马功劳。至元十六年，元廷授汪良臣“资善大夫、中书左丞、行四川行中书省事，赐白貂裘。”[3] 汪良臣陈治蜀十五事，均见采纳。不久汪良臣改授安西王相，又以汪惟正为陕西四川等处行中书省左丞，利用汪氏在当地的势力声望和统治经验，安辑秦蜀。“蜀土荐罹兵革，民无完居，一闻马嘶，辄奔窜避匿，惟正留意抚循，人便安之。”[4] 收到了预期的效果。此后汪氏历代有人出任陕西四川行省要职，子孙布列秦蜀州郡，荣华与国始终。

汪氏归降阔端之初，蒙古对汉地的统治尚沿袭蒙金战争期间形成的雄藩世臣制度，兵民之权并于一门[5]，获得万户、千户、总帅等封号的汉人武装头目，在各自的统治区域内，拥有“其官制民赋，生杀予夺，咸专一方”[6]，“父死子继，兄终弟及”[7] 的世袭权力。汪氏亦然。在汪世显统兵入蜀的同时，蒙古统治者即承认了汪氏对巩昌等地的原有权力，保留巩昌便宜都总帅府，以汪氏世袭都总帅，“事无巨细，惟公裁决”。官属也由都总帅推荐任命，实际上都是由以汪氏为首的地方大族或故金官吏子弟世袭，如临洮赵阿哥潘、平凉王钧、

---

[1]［元］王鹗：《汪忠烈公神道碑》，《陇右金石录》卷5，《历代石刻史料汇编》13，北京：北京图书馆出版社，2000年，第1036页。

[2]［元］虞集：《道园类稿》卷16《陇右王汪氏世家勋德录序》，元人文集珍本丛刊（五），台北：台湾新文丰出版公司，1985年，第465页。

[3]［明］宋濂：《元史》卷155《汪良臣传》，北京：中华书局，1976年，第3655页。

[4]［明］宋濂：《元史》卷155《汪惟正传》，北京：中华书局，1976年，第3657页。

[5]［元］王恽：《秋涧集》卷48《开府仪同三司中书左丞相忠武史公家传》，台北：台湾商务印书馆，1986年文渊阁《四库全书》影印本，集部1200册，第643页。

[6]［元］冯嵩：《无极县厅事题名记》，《常山贞石志》卷16，《历代石刻史料汇编》13，北京：北京图书馆出版社，2000年，第258页。

[7]［元］姚燧：《牧庵集》卷24《谭公神道碑》，台北：台湾商务印书馆，1986年文渊阁《四库全书》影印本，集部1201册，第654页。

巩昌李节等家族都是世官其地。他们相互联姻，盘根错节，荣损与共。在出征作战之际，则由子弟摄府事，统治地方，转输前线。如汪德臣征蜀期间，先后以兄汪忠臣、弟汪良臣、汪翰臣摄帅府路事，他们留守期间也握有“得专杀”[1]、“凡军民官并听良臣节制”[2]的权力，所以能征收赋税，调集民力，“治桥梁，平道路，营舟车，水陆无壅，储积充牣”[3]。正是这种兵民之权并于一门的制度，造成了巩昌汪氏强大的武力，在征蜀平乱过程中锐不可当，威震西土。到蒙哥汗死时，汪氏已与刘、史等老资格万户实力相伯仲了。郝经在《复与宋国丞相论本朝兵乱书》中描述了这六大世侯的实力，“中国诸侯，如史、如李、如严、如张、如刘、如汪等，大者五六万，小者不下二三万，虓将劲卒，荏习兵革，骑射驰突，视蒙古、回鹘尤为猛鸷”[4]。其中汪氏在中统初成为消灭阿里不哥南路军的主力，被忽必烈倚为“陇右风尘天一柱”[5]。

中统元年五月，忽必烈即位之初，便立十路宣抚司，以“削夺郡县官吏世袭专擅之弊”，但仍然保留了原来的巩昌总帅府，以汪惟正为都总帅，李忽兰吉为元帅，从当时人亦称汪惟正为“宣抚”，可知所谓总帅府完全与宣抚司处于平级地位。巩昌二十四城因为是阔端的封地，又是可以信赖的武力，所以受到优遇，没有置宣抚司，而是保留了原有的总帅府。

中统三年，济南世侯李璮发动兵变，使忽必烈受到很大震动，认为汉军万户总管兼领军民，权位太重，是致乱的原因，

---

[1][元]姚燧:《牧庵集》卷16《便宜副总帅汪公神道碑》,台北:台湾商务印书馆,1986年文渊阁《四库全书》影印本,集部1201册,第569页。

[2][明]宋濂:《元史》卷4《世祖纪》,北京:中华书局,1976年,第71页。

[3][明]宋濂:《元史》卷155《汪良臣传》,北京:中华书局,1976年,第3653页。

[4][元]郝经:《陵川集》卷38《复与宋国丞相论本朝兵乱书》,台北:台湾商务印书馆,1986年文渊阁《四库全书》影印本,集部1192册,第448页。

[5][元]王恽:《秋涧集》卷21《寄赠总帅便宜汪》,台北:台湾商务印书馆,1986年文渊阁《四库全书》影印本(集部第1200册),第260页。

一时尽夺史、严、二张诸家兵柄，其子弟改充民官。只有巩昌汪氏在相当长的时期内仍保持旧制，权力如故，并擢升汪惟正、汪良臣分任东西两川行枢密院事，继续统兵。四川平定后不久，忽必烈便借汪良臣病故、汪惟正升任陕西四川行省左丞之机，于至元十九年“罢汪札剌儿带（汪惟正）总帅，收其制命、虎符。以巩昌路达鲁花赤别速帖木儿为巩昌平凉等处二十四处军前便宜都总帅府达鲁花赤。”[1] 夺去汪氏军权，后虽以汪惟孝袭总帅，但位别速帖木儿下，有名无实。然而汪氏在秦蜀经营已数十年，根底深厚，枝叶分布，并没有就此衰落。至元二十一年，汪惟正上书为家族请命：“一门兄弟从仕者众，乞仍于秦、巩州置便宜都总帅府，仍用元帅印，即其兄弟四人（时汪惟贤、汪惟明已死）择一人为总帅，总帅之下总管府令其兼之。汪氏二人西川典兵者，亦择其一为万户，余皆依例迁转。”[2] 鉴于汪氏功高诚著，西北情况又比较复杂，特别是西北诸叛王海都、笃哇等不断袭扰，正是多事之秋，用人之际，忽必烈乃曲从其请，恢复了汪氏对巩昌总帅府的世袭权力，以同知屯田总管府事汪惟和袭便宜都总帅兼巩昌路总管，四川方面则以汪惟孝为宣慰使兼万户[3]。

至元二十五年，藏族宰相桑哥当国，欲扩大藏族在西北的影响，先后奏以礼店文州元帅府属吐蕃宣慰司，升巩昌总帅府为宣慰使司兼便宜都总帅府，以其弟答剌麻答思为宣慰使，汪惟和与临洮吐蕃首领赵阿哥藩之子重喜副之。次年，又以巩昌旧兼府事别立散府，调官分治，亦即将巩昌便宜都总帅府降为散府，不得兼辖旧领各州，“由是汪氏军民之权，存者不过二

---

[1]〔明〕宋濂:《元史》卷12《世祖纪》,北京:中华书局,1976年,第244页;屠寄《蒙兀儿史记》注云:“曰军前,则非军前不常置。”北京:中国书店,1984年,第459页。

[2]〔明〕宋濂:《元史》卷13《世祖纪》,北京:中华书局,1976年,第268页。

[3]据《汪惟孝墓志》载,汪惟孝自至元二十三年以后,先后任四川东西道宣慰使、中书左右丞行四川行省事,其间一直兼任万户。见《文物》1982年2期《甘肃漳县元代汪世显家族墓葬》所刊志文。

十之一”[1]。直到至元二十八年桑哥罢相，答剌麻答思惧罪自杀，才罢宣慰司为总帅府，复以汪惟和为巩昌等二十四处便宜都总帅兼巩昌府尹，仍佩虎符。在经历这两次危机之后，汪氏重获信任，终元之世，克保家业。元代中后期，关于巩昌总帅府与永昌王位下关系的记载很少，巩昌总帅府也最终被《地理志》记载在陕西行省治下，但永昌王位下对巩昌地方的影响应当不会彻底消失。

〔1〕〔清〕屠寄:《蒙兀儿史记》卷64,北京:中国书店,1984年,第459页。

第三章 元朝对吐蕃地区的治理

1235年，蒙古分路出兵大举进攻南宋，窝阔台汗之子阔端任西路军统帅，由陕甘南下四川。阔端在进军中，经过秦、陇一带藏族地区，招降了一些藏族首领。为了巩固对西夏故地和甘、青藏族地区的统治，保障蒙古军南下四川时的侧翼安全，阔端决定对西藏采取军事行动，把藏族地区纳入蒙古汗国的统治。1239年阔端派部将多达那波带领一支蒙古军队，从甘、青藏区出发，前往西藏。由于西藏分散的教派和家族势力无法组织有效的抵抗，蒙古军很快就打到拉萨北面，控制了西藏主要地区，并设立驿站供应物资。接着，多达那波转而寻求与藏传佛教的主要领袖人物建立关系。经多方磋商，萨迦派领袖萨迦班智达受藏区僧俗各界委托，前往凉州会见阔端。萨迦班智达一行经过近两年的跋涉，于1246年八月抵达凉州，并在1247年年初与阔端会谈，议定了西藏归附蒙古汗国的办法。主要是西藏各僧俗首领向蒙古降附纳贡，承认是蒙古汗国的臣民，接受蒙古汗国的统治，而蒙古汗国则维持原来的各地僧俗首领的职权，并正式委任给相应的官职。从此，西藏正式纳入蒙古统治之下〔1〕。

蒙哥汗即位后，这位拖雷系第一位大汗“从王子阔端手中

〔1〕此章参考了王森《西藏佛教发展史略》（中国社会科学出版社1987年版），札奇斯钦《蒙古与西藏历史关系之研究》（台北正中书局1978年版），伯戴克著、张云译《元代西藏史研究》（云南人民出版社2002年版），张云《元朝中央政府治藏制度研究》（黑龙江教育出版社2003年版）、《元代吐蕃地方行政体制研究》（中国社会科学出版社1998年版）。

将西藏接收过去，划分西藏，供养各教派”[1]，也就是说，在终结窝阔台之子阔端独享西藏统治权的同时，按照蒙古黄金家族不断分封新占领土地的习惯，在西藏地方也推行了诸王分封制度。大致情况是“西藏（应指萨迦派）由在凉州的王子阔端治理，由阔端阿哈那里迎取应供喇嘛，蒙哥汗管理止贡派；忽必烈管理蔡巴噶举，王子旭烈兀管理帕木竹巴派；王子阿里不哥管领达陇噶举派。四位王子分别管辖各万户。”[2] 更具体地说，总共有十一个西藏地方势力集团分别依附于拖雷系诸王和阔端系诸王。并且有蒙古军队驻扎各地，保护地方。蒙哥汗时期，西藏与蒙古的关系更为紧密。

中统元年（1260），忽必烈即大汗位后，任命萨迦派领袖八思巴为国师，忽必烈迁都燕京后，设总制院，掌管全国佛教事务和吐蕃地区的地方行政事务，又命八思巴以国师领总制院事。在强化对西藏统治的同时，促进了西藏政教合一制度的发展，经过几十年的演变，形成了独特的治藏模式。

第一节　凉州会谈和蒙藏关系的建立

蒙古同西藏发生正式联系是在成吉思汗之子窝阔台汗在位时期（1229—1241），第一个和西藏发生政治联系的是皇子阔端。1235 年蒙古兵分三路大举进攻南宋，西路军由阔端统领，进攻陇、蜀。蒙古军占领了吐蕃东北面的凤翔路、临洮路，东面的利州路、潼州府路和成都府路[3]。这样，吐蕃就处于重兵压境的蒙古军包围中。因为它的东南角只剩下一个小国大理

---

[1]吴伟、耿予方:《中国西藏基本情况丛书·西藏文学》中《萨迦班智达致蕃人书》，北京:五洲传播出版社,2002 年,第 34 页。

[2]大司徒·绛求坚赞著,赞拉、阿旺、佘万治译:《朗氏家族史》,拉萨:西藏人民出版社,1989 年,第 75 页。

[3]樊保良:《蒙藏关系史研究》,西宁:青海人民出版社,1992 年。

政权，西面和南面是高山之外的南亚次大陆，而正北面早在成吉思汗降高昌畏兀儿、灭西夏时已与蒙古直接交界。蒙古人兵临西藏，吐蕃面临或战或降的选择。

一、阔端派兵入藏

1239年，阔端派将领多达那波率一支蒙古骑兵进入西藏。关于多达那波进藏的情况，藏文史籍中最早的记载见于成书于元末1360年的《朗氏家族史》，该书说："蒙古人多答那波担任将军，率部在藏北热振寺屠杀僧人五百，全藏为之震惊。其后，多答在蒙古与热振之间设置驿站（以马匹传送公文）。当京俄大师前往拉顿塘地方时，多答逮捕贡巴释仁，准备杀害之，（京俄）祈祷度母，天空降下石头之雨，多答说道：'托因（蒙古语对僧侣的称呼），您是好人。'说罢，向京俄大师顶礼，赦免了贡巴。京俄把西藏装有木门的户口名册献给了他。（多答）接受了，（对京俄）照看情面。他捣毁了下至东方工布地区、洛扎东西、洛若、加波、门地门贝卓、洛门和泥婆罗边界以内的坚固碉堡，以蒙古的律令进行统治，地方安宁。这时王法和戒律宛如黎明时东升的旭日照耀着操藏语的地域。京俄宝师对藏地恩德巨大，其原因即在此。多达那波来西藏大概是在成吉思汗之子窝阔台之时期。"[1] 《贤者喜宴》[2] 的记载说："成吉思汗（应为窝阔台）五十九岁的铁鼠年（庚子，1240）从凉州阔端那里派出的以多达那波为将军的蒙古军队首次到达吐蕃。……蒙古军在朵思麻、朵甘思、索曲、热振寺等地方见人便杀，给热振寺造成了重大损失。达隆寺被雾罩住，没有看见，杰拉康寺被焚毁，索敦等五百佛教僧人被杀。止贡寺的京俄扎巴迥乃降下石雨，故止贡寺未遭损害。但是蒙古人要京俄

---

〔1〕大司徒·绛求坚赞著，赞拉、阿旺、佘万治译：《朗氏家族史》，拉萨：西藏人民出版社，1989年，第75页。

〔2〕巴卧·祖拉陈瓦著，黄颢、周润年译注：《贤者喜宴》，西宁：青海人民出版社，2017年。

去当受供喇嘛，京俄扎巴迥乃说：‘有一个适合当你的受供喇嘛的人，住在西面。’鼓动蒙古人去迎请萨迦班智达。一面又鼓动萨迦班智达说：‘为了整个吐蕃的利益，你应该前去。’这样，在木龙年（1244）将萨迦班智达、其十岁的侄子八思巴和六岁的侄子恰那多吉三人迎请到止贡寺，献上礼品，资送他们前往。”类似的记载，亦见于后期成书的各种蒙古文史籍中。从这些记载看多达那波这次领兵入藏有两个目的，“一是以武力击溃所遇到的武装抵抗；二是与藏传佛教正式建立联系，找到一个可以代表西藏的人物，并把他请到凉州去商讨西藏地区如何归附蒙古的大事”[1]。多达那波在深入西藏考察之后向阔端作了这样的报告：“在边野的藏区，僧伽团体以甘丹派为大，善顾情面以达隆法王为智，荣誉德望以枳空·敬安大师为尊，通晓佛法以萨迦·班抵达为精。”[2]

二、凉州会谈

多达那波向阔端报告了西藏各种情况，详述了各教派的特点，并说明萨班兼掌后藏政、教大权并且享有“学富五明”的崇高声望之后，阔端采纳了多达那波的建议，选择了萨迦派的班智达·贡噶坚赞作为蒙古在西藏地区的代表来解决西藏的归属问题。1244 年阔端发出诏书，邀请萨班来凉州会晤。《萨迦世系史》收录了这篇诏书的全文：

长生天气力里，大福荫护助里，皇帝圣旨：

晓谕萨迦班智达·贡噶坚赞贝桑布。朕为报答父母及天地之恩，需要一位能指示道路取舍之喇嘛，在选择之时选中汝萨班，故望汝不辞道路艰难前来。若是汝以年迈（而推辞），那么，往昔佛陀为众生而舍

〔1〕陈庆英：《1239 年蒙古军进入西藏的杰拉康之战》，《青海民族学院学报》2009 年第 4 期，第 48－51 页。

〔2〕五世达赖罗桑嘉措著，郭和卿译：《西藏王臣记》，北京：民族出版社，1983 年，第 88－89 页。

身无数，此又如何？汝是否欲与汝所通晓之教法之誓言相违？吾今已将各地大权在握，如果吾指挥大军（前来），伤害众生，汝岂不惧乎？故今汝体念佛教和众生，尽快前来！吾将令汝管领西方众僧。

赏赐之物有：白银五大升，镶嵌有六千二百粒珍珠之珍珠袈裟，硫磺色锦缎长坎肩，靴子，整幅花绸二匹，整幅彩缎二匹，五色锦缎二十四匹等。着多尔斯衮和本觉达尔玛二人赍送。

龙年八月三十日写就。[1]

这封诏书可谓恩威并举，虽说是邀请，可是从字里行间处处透露出以武力相威胁的意味。这也是蒙古征服过程中的一贯做法，即先向统治者劝降，如果不从，即派兵征服。遇到对方分散而无政治权威时，则扶植一个权威作为结盟对象。贡噶坚赞作为当时萨迦派的宗教领袖、高僧大德，一方面为本民族的前途和命运负责，一方面为弘扬佛法，也为了本教派能获得更大发展，决定前往凉州会谈。1244 年，63 岁高龄的贡噶坚赞带领两个侄儿八思巴和恰那多吉前往凉州，经过两年多的长途跋涉于 1246 年抵达凉州。当时阔端因参加贵由即位的大会去了和林，直到 1247 年初阔端从和林返回凉州，阔端作为蒙古汗廷代表，萨班作为西藏地方代表，在凉州进行了会谈。对此，藏文史书有这样的记载："阔端甚喜，谈论了许多教法和地方风俗民情"[2]。

阔端和萨班经过反复讨论，达成了西藏归附蒙古的重大协议，由萨班执笔写了一封致西藏各地僧俗首领的公开信——《萨迦班智达致蕃人书》。信的大意是：（1）说明萨班叔侄此行

[1]阿旺贡噶索南著，陈庆英、高禾福、周润年译注：《萨迦世系史》，拉萨：西藏人民出版社，2002 年，第 77－78 页。

[2]周润年译注：《萨迦世系谱·法王萨班贡嘎坚赞生平》（下），《西藏研究》1990 年第 2 期，第 81－94 页。

的目的，即“余为弘扬佛法，体念众生，更顾念操蕃语之众”，声明了萨迦派由于首附之功，已取得在卫藏地区的领袖地位，即阔端所说的“尔系以首归附，他人咸系以足降顺者；尔为吾所召来，他人则系惊惧而来，此情吾岂不知乎?”“尔可令所部吐蕃民户善习法规，吾当使其乐业安居者。”（2）强调了蒙古帝国的强大，归顺者可保职官俸禄，反叛者必遭屠戮。“与（霍尔）交兵者，自以地险、人雄、兵众、甲坚且娴于箭法，希冀获胜，终至覆亡”。（3）告知卫藏僧俗官员，西藏已成为蒙古属地，萨迦派被委任为达鲁花赤，负责代表蒙古统治者行政：“（阔端言）若能遵行功令，则尔等之地，各处人众原有之官员仍然加委供职。召萨迦之金字、银字使者来，吾任之为达鲁花赤极为妥当。此事可广事宣谕，应派干练之使者从事之。另将各地官员姓名、部众数字、贡物之量缮写三份，一送吾处，一放萨迦，一由各地长官执掌。并书志某已降，某未降。若未分别，则恐未降者之祸殃及已降者。萨迦金字使者与各地官员善为商榷，利乐众生有情，勿擅作威福；各地长官亦毋不与萨迦金字使者议而擅权自主，法规中无不议擅权之条款，若触及刑律，来此申诉亦难矣，尔等其协心同力焉”。（4）规定了贡物的品种，“贡物以金、银、象牙、大粒珍珠、蕃红、木香、牛黄、虎（皮）、豹（皮）、山猫（皮）、水獭（皮）、蕃呢、上卫氆氇等物，此间甚为喜爱。此间于牲畜颇不屑顾，然各地可以最佳之畜品贡来即可。”通过萨迦班智达与阔端的会谈，卫藏地区和平地纳入蒙古贵族的控制之下。

《致蕃人书》有着重大的历史意义，首先它顺应了历史潮流，反映了当时西藏人民及大部分教派势力、地方势力的愿望。“卫、藏之僧人，弟子和施主等众生阅读了此信件后，无不欢欣鼓舞。”[1] 西藏经过长达400年的分裂割据，广大百姓饱尝了战争之苦，以萨班为代表的有识之士为社会发展着想，主张统一，反对分裂，希望和平，厌恶战争。体现了当时蒙古对西藏实施的政策正确而有效。以和平代替了武力，避免了一场战争的发生。

凉州会谈后，蒙古汉地西藏联为一体，萨迦班智达与阔端是这种大一统局面的奠基人，虽然他们在整个事件中所处的地位和扮演的角色是截然相反的。会谈在凉州举行，凸显了当时凉州政治军事中心的地位，与燕京东西呼应，是蒙古汗国在漠南的两大行政中枢之一。

三、凉州会谈的历史意义

萨班与阔端的凉州会谈，是中国历史上的重大事件。会谈结果，阔端授予萨班以管辖西藏的权力，西藏归顺阔端统治，从而奠定了元代中央在西藏地方建立行政体制的基础。萨班在阔端的支持下，从一名宗教首领的身份一跃而登上政治活动家的舞台，取得了在西藏各地僧俗势力中的领袖地位，成为蒙古在西藏进行行政管理的代理人。通过凉州会谈，由于萨班的远见卓识、坚持努力，与阔端积极合作以和平方式解决了西藏的归属问题，初步建立了政治联系，迈出了西藏统一于中央政权的第一步，在中国历史上有着非常重大的意义。

（一）促成了中央政府对西藏的正式管辖和佛教的广泛传播

凉州会谈标志着吐蕃正式归附蒙古汗国。同时，萨迦派领袖被授予管理西藏的权力。由于在会谈过程中阔端身患重病，多方求医都不见效。“法王萨班为阔端做了狮子吼菩萨之仪轨，

[1]阿旺贡噶索南著，陈庆英、高禾福、周润年译注：《萨迦世系史》，拉萨：西藏人民出版社，2002年，第91页。

使阔端从病魔中解脱出来。故阔端甚是信仰"[1]。于是阔端大力支持萨班弘扬佛法，在凉州城外特意为萨班建造了府邸和东部幻化寺（今白塔寺）供其讲经说法。据史料记载，萨班讲经时要有四名翻译把他的话译为蒙古语、畏兀儿语、汉语及当地安多藏语，可见讲经场面之大、听众之多。从此以后，"既不同语言又不信奉佛教之徒众亦信仰了佛教，信奉者旨入大乘教。总之，法王使无数僧徒成熟解脱，佛教日益繁荣昌盛"[2]。据《萨迦世系史》称，在萨班到达凉州之前，阔端的身边已有几位吐蕃僧人，但是由于他们对佛教的知识并不精通，因此在举行祈愿法会时，由也里可温和蒙古的萨满坐在僧众的上首。萨班与阔端谈论了许多教法，在原先黎域（于阗）诸大德向阔端介绍佛教的基础上，使阔端明了佛教教义。因此，阔端十分高兴，下令从今以后也里可温和萨满不能坐在上首，而让萨班坐在僧众的上首，祝愿时首先由佛教僧人祝愿。从此以后在蒙古地方的佛教出家僧人也受到重视[3]。萨班以渊博的佛学知识在阔端那里为佛教赢得了巨大的声誉和影响。1260 年，八思巴被"尊为国师，授以玉印"[4]，又领掌天下释教徒的总制院，在朝廷设专座，1270 年"升号帝师大宝法王，更赐玉印"[5]，萨迦派从此权重一时，集西藏政教大权于一身，奠定了萨迦派在西藏长达近百年的统治地位。萨迦派终元一代共 13 人被元朝政府封为帝师，为皇室灌顶受戒，讲经示法。到了元英宗、泰定帝后，元朝崇尚西藏佛教几乎到了举朝痴狂的

---

〔1〕周润年译注:《萨迦世系谱·法王萨班贡嘎坚赞生平》(下),《西藏研究》1990 年第 2 期,第 81－94 页。

〔2〕周润年译注:《萨迦世系谱·法王萨班贡嘎坚赞生平》(下),《西藏研究》1990 年第 2 期,第 81－94 页。

〔3〕阿旺贡噶索南著,陈庆英、高禾福、周润年译注:《萨迦世系史》,拉萨:西藏人民出版社,2002 年,第 82 页。

〔4〕〔明〕宋濂:《元史·释老传》,北京:中华书局,1976 年,第 4518 页。

〔5〕〔元〕王磐:《拔思发行状》,见释幻轮:《释氏稽古略续集》一,南京:江苏广陵古籍刻印社,1992 年影印本,第 599－600 页。

地步。

元朝政府为了笼络萨迦派，还采取了政治联姻和赐封王爵的措施。例如，萨迦系统中有多人曾尚元朝公主，且其中三人被封为白兰王。这三个人是八思巴的同母弟恰那多吉、萨迦昆氏家族的苗裔琐南藏卜、贡嘎勒贝迥乃坚赞贝桑布。《元史·诸王表》中有记载："白兰王，琐南藏卜，至治元年封，后出家，泰定四年还俗，复封。"可见，琐南藏卜曾两次受封白兰王，一次是在英宗朝，一次是在泰定帝朝。但是，《萨迦世系史》对此记载却不尽相同，"王索南桑波"（即琐南藏卜）年轻时候去汉地，皇帝育八达封他为白兰王，并将公主布达干嫁给他。这里的皇帝育八达即元仁宗爱育黎拔力八达，这与《元史》的记载不相符合。揆诸情理，《元史》的记载较为可信。

然而，元朝统治者从来就不把宗教和政治看成两个互不相关、彼此孤立的东西。他们推崇佛教，一方面因为它根植于西土便于接受；另一方面，利用宗教方便有效统治吐蕃。元廷不惜一切推崇佛教，无非是仿效吐蕃古代赞普优遇佛僧的方式，使吐蕃僧俗众人视其如赞普一样最高的共同主人，从而达到"天下统一"的目的。但是，无论佛教僧侣地位如何显崇，他们与元廷之间仍然是中央与地方的隶属关系。

（二）奠定了中央政府管理西藏的基本模式

13 世纪初叶，西藏社会出现了一个比较普遍的特点，就是新兴的地方封建领主势力都与教派势力紧密地结合在一起，给自己披上了一件宗教外衣，变成了既是领主又是寺主的双重身份。西藏各教派势力之间，是和睦相处还是兵戎相见，都直接关系到西藏社会的风云变幻。元朝政府能够有效管辖西藏，一个值得注意的原因，就在于宗教关系处理得当，使之起到了政治纽带作用。

1247 年阔端与萨班会谈后，蒙古贵族与西藏封建主正式结成联盟，形成了由两种势力结合而成的统治阶级，西藏各派继续保有了既得利益的同时也受制于蒙古宗王，因而实质上是受蒙古帝国的统治。从这一方面看，阔端扶持和利用萨迦派的影响，不仅是与西藏宗教领袖政治联系的建立，也对蒙古帝国以及后来的元朝正式行政于西藏奠定了基础，从而确定了中原王朝在西藏的统治模式，这也对中国政治制度史的发展演变产生了意义非凡的影响。在蒙古帝国强大的武力威慑和积极扶持之下，萨迦派成为了蒙古帝国管理西藏的代理人，通过行使“达鲁花赤”的职权，凌驾于西藏众教派和各封建主之上，结束了西藏地区长达四百余年的各封建割据势力分庭抗礼的局面，为元朝正式在西藏派官驻军、行政建设奠定了坚实的基础。由此可见，尽管萨班与阔端会见时有着不同的地位和主观愿望，但并不会因此而减轻此次会见的历史意义，萨迦班智达以其非凡的智慧与果敢，襄助实现了元代统一全国的伟大壮举。同时他也在弘扬藏族文化方面做出了令人瞩目的成就。

元朝政府始终将西藏教派势力特别是萨迦派势力，作为其在西藏的代理人，通过对他们的有效操纵和利用，来实施对西藏的统治和管理。西藏各教派势力与元朝统治上层的紧密联系中，更是受益匪浅，在政治、经济、宗教各方面都得到了巨大利益。如在经济上，元朝皇帝每次接受灌顶，都必赐予帝师大量财物，作为“供养奉献”，其数量之大和次数之多达到了惊人的地步。政治上，双方都获得了自由发展。元代在都城及全国各地兴建大批佛教寺庙，这就使藏传佛教不仅在西藏地区，而且还在中原及江南地区都得以传播和发展。萨迦派势力在元朝政府的大力支持下，不仅在宗教上居于领导地位，更在政治上享有高于其他教派势力的特权。随着萨迦派政、教权力的发展和巩固，萨迦派遂由教派势力逐步向政教合一的西藏地方政权转变。

（三）巩固发展了统一的多民族国家

元代，我国各少数民族的大发展，首先与元朝的完成统一及有效管理分不开。在统一的强有力的元朝政府管辖下，各少数民族居住的边疆地区，同中央和内地的联系进一步加强，各民族之间的往来更加频繁，更加密切。当时新疆和西藏分别隶属察合台后王封地与宣政院管辖，虽然未设行省，但也同样由中央派官设府，行使着有效的管辖。元代的国家统一和经济发展，还为国内各民族之间的文化交流，创造了有利条件，各民族人民在安定统一的大家庭内，杂居相处，互相接近，取长补短，互相学习，为共同创造祖国的悠久历史和灿烂文化，贡献出自己的聪明才智。

第二节　乌思藏地方管理体制

阔端与萨班的凉州会晤，以及后来忽必烈与八思巴的合作，在保证西藏归属蒙元中央政府行政管辖之下的同时，也奠定了蒙古统治者与萨迦教派政治合作的基础。确保萨迦教派在宗教领域至高无上的地位，扶持和使用萨迦派来管理西藏事务，成为蒙元统治者始终奉行的方针。

在蒙古势力进入西藏之前，西藏地方被各个政教势力和地方集团所分割。在教派方面，据多达那波考察："在边野的藏区，僧伽团体以甘当派为大，善顾情面以达隆法王为智，荣誉德望以枳空·敬安大师为尊，通晓佛法以萨迦·班抵达为精"[1]。蒙古统治者之所以选择萨迦派作为政治合作伙伴，一方面是因为萨迦派在藏区具有一定的政教基础，有比较大的宗教影响；另一方面，是因为萨迦派领袖对西藏接受蒙古招抚持积极态度，发挥了重要作用。因此，蒙元统治者在各个方面支持萨迦派领袖，让他们代表朝廷行使管理职权，享受优厚礼遇。

[1]五世达赖喇嘛著，郭和卿译：《西藏王臣记》，北京：民族出版社，1983年，第88－89页。

首先，政治上扶持萨迦派。元朝皇帝任命萨迦派领袖担任国师和帝师，帝师一职多数情况下由昆氏家族的成员担任，在昆氏家族无人担任时，则由萨迦派的高僧担任。帝师有权参与管理西藏地方事务，从而使萨迦派政教势力凌驾于西藏地方各个政教势力之上。西藏地方的最高行政首领乌思藏本钦（为首宣慰使）由萨迦派政教势力遴选官员担任，一般是由帝师举荐、皇帝任命，其他各个势力无法染指。有一些萨迦本钦曾经在宣政院担任官职，然后回西藏担任萨迦本钦，有的萨迦本钦还同时兼任乌思藏宣慰使的职务。萨迦派通过所掌握的帝师、宣政院使、乌思藏本钦等职权，代表元朝中央政府行使权力，统领西藏地方十三万户，萨迦本钦甚至有权调动乌思藏十三万户的人力来建筑萨迦寺院。

其次，在经济上支持萨迦派的寺院建设和扩大宗教势力的活动范围。元朝政府不断通过各种方式赠给萨迦派政教势力财物和金银，以巩固他们在西藏地方的首领地位。从萨迦寺的建设到高僧的生病和去世，以及萨迦寺的重要法事活动，朝廷都会赏赐大量金钱财物，从经济上予以优抚。

再次，宗教上极力提高萨迦派教法在西藏佛教各个教派中的地位。允许萨迦派教主促成其他教派改宗萨迦派，以扩大其规模和在藏区的宗教影响。八思巴多次往来于藏区与大都之间，所过之处，积极举办和参与各种宗教或政治活动，许多寺院受其影响，纷纷改宗萨迦派，扩大了萨迦派的基层组织和力量。

总之，作为萨迦派的法主和教派利益的代表者，国师和帝师在元廷的地位是极为崇高的，在西藏地方也享有极大的权威。以本钦为代表的地方行政系统，必须服从和服务于国师和帝师的意愿和指示，所谓行政服从僧政，这是萨迦地方政权特征的一个反映，也是元朝中央政府政治策略的具体体现。一方面，宗教约束着世俗政治；另一方面，宗教也有赖于世俗的支持。这种相辅相成的僧俗结合体制，保持了萨迦地方势力的稳定，从而也显示了这一体制的巨大作用。这种局面既反映了当时客观实际的需要，也是蒙元统治者安定地方的政治策略的具体展示，元朝坚定支持萨迦教派和昆氏家族在西藏地方的主导地位，不容许任何人任何势力来动摇与破坏它。这在元朝政府压制卸任本钦贡噶桑布对八思巴权威的挑战，以及阻挠止贡派和帕木竹巴等势力对萨迦派权威的挑战等事件中表现得很清楚。萨迦派领袖们也不负元朝皇室和朝廷的厚望，以国师或帝师的身份，在元朝的现实政治和宗教生活中，特别是在西藏地方事务中发挥了重要的作用。他们承上启下，居间沟通，一方面将朝廷命令传达到西藏地方，配合中央入藏官员清查户口，征集赋税，支应驿站；另一方面则将下情上达，减轻了西藏地方的赋税和差役负担，缓解了社会矛盾。元廷和萨迦派的政治合作，一方面利用宗教影响实现了统一，维持了西藏社会的稳定；另一方面，加强了民族之间的联系，形成了大一统意识。

一、中央管理乌思藏地方机构

中统元年（1260），忽必烈即大汗位后，即任命八思巴为国师，授以玉印，统释教。1264 年，建立总制院，设立总制院使，受帝师节制。由此，确立了管理全国宗教和西藏地方事务的机构和原则。至元二十五年（1288），改总制院为宣政院，秩从一品，印用三台，在选官方面，以尚书右丞相桑哥兼宣政院使，以示威重，“其为使位居第二者，必以僧为之，出帝师所辟举，而总其政于内外者，帅臣以下，亦必僧俗并用，而军民通摄。”[1] 确保了萨迦派帝师主导下的僧主俗辅的治藏官僚体制。

元代宣政院有一定的人事权，其官员有僧人，也有俗人，有蒙古贵族，也有藏族人。宣政院使作为朝廷重要官员，是由

〔1〕〔明〕宋濂：《元史》卷 202《释老传》，北京：中华书局，1976 年，第 4520 页。

皇帝直接任命的，这就确定了西藏的行政体制从一开始就是与元朝中央的行政体制相联系的，是元朝行政体制的一部分。而且八思巴的领天下释教，特别是统领藏传佛教各派寺院和僧人又同时领总制院事的这种身份，标志着忽必烈和八思巴对西藏行政体制的设想是政教结合、僧俗并用的一种行政体制。有元一代，宣政院掌管西藏地方的军事、行政、司法和宗教等各项事务，是西藏和其他藏区的最高管理机构。西藏地方官员的举荐、任用，以及在西藏地方调解纠纷，审理案件，完善驿站体系，实施户口调查，调兵入藏平乱等，都是在宣政院主持下进行的。宣政院的院使和高级官员经常前往西藏地方办理各项事务，考察调研，以为施政之资。总之，宣政院在处理佛教和吐蕃地方事务中发挥着十分重要和积极的作用。

二、乌思藏地方管理体制

元朝在西藏地方建立的行政体制，是以重用萨迦派，确立千户万户制度为基础的。忽必烈接管西藏的统治权后，“以其地广而险远，民犷而好斗，思有以因其俗而柔其人，乃郡县土番之地，设官分职，而领之于帝师。”〔1〕 1265 年，元朝所封帝师八思巴和白兰王恰那多吉受命返回萨迦，建立了西藏地方行政体制。其基础是西藏地方的千户万户制度，其地方核心机构是由萨迦掌握的乌思藏宣慰使司都元帅府，首脑是乌思藏宣慰司为首的宣慰使，也就是乌思藏本钦或者萨迦本钦。萨迦之外的其他各个万户都要受到萨迦地方政权的节制，由朝廷来划分其区域，任命其万户长，乃至千户长等重要官员。乌思藏十三万户是元朝在西藏地方原有势力的基础上，通过行政划分方式建立起来的。随着各万户势力的消长，其情况也不断发生着一些变化，一般意义上的万户包括南拉堆、北拉堆、出密（曲弥）、沙鲁（夏鲁）、羊卓、香、止贡、甲玉、蔡巴、嘉玛、帕

〔1〕〔明〕宋濂:《元史》卷 202《释老传》,北京:中华书局,1986 年,第 4520 页。

木竹巴、达垅和雅桑万户。

元朝按照西藏历史传统，将藏区及其周边划分为乌思藏、朵甘思、脱思麻三大区域，设立了乌思藏纳里速古鲁孙宣慰使司都元帅府、土蕃等路宣慰使司都元帅府和吐蕃等处宣慰使司都元帅府，藏文文献称为“却喀”，意思是上述三个地区是元朝皇帝以接受灌顶者的身份奉献给上师的供养。各宣慰使司都元帅府都是典型的军政合一的机构，具有很强的军事功能，中央宣政院则总管吐蕃三宣慰司，“遇吐蕃有事，则为分院往镇，亦别有印。如大征伐，则会枢府议。”[1] 乌思藏宣慰司设宣慰使五员，同知二员，副使一员，经历一员，镇抚一员，捕盗司官一员。此外，附属于宣慰使司都元帅府的有：纳里速古儿孙元帅二员，乌思藏管蒙古军都元帅二员，乌思藏等处转运一员，担里管军招讨使一员，担里脱脱禾孙一员。从管理体制上看大致可分为三层：上层是萨迦派把持的以乌思藏宣慰使司本钦为首的西藏地方统治集团，中层是乌思藏十三万户为代表的地方骨干势力集团，下层是各个万户势力内部最基层的管理者阶层。萨迦本钦作为乌思藏为首宣慰使，其主要职责包括从地方僧俗领主中委任万户、千户，宣传中央政令，配合入藏官员清查西藏各地的户口，确定各个万户的贡赋，保证驿站交通的乌拉差役制度。乌思藏十三万户是西藏地方核心力量，他们听命于朝廷，并受萨迦本钦节制，但是在其万户内部享有很大的自主权。各个万户长都是由朝廷任命的，其下的千户、百户、五十夫长和十夫长都是一些大小不等的部落首领和地方领袖。而且他们的活动都和各自教派的活动密切结合在一起，教派领袖在涉及本万户利益和命运的重大决策中，扮演着重要的角色。

---

[1]〔明〕宋濂:《元史》卷87《百官三·宣政院》,北京:中华书局,1986年,第2193页。

元朝时期乌思藏各万户之间的纠纷一直或隐或显地存在着，辖区和利益上的争夺始终没有停止。元朝时期，西藏地方各个万户矛盾和纠纷的解决途径主要有两条，一是民间自行解决，主要是通过邀请高僧大德来调解，平息双方纠纷。另一条是法律途径，这是根本的主要的途径，也是制度性的途径。它也包括两个方面，一个是朝廷派官员来设立法庭解决，另一个是更多的更经常的，由萨迦本钦进行裁决。其主要依据是皇帝圣旨、诸王令旨、帝师法旨、蒙古札撒，以及元朝的基本法律。据《朗氏家族史》记载，出镇西藏的铁木儿不花、搠思班等王子，都在西藏地方处理过各个万户之间的纠纷。元朝派往西藏的宣政院使、金字使臣等官员，也都负有审判地方纠纷案件的任务。

三、治藏方略中的蒙古原则

蒙古征服之处，基本都贯彻了“纳质、助军、输粮、设驿、编户籍、置长官”的原则，西藏地区也不例外。在1252年按蒙古传统括户后，蒙哥汗在西藏地方推行千户万户制度，建立了西藏地方较早的一批万户。与此同时，开始在西藏地方推行诸王分封制度。大体上，凉州的阔端系后王保留了萨迦领地，蒙哥汗管理止贡派，忽必烈管理蔡巴噶举派，旭烈兀管理帕木竹巴派，阿里不哥管理达陇噶举派，四位王子分别管辖各万户，他们在自己的辖区驻扎蒙古军队，设立有守土官行使管理职权。此外，忽必烈之子忙哥剌王子管辖拉萨、竹巴（今不丹）和拉堆塘琼三地；斯噶汗管理嘉玛氏族嘉玉人；格杜拉王子管辖格岗、察沙和阿拉巴。诸王分封制度的实施，在推行大蒙古国传统制度的同时，也适应了西藏地方各个政教势力分立的局面，易于分而治之，分别管理。忽必烈至元年间，桑哥在入藏平息贡噶桑布之乱后，又在西藏留驻了一部分军队，保护萨迦领袖人身安全、西藏寺庙安全，并防备以海都、笃哇为首的西部叛乱诸王的军队进入西藏。其中，在蚌波岗，以尼玛衮和达尔格为首，抽调精兵一百六十名，担任达玛巴拉大师之警卫。又从七个蒙古千户中抽调七百人，驻防警戒西路蒙古的哨所。在南木官萨，留下以乌玛尔恰克为首的蒙古军四百。以多台为首的巴拉克军留驻塞日绒地方。卫普尔的军队留驻甲孜、哲古、羊卓等地方，震慑冬仁部落。多尔班土绵的军队留在当雄那玛尔、朗绒等北部草原，以保障各个寺庙的安全[1]。

忽必烈时期，还曾遣皇子出镇吐蕃地区，《汉藏史集》记载说："薛禅皇帝之次妃所生之子奥鲁赤，受命管辖西土之事，驻于汉藏交界处。亦曾前来乌斯藏，多次镇压反叛。奥鲁赤之子铁木儿不花也服事萨迦大寺，做了许多利益教法之事。铁木儿不花之子为老的，承袭其父的爵位，未到乌斯藏。铁木儿不花的次妃所生之子搠思班，受封为（镇西武）靖王，前来乌斯藏，在江孜的山脚下击溃西蒙古的军队，并将止贡派的'官巴'处以死刑。"[2] 发生在十三万户内部的止贡派与萨迦派的冲突，曾波及整个乌思藏地区，产生了很大影响。1295 年，镇西武靖王铁木儿不花、王子搠思班父子率军入藏，联合萨迦地方军队，镇压了止贡派的叛乱。前期的分封制和后期的出镇制度，从军事方面保证了蒙元朝廷对西藏的绝对控制。

括户是蒙古统治者在新征服地区征收赋税，实施管理所采取的一项重要措施。1252 年，蒙哥汗遣金字使臣前往吐蕃各处清查户口，划分地界，并令八思巴遣僧人同往。同时，下令对僧人、方士等敬神之人一概免除兵差，使其安居。1268 年，元朝在西藏地区进行了第一次户口清查。《汉藏史集》记载，"为了安定乌斯藏及纳里速古鲁孙等地方，也为了使此转大力法轮皇帝之上师驻锡之具吉祥萨迦寺之下的各个万户为大皇帝效

[1]达仓宗巴·班觉桑布著，陈庆英译：《汉藏史集》，拉萨：西藏人民出版社，1986年，第 180－181 页。

[2]达仓宗巴·班觉桑布著，陈庆英译：《汉藏史集》，拉萨：西藏人民出版社，1986年，第 161－162 页。

力，在皇帝迎请上师之后的十年，即阳土龙年年初，由朝廷派来的金字使臣阿衮与迷林二人，对俗民、土地以及冠以大蒙古之名的根本户数进行了清查。”“当蒙古与萨迦派结为施主与上师的关系后，首次在乌斯藏清查土地户口，从上部纳里速古鲁孙到夏鲁万户的辖地以上，是由阿衮与迷林二人清查的，从这以下到止贡万户辖地以上，是由司徒阿什杰等清查的。”〔1〕清查的结果，纳里速古鲁孙与乌思藏四如的户口共计36453户，此外，还有不属于上述地区的羊卓万户的十六个“蕾卜”（相当于“达果”或“马头”），共计750户。其后，元武宗1308年前后，“派遣和肃阿努汗、格洽达平章，在宣努旺秋（《元史》作‘软奴汪术’）重任乌斯藏本钦之时，清查人口，统计户籍”〔2〕。元朝中期以后，元廷还曾派宣政院使答儿麻监藏前往西藏处理西藏地方纠纷案件，并且清查户口〔3〕。“当时统计户籍的办法是：有六根柱子面积的房子，有能下十二蒙古克种子的土地，有夫妻、子女、仆从共计六人，牲畜有乘畜、耕畜、乳畜等三种，山羊、绵羊等，计有二十四头只，这样一户人家称为一个蒙古户，五十个蒙古户称为一个达果（马头），两个达果称为一个百户，十个百户为一个千户，十个千户为一个万户。按照规定建立的万户，都划分出六个千户为教民。十个万户称为一个路，十个路称为一个行省。”〔4〕可见是按蒙古旧制统计户口，组织社会，目的是建立行政体制的基础，摊派赋税，落实差役征发任务，特别是为驿站确定支应的民户，从

〔1〕达仓宗巴·班觉桑布著，陈庆英译：《汉藏史集》，拉萨：西藏人民出版社，1986年，第185、187页。

〔2〕达仓宗巴·班觉桑布著，陈庆英译：《汉藏史集》，拉萨：西藏人民出版社，1986年，第165页。

〔3〕大司徒·绛求坚赞著，赞拉、阿旺、佘万治译：《朗氏家族史》，拉萨：西藏人民出版社，1989年，第118－119页。

〔4〕达仓宗巴·班觉桑布著，陈庆英译：《汉藏史集》，拉萨：西藏人民出版社，1986年，第165页。

而为在西藏地方实施有效管理提供了坚实的经济保障。

蒙元在西藏设治后，保证西藏与内地往来交通的畅通成为十分重要的事情。忽必烈即位后，在西藏地方建立了永久性的驿站，《汉藏史集》记载说，为避免吐蕃人民不遵守汉地、蒙古之法度，忽必烈下令“自萨迦以下，可视道路险易、村落贫富，选择适宜建立大小驿站之地，仿照汉地设立驿站之例，立起驿站来。使上师八思巴前往吐蕃之时，一路顺利。”[1] 元朝在西藏地方设置驿站的具体情形是“从汉藏交界之处起，直到萨迦以下，总计设置了二十七个大驿站（vjam - chen）。若分别叙述：由朵思麻（mdo - smad）站户（支应的）七个大站，在朵甘思设立了九个大站，在乌斯藏（dbus - gtsang）设置了十一个大站。乌斯藏的大站中，由乌斯（dbus，前藏）地方的人支应的大站有：索（sog）、夏克（zhag）、孜巴（rtsi - bar）、夏颇（sha - pho）、贡（rkong）、官萨（dgon - gsar）、甲哇（gya - ba）等七个，藏（gtsang，后藏）地方之人支应的大驿站有：达（stag）、春堆（tshong - vdus）、达尔垅（dar - lungs）、仲达（grom - mdav）等四个。并规定了各个万户支应驿站的办法”[2]。其路线大致经过今天甘肃渭源、临洮、和政、临夏，青海循化、化隆、贵德、称多、玉树，四川邓柯、德格、白玉，西藏贡觉、昌都、类乌齐、丁青、巴青、索县、那曲、当雄等地进入前藏，最后到达后藏萨迦地方。按照内地方式由当地百姓支应驿站供应及差役。大体上各万户以马头为单位，出具马匹、驮畜、乳畜、肉羊、青稞、褐布、帐篷、坐垫、绳具、炉子、卧具、医药、人员等供应驿站。驿站制度推行到西藏地区具有重大意义，它是元朝在西藏地方充分行使主

〔1〕达仓宗巴·班觉桑布著，陈庆英译：《汉藏史集》，拉萨：西藏人民出版社，1986年，第167－168页。

〔2〕达仓宗巴·班觉桑布著，陈庆英译：《汉藏史集》，拉萨：西藏人民出版社，1986年，第168－169页。

权的重要标志之一，为西藏各项制度的建立和完善奠定了坚实基础，保障了政令畅通，加强了西藏与内地以及西藏各地区之间的政治经济与军事联系，为巩固西藏地区的稳定发挥了巨大作用。

四、兼顾藏区实际“因俗而治”

元朝在西藏地方一方面坚持蒙古国俗，兼行郡县制度，另一方面则“因俗而治”，即把地方特点和中央集权有机地结合起来。

第一，元朝创造性地采取了国师或帝师管理吐蕃地方事务的措施。至少在初期，管理西藏地方的最高官员是国师或帝师，而最高行政机构是总制院和后来的宣政院。宣政院的官员有别于其他机构，是僧俗并用，军民通摄，院使位居第二者，必以僧为之，出帝师所辟举，充分保障僧人的地位和权益。帝师地位非常崇高，其法旨在吐蕃地方可以和皇帝诏敕一并颁布并具有效力。正衙朝会，帝师也有专座，往来则须大臣迎送，显赫异常。

第二，尊重并承认其他教派的权益。在忽必烈放弃让西藏所有教派都改宗萨迦派的想法后，西藏各教派一方面与各蒙古宗室建立了联系，另一方面与地方世俗权力相结合，形成了与萨迦派类似的家族与教派结合的统治方式，包括帕竹噶举派和朗氏家族结合而成的帕竹政教合一体，蔡巴噶举派和噶尔家族结合而成的蔡巴政教合一体，止贡噶举派和居热家族结合而成的止贡政教合一体，夏鲁教派和杰氏家族结合而成的夏鲁政教合一体，雅桑噶举派的雅桑政教合一体等。元朝政府允许他们修建寺庙，发展僧徒，享有发展的机会，从而避免了宗教冲突，保证了社会稳定。

第三，元朝政府承认僧人在西藏的崇高地位。在清查户口时特意划出一定数量的僧户，对僧人寺院所属土地人民，予以免税、免役的特权，提高了僧人权势，促进了西藏地区政教合一制度的形成。

第四，元朝承认地方实力派的地位。在原有势力的基础上划分万户，任命各地方世俗首领为万户、千户，让他们自己掌握属下的官员，享有一定的自主权，可以参与地方事务，吸引他们效忠中央政府。

第五，在保证元朝政府征发差役赋税权力的前提下，充分考虑西藏地方的实际情况，适当减轻了其赋役负担，照顾到了各阶层的利益。

第三节　脱思麻地方管理体制

一、脱思麻地区的军政建置

元代脱思麻地区的军政机构接受双重管理，既分属于陕西、甘肃行省，如吐蕃宣慰司都元帅府及其下属河州路、脱思麻路均属于陕西行省，弘吉剌部昌吉驸马封地西宁州属甘肃行省[1]；同时又直隶总制院或宣政院，如至元二十五年（1288），丞相桑哥“以总制院所统西蕃诸宣慰司，军民财谷，事体甚重，宜有以崇异之，奏改为宣政院，秩从一品，用三台银印”[2]。忽必烈接受了桑哥的建议，将总制院改为宣政院，把整个藏族地区统一起来归宣政院管辖。因此，《元史》将脱思麻地区军政建置分记在《百官志三》宣政院条下、《百官志七》宣慰司条下和《地理志三》陕西行省、甘肃行省条下。

（1）脱思麻路军民万户府和总管府。《元史》卷60《地理志三》陕西等处行中书省条下有脱思麻路。但未说明其辖域及治所。从《地理志》至元五年“割安西州属脱思麻路总管府……七年，并洮州入安西州。八年，割岷州属脱思麻路”，及

[1]〔明〕宋濂：《元史》卷60《地理志三》，北京：中华书局，1976年，第1452页。

[2]〔明〕宋濂：《元史》卷205《桑哥传》，北京：中华书局，1976年，第4574页。《元史》卷15《世祖纪》，北京：中华书局，1976年，第317页。

《狄道州志》祁林曾授“脱思麻路常阳等处军民元帅府同知”等记事看，脱思麻路包括安西州、洮州、岷州、常阳等地，由此推断其辖境约今甘南、川西北一带，有的碑记就是将脱思麻与巩昌、成都、汉阳等地并列的，上述各地民匠总设一长官所统辖〔1〕。大德二年，“诏总帅汪惟正所辖二十四城，有安西王、诸王等并朵思麻来寓者，与编户均当赋役。”〔2〕也说明脱思麻与巩昌路相邻。需要辨明的是，《元史》中的脱思麻之地与脱思麻路并不总是同义的，在许多场合下，脱思麻是源于藏文地名概念的一种非正式的习称，其范围要比脱思麻路大得多，不能不分场合地将两者混同起来。

（2）西夏中兴河州等处军民总管府。秩正三品。设达鲁花赤一员，总管一员，同知一员，治中一员，府判一员，经历一员，知事一员。属官有：税务提领，宁河县官，宁河脱脱禾孙五员，宁河弓甲匠达鲁花赤。此建置仅此一见，难以详考。元初河州隶巩昌等处便宜都总帅府，也许西夏中兴行省短暂存在期间曾割河州来属，设置河州军民总管府，故有是称。后立吐蕃等处宣慰司，就近统辖，改称河州路，并为司治所在。下领定羌、宁河、安乡三县。

（3）洮州元帅府。《元史·地理志三》陕西行省条下有洮州，领可当县。《元史·百官志七》作洮州路元帅府，为吐蕃等处宣慰司所辖八元帅府之一。入明后为河州卫管下军户千户所。治所在今甘肃临潭。

（4）十八族元帅府。《元史·百官志七》有十八族元帅府，为吐蕃等处宣慰司所辖八元帅府之一。《元史》卷5世祖纪至元元年秋七月，“以西番十八族立安西州，行安抚司事”。是十八族元帅府初为安西州安抚司。《元史》卷60《地理志三》

---

〔1〕礼县老年书画协会、礼县博物馆：《礼县金石集锦·湫山观音圣境通济善惠王碑》，天水：天水新华印刷厂，2000年内部准印本，第150－151页。

〔2〕〔明〕宋濂：《元史》卷19《成宗纪二》，北京：中华书局，1976年，第419页。

“至元五年，割安西州属脱思麻路总管府”；“七年，并洮州入安西州”。元明史料中，十八族与安西州从未并列出现过，说明二者是同一的。其辖境在洮州、岷州之间。入明后河州卫下置有十八族千户所。

（5）积石州元帅府。《元史·百官志七》有积石州元帅府，为土蕃等处宣慰司管下八府之一。《河源附录》称积石州，在贵德州与河州正中之黄河边，即今青海循化县。入明后为河州卫积石州千户所。

（6）礼店文州蒙古汉军西番军民元帅府。《元史·地理志三》作礼店文州蒙古汉儿军民元帅府，《元史·百官志七》作李店文州元帅府，其归属曾多次变动，有时归属吐蕃等处宣慰司管下，有时又并列而自为一府。关于其来历，《元史》卷121《按竺迩传》载按竺迩隶察合台部，戊子年曾出镇察合台分地删丹，自敦煌置驿抵玉门关，通西域，从定关陇，宗王穆直分蒙古五千户隶按竺迩，“戍守西和、阶、文南界及西蕃边境”。此为礼店元帅府创设的由来。元初礼店文州元帅府的地位十分重要，当年征蜀留驻的蒙古探马赤军多属籍于此，控御陇蜀吐蕃三边要冲。礼店文州元帅府下的各个建置即由按竺迩属下的蒙古五千户演变而来。礼店文州军民万户府的归属曾多次变动，《元史》卷98《兵一》大德十一年四月条云，“诏礼店军还属土番宣慰司。初，西川也速迭儿、按住奴、帖木儿等所统探马赤军，自壬子年属籍礼店，隶王相府，后王相府罢，属之陕西省，桑哥奏属土番宣慰司，咸以为不便，大德十年命依壬子之籍，至是复改属焉。”这条材料说明礼店文州万户府是比较特殊的一个机构。也速迭儿是纽邻之子，与按住奴、帖木儿都是太宗以来征蜀蒙古将领，其所统均为蒙古探马赤军，是镇戍控御秦陇蜀吐蕃各地的主力军，故壬子年（1252）籍户时另立军籍，直属中央，不与它司相属。至元九年，封皇子忙哥剌为安西王，立王相府，统河西、吐蕃、四川诸处，“秦蜀夏陇悉归控御”[1]，礼店军也隶属王相府。王相府罢后改属陕西行省，其重要性有所降低，下隶吐蕃宣慰司后地位更低，且不符合蒙古探马赤军镇戍控御的功能，故咸以为不便，又独立军籍。大德十一年再隶吐蕃宣慰司说明其实力地位已大大下降，且有土著化的倾向，非昔日可比。另外，元至顺刊《新编纂图群书类要事林广记》别集卷2官制类分类集录了元代外任诸衙门名称，李店文州元帅府及其下属达达汉军西番军民所等作为军民合一组织，与各宣慰司、各万户府、各路并列，似乎也说明它曾是单独立籍、单独管理的特殊外任衙门。

（7）土蕃等处招讨使司。置招讨使二员，知事一员，镇抚一员。其属司有：

脱思麻探马军四万户府。《元史·百官志七》没有这一军府名，可能是临时性质的镇戍军府。四万户府即上万户府，因上万户府有时可设万户四员[2]，故称。《元史》卷122《巴而术阿而忒的斤传》载至元末，纽林的斤自高昌移驻永昌，“会吐蕃脱思麻作乱，诏以荣禄大夫平章政事，领本部探马等军万人镇吐蕃宣慰司。威德明信，贼用敛迹，其民赖以安。”[3]这当是脱思麻设立探马军四万户府的由来。《明实录》载河州卫下袭元制设有蒙古军千户所、灭乞军千户所等，即是当年探马赤军的遗存。

脱思麻路新附军千户所。新附军由归降的南宋军组成，一般用于南宋旧境以外地区的征伐镇守屯田。脱思麻路设新附军千户所还有旁证，如张世昌就曾任“敦武校尉、脱思麻路新附

---

〔1〕〔清〕王昶：《金石萃编未刻稿·陕西学校儒生颂德之碑》，《历代石刻史料汇编》12，北京：北京图书馆出版社，2000年，第635页。

〔2〕〔明〕宋濂：《元史》卷17《世祖纪》，北京：中华书局，1976年，第359页。

〔3〕〔明〕宋濂：《元史》卷122《巴而术阿而忒的斤传》，北京：中华书局，1976年，第3002页。

军上千户，佩金符”[1]。唯其所在不详。

文扶州西路南路底牙等处万户府。即以按竺迩子国宝招抚的扶州诸羌地置。

阶文扶州等处番汉军上千户所。入明后为河州卫下属的阶文扶州百户所。

常阳帖城阿不笼等处万户府。《元史·百官志七》有常阳元帅府，为吐蕃等处宣慰司所辖八府之一。乾隆《狄道州志》载元有“脱思麻路常阳等处军民元帅府”，明代河州卫有常阳千户所，其地约在岷州卫西。帖城又作铁城、铁州，《元史·百官志七》有帖城河里洋脱元帅府，为吐蕃宣慰司所辖八府之一。《中国历史地图集》将其标在岷县东北。康熙《岷州卫志》则云铁城故址在城西北九十五里，即今维新乡元山坪。河里洋脱，其地无考，岷县东北有禾驮乡，据说是从藏语深沟里的村庄一语演变而来，其音相近，又与铁城相连，当即其地。总之，该万户府是由常阳、铁城等元帅府组成的，在今岷县一带。唯阿不笼其名不详。

贵德州及必呈万户府。《元史》卷63《地理志·河源附录》作贵德必赤里。是贵德与必赤里乃同一地域范围，必呈万户府即必赤里万户府。

（8）松潘宕叠威茂州等处军民安抚使司。秩正三品。设达鲁花赤一员，安抚使一员，同知一员，佥事一员，经历、知事、照磨各一员，镇抚一员。有张世杰曾任“承务郎，同知松、潘、宕、叠、威、茂等处军民安抚事，佩金虎符，终奉议大夫、同知河州路总管府事”[2]。该安抚使司隶脱思麻宣慰司，在至大二年（1309）以后改为宣抚司，治所由松州迁往茂州，

[1]〔元〕苏天爵撰，陈高华、孟繁清点校：《滋溪文稿》卷20《皇元封奉议大夫铅山知州骁骑尉泾阳县子张府君墓碑》，北京：中华书局，1997年，第332页。

[2]〔元〕苏天爵撰，陈高华、孟繁清点校：《滋溪文稿》卷20《皇元封奉议大夫铅山知州骁骑卫泾阳县子张府君墓碑》，北京：中华书局，1997年，第332页。

故徙松州军往镇。

二、元朝在脱思麻地区的统治形态

元代在脱思麻地区设置的机构相当庞杂。这些机构管辖的对象也十分复杂，有些是以州设，有些是以县设，有些则是以乡设，甚至有些被称为族（部）或村。相对乌思藏、朵甘思来说，元朝对脱思麻地区的统治更为直接、严密，其建置大致可以分为民政和军民兼理两个系统，前者如河州总管府、脱思麻路总管府、喃加巴总管府、铁州、洮州等，其官员多是由朝廷派出的流官；后者如脱思麻路军民元帅府、十八族元帅府、洮州元帅府、积石州元帅府等，其官员多是由当地部落首领世袭的土官，军民兼理，包括礼店文州蒙古汉儿西番军民万户府等。这些机构有的隶属中央宣政院，有的归陕西行省、甘肃行省领导，还有的在宣政院和行省之间多次转属，这与乌思藏完全归宣政院管辖，其官员绝大多数是当地土官有很大的区别，说明它与内地的关系是较为密切的。《元史》卷12《世祖纪九》至元二十年秋七月还载“丁丑，命按察司照刷吐蕃宣慰司文卷”。说明吐蕃宣慰司（此指脱思麻）还要受陕西行省御史台下属某按察司（可能是陕西按察司）监察。

元朝对脱思麻地区统治的直接性体现在以下几个方面：

首先，在机构设置方面，虽然受历史、地理、民族环境及蒙古旧俗的影响，元朝在脱思麻地区的基层建置往往是以族而设，军民兼理，并俾之世袭，显示出羁縻性、地方性、民族性的一面，但主要的、上层的建置在人事安排、行政管理上显示出行省化、统一性的一面。特别是中央在脱思麻地区派驻有镇戍诸王和大量的镇戍军，如镇西武靖王府、西平王府、礼店文州军民元帅府、脱思麻探马赤军万户府等，大大强化了对当地的统治。直到明代，河州地区仍有蒙古军、灭乞军存在，必里卫的首领也是蒙古族。明朝之所以能顺利地在河州地区建立西番诸卫，接管元朝的统治，就是利用了元对脱思麻地区的经营成果。

脱思麻地区各机构中的重要官吏任命是多途径的，一是正常迁转的流官；一是由宣政院或帝师荐举当地藏族僧俗头目，皇帝授给他们金牌、银牌及宣敕，并委任以宣慰司都元帅、元帅、招讨、安抚、达鲁花赤、万户等职，授权他们管理藏区事务；一是自蒙古军征讨吐蕃地区以来设置于当地的蒙古军世袭万户、千户、元帅等，由朝廷在其家族中指定历任袭职者；一是朝廷因事临时任命的地方长官。从历任河州吐蕃宣慰使的情况看，他们都是由中央政府任命的流官，代表中央统治地方。但其下属以部落制为基础的各族万户、千户、元帅等却是世袭的，所不同的是蒙古探马赤万户、千户是朝廷派驻的，兼具流官土官双重身份。明初在河州归降的故元官吏，既有各地部落首领，也有镇戍蒙古探马赤军长官，但都以世袭土官鞑靼见称，明皆以旧官官之，令之世守，所谓袭元故制。可见在脱思麻这一地理封闭、部落林立、民族成分复杂的特定环境下，根源于漠北草原习俗的世袭制很容易地发展为土司制度，蒙古统治者在吐蕃等处宣慰司辖区推行以部落制为基础的千百户制度，反过来又强化了部落组织，使安多藏区的部落制得到更进一步的发展，历史地形成安多藏区部落林立、互不统属的社会结构。明朝在甘青地区推行的土流参设模式，实际上从元朝就开始形成了。

其次，元朝对脱思麻的有效管理还体现在户籍管理和赋税征收方面。据藏文史料记载，吐蕃归附蒙古之初，即有纳税服差之定制[1]。而至“薛禅皇帝之时，在对吐蕃广大地面清查人口户籍时，是从朵思麻开始清查的。在河州的热布卡地方，有属于囊索管辖的庄园，在城墙根有叫做拉哇城的，再往下有

〔1〕阿旺贡噶索南著，陈庆英、高禾福、周润年译：《萨迦世系史》，拉萨：西藏人民出版社，2002 年，第 88 – 91 页。

叫做典康谿的庄园，这些是按照圣旨奉献给上师八思巴的份地，不负担库府及驿站等汉地、吐蕃的任何税赋差役，不在编籍之内”[1]。可见除了奉献给上师或其他高僧的福田及其上的民户外，其余吐蕃民众均在编籍之内，须承担库府驿站等税赋差役。元时又立宣政院统吐蕃地区的“军民财谷”[2]，派宣政院官员驿征西番负金、钱钞，取要金子、毛子、哈丹段匹等物，追征斡脱等钱[3]。就吐蕃等处宣慰司所见，河州路设有税务提领官，文州设有课程仓粮官。皇庆元年六月“巩昌、河州等路饥，免常赋二分”[4]。大德二年五月“诏总帅汪惟正所辖二十四城，有安西王、诸王等并朵思麻来寓者，与编户均当赋役”[5]。可见脱思麻民赋有定制，即使在流寓外地后，也须与内地编民一样均当赋役。《元史》卷22武宗纪至大元年冬十月甲辰，“从帝师请，以释教都总管朵儿只八兼领囊八地产钱物，为都总管府达鲁花赤，总其财赋”。囊八又作“喃巴”和“喃加巴”，是脱思麻一地名，元在此设有总管府。可知元代脱思麻地区不仅赋有定制，而且地产钱物财赋均由朝廷命官掌管，同内地一样。元朝政府拨钞接济西番驿站时，也曾说“若或不足，就于宣政院所辖西番课程钱物内斟酌增给”[6]。可证在吐蕃的征税亦为“钱物”并征。文宗至顺元年：“户部钱粮户数一千三百四十万六百九十九，视前又增二十万有奇，汉、唐极盛之际，有不及焉。盖岭北、辽阳与甘肃、四川、云南、

[1]达仓宗巴·班觉桑布著，陈庆英译：《汉藏史集》，拉萨：西藏人民出版社，1986年，第170页。

[2][明]宋濂：《元史》卷205《桑哥传》，北京：中华书局，1976年，第4574页。

[3][元]姚燧：《牧庵集》卷17《百夫长赠中大夫上轻车都尉曹南郡侯昆都岱公神道碑》，台北：台湾商务印书馆，1986年文渊阁《四库全书》影印本（集部第1201册），第585页。

[4][明]宋濂：《元史》卷24《仁宗纪一》，北京：中华书局，1976年，第552页。

[5][明]宋濂：《元史》卷19《成宗纪二》，北京：中华书局，1976年，第419页。

[6][明]姚广孝、解缙等：《永乐大典》卷19421，北京：中华书局，1986年，第7231页。

湖广之边，唐所谓羁縻之州，往往在是，今皆赋役之，比于内地。”[1] 其中当包含脱思麻地区。

第三，驿站的建立和管理是元朝对脱思麻实施管理的又一个重要方面。元朝在朵思麻地区建立驿站的时间很早。前已述及，当忽必烈南伐大理之时，为保障联络，其部将叶仙鼐在沿途脱思麻、朵甘思地就设置了驿站。忽必烈即汗位后，为使八思巴、恰那多吉兄弟顺利返藏，于1260至1265年之间，派大臣答失蛮前往藏区设立驿站。据《汉藏史集》记载：“答失蛮接受了上师的法旨、皇帝的札撒（诏书）等，带领许多随从，携带来往路上所需物品，以及从大小御库领出的对吐蕃各级僧俗首领赏赐所需的物品，前来吐蕃。首先，他到了吐蕃地方佛教再弘的发源地——朵思麻的丹底水晶佛殿，依次经过朵堆（即朵甘思）、卓多桑珠、藏，最后到了具吉祥萨迦寺。一路上在各地召集民众，颁发堆积如山的赏赐品，宣读诏书和法旨。从汉藏交界之处起，直到萨迦以下，总计设置了二十七个大驿站。若分别叙述，由朵思麻站户（支应的）七个大站，在朵甘思设立了九个大站，在乌斯藏设置了十一个大站。”[2] 朵思麻的丹斗水晶佛殿在今青海化隆县金沅乡，从此到西藏萨斯迦共设了二十七个大站，其中朵思麻设大站七，朵堆设大站九，乌思藏设站十一。这个数字和《经世大典·站赤》中“朵思麻、朵甘思、乌思藏小站七所，大站二十八处”的记载基本相同。

与乌思藏地区地广人稀，驿站之间“近者不下三五百里”的情况不同，脱思麻地区的驿站比较密集，来往官吏和僧人也十分频繁，是乌思藏通往内地的主要道路。据大德九年至十年间统计，“西蕃节续差来的西僧八百五十余人，计乘铺马一千

[1]〔明〕宋濂：《元史》卷58《地理志》，北京：中华书局，1986年，第1346页。

[2]达仓宗巴·班觉桑布著，陈庆英译：《汉藏史集》，拉萨：西藏人民出版社，1986年，第168页。

五百四十匹”[1]。这些西僧往往让驿马驮载过重的物资，重者二百斤，轻者不下百五十斤，以至铺马比年损毙，站户困穷，终至于站务废弛。元朝皇帝及中书省多次企图整治站务并赈济驿站贫民。至元十九年夏四月，“禁吐蕃僧给驿太繁，扰害于民，自今非奉旨勿给。”[2] 至大四年二月丁卯，“命西番僧非奉玺书驿券及无西番宣慰司文牒者，勿辄至京师，仍戒黄河津吏验问禁止”[3]。延祐七年五月己卯，“禁僧驰驿，仍收元给玺书”[4]。泰定二年五月甲辰，“以西僧驰驿扰民，禁之”[5]。由于给驿频繁，自然条件较差，元王朝赈济西番驿站的记事俯拾皆是，也从一个侧面反映了元朝对西蕃驿站管理的细密性。

元朝站赤一般由通政院或兵部主之，而包括脱思麻在内的吐蕃地区驿站则由宣政院主管，如西番站赤给驿、赈济事均由宣政院出面。镇戍诸王、宣慰司及其所在行省也参与管理。如延祐元年四月三日，“中书省奏给中统宝钞一万锭，赈济西番站赤。初，皇庆二年十二月，搠思班武靖王令旨言于宣政院，谓乌思藏、朵甘思、朵思麻三路站赤，近年以来，马匹病死，人户贫乏，请闻奏赈济事”[6]。就是诸王参与管理西番站赤的例子。又，“延祐二年，中书省咨兵部：议得西僧泛滥，宜从都省札付，宣政院行下土番宣慰司都元帅府移咨陕西行省，令临洮府等处脱脱禾孙钦依累降诏书，分拣禁约，毋致泛滥”[7]。这里的吐番宣慰司都元帅府即脱思麻宣慰司，因为归宣政院和

[1]〔明〕姚广孝、解缙等:《永乐大典》卷19420站赤五，北京:中华书局，1986年，第7224页。

[2]〔明〕宋濂:《元史》卷12《世祖纪九》，北京:中华书局，1976年，第242页。

[3]〔明〕宋濂:《元史》卷24《仁宗纪一》，北京:中华书局，1976年，第539页。

[4]〔明〕宋濂:《元史》卷27《英宗纪一》，北京:中华书局，1976年，第602页。

[5]〔明〕宋濂:《元史》卷30《泰定帝纪二》，北京:中华书局，1976年，第669页。

[6]〔明〕姚广孝、解缙等:《永乐大典》卷19421站赤六，北京:中华书局，1986年，第7231页。

[7]〔明〕姚广孝、解缙等:《永乐大典》卷19425，北京:中华书局，1986年，第7287页。

陕西行省双重领导，所以宣政院在行下土番宣慰司文书时，还要移文陕西行省，共同处理西僧给驿问题。

第四，有元一代，脱思麻地区变乱史不绝书，因而反映军事镇戍与征伐的记载颇多，从中可以看出元朝对脱思麻地区的军事管辖也是多头、多层次的。

(1) 中央宣政院和枢密院对脱思麻地区的军事负有高层领导责任。宣政院是由总制院改名而来，统西蕃诸宣慰司，军民通摄。除了平时有权推荐任命吐蕃地区军政长官外，“遇吐蕃有事，则为分院往镇，亦别有印。如大征伐，则会枢府议。”[1]枢密院掌天下兵甲机密之务，有征伐之事，则置行枢密院以往。当有些较大的反叛，当地的元帅府、都元帅府等没有足够的力量对付时，宣政院和枢密院都有权设置临时的权力机构行宣政院或行枢密院并委派官吏担任院使前往镇压，如至元间“吐蕃脱思麻作乱”，诏纽林的斤领本部探马等军万人镇吐蕃宣慰司[2]。这种调遣当即出自枢密院。又如至元三十年，诏发总帅汪惟和所部军三千征土番，又发陕西、四川兵万人，以行枢密院官明安答儿统之征西番[3]。在事权不一的情况下，往往需两院约会协商，如《元史》卷24仁宗纪至大四年“六月癸卯，敕宣政院：‘凡西番军务，必移文枢密院同议以闻。’”但到同年八月，又“敕西番军务隶宣政院”。此后至元三年五月，“西番贼起，杀镇西王子党兀班。立行宣政院，以也先帖木儿为院使，往讨之”[4]。至正十四年春正月丙戌，“以答儿麻监臧遥授陕西行省平章政事，实授行宣政院使，整治西番人民”[5]。据此，有观点认为至大四年后，宣政院全面负责吐蕃

[1]〔明〕宋濂：《元史》卷87《百官志三》，北京：中华书局，1976年，第2193页。

[2]〔明〕宋濂：《元史》卷122《巴而术阿而忒的斤传》，北京：中华书局，1976年，第3002页。

[3]〔明〕宋濂：《元史》卷17《世祖纪》，北京：中华书局，1976年，第371页。

[4]〔明〕宋濂：《元史》卷39《顺帝纪二》，北京：中华书局，1976年，第840页。

[5]〔明〕宋濂：《元史》卷43《顺帝纪六》，北京：中华书局，1976年，第913页。

地方军事[1]。实际上这种看法并不准确，如至正二十三年又有兼枢密院事、行宣政院使治土蕃宣慰使司某率两院官在洮州“收狩讲武，褒善赏功，擢用贤良，诛除凶丑，巡省风俗，问民疾苦”[2]。这里的两院官即行宣政院官和行枢密院官，可知两院约会“整治西番”的做法一直延续到元末，元代制度多有反复，不足为奇。

（2）所在行省负有直接责任。史籍可见甘肃行省、陕西行省特别是巩昌都总帅府对所辖脱思麻地区负有绥靖职责。

（3）镇戍诸王负有镇压责任。史书中出镇吐蕃地区诸王在当地镇压平叛的事例不胜枚举，包括皇子西平王奥鲁赤、安西王忙兀剌、南平王秃鲁、永昌王只必帖木儿、驸马长吉、镇西武靖王搠思班、岐王阿剌乞巴等。

（4）各方面有约会协同军事行动的责任。如元贞二年五月庚辰，“土蕃叛，杀掠阶州军民，遣脱脱会诸王铁木而不花、只列等合兵讨之”[3]。诸司诸王约会行动是元代政治的一大特点，脱思麻地区也不例外。

当然，除武力征讨外，元王朝也采用怀柔政策，遣官到吐蕃地区招抚。政府还通过赈济来进行安抚。脱思麻地区经常发生旱灾、雹灾、霜灾、瘟疫、地震等自然灾害，元王朝赈济脱思麻的记载在《元史》中屡见不鲜。应该说，元朝中央的赈济，对脱思麻地区人民克服灾害，保证生活与恢复生产，是有一定积极作用的。

三、诸王镇戍制度

元朝对脱思麻地区的管理，除有宣政院、行省及所属的脱思麻各机构外，帝师和诸王亦可插手其事。出镇于脱思麻境内

---

〔1〕张云:《关于元代宣政院的几个问题》,《中国藏学》1995 年第 2 期,第 69 – 78 页。

〔2〕张维:《陇右金石录》卷 5《李将军碑阴纪事》,《历代石刻史料汇编》13,北京:北京图书馆出版社,2000 年,第 1068 页。

〔3〕〔明〕宋濂:《元史》卷 19《成宗纪二》,北京:中华书局,1976 年,第 404 页。

的西平王奥鲁赤及其后裔在管理吐蕃事务方面发挥着重要作用。关于奥鲁赤受封的时间，《元史》没有明确的记载。至元六年冬十月庚子，“赐诸王奥鲁赤驼钮金镀银印”[1]。可知他于至元六年十月以前已封为西平王。至元九年正月，有记载“敕皇子西平王奥鲁赤、阿鲁帖木儿、秃哥及南平王秃鲁所部与四川行省也速带儿部下，并忙古台等十八族、欲速公弄等土番军，同征建都”[2]。至元十二年三月，“仍敕安西王忙兀剌、诸王只必帖木儿、驸马长吉，分遣所部蒙古军从西平王奥鲁赤征吐蕃。”[3] 此后该系一直负责吐蕃方面的军事。奥鲁赤死后，子八的麻的加袭父职为西平王，八的麻的加之子贡哥班于后至元三年（1337）封为西平王。奥鲁赤的另一个儿子铁木儿不花于大德元年（1297）封镇西武靖王。铁木儿不花有两子，搠思班袭父职为镇西武靖王，老的于后至元五年（1339）封为云南王。搠思班之子党兀班被西番所杀，卜纳剌袭父职为镇西武靖王。《元史》中有不少关于奥鲁赤子孙在吐蕃地区活动的记载，如至治三年（1323）三月丁未，“西番参卜郎诸族叛，敕镇西武靖王搠思班等发兵讨之”[4]。至顺元年（1330）六月丙申，“发朵甘思、朵思麻及巩昌诸处军万三千人，人乘马三匹，彻里铁木儿同镇西武靖王搠思班等由四川，教化从豫王阿剌忒纳失里等由八番，分道进军。”[5] 直至明朝初年，继何锁南普降明之后，“其镇西武靖王卜纳剌亦以土蕃诸部来纳款”[6]。可知该系统对藏区的管理与元朝统治相始终。

藏文文献中记载，“薛禅皇帝之次妃所生之子奥鲁赤，受命管辖西土之事，驻于汉藏交界处。亦曾前来乌斯藏，多次镇

[1]〔明〕宋濂：《元史》卷6《世祖纪三》，北京：中华书局，1976年，第123页。
[2]〔明〕宋濂：《元史》卷7《世祖纪四》，北京：中华书局，1976年，第139－140页。
[3]〔明〕宋濂：《元史》卷8《世祖纪五》，北京：中华书局，1976年，第164页。
[4]〔明〕宋濂：《元史》卷28《英宗纪二》，北京：中华书局，1976年，第629页。
[5]〔明〕宋濂：《元史》卷34《文宗纪三》，北京：中华书局，1976年，第759页。
[6]〔清〕张廷玉：《明史》卷330《西域二》，北京：中华书局，1974年，第8539页。

压反叛。奥鲁赤之子铁木儿不花也服事萨迦大寺，做了许多利益教法之事。铁木儿不花之子为老的，承袭其父的爵位，未到乌斯藏。铁木儿不花的次妃所生之子搠思班，受封为（镇西武）靖王，前来乌斯藏，在江孜的山脚下击溃西蒙古的军队，并将止贡派的‘官巴’处以死刑”[1]。可知奥鲁赤及其后嗣的镇辖处与吐蕃地区有很密切的联系。但他们的辖区与驻屯点究竟在哪里却众说纷纭。《中国大百科全书》中的《中国历史》卷《元史》单行本中将镇西府列在朵甘思（今西藏昌都和四川甘孜地区）。仁庆扎西不同意这种说法，他引《元史》卷 10《世祖纪七》“以朵哥麻思地之算木多城为镇西府”的记事，解释说“朵哥”，藏语意为下部、下州，上指阿里，中指卫藏，下即朵哥，“麻”，藏语意为下边，朵哥麻即朵哥的下部，简称朵麻（《元史》作朵思麻）。朵思麻的地理位置在今甘、青藏汉区交界处。与《汉藏史集》中“奥鲁赤受命领西方之地，驻于汉藏交界处”的记载相符。“算木多”，藏语意为三岔口。根据他的实地调查，西平王府算木多城应在今青海互助县松木多乡，北纬 26.7 度，东经 102.2 度处[2]。此说不妥，一是青海互助松木多乡从元代分封格局看属于岐王领地范围，不大可能再将西平王派驻此处；二是《元史》并未言明镇西府就是西平王或镇西武靖王府；三是西平王的活动多与建都、云南有关，故屠寄以来都将其驻地置于朵甘思。不过镇西武靖王的斡耳朵可以肯定是在河州附近。因为藏文史料《红史》记载第四世噶玛巴乳必多杰于猪年（1359）被迎请到河州后，“达玛靖王把他请到索雅的斡耳朵住了两天，以靖王官却贝为首的王族前来皈依，他为行院的官员们举行了灌顶……在河州住了八天，住

〔1〕达仓宗巴·班觉桑布著，陈庆英译：《汉藏史集》，拉萨：西藏人民出版社，1986 年，第 161－162 页。

〔2〕仁庆扎西：《西平王府今地考》，《青海社会科学》1986 年第 6 期，第 105－108 页。

在王子官却贝在山腰修建的寺院附近扎下的帐篷中”〔1〕。这里提到的靖王即镇西武靖王系统的诸王子。汉文史料也记载至大三年武靖王卜纳剌在河州城内修建了城隍庙〔2〕。

奥鲁赤“领西方之地”驻于吐蕃地方，成为吐蕃地区的实际最高统治者，这种关系早在八思巴返回萨迦时就已经确认。至元八年，八思巴前往脱思麻的临洮居住，直到至元十一年，才在太子真金的护送下，经由朵甘思返回萨迦，正是在此期间，八思巴与西平王建立了密切关系。至元十一年九月，八思巴为西平王奥鲁赤写了《十万般若颂》。至元十二年又写诗向奥鲁赤祝贺阳火鼠年新年。至元十三年九月，八思巴又给奥鲁赤之子铁木而不花写了《授王子铁木而不花教诫——月亮之光》。至元十七年十一月二十日，八思巴在萨迦南木拉康示寂。他和西平王之间的密切关系充分说明后者确实为代表元朝皇帝在吐蕃地区行使统治大权的最高长官。

说西平王、镇西武靖王为代表元朝皇帝在吐蕃地区行使统治大权的最高长官，并不等于镇戍诸王完全大权独揽，政出多门是元朝政治的一大特点，宣政院派出的官员也可以与诸王分庭抗礼。正因为事权不一，各有武力，地方势力容易在两者之间钻空子，利用院巴、院使与诸王的矛盾坐大，诸王与宣政院官员也往往各自支持一派，使教派地方之争表现为部门之争。这一点在《朗氏家族史》披露的帕木竹巴崛起史中表述得很清楚。脱思麻地区也不例外，《红史》就记载了1359年河州的达玛靖王与行院的代周平章不和，各自调集重兵，准备决战，以及西凉王（不是阔端系永昌王一支，而是奥鲁赤后王）被革

〔1〕蔡巴·贡噶多吉著，陈庆英、周润年译：《红史》，拉萨：西藏人民出版社，1988年，第100页。

〔2〕〔明〕吴祯著，马志勇校勘：《〔嘉靖〕河州志》，兰州：甘肃文化出版社，2004年，第54页。

职，其属官被行院官员定罪下狱等史实[1]，都可说明镇戍诸王并不拥有绝对权威。

四、帝师僧官的影响

脱思麻地区位于乌思藏与内地联系的通道上，地理位置十分重要，萨迦派帝师和其他教派法王高僧多经由此路往来于朝廷与藏区之间，一些帝师法王如八思巴、噶玛巴什、亦怜真、乳必多吉等曾驻锡此地，在当地政教生活中发挥过重要影响。公元1255年夏，八思巴就曾离开忽必烈的营地，到河州附近某地跟从由西藏请来的各教派高僧涅塘巴·扎巴僧格、恰巴·却吉僧格等人受比丘戒，完成了成为一名正式佛教僧侣的全部仪式[2]。《贤者喜宴》载蒙哥汗在位时，噶玛巴什来至河州等城，“并将二十四座城池所有之如意宝树集聚起来，在低谷有树林及风水佳盛之处，（噶玛巴什）请求神佛驾临，于是其时上下（各处）均被如来佛像所布满”。并得到“只要凭藉众多寺院，凡事均可行”的神佛启示[3]。似乎在当地修建了噶玛噶举派寺院，而借修寺以扩张势力正是宗教界惯用的手法，安多地区至今仍有许多噶玛噶举派寺院，当与噶玛巴什等的活动有关。至元七年至十一年，八思巴在前往萨迦之前，又长期在临洮居住。八思巴在安多停留时，会见了许多地方的贵族，其中不少由他授予了官职和政治权力，如果没有他的支持，这些家族的声望不可能这样上升。《安多政教史》记载湟水流域的斯纳家族因追随八思巴而得到提携，忽必烈因而将宗喀、肃甘、贵德、般掩、东康等地的许多村庄、寺院和百姓赏赐给斯纳堪布·喜饶耶喜巴藏卜。“以后又给斯纳·华本赐了嵌三颗

---

[1]蔡巴·贡噶多吉著，陈庆英、周润年译：《红史》，拉萨：西藏人民出版社，1988年，第101页。

[2]陈庆英：《忽必烈即位前的八思巴》，《思想战线》1988年第5期，第80－86页。

[3]巴卧·祖拉陈哇著，黄颢译：《〈贤者喜宴〉译注（三）》，《西藏民族学院学报》1987年第1期，第18－28页。

珠宝虎头印，敕授为宗喀万户。当时，蒙古王族与斯纳家族互相联姻，结为姻亲”[1]。隆务河流域政教体系的发展壮大也与八思巴的扶持有关。出身噶玛洛部落的桑哥，也是“先在朵思麻汉藏交界之地拜见了上师八思巴，请求为上师效力，故上师命其为自己的译吏。以后，当他任速古儿赤之职时，因其见识广博，得上师喜爱，多次遣往皇帝驾前奏事，皇帝亦以此人之学识和功德，将他从上师处取来”[2]。从此平步青云，贵为宰相，并为吐蕃地区做了许多有意义的事。八思巴本人也因此在脱思麻地区拥有极高的威望和许多特权，《汉藏史集》说“在河州的热布卡地方，有属于囊索管辖的庄园，在城墙根有叫做拉哇城的，再往下有叫做典康谿的庄园，这些是按照圣旨奉献给上师八思巴的份地，不负担府库及驿站等汉地、吐蕃的任何税赋差役，不在编籍之内。据说有可下五百蒙古克种子的土地”[3]。不仅八思巴曾久驻临洮，帝师亦怜真（仁钦坚赞）亦于至元十六年逝于临洮[4]。他们在脱思麻地区的活动对当地佛教的弘扬、政教体制的发育功不可没。元政府就曾“给钞千锭建临洮佛寺”[5]。泰定元年九月“辛卯，罢哈思的结鲁思伴卜总统所，更置临洮总管府”[6]。总统所是宣政院辖下管理各地僧政的机构，史籍中不多见，此哈思的结鲁思伴卜总统府无

[1]智观巴·贡却乎丹巴绕吉著，吴均、毛继祖、马世林译:《安多政教史》，拉萨:甘肃民族出版社，1989年，第162页。

[2]达仓宗巴·班觉桑布著，陈庆英译:《汉藏史集》，拉萨:西藏人民出版社，1986年，第179页。

[3]达仓宗巴·班觉桑布著，陈庆英译:《汉藏史集》，拉萨:西藏人民出版社，1986年，第170页。

[4]达仓宗巴·班觉桑布著，陈庆英译:《汉藏史集》，拉萨:西藏人民出版社，1986年，第207页。蔡巴·贡噶多吉著，陈庆英、周润年译:《红史》，拉萨:西藏人民出版社，1988年，第44页。

[5]〔明〕宋濂:《元史》卷19《成宗纪二》大德元年条，北京:中华书局，1976年，第411页。

[6]〔明〕宋濂:《元史》卷29《泰定帝纪一》，北京:中华书局，1976年，第650页。

疑设在临洮，表明临洮当时为一政教中心，这当然是与帝师八思巴、亦怜真等的活动分不开的。临洮《明宝塔寺报恩传统碑》称临洮宝塔寺是“前元帝师发思吧幸迹，金饰吉祥塔、说法台，遗像在焉。凡遇大节庆会之辰，阖郡长官僚属人员于寺习仪拜贺，以为依止”[1]。明朝皇帝还颁有多通护寺崇教碑，要求临洮地面所在官司大小官员军民诸色人等，务要尊崇其教，不许侮慢欺凌。由此可以想见元时临洮一带藏传佛教之盛，地位之尊。

五、多民族徙入改变当地民族构成

蒙元时期，曾有大批蒙古军队和由各族组成的探马赤军徙入脱思麻地区，既构成统治机构的一部分，也极大地改变了当地的民族成分和社会结构，最后逐渐融入当地社会，甚或形成新的民族。蒙元时期徙入脱思麻地区的蒙古等族主要有以下几支：

（1）湟水流域的弘吉剌部驸马宁濮郡王—岐王系统

《元史·地理志》载：“西宁州……元初为章吉驸马分地。至元二十三年，立西宁州等处拘榷课程所。二十四年，封章吉为宁濮郡王，以镇其地”。但是没有说明其千户数。《史集》第一卷第二分册则有确切数字：“阿勒赤那颜的儿子弘吉剌惕部人失窟驸马千户。失窟娶成吉思汗的女儿秃马仑哈敦〔为妻〕。成吉思汗从弘吉剌惕部拨出这四个千户赐给他，派〔他〕到吐蕃地区去。他们〔迄今〕还全部在那里。在那里任箭筒士（豁儿赤）长的巴牙兀带，曾来过此邦。由于这支军队自古以来就是他的产业，故由他亲自指派千夫长。”[2] 即徙入湟水流域的蒙古弘吉剌部有四千户。宁濮郡王后进封岐王，统治湟水流域

---

[1]张维撰：《陇右金石录·校补》，《中国西北文献丛书》第7辑《西北考古文献》第5卷，兰州：兰州古籍书店1990年影印本，第490页。

[2]（波斯）拉施特主编，余大钧、周建奇译：《史集》第1卷第2分册，北京：商务印书馆，1983年，第373页。

直到元末。

(2) 出镇吐蕃地区的忽必烈后王西平王—镇西武靖王系统

西平王奥鲁赤从至元六年出镇吐蕃地区,《元史》虽然没有说明其拥有军队数,但从其属下拥有众多怯薛、部民、属官,以及多次出兵平乱的记载看,也有不少蒙古军随其徙入藏区。

(3) 按竺迩创建礼店万户时的蒙古五千户

《元史·按竺迩传》载:"丁酉,按竺迩言于宗王曰:'陇州县方平,人心犹贰,西汉阳当陇、蜀之冲,宋及吐蕃利于入寇,宜得良将以镇之'。宗王曰:'安反侧,制寇贼,此上策也,然无以易汝'。遂分蒙古千户五人,隶麾下以往。按竺迩命侯和尚南戍沔州之石门,术鲁西戍阶州之两水,谨斥堠,严巡逻,西南诸州不敢犯之。"可知礼店万户最初是以蒙古五千户置。此外,也速答儿、帖木儿等所统征蜀蒙古探马赤诸军也于宪宗壬子年属籍礼店。尽管此后礼店蒙古军不断有分流外地的,但按竺迩家族始终世袭礼店文州万户府万户,其所统蒙古探马赤军主力当也世守其地。

(4) 万户晃里达儿等部蒙古军

《元史·宪宗纪》载宪宗元年,"以和里解统土蕃等处蒙古、汉军,皆仍前征进"。《元史·世祖纪》至元二年五月壬午,"赏万户晃里答儿所部征吐蕃功银四百五十两"。中统五年(至元元年)十二月二十四日,"枢密院官奏万户黄急答儿言也孙托非理起移托钵地界站赤,合无遣使前去,只令依旧置立。奉圣旨,且曰令黄急答儿差人去者"[1]。这三处所记和里解、晃里答儿、黄急(忽)答儿当为一人,是蒙哥汗至忽必烈汗时期负责吐蕃方面征讨的万户,还曾受命派人置立吐蕃地界站

[1]〔明〕姚广孝,解缙等:《永乐大典》卷19417,北京:中华书局,1986年,第7196页。

赤，其驻地当在吐蕃，而且可能是脱思麻地区。

（5）高昌王帖木儿不花所部探马赤军万人

《高昌王世勋碑》载至元末脱思麻作乱，诏以纽林的斤为“荣禄大夫、平章政事领本部探马等军万人，镇吐蕃宣慰司。威德明信，贼用敛迹，其民以安”。延祐初任吐蕃等处宣慰使的钦察台，当即纽林的斤之弟，随兄出镇脱思麻，仕为宣慰使。纽林的斤后来被召还，但其军当仍留驻脱思麻，《元史·百官志》记有脱思麻探马赤军万户府。元明史书中河州的灭乞军及其灭乞里站即为高昌畏兀军的一支。

中统二年，蒙古将领忽都、达吉、散竹台等叛于临洮，忽必烈发大军平乱，参与战斗的有河西宗王只必铁木儿所部蒙古军二千及巩昌总帅汪惟正与李忽兰吉[1]、礼店万户赵国宝、临洮元帅赵重喜、驻四川蒙古汉军千户拜延、畏兀儿军月举连赤海牙部、万户石抹乞儿所统蒙古汉军等部[2]，忽都等不能敌，败走西蕃，李忽兰吉追之，最终擒忽都于西蕃，执答机于松州。从此役可见脱思麻地区蒙古驻军之多。多民族群体的大规模徙入，最能体现蒙元统治者利用民族差别，以民族杂居的形式整合多民族国家的方略。

〔1〕〔明〕宋濂：《元史》卷155《汪惟正传》，北京：中华书局，1976年，第3655页；《元史》卷162《李忽兰吉传》，北京：中华书局，1976年，第3793页。

〔2〕〔明〕宋濂：《元史》卷121《按竺迩传》，第2986页；卷123《赵阿哥潘传》，第3029页；卷133《拜延传》，第3225页；卷135《月举连赤海牙传》，第3279页。

第四章　元代河西的阔端系诸王

宗王分封与出镇是元代的一项重要制度。河西走廊水草丰美，适于游牧，战略地位也十分重要，蒙古灭西夏以后，便不断将宗室贵族分封于这一地区。其中以系出窝阔台的阔端家族及其兀鲁思，即后来的永昌王位下（后封荆王）分封早，势力最大，对元代河西历史影响深远。

第一节　窝阔台汗至蒙哥汗时期的阔端兀鲁思

蒙古灭西夏以后，河西地区作为战利品在大汗与诸王之间进行了分配，大体情况是术赤之子拔都分得了沙州，察合台之孙阿只吉分得了删丹，肃州为大汗派出的达鲁花赤辖区[1]。1229年窝阔台即蒙古汗位后，又将以西凉为中心的西夏故地分封给次子阔端。拉施特对阔端兀鲁思的形成有详细介绍：

> 窝阔台当了合罕后，没有跟诸王、异密商量，擅自从也可那颜诸子管辖下的军队中将亦鲁该那颜的兄弟异密都剌带宝儿赤及雪你惕部异密连同一千雪你惕部军队及二千速勒都思部人分给了自己的儿子阔端。[2]

---

[1]〔明〕宋濂：《元史》卷60《地理志》，北京：中华书局，1976年，第1452页。《大元肃州路也可达鲁花赤世袭之碑》，参见吴景山辑《西北民族碑文》，兰州：甘肃人民出版社，2001年，第51页。

[2]（波斯）拉施特主编，余大钧、周建奇译：《史集》第1卷第2分册，北京：商务印书馆，1983年，第380－381页。《史集》第1卷第1分册158－159页（商务印书馆1983年版）有类似记载。

在拥有了这三千户军民后，窝阔台又把“唐古惕地区分给他作分地（禹儿惕），并把他和军队一起派遣到了那里。”[1] 1235 年，阔端统兵攻四川，旋往凉州就封土，形成了自己的兀鲁思。汉文史料则以“镇西土”“镇西凉”之类的说法描述了阔端就封这一事实。特别是《逊都思氏世勋碑》记载“太宗皇帝时命太子阔端镇河西”，逊都思部赤老温之后锁兀都从行，此后其家族世领王府怯薛官及所属军匠保马诸民[2]，印证了《史集》阔端家族统有自己的军队，“以唐兀惕之地为彼等之禹儿惕”的记载。

据《一二四七年鄠县草堂寺阔端太子令旨碑》称，阔端窝鲁朵在“西凉府北约一百里习吉滩”[3]。《西凉考治六德集》卷3 永昌县古迹条云：“斡儿朵古城，县东南一百二十里，俗传为永昌王牧马城，城名皇城儿。唐家沙沟角南八十里有永昌王避暑宫，遗址尚存。”其地扼祁连山口，“宽衍善水草”[4]。永昌西又有大草滩，“延长三百余里，横八十余里，其草之茂为塞外绝无内地仅有者，其地直侵甘、凉大道”[5]。元末因阔端后裔衰微，无力保护牧民，特设永昌宣慰司于此。藏文史料《安多政教史》记载说华锐地区（今甘肃天祝县及青海乐都、互助北山一带）的吉家、李家、鲁家、杨家等许多小土官都是蒙古阔端汗的后裔[6]。可知阔端的禹儿惕是以今武威地区为

[1]（波斯）拉施特主编，余大钧、周建奇译：《史集》第 2 卷，北京：商务印书馆，1985 年，第 10 页。

[2]〔元〕虞集：《道园类稿》卷 39《逊都思氏世勋碑》，元人文集珍本丛刊（六），台北：台湾新文丰出版公司，1985 年，第 215 页。

[3]蔡美彪：《元代白话碑集录》，北京：科学出版社，1955 年，第 14 页。

[4]〔清〕梁份著，赵盛世、王子贞、陈希夷校注：《秦边纪略》卷 2《凉州卫》，西宁：青海人民出版社，1987 年，第 132 页。

[5]〔清〕梁份著，赵盛世、王子贞、陈希夷校注：《秦边纪略》卷 2《凉州卫》，西宁：青海人民出版社，1987 年，第 121 页。

[6]智观巴·贡却乎丹巴绕吉著，吴均、毛继祖、马世林译：《安多政教史》，兰州：甘肃民族出版社，1989 年，第 35 页。

中心的。

从现有记载看，阔端兀鲁思的权力并不局限于河西，原西夏故地（唐兀惕）以及故金陇右、京兆等地均曾是他的势力范围，世守其地的巩昌汪氏、临洮赵氏都纳质子于阔端帐中〔1〕，陕西京兆等路万户刘黑马、总管田雄、万户郝和尚拔都、都元帅铁哥、朱哥那颜并其余大小达鲁花赤、管民官、课税所官等都要按其令旨行事〔2〕。在窝阔台汗、贵由汗时期，阔端在上述范围内可以“大发民为兵”〔3〕，承制封拜将帅，任用官吏〔4〕,管领驿站，征收税粮〔5〕。堪称“人地割界”〔6〕，宰制一方。他还派兵入藏，迎请萨迦班智达往凉州会晤，进而将西藏纳入自己的统治之下〔7〕，建立了划时代的蒙藏关系。当不容于母后的大臣镇海和牙剌洼赤前来避难时，他引用“逃避鹰爪而藏身于丛林的雀鸟不遭到鹰的暴行”的古谚，多次拒绝了临朝称制的乃马真皇后的索要，为处在“我们的势力范围内”的罪臣提供了庇护〔8〕。以上种种说明，阔端是当时强有力的

〔1〕〔明〕宋濂:《元史》卷155《汪世显传》、卷123《赵阿哥潘传》,《陇右金石录》卷5《汪忠烈公神道碑》、《汪忠让公神道碑》。

〔2〕参见蔡美彪《元代白话碑集录》(科学出版社1955年版)收载的《一二四三年鄠县草堂寺阔端太子令旨碑(一)》、《一二四五年盩厔重阳万寿宫圣旨碑(五)》、《一二四五年鄠县草堂寺阔端太子令旨碑(二)》、《一二四七年鄠县草堂寺阔端太子令旨碑(三)》、《一二四七年鄠县草堂寺阔端太子令旨碑(四)》。

〔3〕〔元〕虞集:《道园类稿》卷25《重建高文忠公祠记》,元人文集珍本丛刊(五),台北:台湾新文丰出版公司,1985年,第631页。

〔4〕〔明〕宋濂:《元史》卷155《汪世显传》,《元史》卷123《赵阿哥潘传》。

〔5〕据《永乐大典》卷19421站赤六、卷19417站赤二及《道园类稿》卷50《翰林学士承旨董公行状》所记阔端后王行事推知。

〔6〕〔元〕吴澄:《吴文正集》卷67《赵国董忠穆公墓表》,台北:台湾商务印书馆,1986年文渊阁《四库全书》影印本,集部1197册,第655页。

〔7〕参见陈庆英、周润年译《红史》(西藏人民出版社1988年版)、陈庆英译《汉藏史集》(西藏人民出版社1986年版)有关记述。

〔8〕(波斯)志费尼著,何高济译:《世界征服者史》上册,呼和浩特:内蒙古人民出版社,1980年,第284页;(波斯)拉施特主编,余大钧、周建奇译:《史集》第2卷,北京:商务印书馆,1985年,第210页。

宗王之一，在川陕甘青藏一带拥有充分的权力。

从当时蒙古帝国分封的格局看，窝阔台长子贵由已经继承了分封于叶密立（今新疆额敏南）的窝阔台兀鲁思，而保留了自己领地的高昌畏吾儿亦都护始终与窝阔台系联姻，持亲窝阔台系的态度，窝阔台再将爱子阔端分封于水草丰美的河西，是深有用心的，目的是让他与贵由、亦都护相呼应，加强窝阔台系的总体实力，与强大的拖雷系相抗衡。阔端获得了夺自拖雷系的三千户军队，与《史集》所载成吉思汗分给术赤、窝阔台、察合台诸子各四千户的数字相差无几，说明窝阔台是有意扶持阔端，让他拥有与上述各兀鲁思同样的实力，而阔端获得经略四川、吐蕃的重任，更使其兀鲁思具有巨大的发展潜力。所以窝阔台、贵由时期的阔端兀鲁思具有封国性质，应当与西道诸王兀鲁思等量齐观。

贵由汗死后，汗位转入拖雷系，蒙哥登上汗位后，严厉镇压试图反抗的窝阔台后王，分封于叶密立的窝阔台兀鲁思也遭肢解，所属军队被遣散。只有阔端系由于其军队来自拖雷系，阔端及其诸子与拖雷诸子十分友好，不仅保住了所属的军队和分地，甚至还从窝阔台兀鲁思又分得了一些家产〔1〕。然而汗位的转移及由此酿成的两系间的流血仇杀不能不给阔端兀鲁思的前景蒙上一层阴影。蒙哥刚刚坐稳汗位，忽必烈就对家臣吐露心事："今天下稍定，我欲劝主上驻跸回鹘，以休兵息民，何如?"〔2〕表明拖雷系心目中的当务之急是加强对西道诸王的控制。形势也确是朝着忽必烈所规划的方向发展，1252 年，蒙哥再次分封诸王贵族，其中心内容就是分割削弱窝阔台系势力：

> 分迁诸王于各所：合丹于别失八里地，蔑里于叶

---

〔1〕(波斯)拉施特主编，余大钧、周建奇译：《史集》第 1 卷第 2 分册，北京：商务印书馆，1983 年，第 378 页；《史集》第 2 卷，北京：商务印书馆，1985 年，第 11、13、206 页。

〔2〕〔明〕宋濂：《元史》卷 119《霸突鲁传》，北京：中华书局，1976 年，第 2942 页。

儿的石河，海都于海押立地，别儿哥于曲儿只地，脱脱于叶密立地，蒙哥都及太宗皇后乞里吉忽帖尼于扩端所居地之西。仍以太宗诸后妃家赀分赐亲王。[1]

以上除分封于曲儿只（今格鲁吉亚）的别儿哥为术赤系拔都汗之弟外，其余诸王均属窝阔台系，其中合丹是太宗第六子（庶出），蔑里是太宗第七子（庶出），海都是太宗第五子合失之子，脱脱是太宗第四子哈剌察儿之子，蒙哥都是阔端之子。他们都因亲附拖雷系，未参与窝阔台系的反抗，并且在蒙哥即位大典后前去祝贺而得到奖赏的，尤其是蒙哥都参加了拥立蒙哥的忽里台大会，“与彼联合，给予支持”[2]，获益也最大。从他们分封的所在看，除合丹获得的别失八里原属高昌畏兀儿亦都护领地外，其余诸王只是在原窝阔台兀鲁思的范围内进行了再分封。志费尼说，合丹、蔑里各自分到其父的一个斡耳朵和一个千户的军队[3]，窝阔台兀鲁思的其余千户则被大汗剥夺。而拉施特则补充说阔端诸子也分到了一个斡耳朵，蒙哥汗还将谋叛者拥有的那些军队规定为他们所有[4]，实际上就是参加忽里台大会的蒙哥都分到了其生母太宗三皇后乞里吉忽帖尼所在的斡耳朵及其留守军队，这个斡耳朵很可能是在窝阔台兀鲁思的南部，靠近河西走廊，即阔端所居地之西，或者蒙哥都的分地就是分割了阔端兀鲁思的西部即河西走廊西部一带。

另一方面，蒙哥也对旁系诸王怀有戒心，处心积虑地进行限制。同年，为加强本系的地位，蒙哥又立燕京、别失八里等处和阿母河等处三个行尚书省，以加强对华北、中亚和阿母河

[1]〔明〕宋濂:《元史》卷3《宪宗纪》,北京:中华书局,1976年,第45页。

[2]（英）波义耳英译,周良霄译注:《成吉思汗的继承者》(《史集》第二卷),天津:天津古籍出版社,1992年,第206页。

[3]（波斯）志费尼著,何高济译:《世界征服者史》(下册),呼和浩特:内蒙古人民出版社,1980年,第698页。

[4]（英）波义耳英译,周良霄译注:《成吉思汗的继承者》(《史集》第二卷),天津:天津古籍出版社,1992年,第249页;《史集》第2卷,北京:商务印书馆,1985年,第11页。

以南之地的控制，同时命皇弟忽必烈总兵南伐大理，并赐之以漠南汉地，开府京兆，取代了实力犹存的阔端系对陕西京兆、临洮、巩昌及四川前线等地的统治，剥夺了窝阔台以来阔端系对南伐川藏地区的军事指挥权。当时还在潜藩的忽必烈甚至还遣使西凉索取高僧萨迦班智达，结果因萨班已死，年方16岁的八思巴应命往见忽必烈于六盘山[1]。汗位转移对阔端兀鲁思的不利影响也是显而易见的。

第二节　元朝建立后阔端兀鲁思地位的变化

1259年蒙哥汗死后，蒙古贵族上层围绕汗位之争再次发生分裂。次年，以塔察儿为首的东道诸王与合丹、阿只吉、阔端之子只必帖木儿等西道诸王支持忽必烈登上汗位，只必帖木儿在河西的分地成为双方争夺的主战场之一，在阿里不哥的将领阿蓝答儿、浑都海蹂躏下，河西人户大量逃散，只必帖木儿“辎重皆空，就食秦雍”[2]，损失十分惨重。忽必烈战胜阿里不哥后，不吝封赏，酬答重用拥戴有功的诸王贵族，在这次汗位争夺中付出巨大代价的阔端家族得以继续在河西保持重要地位。然而，为了恢复在政争中严重受损的大汗对西道诸王的控制，又必须削弱河西宗藩的独立性，于是忽必烈采取了一系列措施来推进河西的行省化、内地化过程。

中统二年（1261），忽必烈在西夏故地设立中兴等路行中书省，也就是甘肃行省的前身，开始将窝阔台以来阔端兀鲁思对西夏故地的部分统治权收归中央。至元元年（1264）又针对陕西四川、西夏中兴、北京三路行中书省诸王驸马比较集中的特点，别颁条款，“定立诸王使臣驿传税赋差发，不许擅招民

〔1〕〔元〕释念常:《佛祖历代通载》卷22，台北:台湾商务印书馆，1986年文渊阁《四库全书》影印本，子部1054册，第752页。

〔2〕〔明〕宋濂:《元史》卷126《廉希宪传》，北京:中华书局，1976年，第3088页。

户，不得以银与非投下人为斡脱，禁口传敕旨及追呼省臣官属”[1]。当时，河西仍是“人地割畀诸王”的局面，以只必帖木儿为首的河西诸王仍势焰熏天，“毒虐百姓，凌暴官府”[2]，口传敕旨，滥任官吏[3]，“常赋”之外，“需索无算”[4]。忽必烈削弱宗藩，在河西主要就是针对以只必帖木儿为首的阔端家族及其兀鲁思的独立不羁和骄横跋扈的。《元史》卷148《董文用传》语及至元初董文用为西夏中兴等路行中书省郎中时说：

> 时诸王只必帖木儿镇西方，其下纵横，需索无算，省臣不能支，文用坐幕府，辄面折以法。其徒积忿，谮文用于王，王怒，召文用，使左右杂问之，意叵测，文用曰：“我天子命吏，非汝等所当问，请得与天子所遣为王傅者辨之。”王即遣其傅讯文用。其傅中朝旧臣，不肯顺王意。文用谓之曰：“我汉人，生死不足计。所恨者，仁慈宽厚如王，以重戚镇远方，而其下毒虐百姓，凌暴官府，伤王威名，于事体不便。”因历指其不法者数十事。其傅惊起，去白王。王即召文用谢之曰：“非郎中，我殆不知。郎中持此心事朝廷，宜勿怠。”自是谮不行而省府事颇立。二年，入奏经略事宜还，以上旨行之，中兴遂定。

上文以具体事例说明了在行省设立之初董文用等行省官吏在诸王干扰下是如何艰于行政的。值得注意的是，在此之前，朝廷已经设置王傅约束诸王，傅只必帖木儿者乃“中朝旧臣，尝事庄圣太后”[5]，正是在他的护持下，董文用才得以力挫只

[1]〔明〕宋濂:《元史》卷5《世祖纪》,北京:中华书局,1976年,第98页。

[2]〔明〕宋濂:《元史》卷148《董文用传》,北京:中华书局,1976年,第3496页。

[3]〔明〕宋濂:《元史》卷120《亦力撒合传》,北京:中华书局,1976年,第2957页。

[4]〔明〕宋濂:《元史》卷148《董文用传》,北京:中华书局,1976年,第3496页。

[5]〔元〕虞集:《道园类稿》卷50《翰林学士承旨董公行状》,元人文集珍本丛刊(六),台北:台湾新文丰出版公司,1985年,第453页。

必帖木儿气焰的，从而使“省府事颇立”，而“中兴遂定”。从后来董文用负责“垦中兴、西凉、甘、肃、瓜、沙等州之土为水田若干，于是民之归者四、五万，悉授田种，颁农具”[1]的记载看，西夏行中书省的设立，已初步将河西地区置于元朝中央的直接控制之下。其后，至元二年，针对只必帖木儿用官太滥，妨碍行省事务，“诏并诸王只必帖木儿所设管民官属”[2]。至元十年，“大司农请罢西夏世官，括诸色户。从之”[3]。元初，“凡纳土及始令之臣，咸令世守”，谓之世官。西夏世官与阔端系诸王有很深的渊源关系，罢西夏世官同时也就意味着削弱阔端系的影响。至元十七年，“诸王只必帖木儿请各投下设官，不从”[4]。在加强行省权力的同时，进一步限制其领地行政权。至元十七年十二月，“甘州增置站户，诏于诸王户籍内签之”[5]。至元十八年二月，元廷又诏“甘州凡诸投下户，依民例应站役”[6]。至元二十年正月，又于“大王只必铁木儿、驸马昌吉两位下民户内”和买马匹[7]。河西诸王投下私属人户也开始与系官民户一样应兵役站役，以及承担各种杂泛差役了。至元二十年十一月，“诸王只必帖木儿请于分地二十四城自设管课官，不从，又请立拘榷课税所，其长从都省所定，次则王府差设，从之”[8]。从元代各种记载看，凡是提到二十四城之处，例指巩昌等处都总帅府辖域，此地降于阔端军前，按

---

[1]〔明〕宋濂:《元史》卷148《董文用传》,北京:中华书局,1976年,第3496页。
[2]〔明〕宋濂:《元史》卷6《世祖纪》,北京:中华书局,1976年,第106页。
[3]〔明〕宋濂:《元史》卷8《世祖纪》,北京:中华书局,1976年,第152页。
[4]〔明〕宋濂:《元史》卷11《世祖纪》,北京:中华书局,1976年,第223页。
[5]〔明〕宋濂:《元史》卷11《世祖纪》,北京:中华书局,1976年,第228页。
[6]〔明〕宋濂:《元史》卷11《世祖纪》,北京:中华书局,1976年,第232页。
[7]《大元马政记》,杨家骆主编《中国法制史料》第二辑第三册,台北:台湾鼎文书局,1979年,第2091页。
[8]〔明〕宋濂:《元史》卷12《世祖纪》,北京:中华书局,1976年,第258页。

"国初方进取，所降下者，因以与之"[1] 的惯例，很可能就此成为阔端的辖地。与之相联系的是《元史》卷 14 至元二十三年正月癸未条的记事，"罢巩昌二十四城拘榷所，以其事入有司"。看来只必帖木儿起初是要按惯例将巩昌二十四城作为其分地来征收领民差发，而此时忽必烈正在大力削弱宗藩，所以这一要求理所当然地遭到拒绝，双方一度折中按食邑户例征收课税，由朝廷、永昌王共同派官负责征税，在中央与永昌王位下进行分配，不久亦遭取消，说明阔端系对巩昌二十四城的特权经历了由辖地到食邑的变化后终于全部丧失。按蒙古之统治，对草原游牧地在诸王贵戚间进行分封，对被征服之农耕地区与城市如汉地或河中地区，则视为帝国之公产，由大汗任命长官会同诸王之代表进行统治。阔端兀鲁思的权力结构也可分为这样两个部分，阔端及其后裔对所分得的三千户军民集团与足够该游牧单位使用的河西牧地——禹儿惕的世袭所有权是其基本权力，而对其分地以外的各种权力都是参与性、附加性的。窝阔台、贵由时期，阔端负责川陕青藏一带的攻伐，参与乃至代管这部分帝国公产是很自然的，因而也使上述地区与阔端系形成了类似分地的统辖关系。当时大汗与阔端系关系特殊，利益一致，这种所有权的矛盾并不明显。而当汗位转移后，这种矛盾就突出起来，忽必烈设立行省就是要解决这一矛盾，把以前阔端系代行的这部分权力收归中央，从而使阔端系权力范围缩小到河西本投下领地一隅，并且使其从有严重封国性质的兀鲁思下降为普通王位下了。耐人寻味的是，虽然《元史》对只必帖木儿颇有微词，《世祖纪》中"诸王（某）请……不从"的不到十件事的记载，其中三件就是他的事，这与其说是他的品质低下，不如说是曲折反映了中央与诸王、新法

〔1〕〔元〕苏天爵编：《元文类》卷 57 宋子贞《中书令耶律公神道碑》，台北：台湾商务印书馆，1986 年文渊阁《四库全书》影印本，集部 1367 册，第 755 页。

与旧俗之间的对抗斗争。也有可能是年幼不谙政治所致。但另一方面，《世祖纪》中对只必帖木儿大量赏赐的记载也屡见不鲜，显然是对取消限制其各种特权的一种经济补偿手段。

在削弱前朝诸王权力的同时，忽必烈还分遣皇子皇孙出镇襟要，威慑制约旁系宗王。西北方面，忽必烈第三子忙哥剌受封安西王，开府京兆，第七子奥鲁赤受封西平王出镇吐蕃地区，第六子爱牙赤也曾一度驻军瓜沙，通过以藩制藩，以亲制疏的策略，进一步压缩了阔端系在河西一带的势力。

然而，由于蒙古游牧民族旧俗的制约，民族问题的尖锐复杂，以及宗室军事贵族在黄金家族内部权力争夺中举足轻重的作用等因素，忽必烈对宗藩的削弱又是有限度、有保留的，所谓削弱不削平。

以阔端兀鲁思而言，尽管在只必帖木儿时期下降为普通王位下，但其领地实体一直得到保留，并且在家族内部不断进行再分封。阔端后王们对领地部民仍拥有传统的人身权力、经济权力。如荆王位下“概管军民”，“本位下自有设置仓敖，岁收税石甚多”[1]。并且自立自管境内站赤，不仅永昌路许速都、双松等驿“直隶永昌王傅提调”[2]，西域之人取道河西往内地，也“每于诸王只必铁木儿府告给驿马”[3]。荆王位下同样领有“蒙古七站”[4]。当站户贫乏之时，行省或宣慰司官员必须敬奉令旨，给钞接济[5]。元制：“诸王分地之民有讼，王傅

[1]〔明〕姚广孝、解缙等:《永乐大典》卷19421站赤六,北京:中华书局,1986年,第7237页。

[2]〔明〕姚广孝、解缙等:《永乐大典》卷19420站赤五,北京:中华书局,1986年,第7226页。

[3]〔明〕姚广孝、解缙等:《永乐大典》卷19417站赤二,北京:中华书局,1986年,第7201页。

[4]〔明〕姚广孝、解缙等:《永乐大典》卷19421站赤六,北京:中华书局,1986年,第7237页。

[5]〔明〕姚广孝、解缙等:《永乐大典》卷19417站赤二,北京:中华书局,1986年,第7200页。

与所置监郡同治，无监郡者王傅听之”[1]。永昌王分地虽设有永昌路总管府，但监郡者往往就是永昌王家臣[2]，从而总揽了本投下事务。阔端后王位下分地不仅相对独立于行省，永昌王只必帖木儿时期还沿袭惯例，参决行省事务。“在先朝故事，凡诸侯王各以其府一官入参决尚书事”[3]，以体现黄金家族共有天下之原则。陕西行省、甘肃行省曾经是阔端系的势力范围，阔端本人就是当地最高军政首脑，忽必烈即位后，立行省以分诸王之权，但诸王仍依惯例与行省官员共听政事，《元史》卷7《世祖纪》至元九年春正月条载“京兆复立行省，仍命诸王只必帖木儿设省断事官”[4] 就是一例。只必帖木儿分地主要在河西，所以他在甘肃行省事务中发挥作用也是不难想象的。这最明显地表现在军事方面，诸王分地本身具有军事镇戍的意义，诸王投下军队虽主要听命于领主，但具体军事行动却需要由行省来协调、供给，这就形成了诸王参决行省事务的必然性。如至元十三年诸王昔里吉、脱脱木儿举兵叛乱被甘肃行省军队俘获后，“启皇子只必帖木儿赐之死”[5]。由此可以推知只必帖木儿曾负责甘肃行省军事。致和元年（1328），荆王也速也不干率部参加两都之战，也是陕甘诸王与行台、行省官员的共同行动。直至顺帝至元年间，阔端兀鲁思诸军仍然存在[6]。

除了河西方面的分地外，阔端系诸王还在内地拥有食邑投

---

〔1〕〔明〕宋濂:《元史》卷16《世祖纪》,北京:中华书局,1976年,第337页。

〔2〕〔元〕虞集:《道园类稿》卷39《逊都思氏世勋碑》,元人文集珍本丛刊(六),台北:台湾新文丰出版公司,1985年,第215页。

〔3〕〔元〕姚燧:《牧庵集》卷12《有元故资善大夫中书左丞赠银青荣禄大夫平章政事谥武愍公李公家庙碑》,台北:台湾商务印书馆1986年文渊阁《四库全书》影印本,集部1201册,第516页。

〔4〕〔明〕宋濂:《元史》卷7《世祖纪》,北京:中华书局,1976年,第140页。

〔5〕〔明〕宋濂:《元史》卷162《李庭传》,北京:中华书局,1976年,第3797页。

〔6〕〔明〕宋濂:《元史》卷38《顺帝纪》至元元年闰十二月壬辰条,卷39《顺帝纪》至元三年十一月条,北京:中华书局,1976年,第831、842页。

下。《元史·食货志》阔端太子位：

五户丝，丙申年，分拨东平路四万七千七百四十一户。延祐六年，实有一万七千八百二十五户，计丝三千五百二十四斤。江南户钞，至元十八年，分拨常德路四万七千七百四十户，计钞一千九百九锭。

按照元朝政府最初的规定，诸王对食邑分地只有岁享丝钞粮的经济权力，并无直接管辖权，如至元十七年，诸王只必帖木儿请各投下设官，不从；至元二十年十月，"癸卯，诸王只必帖木儿请括阅常德府分地民户，不许"。但是从名义上讲，诸王对其食邑分地也有所有权，所以诸王常利用这一点，干预食邑分地事务。如《元典章》九《吏部》卷之三"投下不得勾职官"条载：

至元三十年十一月，江西行省准中书省咨："吏部呈：山东宣慰司关：'东昌路达鲁花赤探马赤，至元二十九年二月初四日礼任，至二十日前去永昌府，将军粮交付了当，至十一月初五日还职。照得元奉省札：路、府、州、县达鲁花赤，非奉圣旨、省部明文，不得擅自离职。奉此。照得东昌路达鲁花赤擅自离职，倘有稽迟，所责非轻。今后，达鲁花赤若各投下差委使臣，赍擎大王令旨、驸马钧旨，前来勾唤，拟合等候省部明文，然后许令前去，似为不致失误勾当。请照验。'本部议得，若准拟相应。"都省准呈，咨请遍行照会施行。

这是永昌王差遣使臣，以令旨勾唤食邑分地达鲁花赤往本投下永昌路交付军粮之例。又，《元常德路铸造祭器题字》：

元常德路铸造祭器题字。正书四行，其文云：常德路达鲁花赤哈珊黑黑，铸造祭器壹伯贰拾玖件，奉王命也。永昌路西凉州儒学永宝之。泰定甲子四月吉日志[1]。

这是食邑投下达鲁花赤奉王命为西凉州儒学铸造礼器之例。以上两例说明，永昌王等对食邑投下事务的影响干预也是很大的，超出了朝廷的限制，说明传统势力的强大。

以上事实说明，不管忽必烈如何"附会汉法"，他仍不能彻底摆脱漠北旧俗束缚，他最信任的还是皇亲国戚，所以在岭北也好，在河西也好，只要是诸王驸马集中之地，他搞的都是行省宗王分治的双轨制，并且为后继诸帝奉为国策，相沿不改，这就决定了河西诸王包括阔端系后王分地与元朝的命运相始终。

第三节　阔端系诸王世系传承

先看《元史·宗室世系表》阔端太子位[2]：

阔端	灭里吉歹王	也速不花大王	
	蒙哥都大王	亦怜真大王	
	只必帖木儿王		
	帖必烈大王		
	曲列鲁大王	汾阳王别帖木儿	荆王也速也不干

《史集》和《世界征服者史》均说阔端约在1246年贵由汗即位后不久就去世了，《蒙古源流》则说他与萨班均死于1251年，而陕西户县草堂寺和周至县重阳万寿宫保存着几道阔端太子令旨碑，最晚的颁布于1247年，而到了1250年即有其子"弥里杲带太子"同样口气与内容的令旨[3]，以此可以推

[1]［清］钱大昕：《十驾斋养新录》卷15，上海：上海书店，1983年，第355页。

[2]［明］陶宗仪：《南村辍耕录》卷1《大元宗室世系》相关部分内容与此表相同。北京：中华书局，1959年，第5页。

[3]《元代白话碑集录·一二五〇年盩厔重阳万寿宫圣旨碑（六）》，北京：科学出版社，1955年，第16页。

知阔端当卒于1247年至1250年之间。《元史》卷107《宗室世系表》载阔端有子五人，依次为灭里吉歹、蒙哥都、只必帖木儿、帖必烈、曲列鲁。《史集》中提到有三子，但只著录了蒙哥都、只必帖木儿两人（波义耳英译本补充了次子库延）。日本学者杉山正明依据东西方文献对阔端世系作了详细研究[1]，指出波斯文史料《五族谱》[2]的蒙古世系中的阔端世系与《史集》中的世系有很大不同，帖木儿朝的史料《贵显世系》虽源自《史集》和《五族谱》，但也有一些区别。如下表所示：

《五族谱》[3]

Köden	Menggedü	
	Jibik – Temür	
	Yisü – Buqa	Nembüle
		Külüg
	Irinjin	
	Cing – Temür	

《贵显世系》[4]

Köden	Munkatū	
	Kūyān	BWLA
		Kūlūk
	Îsū – Būqān	
	Îrï（n）gān	
	GBK – Temür	

从传世碑刻资料和藏文史料看，灭里吉歹、蒙哥都、只必帖木儿等三人均有明确记载，得到印证，其他两人则是阔端孙辈被误为子辈（详后）。前人早已指出《宗室世系表》错误百出，此即一例。波斯文史料也有同样的错误，《史集》等虽然将帖必烈与曲列鲁正确地列在了孙子辈，但其具体传承没有交代清楚，还有待考证。以下分别考述：

[1]（日）杉山正明：《东西文献によるコデン王家の系谱》，《史窗》48，1991年。

[2]1927年，土耳其学者托甘在伊斯坦布尔Topkapi – Sarayi图书馆发现了《史集》的一个附编的单独抄本，称为《五族谱》（Shu‘ab – iPanjgana），包括阿拉伯、犹太、蒙古、拂朗、中国五民族，可能原是第二卷的附录。

[3]原文用阿拉伯文和回鹘文两种文字标注，这里只保留了回鹘文。原文长幼顺序自下而上，这里改为自上而下。

[4]《贵显世系》记载形式与《五族谱》同，长幼顺序自下而上，此表也改为自上而下。

一、灭里吉歹一支

阔端长子灭里吉歹除《宗室世系表》的记载外，陕西周至县《一二五〇年盩厔重阳万寿宫圣旨碑（六）》也有记载，称作“弥里杲带太子”[1]，从他当时在西凉的斡耳朵对陕西京兆路大小官员发布令旨来看，他大约在阔端死后的1250年左右一度管理着兀鲁思，统治原西夏故地。因他没有参加1251年的忽里台大会，可能就死于1250年至1251年期间。又，钱大昕《十驾斋养新录》卷15《朝城县令旨碑》载有合剌查太子令旨一道、皇子忽察大王令旨一道、密里吃台太子令旨一道合刻于一碑，密里吃台就是灭里吉歹，此三人皆为太宗子孙。另外，《至正集》卷45《曹南忠宣王神道碑铭并序》载太宗时也柳干“嗣宿卫，事岳里吉太子，从阔出、忽都秃太子伐金，遂侵宋。”岳里吉太子，前人均不知其所从出，按也柳干是蒙古扎剌儿氏，该部亦鲁该千户属于窝阔台兀鲁思，也柳干当出身该千户，故“嗣宿卫”，当时窝阔台子孙通称太子，如此处之阔出太子即窝阔台第三子，则也柳干所服事之岳里吉太子，也应为太宗子孙，或即灭里吉歹。总之，阔端长子灭里吉歹是实有其人。

《宗室世系表》又载灭里吉歹有子名也速不花，《元史》卷5《世祖纪》载至元元年，“给诸王也速不花印”，《诸王表》作“也速不花，至元二年赐印”。至元二年，“以诸王也速不花所部戍西蕃军屡有战功，赏银三百两”[2]。其分地当靠近青海吐蕃地区。至元二十五年，也速不花谋叛受诛，子孙情况不明。《五族谱》和《贵显世系》将也速不花列为阔端之子是错误的。将念不列（Nembüle）和曲列鲁（Külüg）列为也速不花之子也与元朝方面的记载不符合。

---

〔1〕蔡美彪:《元代白话碑集录·一二五0年盩厔重阳万寿宫圣旨碑(六)》,北京:科学出版社,1955年,第16页。

〔2〕〔明〕宋濂:《元史》卷6《世祖纪》,北京:中华书局,1976年,第109页。

二、蒙哥都一支

阔端次子名蒙哥都，意为“多痣之人”或“长寿之人”。《史集》将他误记为阔端长子。他因参加1251年拥立蒙哥的忽里台大会而另获分地于阔端所居地之西。藏文史书《红史》记载忽必烈南伐大理前，驻军六盘山，“凉州大王蒙哥都与上师（八思巴）一起前去会见，十分欢喜，王子忽必烈赠给凉州大王蒙古马军一百去迎请萨迦人，八思巴给忽必烈汗灌顶，由此建立了施主与福田的关系”[1]。《元史》卷135《月举连赤海牙传》称其曾“从太子满哥都征云南，战数胜”。满哥都即蒙哥都的异写，太子是说他的身份为本兀鲁思首领，太宗子孙，这种用法在元代文献中几成惯例。从这两条材料看，蒙哥都往六盘山见忽必烈后参加了伐大理之役。《元史》卷3又载宪宗八年十一月，“诸王莫哥都攻礼义山，不克”；九年正月，“诸王莫哥都复攻渠州礼义山”。这两处所提到的诸王莫哥都，柯氏在《新元史》卷111中认为就是阔端之子蒙哥都，参加了蒙哥汗南伐川蜀的战争。值得一提的是，《汪惟正神道碑》提到汪德臣、蒙哥汗先后死于征蜀军中时，“皇侄寿王乃以公袭爵”[2]，当时符合此条件的诸王（蒙哥之侄，阔端之子，时在征蜀军中），只有蒙哥都[3]。任命汪惟正袭巩昌便宜都总帅的，正是蒙哥都。此后蒙哥都不见于史，可能即死于随后发生的蒙古军内乱期间[4]。

《宗室世系表》记蒙哥都子名亦怜真，元代《巩昌府城隍

---

[1]蔡巴·贡噶多吉著，东嘎·洛桑赤列校注，陈庆英、周润年译：《红史》，拉萨：西藏人民出版社，1988年，第43页。

[2]《中书左丞汪惟正神道碑》，见汪楷主编《陇西金石录》（上卷），兰州：甘肃人民出版社，2011年，第41页。

[3]当时的蒙古国并没有封授“寿王”之类王号的做法，寿王一称可能来自蒙哥都的名字，蒙哥含有“永生”、“长寿”之意。《元史·宪宗纪》：“蒙哥，华言长生也。”

[4]杉山正明认为蒙哥都开创了阔端家族云南驻屯军的历史，似乎认为他留在了云南。

庙令旨碑》保存有《马儿年十一月志（亦）怜真大王令旨》一道：

> 天的气力里，皇帝福荫里，志（亦）怜真大王（令旨）：便宜总管府官人每根底，巩昌府里属咱每的城隍坏了有么道，这文书到呵，依圣旨体例里，添气力修理者，凭每根底说将去了也。令旨马儿年十一月初一日永昌府有时分写来。[1]

由于永昌府系至元九年赐名，所以此马儿年当为壬午年（1282）或甲午年（1294），而以前者的可能性较大。敦煌莫高窟第61窟有寅年（当为1290年）亦仁真（irincin）王子使臣帖木儿不花的题记[2]。《元史》卷15《世祖纪》至元二十五年（1288）正月条云，“赐诸王亦怜真部曲钞万锭”。二十七年，“章吉寇甘木里，诸王术伯、拜答寒、亦怜真击走之”[3]。甘木里就是哈密力，术伯、拜答寒皆为镇守瓜、沙至哈密一带的宗王。从亦怜真戍守哈密，其使臣在莫高窟题字，联系到其父蒙哥都分封于阔端兀鲁思西端，部下月举连赤海牙为畏兀儿人，高昌亦都护所尚公主多是窝阔台系特别是阔端一支所出的事实，可以推知他们的分地当也靠近瓜沙一带。亦怜真大王自称其令旨写于永昌府，表明该系仍以永昌府为本兀鲁思大斡耳朵所在。大德元年（1297）正月，亦怜真入朝时死于道，后裔情况不明。

《宗室世系表》阔端太子位下有子名“帖必烈”，《五族谱》作“Nembüle”，列在孙辈栏里，“帖必烈”疑为“粘必烈”之误。《蒙古秘史》卷1第24节有“粘不列”一词，旁译

〔1〕〔清〕鲁廷琰修，田吕叶纂：《［乾隆］陇西志》卷之12《杂识·拾遗》，《中国西北文献丛书》第1辑《西北稀见方志文献》第39卷，兰州：兰州古籍书店，1990年影印本，第475页。

〔2〕敦煌研究院考古研究所、内蒙古师范大学蒙文系：《敦煌石窟回鹘蒙文题记考察报告》，《敦煌研究》1990年第4期，第1－19页。

〔3〕〔明〕宋濂：《元史》卷16《世祖纪》，北京：中华书局，1976年，第333页。

曰“庵”，总译曰“草庵”。《〈蒙古秘史〉词汇选释》标音为nembüle（与《五族谱》标音一致），又译作“马衣”[1]。这应是这一蒙古名的原义出处。《宗室世系表》误孙为子，《五族谱》虽列为孙辈，但却错误地标为也速不花之子。笔者判断，此粘必烈（念不列）可能是蒙哥都之子，亦怜真之兄弟。

乾隆《陇西志》收载的《宝庆寺约禁令旨碑》中出现的阔端后裔捏木烈大王就是诸表中的粘必烈，碑文内容如下：

天的气力里，皇帝福荫里，察忽真妃子、捏木烈大王令旨：管民官人每根底，城里达鲁花赤官人每根底，经过的使臣每根底，军官军人每根底，先前圣旨里，如今皇帝圣旨：和尚、也立可温、先生每，不拣什么差发休当，告天祝寿者。依着圣旨体例里，这巩昌府住持福讲主持（特）赐福智圆明大师，金镧（襕）袈裟销金伞盖那般，执把金印为（与）了也，他每的寺院里，使臣每休安下者，差发铺马祇应休当者，有的田地、水土、人口、畜匹、园子、水磨、铺面，但有的不拣阿谁，使气力休夺要者。有的每，衙（俺）有令旨么道。当差人户粮（根）底休得隐占争要田地，别了天圣旨，没体例勾当休行者。猪儿年二月十七日，永昌府有时分写来。[2]

此令旨写于永昌府，所以颁发令旨的察忽真妃子、捏木烈大王必是阔端后王。查《元史》卷19成宗纪大德二年五月己酉条载：“诸王念不列、妃扎忽真诈增所部贫户，冒支钞一万六百余锭，遣扎鲁忽赤同王府官追之”。同书卷20大德五年六

---

〔1〕额尔登泰、乌云达赉、阿萨拉图：《〈蒙古秘史〉词汇选释》，呼和浩特：内蒙古人民出版社，1980年，第136页。

〔2〕〔清〕鲁廷琰修，田吕叶纂：《［乾隆］陇西志》卷之12《杂识·拾遗》，《中国西北文献丛书》第1辑《西北稀见方志文献》第39卷，兰州：兰州古籍书店，1990年影印本，第475页。

月，“赐诸王念不烈妃札忽而真所部钞二十万锭”。七月，“给诸王妃札忽而真及诸王出伯军钞四十万锭”。又，《大元马政记》记世祖至元二十年，元廷于“大王只必铁木儿、驸马昌吉两位下民户内”和买马匹，大德三年枢密院又与省官议：“察忽真、念不烈百姓，又忙奇觪百姓及河西不曾刷马之地，和尚、先生、也里可温、答失蛮马匹尽行拘刷，依例与价”[1]。从对音看，碑记之捏木烈大王、察忽真妃子无疑就是《元史》和《大元马政记》的诸王念不烈、妃札忽真，从人物出现的场合看，念不烈是与诸王只必铁木儿、出伯，驸马昌吉及所尚公主忙古台（觪）并立的河西诸王之一。准此，猪儿年就是大德三年（1299），从令旨和《大元马政记》的内容看，诸王念不烈也是以永昌府为本兀鲁思中心的阔端后裔，从元廷曾一次赐钞二十万锭看，其王位下拥有的部民是相当多的。由于当时阔端兀鲁思宗主永昌王只必帖木儿尚健在[2]，诸王念不烈又自有王府百姓，而且十分活跃，所以念不烈不是继承了只必帖木儿之位，当是因承袭了另一分支王位而连续出现于史。前已述及，大德元年正月亦怜真入朝时死于道，大德二年诸王念不烈见于史，两者之间必有联系，念不烈殆即亦怜真之兄弟，继承了王位。

《元典章》也有两处提到诸王念不烈，一是大德六年十月，“江浙等省准，中书省咨：二道有扎忽儿真妃子、念不烈大王位下差来使臣晏只哥歹等，钦赍圣旨，追征斡脱钱物。”[3] 二是大德七年十一月十六日，中书省咨：御史台呈：“陕西汉中道廉访司申：‘大德七年四月二十一日，有捏不烈大王位下乾

[1]《大元马政记》，杨家骆主编《中国法制史料》第二辑第三册，台北：台湾鼎文书局，1979 年，第 2091、2109 页。

[2]永昌王最后一次出现于史是在武宗至大三年(1310)。

[3]《大元圣政国朝典章》27《户部》卷之 13“钱债 · 斡脱钱”，北京：中国广播电视出版社，1998 年影印元刊本，第 1079 页。

州段长官所管医工户计文清状告：本投下提领所衙门，止管人户一百八十户，设立官吏人等一十五名，并无印信，置备牢狱枷锁，接受本管人户词状。不惟官冗人多，实为扰民不便。乞施行。得此。照例行下本管安西等路，本投下诸色户总管府照勘回申解内署立官衔，除达鲁花赤、同知钦受宣命外，总管段世贤不见所授文凭。为此，追照得本府大德六年五月十四日承奉本投下王傅照会到：段世贤敬受令旨，充管领本投下安西、凤翔、延安、兴元等路打捕鹰房人匠诸色户总管府总管'。"[1]

又，大德六年立《成县金莲洞修建始末碑》和《成县金莲洞施舍地土四至圣旨碑》，也记载了察忽真妃子、捏木来大王护持道教洞宇徽州金莲洞的过程，不仅赐号其洞主为"道通清静湛然真人"，还给徽州牧守僚佐颁布令旨，敦促其公正保护金莲洞的土地财产[2]。

以上几条材料再次说明活跃于成宗大德年间的诸王念不烈、念木烈、捏木烈、捏不烈、捏木来是同一人，就是《宗室世系表》中的"帖必烈"（粘必烈），《五族谱》中的"nembüle"，其在安西、凤翔、延安、兴元、徽州等地的本投下诸色户总管府正是承继了阔端兀鲁思的遗产。

以上两道令旨还有助于我们澄清永昌王与巩昌二十四城的关系问题。《元史》卷63《地理志·西北地附录》别失八里条载："（至元）二十一年，阿只吉使来言，'元隶只必帖木儿二十四城中，有察带二城置达鲁花赤，就付阔端，遂不隶省。'至是奉旨：'诚如所言，其还正之。'"[3] 阿只吉时总别失八里军事，屠寄以此误认为"盖只必帖木儿二十四城错入西域，而

[1]《大元圣政国朝典章》10《吏部》卷之4"职制一·赴任"，北京：中国广播电视出版社，1998年影印元刊本，第393－394页。

[2]吴景山辑：《西北民族碑文》，兰州：甘肃人民出版社，2001年，第176页。

[3]这里所谓的"察带二城"，乃指察合台部将按竺迩攻下后，曾寄隶于阔端辖下巩昌都总帅府的泾、邠二州。参见（日）松田孝一：《察合台家族千户的陕西南部驻屯集团》（上），《国际研究论丛》第5卷2号，1992年12月，第67－85页。

永昌路则其东土也”[1]。佐口透也持类似看法[2]。这两条令旨可以消除这种误解，证明只必帖木儿二十四城即巩昌二十四城。

成宗大德以后，念不烈不见于史，《诸王表》中的荆王脱火赤可能是其继承者。至正八年立《井真人道行碑》载井德用事迹：“年甫弱冠，夤奉亦怜真大臣令旨护持”，“至治改元，大哥赤荆王赠洞阳真人号，镇西武靖王以师事之，上洞阳显道之称。”[3] 此处之亦怜真大臣应为亦怜真大王之误，大哥赤荆王即脱火赤荆王（西北方言音近）。由于此处亦怜真大王、脱火赤荆王先后出现，在护持封赠井道人一事上有传承关系，因而可以考虑以脱火赤直承亦怜真、念不烈。

三、只必帖木儿一支

阔端第三子是只必帖木儿。据藏文史料记载，阔端迎请萨迦班智达到凉州后，“由于教主的赐福，他得到了一个名叫只必帖木儿的儿子”[4]。如果这一记载可信，那么只必帖木儿当生于1247年到1250年之间，也就是说阔端死时他可能还在襁褓之中，这也可以解释为什么他没有参加蒙哥汗即位大典，为什么是弥里杲带太子在这一时期颁发令旨。《逊都思氏世勋碑》说只必帖木儿直承阔端“嗣镇河西”，这正符合幼子继承的蒙古草原习俗。这一切似乎说明阔端不可能有更小的继承人，《红史》和《汉藏史集》都明确说阔端仅有只必帖木儿等三个儿子，与《史集》的说法一致，成书较早（1363）的《红史》

[1]〔清〕屠寄：《蒙兀儿史记》卷37《只必帖木儿传》，北京：中国书店，1984年，第218页。

[2]（日）佐口透：《河西的蒙古封建王侯》，载《和田博士还历纪念东洋史论丛》，东京：讲谈社，1951年，第255－272页。

[3]《续陕西通志稿》卷160所收何约《井真人道行碑》。此据《全元文》卷1237，南京：凤凰出版社，2004年，第409页。

[4]《萨迦五祖全集》函313a－b，转引自［匈］J. 史尔弼著《八思巴上师遗著考释》，载《国外藏学研究译文集》第2辑，拉萨：西藏人民出版社，1987年，第160页。

更是自称其系谱抄自蒙古秘籍《脱卜赤颜》，似无可疑。所以《宗室世系表》关于阔端还有四子帖必烈、五子曲列鲁的说法是不可信的。至元九年（1272），只必帖木儿筑新城成，赐名永昌府（在今武威市北15公里之永昌堡），至元十五年又设永昌路，以永昌王宫殿所在而名，降西凉府为州隶焉，只必帖木儿遂以永昌王见称于史[1]。《宗室世系表》载只必帖木儿身后无嗣，《史集》说他有子，但不知其名。综合各种资料分析，《史集》只必帖木儿有子的记载应该是可信的，其子是曲列鲁的可能性最大。现将《史集》中的阔端世系表列于下：

《史集》（俄译本）阔端世系表

阔端	蒙哥都	
	也速不花	曲儿鲁克
		佚名
	只必帖木儿	有子，佚名

《史集》（英译本）阔端世系表[2]

阔端	蒙哥都	
	库延	只必帖木儿
	也速不花	有子，佚名

以前述阔端世系的情况看，阔端有子三人：灭里吉歹、蒙哥都、只必帖木儿；孙四人：也速不花、亦怜真、念不列、曲列鲁。其中，也速不花肯定是灭里吉歹之子，那么，其余三人中有两人是兄弟关系，并且只能有三种可能：（1）曲列鲁，亦怜真；（2）亦怜真，念不列；（3）曲列鲁，念不列。《史集》中的兄弟组合是曲儿鲁克，佚名；《五族谱》和《贵显世系》中的兄弟组合是念不列、曲儿鲁克。《史集》又明确记载曲儿鲁克兄弟非只必帖木儿之子。所以，无论如何也没有办法兼顾各种记载，只能依情理推测。前已述及，诸王念不列在只必帖木儿在位期间已十分活跃，明显拥有自己的王位下，并且在活动时间上与亦怜真前后衔接，因此有理由认为亦怜真与念不列

[1]〔明〕宋濂：《元史》卷7《世祖纪》，《元史》卷60《地理志》，北京：中华书局，1976年，第143页，1450页。

[2]（英）波义耳英译，周良霄译注：《成吉思汗的继承者》（《史集》第二卷），天津：天津古籍出版社，1992年，第29页。

为兄弟关系，而忽略《史集》曲儿鲁克非只必帖木儿之子，《五族谱》曲儿鲁克与念不列兄弟关系的记载，如下表所示：

改正后的阔端世系表

<table>
<tr><td rowspan="4">阔端</td><td>灭里吉歹</td><td>也速不花</td></tr>
<tr><td rowspan="2">蒙哥都</td><td>亦怜真</td></tr>
<tr><td>念不列</td></tr>
<tr><td>只必帖木儿</td><td>曲列鲁</td></tr>
</table>

《汪惟简圹志》载汪惟简长子汪羲昌曾“敬受曲律禄大王令旨，乾州丝绵散慢总管府达鲁花赤”[1]，可证阔端后王确有曲列鲁（曲儿鲁克、曲律禄）。成宗元贞元年闰四月，“平阳民诉诸王小薛、曲列、失伯部曲恣横，遣官鞫之”[2]。大德七年（1303）七月，“赐诸王曲而鲁等部钞币有差”[3]。屠寄认为上述的曲列、曲而鲁就是《宗室世系表》之阔端幼子曲列鲁，“盖自河西流入河东”[4]。今按当以孙为是，即阔端幼子只必帖木儿之子。

上面与曲列鲁一起出现的诸王小薛，据蔡美彪先生考证是窝阔台汗第三子阔出之幼子，分地在睢州。平阳路在窝阔台汗时期被封授给术赤，成宗以后外系诸王部民流入此地，《元史·成宗本纪》记载，元贞、大德年间，窝阔台系诸王小薛、曲列鲁，察合台系诸王阿只吉部民多饥，被迫移民就食，进入平阳路一带，因骚扰当地百姓，造成严重问题，朝廷多次下诏或遣官严责，诸王也不得不颁发令旨禁约[5]。由此可见，阔端后王可能借此在山西平阳（大德九年改为晋宁路）获得了新

〔1〕吴景山辑：《西北民族碑文》，兰州：甘肃人民出版社，2001 年，第 145 页。

〔2〕〔明〕宋濂：《元史》卷 18《成宗纪》，北京：中华书局，1976 年，第 393 页。

〔3〕〔明〕宋濂：《元史》卷 21《成宗纪》，北京：中华书局，1976 年，第 454 页。

〔4〕〔清〕屠寄：《蒙兀儿史记》卷 37，北京：中国书店，1984 年，第 218 页。

〔5〕蔡美彪：《河东延祚寺碑译释》，《蒙古史研究》第 2 辑，呼和浩特：内蒙古人民出版社，1986 年，第 45－56 页。

的分地（详后）。阔端系的汾阳王称号，可能与此有关。

《宗室世系表》载曲列鲁有子称汾阳王别帖木儿，其世次为：曲列鲁大王→汾阳王别帖木儿→荆王也速也不干。《元史》卷25《仁宗纪》载延祐二年（1315）九月，“赐诸王别铁木儿永昌路及西凉州田租”，卷26延祐四年闰正月，“封别铁木儿为汾阳王”[1]，则曲列鲁—别铁木儿一支另有王号，与念不列—脱火赤的荆王一支并立。在这里，有必要纠正一下《宗室世系表》和《诸王表》记载的讹误。

《宗室世系表》将荆王脱脱木儿、也速不坚植于睿宗（拖雷）第十子岁哥都位下：

岁哥都	速不歹大王	荆王脱脱木儿	荆王也速不坚

《诸王表》荆王项下有：

也速不坚。

脱脱木儿。

脱火赤，口口口年封，至顺二年来朝。

其承袭顺序为也速不坚→脱脱木儿→脱火赤。

综合各种记载看，不仅《宗室世系表》将荆王脱脱木儿、也速不坚列为岁哥都之后是错误的，其与《诸王表》记载的荆王承袭顺序也都明显有误。

前引至正八年立《井真人道行碑》载明，至迟在英宗至治元年（1321），脱火赤已拥有荆王王号，而此时也速也不干所出的曲列鲁—别帖木儿一支则拥有汾阳王号，两支是并立关系。阔端在史籍中给人的印象是身体孱弱，好像其后裔也不兴旺。可能是脱火赤去世后念不列一支绝嗣，荆王王号转入曲列鲁—别帖木儿一系，由也速也不干承袭。还有材料表明，在英宗至治元年以前，脱火赤已封荆王，山西永乐宫《纯阳万寿宫令旨碑》载：

[1]《元史·诸王表》作七年(1320年)。

长生天气力里，皇帝圣旨里，脱火赤荆王令旨：俺的管民官人每根底、城子里达鲁花赤官人每根底、往来的使臣每根底、管军官人每根底、军人每根底：在先圣旨里、如今皇帝圣旨里：和尚每、也里可温、先生每、答失蛮根底，不拣甚么差发休着者，告天祝寿行者道来。圣旨体例里，晋宁路河中府永乐镇有了十方大纯阳万寿宫里主持的三宫提点、保和崇德明义大师萧道遇先生根底，执把的金宝令旨与了也。从今后，他的宫观里房舍里，使臣休安下者，差发、铺马首思休要者，田地、水碾、人口、头疋、园林、磨店、铺席、房舍，不拣甚么他的，不拣是谁休倚气力者休夺要者。这的每文书与了也么道，没体例的勾当休行者。

令旨俺的。猴儿年四月二十四日，大都有时分写来。[1]

这里的猴儿年，蔡美彪、宿白先生考订为文宗至顺三年壬申（1332）[2]，而从《井真人道行碑》看，比定为仁宗延祐七年庚申（1320）更为合理。碑文显示，阔端系后裔的确在山西平阳一带获得了新的分地。同时也说明，正确的荆王承袭顺序为：脱火赤→也速也不干→脱脱木儿。

泰定帝也孙帖木儿泰定元年（1324）九月乙酉，也速也不干进封荆王，无可置疑地表明其“一字王”，即阔端系中“大大王”的身份，也说明此时脱火赤已亡，阔端后裔仅存此一支。此时荆王位下虽不能与过去鼎盛时期同日而语，但仍属有势力的宗王之列，甘肃行省就曾称“荆王位下概管军民，最为

[1]陈垣编，陈智超、曾庆英校补：《道家金石略》，北京：文物出版社，1988年，第804－805页。

[2]宿白：《永乐宫调查日记——附永乐宫大事年表》，《文物》1963年第8期，第53－78页。

富庶”，“本位下多有钱粮，军民富庶”[1]。但是当也速也不干站在上都方面参加天历天顺之战后，其王位下便开始走下坡路。据《元史》卷137《阿里海牙传》记载，当时陕西诸王及行台官起兵支持上都，分军三道东取河中、武关、虎牢，荆王也速也不干驻营河南之白马寺，上都失败后，由他传檄放散诸军西还，其作用举足轻重。当文宗胜利后，严厉打击报复陕西四川诸王与官员，至顺元年（1330）正月，“召荆王之子脱脱木儿赴阙”[2] 为质。同年，荆王也速也不干从镇西武靖王搠思班远征云南，并留镇当地，可以看作是一种惩罚。顺帝即位后，力反燕铁木儿专权时镇压异己的做法，荆王位下才有所复苏。《元史》卷28《顺帝纪》至元元年（1335）十二月壬辰条载：“诏宗室脱脱木儿袭封荆王，赐金印，命掌忙来诸军，设立王府官属。”《顺帝纪》至元三年十一月条又云：“诏脱脱木儿袭脱火赤荆王位，仍命其妃忽剌灰同治兀鲁思事。”说明脱脱木儿继承了其父也速也不干的荆王王号，但这一王号是在脱火赤一支绝嗣后，转入也速也不干一支的，“袭脱火赤荆王位”一语应如是解读，并不是说脱脱木儿与也速也不干之间尚有脱火赤。脱火赤应死于泰定元年九月也速也不干袭荆王位之前，《诸王表》记他至顺二年（1331）来朝有误，可能是与也速也不干的事迹搞混了，也速也不干最后一次出现就在至顺二年十一月，当时他献牦牛四百，有可能是入朝的礼物。前引山西永乐宫《纯阳万寿宫令旨碑》上截载：

天的气力里，皇帝洪福里，脱帖木儿荆王令旨里：管民官人每根底、管城子达鲁花赤官人每根底、来往的使臣每根底、军官每根底、军人每根底：在先圣旨里、如今皇帝圣旨里：和尚、也里可温、先生

---

[1]〔明〕姚广孝，解缙等：《永乐大典》卷19421站赤六，北京：中华书局，1986年，第7237页。

[2]〔明〕宋濂：《元史》卷34《文宗纪》，北京：中华书局，1976年，第750页。

每，不拣是么差发不着，告天祈福者么道说有来。依着圣旨体例里，属咱每所管的河中府里有的永乐大纯阳万寿宫里，主持三宫提点保和冲妙崇教真人丁道融，他的名字与了呵，每月与上位咱每根底祝寿者么道。这的宫观里，使臣休安下者，铺马祇应休着者，水土、人口、头疋、园林、碾磨、店舍、铺席，任是么他的，不拣是谁休倚气力夺要者。这壁那壁诵经行的时分，不拣是谁休拦当者么道。执把的金印令旨与了也。这的每根底与了令旨呵，无体例的勾当休做者。

令旨俺的。兔儿年二月初三日，昌平县有时分写来。[1]

这里的兔儿年，蔡美彪、宿白先生比定为顺帝至元五年己卯（1332），与《本纪》的记事比较，应该没有问题。不过，由于《纯阳万寿宫令旨碑》是两道令旨合刻于一碑，脱帖木儿令旨碑在上，脱火赤令旨碑在下，杉山正明认为应以上下关系排列年代先后，从而将猴儿年比定为顺帝至正四年甲申(1344)，也就是说脱火赤曾两度承袭荆王，或有两个荆王并存，之所以出现这种复杂的继承关系，应与英宗新政与遭暗杀，泰定帝登基与猝死，天历内乱与文宗新政这三次政变导致的动荡政局有关[2]。

脱脱木儿身后绝嗣，《元史》卷92《百官志》永昌等处宣慰使司都元帅府条载：

至正三年七月，中书省奏："阔端阿哈所分地方，接连西番，自脱脱木儿既没之后，无人承嗣。达达人口头匹，时被西番劫夺杀伤，深为未便。"遂定置永

---

〔1〕陈垣编，陈智超、曾庆英校补：《道家金石略》，北京：文物出版社，1988年，第804页。

〔2〕(日)杉山正明：《东西文献によるコデン王家の系谱》，《史窗》48，1991年。

昌等处宣慰使司都元帅府以治之。

永昌宣慰司设在今永昌县城，宣告了荆王位下的终结，活跃于河西一百余年的阔端家族自此退出了历史舞台。

又，《元史》卷43《顺帝纪》至正十四年（1354）五月条云：“命荆王答儿麻失里代阔端阿合镇河西，讨西番贼。”[1]似乎阔端家族又有传人。但《诸王表》荆王位下并无答儿麻失里其人，既云“代”而不说袭，又与阔端阿合（意谓阔端大兄，这里当指已绝嗣的阔端家族）对称，显然不是阔端后裔。据《红史》记载，第四世噶玛巴乳必多杰曾受元顺帝邀请前往大都，于藏历第六饶迥猪年（1359）二月到达河州，在这里他利用自己的影响解救了遭革职的西凉王及其官属。此西凉王或与代阔端家族出镇河西的答儿麻失里有关。查《元史》卷43《顺帝纪》至正十三年十二月癸丑条有“以西安王阿剌忒纳失里为豫王，弟答儿麻讨南阳贼有功，以西安王印与之，命镇宠吉儿之地。”[2]这个答儿麻系西平王奥鲁赤之后，该系长期镇守吐蕃地区，与凉州阔端兀鲁思及河州镇西武靖王镇戍地相邻，该系成员有谥为凉王者，在元末政治舞台上也十分活跃，将他与荆王答儿麻失里及《红史》所说的西凉王联系起来有一定的可能性，答儿麻或即答儿麻失里的省文或脱文，由西安王改封荆王。

现依据以上研究，试将阔端诸王世次排列如下：

<table>
<tr><td rowspan="4">阔端</td><td>灭里吉歹</td><td>也速不花</td><td colspan="3"></td></tr>
<tr><td rowspan="2">蒙哥都</td><td>亦怜真</td><td colspan="3"></td></tr>
<tr><td>念不列</td><td>脱火赤</td><td colspan="2"></td></tr>
<tr><td>只必帖木儿</td><td>曲列鲁</td><td>别帖木儿</td><td>也速也不干</td><td>脱脱木儿</td></tr>
</table>

[1]［明］宋濂：《元史》卷43《顺帝纪六》，北京：中华书局，1976年，第915页。

[2]［明］宋濂：《元史》卷43《顺帝纪六》，北京：中华书局，1976年，第912页。

阔端系所拥有的王号继承如下：

永昌王：只必帖木儿

汾阳王：别帖木儿

荆王：脱火赤—也速也不干—脱脱木儿

《史集》成书于14世纪初的成宗时期，因此对阔端后裔的记载止于活跃于大德年间的曲列鲁、念不列，以下传承不明。《元史·宗室世系表》和《诸王表》记载多有错乱，只能依较可靠的《本纪》、碑刻中的史料，加以斟酌，故以上世次难免有推测成分。

第五章　元代河西的察合台系诸王

以忽必烈与阿里不哥争夺蒙古汗位为契机，蒙古大兀鲁思发生了严重的政治分裂，术赤兀鲁思、察合台兀鲁思、旭列兀兀鲁思均不同程度地走向独立。面对大汗权威昔盛今衰的挑战，忽必烈一方面极力削弱元朝疆域内诸王宗藩的分割性，限之以皇子皇孙出镇制；另一方面试图恢复大汗对西道诸王的政治控制，远交近攻，把经略的重点放在中亚的察合台汗国，其结果之一便是系出察合台的出伯家族获得极大的重视。东归的出伯系诸王不仅在抵御西北诸叛王的军事行动中独当一面，而且最终将其在河西方面的镇戍之地转化为具有政治意义的本投下领地，称雄西北。下迄明初，出伯家族仍是嘉峪关外一支主要的游牧军事集团，构成元代河西历史的重要一环。

第一节　出伯家族在河西的崛起

出伯家族崛起于河西是与忽必烈即位以来不断争取察合台汗国归顺的努力密切相关的。这里我们有必要回顾一下忽必烈时期元朝政府与察合台汗国的关系问题。在忽必烈与阿里不哥相持的时候，察合台第六子拜答儿之子阿鲁浑受阿里不哥委派赴察合台汗国征集给养，他便乘机在阿力麻里即位为察合台汗国之主，从兀鲁忽乃妃子手里夺得权力，不久又叛阿里不哥而归顺忽必烈，忽必烈以大汗身份将东自金山、西至阿母河的土地委赋予阿鲁浑。阿里不哥势衰后，“忽必烈合罕命一支大军前往阿母河岸，使一切居于这一地区的打算独立的宗王统统从交通线上撤走，这样合罕的使臣可以没有任何一点困难地往返于旭烈兀大王（与大汗之间）”。并且派使臣到不花剌去括户[1]。与此同时，窝阔台后王海都也乘乱崛起，他联合钦察汗别儿哥，击败阿鲁浑军，把阿力麻里据为己有，使中亚的形势变得错综复杂起来。

1265年阿鲁浑死后，兀鲁忽乃妃子未经忽必烈同意，置阿鲁浑诸子出伯与合班于不顾，擅立自己与合剌旭烈的儿子木八剌沙为察合台汗国之汗。此举引起忽必烈的不满，他派出自己身边的八剌去察合台汗国夺取权力，但八剌夺取政权后不仅反过来侵吞大汗在中亚的属地，而且与海都的窝阔台汗国为争夺牧场也不断打仗，钦察汗忙哥帖木儿也卷入了中亚的战乱。1269年，争夺的三方在塔剌思举行了重要的忽里台大会。会上，察合台、窝阔台、术赤三系诸王决定一致反对拖雷系的忽必烈和伊利汗阿八哈，保持草原游牧生活习俗，承认海都为中亚全体蒙古宗王的领袖，宣告了察合台汗国和窝阔台汗国从此脱离大汗的直接控制。会上还划分了三方在河中的势力范围，即三分之二留给八剌，三分之一归海都和忙哥帖木儿；处于劣势的八剌承认原有的伊犁河流域和塔里木盆地由窝阔台汗国统治，海都则支持八剌向伊利汗国开战。次年，八剌率大军越过阿母河入侵呼罗珊，被伊利汗阿八哈打败。不久，八剌又为趁火打劫的海都大军所困，忧惧死去。

《史集》对八剌死后其主要宗亲的活动有如下记载：

> 木八剌沙、出拜、合班带着全体万夫长和千夫长们来了，他们跪在海都面前说：“从今以后海都阿合是我们的君主，他的一切命令，我们都俯首听从。八剌在世时压迫我们，夺取了继承的和获得的东西。如果海都阿合保护我们，我们只要活着就将自愿地竭心

[1]《瓦萨夫史》页126、94，参见韩儒林主编：《元朝史》（下册），北京：人民出版社，1986年，第222页。

尽力为他效劳。如果不行，那也随他便，但我们都将完全惊惶失措，不知道该怎么办。”海都说：“让夺走你们东西的人把你们所认定的东西归还你们。既然你们爱戴我，我也履行出于恻隐之心应做的事，将你们的财物和领地给你们。”[1]

可见八剌死后阿鲁浑之子出伯、合班是察合台汗国的主要宗王，曾在海都处效劳。由于不满于海都侵吞察合台汗国在伊犁河流域和塔里木盆地的领地，八剌诸子和阿鲁浑诸子对海都的权威并不是心悦诚服，此后不久，阿鲁浑诸子出伯、合班和八剌的4个儿子就一起与海都打了一仗，想把海都的军队从河中地区驱逐出去：

他们在从忽毡直到不花剌的地区内，点燃了不义与压迫之火，以残杀和劫掠消灭了家庭。在这一地区里，那些受麻速忽、牙剌瓦赤庇护的人们的财产成为一片废墟。八剌之诸子与海都之间还发生了更多的战斗，前者（八剌诸子）在遭遇中被迫溃退，其臣民深受敲诈、勒索和凌辱之苦。[2]

看来遭受失败的他们还是被迫承认了海都的权威。其后，1273年1月，伊利汗阿八哈的将领阿黑伯统率的军队从西部攻入察合台汗国不花剌城，烧杀抢掠，进行报复。“察合台的儿子拜答儿的儿子阿鲁忽的儿子们出拜和合班带着一万骑兵”前来阻止。“几乎有三年，双方的军队，即阿黑伯、合班、出拜的军队进行掠夺、屠杀，结果使这样大的一座城及其郊区完全遭到破坏，在七年内这个地方没有任何一个生灵。”[3] 可见直

[1]（波斯）拉施特主编，余大钧、周建奇译：《史集》第3卷《阿八哈汗传》，北京：商务印书馆，1986年，第135－136页。

[2]宏达迷儿书德弗雷麦里摘刊本，法译，83－85页。转引自刘迎胜：《西北民族史与察合台汗国史研究》，南京：南京大学出版社，1994年，第163－164页。

[3]（波斯）拉施特主编，余大钧、周建奇译：《史集》第3卷《阿八哈汗传》，北京：商务印书馆，1986年，第139－140页。

到1276年左右出伯兄弟尚留在海都集团之内。这也是记载中出伯兄弟在中亚察合台汗国活动的时间下限。出伯兄弟此后与海都再次交恶并最终投奔忽必烈，当与察合台兀鲁思汗位旁落有关。《史集》说：

> 八剌死后，察合台兀鲁思的王位被授予了他〔八剌〕的堂兄弟（按应为堂叔），撒儿班的儿子尼克拜（按即聂古伯）。他作了三年君主，此后，〔王位〕被给予了察合台第七个儿子合黑答之子不花—帖木儿……在他之后，海都把统治该兀鲁思的王权给予了八剌的儿子都哇。[1]

不花—帖木儿约在1274年即汗位，都哇即位时间不明。大概出伯兄弟对都哇即汗位不满而出走大汗忽必烈处。时间约在至元十四年（1277）至十九年（1282）之间。此外，出伯兄弟在突厥斯坦长期卷入战乱而不得人心也是其出走的一个原因吧。《史集》对出伯兄弟就颇有微词，"如所周知，突厥斯坦诸国，〔初〕受阿鲁忽，后又受〔右翼〕诸王合班、出伯、八剌、〔火你赤之子〕伯颜的蹂躏。合班和出伯最初在海都处，后来归顺了合罕。就是这些"[2]。出伯兄弟在河中地区反复燃起战火从一个侧面说明其领地不在这一带，因而才毫不顾惜地破坏当地的繁荣，其领地可能是在东面靠近元朝地区。杉山正明先生猜想或许在斡端地区，因为斡端曾是阿鲁浑失势时的蛰伏之地，《元史·暗伯传》称其为"于阗宗王"，徐松在《西域水道记》中解释说，"阿鲁忽称于阗王，则于阗者，阿鲁忽分地也"。至元十九年出伯兄弟就是作为元朝进攻斡端的统帅第一次出现在元朝方面的记载中。由于争夺斡端的战争从至元十六

〔1〕（波斯）拉施特主编，余大钧、周建奇译：《史集》第2卷《成吉思汗的儿子察合台传》，北京：商务印书馆，1985年，第184页。

〔2〕（波斯）拉施特主编，余大钧、周建奇译：《史集》第2卷《成吉思汗之子拖雷汗之子忽必烈合罕纪》，北京：商务印书馆，1985年，第354页。

年左右就持续进行着，所以可以考虑出伯兄弟出走元朝的时间更早一些。也许出伯兄弟从河中向东撤退时，就是在斡端地区与元军会合的[1]。《木阴历史选》说阿鲁忽死后葬于阿力麻力[2]，也不排除其领地在阿力麻力的可能。由于缺乏直接证据，上述说法仅仅是推论而已。

在海都集团发生内讧并与伊利汗国交战时期，元朝乘机在中亚发展势力。至元八年（1271），北平王那木罕建幕庭于阿力麻力，可失哈耳、忽炭等地也陆续回到忽必烈手中。也就是说当出伯兄弟在河中与伊利汗国混战期间，东面元朝恢复大汗权威的努力甚有成效，许多察合台汗国领地都落入元朝治下，这可能是出伯兄弟归附元朝的又一原因。当都哇巩固了他的察合台汗位后，与海都结盟，合兵东进，与元朝的争夺趋于白热化的重要时刻，出伯兄弟出现在元朝河西前线，并很快在抵御海都、都哇的战争中崭露头角。

兹将元朝方面有关出伯兄弟归附后的各种活动的记载分类集录如下：

一、军事活动

世祖至元十九年，元将旦只儿“从诸王合班、元帅忙古带军至斡端，与叛王兀卢等战，胜之。”[3] 这是目前所见合班兄弟第一次出现于元朝方面的记录。出伯兄弟首次在元朝官方记载中出现，就显示了其以诸王身份担任河西至天山南路方面军事统帅的重要作用。此后，出伯的军事活动频繁出现：

---

[1]（日）杉山正明：《两个察合台家族》，（日）小野百合子编《明清时代的政治和社会》，京都大学人文科学研究所，1983年，第651－706页。又，《元史》卷60《地理志》沙州条下载，至元十七年“内附贫民欲乞粮沙州，必须白之肃州，然后给与，朝廷以其不便，故升沙州为路。”这里提到的内附贫民，应该来自中亚察合台汗国，也就是出伯兄弟的部民。这也说明出伯兄弟东归在至元十六年至十七年之间。

[2]《木阴历史选》，让·欧班夫人1957年德黑兰波斯文刊本，转引自刘迎胜：《西北民族史与察合台汗国史研究》，南京大学出版社1994年版，第190页。

[3]〔明〕宋濂：《元史》卷133《旦只儿传》，北京：中华书局，1976年，第3231页。

（1）至元二十一年，“诸王术伯命兀浑察往乞里哈失之地为游击军。时敌军二千余，兀浑察以勇士五十人与战，擒其将也班胡火者以献。王壮之，以其功闻，赏银六百两、钞四千五百贯，授蒙古军万户，赐三珠虎符。”[1]

（2）至元二十五年春正月“癸卯，海都犯边。敕驸马昌吉，诸王也只烈，察乞儿、合丹两千户，皆发兵从诸王术伯北征。”[2]

（3）至元二十七年春正月，“章吉寇甘木里，诸王术伯、拜答寒、亦怜真击走之。”[3]

（4）元贞元年二月，“命曷伯、撒里蛮、孛来将探马赤军万人出征，听诸王出伯节度”。命忙汉领探马赤军，“偕哈伯元帅从宗王出伯西征”。《元史》卷122《按札儿传》：元贞元年，“有旨命领探马赤军，偕哈伯元帅从宗王出伯西征”[4]。

（5）元贞元年四月癸卯，“以诸王出伯所统探马赤、红袄军各千人，隶西平王奥鲁赤。”[5]

（6）元贞二年三月，“诸王出伯言所部探马赤军懦弱者三千余人，乞代以强壮，从之。仍命出伯非奉旨毋擅征发”[6]。

（7）元贞二年九月“辛卯，诸王出伯言汪总帅等部军贫乏，帝以其久戍，命留五千驻冬，余悉遣还，至明年四月赴军。”[7]

（8）大德四年六月，术伯大王为迤北军情声息勾当等事，

[1]〔明〕宋濂：《元史》卷123《拜延八都鲁传》，北京：中华书局，1976年，第3024页。

[2]〔明〕宋濂：《元史》卷15《世祖纪十二》，北京：中华书局，1976年，第308页。

[3]〔明〕宋濂：《元史》卷16《世祖纪》，北京：中华书局，1976年，第333页。

[4]〔明〕宋濂：《元史》卷122《按扎儿传附忙汉》，北京：中华书局，1976年，第3007页。

[5]〔明〕宋濂：《元史》卷18《成宗纪一》，北京：中华书局，1976年，第392页。

[6]〔明〕宋濂：《元史》卷19《成宗纪二》，北京：中华书局，1976年，第403页。

[7]〔明〕宋濂：《元史》卷19《成宗纪二》，北京：中华书局，1976年，第406页。

经由亦集乃路入川（大漠）征进[1]。

（9）大德六年二月“癸酉，增诸王出伯军三千人，人备马二匹，官给其值”[2]。

（10）大德六年十一月戊午，“籍河西宁夏善射军隶亲王阿木哥，甘州军隶诸王出伯”[3]。

二、各类封赏赈济

（1）至元二十年春正月辛酉，“赐诸王出伯印”[4]。

（2）至元二十年三月辛酉，“赏诸王合班弟忙兀带所部军士战功银钞、币帛、衣服各有差”[5]。

（3）至元二十年十一月“己卯，从诸王术白、蒙古带等请，赏也秃古等银钞，以旌战功”[6]。

（4）至元二十三年十二月，“赐诸王术伯所部军五千人银万五千两，钞三千锭，探马赤二千人羊七万口”[7]。

（5）至元二十五年三月癸巳，“赐诸王术伯银五万两，币帛各一万匹”[8]。

（6）至元二十五年六月“壬戌，赐诸王术伯金银皆二百五十两、币帛纱罗万匹”。“丁卯，又赐诸王术伯银二万五千两、币帛纱罗万匹”[9]。

（7）至元二十七年，“时出伯、伯都（拜答寒?）所领军乏食，奉旨以明安所获畜牧济之”[10]。

---

〔1〕李逸友编著:《黑城出土文书(汉文文书卷)》F116:W561;F116:W553;F116:W552 诸条,北京:科学出版社,1991 年,第 136 页,138 页,139 页。

〔2〕〔明〕宋濂:《元史》卷 20《成宗纪三》,北京:中华书局,1976 年,第 440 页。

〔3〕〔明〕宋濂:《元史》卷 20《成宗纪三》,北京:中华书局,1976 年,第 443 页。

〔4〕〔明〕宋濂:《元史》卷 12《世祖纪九》,北京:中华书局,1976 年,第 249 页。

〔5〕〔明〕宋濂:《元史》卷 12《世祖纪九》,北京:中华书局,1976 年,第 252 页。

〔6〕〔明〕宋濂:《元史》卷 12《世祖纪九》,北京:中华书局,1976 年,第 259 页。

〔7〕〔明〕宋濂;《元史》卷 14《世祖纪十一》,北京:中华书局,1976 年,第 294 页。

〔8〕〔明〕宋濂;《元史》卷 15《世祖纪十二》,北京:中华书局,1976 年,第 310 页。

〔9〕〔明〕宋濂;《元史》卷 15《世祖纪十二》,北京:中华书局,1976 年,第 313 页。

〔10〕〔明〕宋濂:《元史》卷 135《明安传》,北京:中华书局,1976 年,第 3281 页。

(8) 至元二十八年冬十月，“辛卯，诸王出伯部曲饥，给米赈之”[1]。

(9) 至元三十一年秋七月“乙卯，以诸王出伯所部四百余户乏食，徙其家属就食内郡，仍赐以奥鲁军年例钞三千锭”。“赐诸王出伯奥鲁军、也速带而红袄军币帛各六万匹”[2]。

(10) 大德元年春正月，“以边地乏刍，给出伯征行马粟四月”[3]。

(11) 大德四年九月，“赐诸王出伯所部钞万五千四百余锭”[4]。

(12) 大德五年七月，“赐诸王出伯等部钞六万锭，又给市马直三十八万四千锭”。“给诸王妃札忽而真及诸王出伯军钞四十万锭”[5]。

(13) 大德八年三月，“给诸王出伯所部马万三千五百匹”[6]。

(14) 大德八年九月，“给诸王出伯所部帛四百匹”[7]。

(15) 大德八年十二月“辛丑，封诸王出伯为威武西宁王，赐金印”[8]。

(16) 大德九年九月，“赐威武西宁王出伯所部钞三万锭”[9]。

(17) 大德十年五月，“赐威武西宁王出伯钞三万锭”[10]。

(18) 至大元年春正月，“豳王出伯进玉六百一十五斤，赐

[1] [明]宋濂:《元史》卷16《世祖纪十三》,北京:中华书局,1976年,第352页。
[2] [明]宋濂:《元史》卷18《成宗纪一》,北京:中华书局,1976年,第385－386页。
[3] [明]宋濂;《元史》卷19《成宗纪二》,北京:中华书局,1976年,第408页。
[4] [明]宋濂;《元史》卷20《成宗纪三》,北京:中华书局,1976年,第432页。
[5] [明]宋濂:《元史》卷20《成宗纪三》,北京:中华书局,1976年,第436页。
[6] [明]宋濂;《元史》卷21《成宗纪四》,北京:中华书局,1976年,第458页。
[7] [明]宋濂:《元史》卷21《成宗纪四》,北京:中华书局,1976年,第460页。
[8] [明]宋濂;《元史》卷21《成宗纪四》,北京:中华书局,1976年,第461页。
[9] [明]宋濂:《元史》卷21《成宗纪四》,北京:中华书局,1976年,第465页。
[10] [明]宋濂:《元史》卷21《成宗纪四》,北京:中华书局,1976年,第470页。

金千五百两、银二万两、钞万锭，从人四万锭；宽彻、也先孛可等金二千三百两、银一万七百两、钞三万九千一百锭”[1]。

三、提调军站仓库屯田等事

（1）元贞元年十二月五日，“平章政事剌真等奏出伯言哈班的妃子入朝，乘己马长行，度其力不能回，请于沿途秣饲，别给铺马赴都，回日却乘己马，似为便宜。奉旨准”[2]。

（2）大德七年二月“丁丑，命诸王出伯非急务者勿遣乘驿”[3]。

（3）大德八年二月“辛卯，命诸王出伯所部军屯田于薛出、合出谷”[4]。

（4）大德十年夏四月“丁未，命威武西宁王出伯领甘肃等地军站事”[5]。

（5）大德十一年秋七月“诸王出伯言：‘瓜州、沙州屯田逋户渐成丁者，乞拘隶所部。’中书省臣言：‘瓜州虽诸王分地，其民役于驿传，出伯言宜勿从。’”[6]

（6）元贞二年，甘州建仓八十间，“启奉术白大王令旨，于各翼摘军五百人执役”[7]。

综观以上史料，可知出伯归元以后，受赐金印，以诸王身

---

〔1〕〔明〕宋濂：《元史》卷22《武宗纪一》，北京：中华书局，1976年，第494页。

〔2〕〔明〕姚广孝，解缙等：《永乐大典》卷19419站赤4，北京：中华书局，1986年，第7217页。

〔3〕〔明〕宋濂：《元史》卷21《成宗纪四》，中华书局1976年版，第448页。此事《经世大典》卷19420记载较详：“大德七年二月十九日中书省奏：军上诸王驸马，不审事之缓急，一概遣使，及万户、千户与无干碍之人，并给铺马差札，以故站赤兀鲁思辈，应役困乏。臣议得：乞今后诸王、驸马、元帅、万户、千户，若有给驿之事，未经出伯议者，不得行。今既委命前去，方当站赤消乏之际，但凡不急之务，就令出伯较计。奉圣旨准。”北京：中华书局，1986年，第7222页。

〔4〕〔明〕宋濂：《元史》卷21《成宗纪四》，北京：中华书局，1976年，第457页。

〔5〕〔明〕宋濂：《元史》卷21《成宗纪四》，北京：中华书局，1976年，第469页。

〔6〕〔明〕宋濂：《元史》卷22《武宗纪一》，北京：中华书局，1976年，第483页。

〔7〕《大元仓库记》，杨家骆主编：《中国法制史料》第二辑第三册，台北：台湾鼎文书局，1979年，第2146页。

份出任河西至塔里木南道方面军事统帅重任，节制甘肃行省诸军、镇戍诸王军马及出征镇戍蒙古探马赤军，提调军站仓库屯田采玉诸事宜，独当一面，权重位高。元朝政府还不断对其大量赏赐赈济，从经济上给予补充支持，表明了对出伯系的重视与依靠。对此《史集》也有相应记载，拉施特把出伯列为同甘麻剌、阿难答、阿只吉、奥鲁赤等一道镇守与海都、都哇领地接壤的边境地区镇戍宗王之一。《史集》在叙述成宗初年元朝与海都、都哇之间边境形势时写道：

> 在东方边界的［极］端，有舍罕祖母的一个兄弟宗王甘麻剌统率军队坐镇……其次为畏兀儿人之城哈剌－火州之境。该处有好酒。它在舍罕和海都的边界之间。他们［畏兀儿人］与双方都和睦相处，并且效劳于双方。以下驻有察合台之孙，宗王阿只吉和阿鲁忽之子宗王出伯。〔1〕

哈剌—火州之境“以下驻有察合台之孙，宗王阿只吉和阿鲁忽之子宗王出伯。”〔2〕而都哇则常“把军队派到在哈剌—火州境内的阿难答、阿只吉和出伯的关隘和边境上去，袭击他们，使他们惊惶奔逃。”《史集》甚至还很具体地记载了都哇对出伯的一次袭击：

> 在合罕时代之末，都哇一度率军出征，到达边境上和……这是带着一至一万二千人守卫该边界的出伯所在之处。都哇想对他发动夜袭，但被他探听到了，便〔自己〕在夜间进攻了都哇的先头部队，歼灭了三、四千人。就在该夜，都哇获悉〔此事〕，便带着〔自己的〕全军出动。清晨，他们相遇之后，双方都

〔1〕（波斯）拉施特主编，余大钧、周建奇译：《史集》第2卷《成吉思汗之子拖雷汗之子忽必烈合罕纪》，北京：商务印书馆，1985年，第337－338页。

〔2〕（波斯）拉施特主编，余大钧、周建奇译：《史集》第2卷《成吉思汗之子拖雷汗之子忽必烈合罕纪》，北京：商务印书馆，1985年，第338页。

有许多〔人〕被杀。而出伯，未通知阿只吉和阿难答就仓皇出动，当然，他支持不住溃逃了。当阿只吉得知〔这个〕消息以后，派人去通知阿难答，让他出动，都哇在他们出动和会合之前已经回去了，军队就没有追上他……出伯之兄合班，则在这次战争之前不久就死去了。[1]

由于合班最后一次出现是在至元二十六年，所以这次战斗当发生在至元二十六年左右。马可·波罗也在自己的游记中描述过察合台后王出伯兄弟与海都的著名战争，只是年代模糊不清，错乱之处甚多。

综合中西记载，正如屠寄所总结的：当是时，朝廷宿重兵和林，以西陲军事委之出伯，兼领瓜沙以西北至合剌火州畏兀儿地征戍事，陇右诸王驸马及兀丹等处宣慰司都元帅、吐蕃乌思藏宣慰司、巩昌等处便宜都总帅府并听节制，在边十余年，河西编氓耕牧不惊，诸王将拱听约束，朝廷无西顾之忧[2]。这段话大体反映了当时出伯系崛起于河西方面的情况。

第二节　出伯家族的世系、王号与分布

要弄清出伯家族的世系必先说说出伯的出身问题。《元史》卷108《宗室世系表》将出伯列为旭列兀后王，屠寄的《蒙兀儿史记》也持此说。19世纪西方学者获读波斯文史料后，伯希和及大多数中外学者，包括韩儒林先生主编的《元朝史》，都将忽必烈至元二十年以后活跃于河西的出伯比定为《史集》中所载的察合台汗阿鲁浑次子出伯。但由于《元史·宗室世系表》

---

〔1〕（波斯）拉施特主编，余大钧、周建奇译：《史集》第2卷《成吉思汗之子拖雷汗之子忽必烈合罕纪》，北京：商务印书馆，1985年，第353－354页。

〔2〕〔清〕屠寄：《蒙兀儿史记》卷42《出伯传》，北京：中国书店，1984年影印本，第337页。

的谬误，仍有一些人在不断沿袭出伯为旭列兀后王的错误。

由于《元史·宗室世系表》错漏百出，只能参考，难以信赖。《史集》的记载又止于出伯之子，因而过去研究出伯家族的材料匮乏，主要依据是《重修文殊寺碑》和《元史·本纪》的有关记载。近年来日本学者杉山正明利用帖木儿王朝时期的波斯文系谱资料《贵显世系》[1]研究察合台家族，取得突破，并且使久为人知的元代《重修皇庆寺碑》和《莫高窟造像记》呈现出新的史料价值。其后，日本学者赤坂恒明利用成吉思汗后裔系谱的另一重要资料《胜利之书·选史》[2]，结合黑水城出土的元代文书，对杉山正明的研究进行了重要补充[3]。以下依据这些材料，对出伯家族的系谱、王号及其分布作一具体叙述。

《史集》不仅说明阿鲁浑有三个儿子：合班、出伯和脱黑—帖木儿，而且明确指出当八剌汗死后，他手下的异密和宗王们投降了海都，只有他的长子伯—帖木儿和阿鲁浑的儿子合班和出伯起义，投奔了忽必烈合罕，并特别说明出伯一生为忽必烈合罕效劳[4]。

今甘肃省酒泉市西南约十五公里的文殊山石窟保存有元代汉文、回鹘文双体碑刻《重修文殊寺碑》。《重修肃州新志》和《陇右金石录》曾多次提及或著录此碑。国内外学者如耿世民、杉山正明等还进行了开创性的研究。这一碑铭对元代河西民族历史研究有极其重要的价值，现根据耿世民先生的录文，将《有元文殊寺碑铭》移录如下：

> 俺速呗昔帝悉怛大吉祥者，崇信三宝，如清凉帝青宝于世界，□为总为大。〔太〕祖皇帝真吉思天赐

〔1〕Muizzal – AnsabfiShajaratal – Ansab，全称《系谱系统上的贵显世系》。

〔2〕Tawārix – iguzida't – inuşratnāma。

〔3〕(日)赤坂恒明：《拜答儿裔系谱情报和哈剌浩特汉文文书》，《西南亚细亚研究》，No.66，2007年，第43–66页。

〔4〕(波斯)拉施特主编，余大钧、周建奇译：《史集》第2卷，北京：商务印书馆，1985年，第170页。

金轮宝位，绍继于薛禅皇帝金轮天子，皇帝、皇后、皇太子及金枝玉叶，皆积集善根，广种良田，于法门中作引道者，普利众生，悉令开悟。金轮转王皇帝南瞻部洲为世之主，传位与真吉思皇帝，即位之年降生下叉合歹：义勇绝世，相貌端严，聪明乃义贯人间，福德而智慧具足，真金上子，万民可爱，真寔有倚。于中花佛国降生〔拜答〕里大王：洪福高厚，宿世作因，万国之上，真龙太子。阿〔禄〕嵬大王降生世间：福气超伦，万事皆至，无业真心，法宝同体，根本真性。降生下主〔伯〕大王：上根无比，于佛法性，如真甘露，法门道中，行理相同。降生喃忽里大王：智慧聪明，福禄最高，礼义非常，博通经律，妙解真空，于诸戒中，最为第一，天下万民，无不钦仰。于大地中降生喃答失太子。从上诸王皆坐叉合歹金轮宝位，钦信佛法，深种福田，大启妙善真心，广作无涯胜福大菩提心，以圆满最吉祥身之光明，福惠周全，功德成就。且肃州西南三十里嘉谷山者，乃一切贤圣栖神化远之归心。林泉秀美，涧壑寂寥，神光现于长空，石室藏于畔侧。爰有郑善进睹兹祥瑞，发心修盖文殊殿已经年远。今遇喃答失太子〔常〕闻〔圣〕境之地，每慕觐仰之心，同众兄弟等于六月二十三日，特进焚香。豁然天面雨分，现五色之瑞光，众皆咸睹。于三宝中，得广大成就，大开青莲之目。所观文殊圣寺古迹建立已经八百年矣，我今坐叉合歹宝位，将寺宇翻盖重修，普渡沉沦，于佛会中同得受生。我发大心，救护众生，无量无边，总皆成佛。南忽里父、完者母诞降生喃答失太子。巴都麻答并亦禄歹二妃子，公主孤麻等，众兄弟子孙等，众宰相官员及百姓等，悉皆欢悦，喜跃无尽。金资贿赂，随力所施，同结胜缘。寺宇周成，材梁整台，殿方高墙，壁乃彩绘，圣容间金，而五色妆就，宝瓶琉璃结砌周全，钟楼碑楼工成咸就，周围垣墙悉成已毕。愿今大菩提心喃答失太子寿年绵远，盛体安康，永无灾虞，边方宁静，及十方界五谷丰登，合国内万民安乐。又广启虔心，文殊殿内愿立长明灯一座，所施灯油田地一十顷，永为常住，付主持僧耳你长老沙加令真、耳立、嵬梨忍普。所将种种善根功力伏乞〔天〕上〔地〕下一切神祇，天下地上一切灵享，运大威严祈佑喃答失太子等，常皆拥护，无诸魔障。法门广遍十方世界，功圆行满，福德周成，金枝永茂于千春，命等南山之寿算，凡修善心总愿成就，所作黑业皆悉不成，此世来生福慧增明，尽法界虚空界，我愿广遍普及众生，超证佛果，直至菩提者矣。大元泰定三年岁次丙寅八月丁酉朔十五日丙戌上旬。　喃答失太子立石。弘法僧速那令真撰　秦亭辩吉□。[1]

此碑为叙述喃答失太子及其兄弟亲属等发心修盖文殊寺的功德，值得注意的是它不仅为我们提供了一个重要清楚的蒙古察合台支的世系谱，而且说出这支活动在河西走廊的察合台后王坐察合台“金轮宝位”这样令人惊异的话，既补充订正了现有史书的不足，又提出了新的问题。碑文证实忽必烈时期坐镇河西的诸王出伯正是阿鲁浑之子，它提供的出伯家族的系谱是：叉合歹（察合台）—拜合里（合为答的残字）—阿禄嵬[2]—主伯大王[3]—喃忽里—喃答失太子。

拉施特在叙述察合台后裔事迹时，言及出伯有15个儿子，

〔1〕耿世民、张宝玺：《元回鹘文〈重修文殊寺碑〉初释》，《考古学报》1986年第2期，第253－264页，图版2。

〔2〕《陇右金石录》误“禄”为“福”，此据耿世民对回鹘文部分的解读改正。

〔3〕《陇右金石录》误“伯”为“龙”，此据耿世民对回鹘文部分的解读改。

但只列举了其中的 14 个，他们是：脱黑塔（tūqtāy）、牙撒兀儿（yasār）、都苦列思（dūkūlās）、额只勒—不花（Ījīl - būqā）、那木—忽里（nūm - qulī）、那木—达失（nūm - tāŝ）、阿黑—不花（aq - būqā）、撒迪（sāti）、答兀忒（dāūd）、敢不—朵儿只（kambū - dūrji）、赤斤—帖木儿（jikin - tīmūr）、只儿忽带（jirGadāy）、明答失（mink - tāsi）、宽彻克—朵儿只（kūnjak - dūrjī）[1]。其中那木—达失又作不颜—那木达失（būyālnātāš）。而《贵显世系》除了上述 14 人外，还多出了忽塔忒迷失（Quyātmīš）和亦里黑赤（Ilīqjī）二人，并经《元史》记载证实是正确的。因此出伯共有 16 个儿子。

《史集》没有提到合班的儿子，杉山正明提供的《贵显世系》则列举了他的三个儿子：也先孛可（Īsan - būqā）、宽彻（Kūnjak）、努尔黑赤（Nūrdqjī）[2]。赤坂恒明则将《胜利之书·选史》，与《贵显世系》诸写本、《五族谱》等文献进行了比较、复原，指出了各系统写本之间的差异与优劣之处，订正了杉山正明研究的不足（如下图所示）。

---

〔1〕(波斯)拉施特主编，余大钧、周建奇译：《史集》第 2 卷，北京：商务印书馆，1985 年，第 171 页。

〔2〕《元史》卷 12《世祖纪》载至元二十年（1283）三月辛酉，“赏诸王合班弟忙兀带所部军士战功银钞、币帛、衣服各有差。”同年十一月己卯，“从诸王术白、蒙古带等请，赏也秃古等银钞，以旌战功。”似乎合班、出伯还有一个弟弟忙兀带（蒙古带）。但《史集》和《贵显世系》察合台世系部分没有记载此人，从各种记载分析，所谓“诸王合班弟忙兀带”当系误记，指的是当时隶属于诸王出伯、合班在斡端一带抵御西北叛王进攻的大将忙兀带。据《史集·部族志》（第 2 卷 303 页）记载，忙忽惕部者台那颜之孙名 Mughūltaī，在忽必烈时代承袭了者台那颜之位。关于他在斡端的活动，中西史料都有记载，刘迎胜先生《忙古带拔都儿及其在斡端的活动》（马大正主编《西域考察与研究》，新疆人民出版社 1994 年）一文作过专门论述，忙兀带是忙兀部人，故称为忙兀带，他的真实名字应为忽都忽，即忙兀带忽都忽。《元史》卷 15《世祖纪》至元二十五年二月辛酉条“忙兀带忽都忽言其军三年荐饥，赐米五百石”，记述的就是他的事迹。中华书局标点本将忙兀带忽都忽断开，视为两个人是错误的。《元史》卷 62《地理志》江西行省肇庆路桂阳州条下记连州阳山县“为蒙古解忽都虎郡王分地”，也指的是此人。他可能娶了公主，故封郡王。元制驸马通称诸王，所以他有机会与诸王出伯、合班并称，有可能他娶的就是出伯、合班之妹，也许这就是他被误记作合班之弟的原因吧。

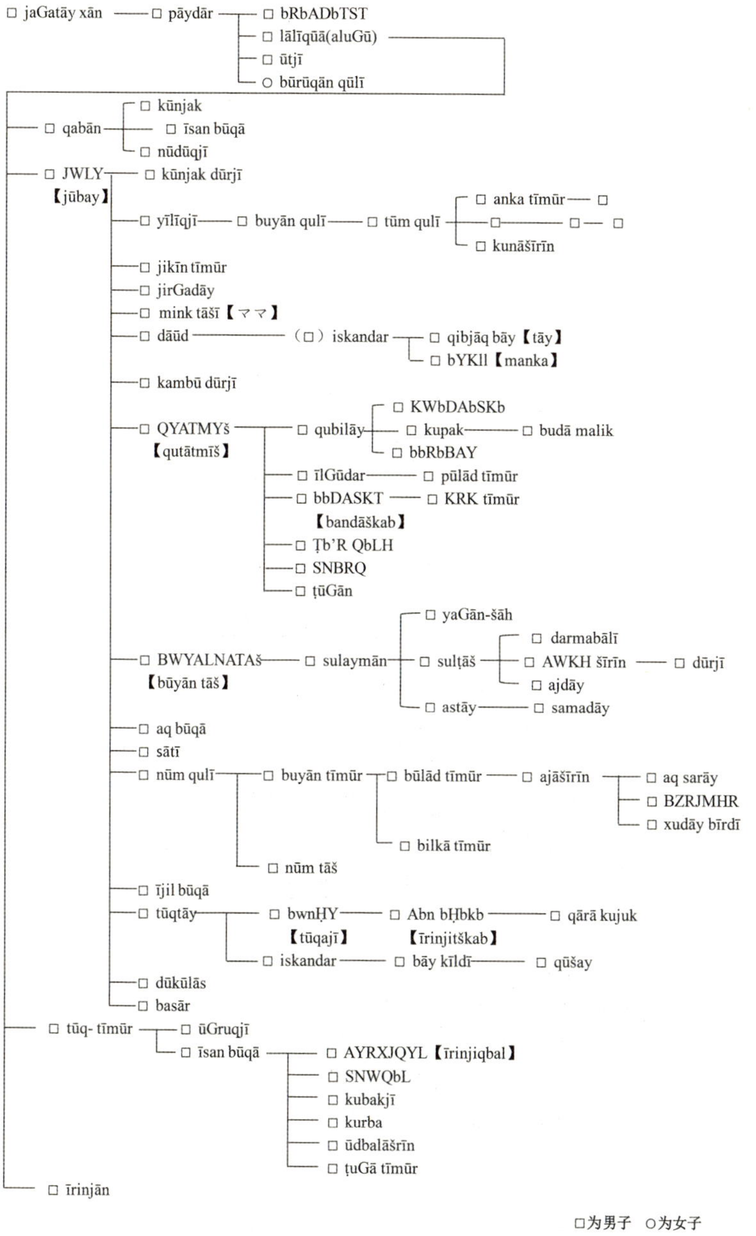

系图 1 《贵显世系》土耳其系统巴黎写本（MA/P）的拜答儿裔系谱

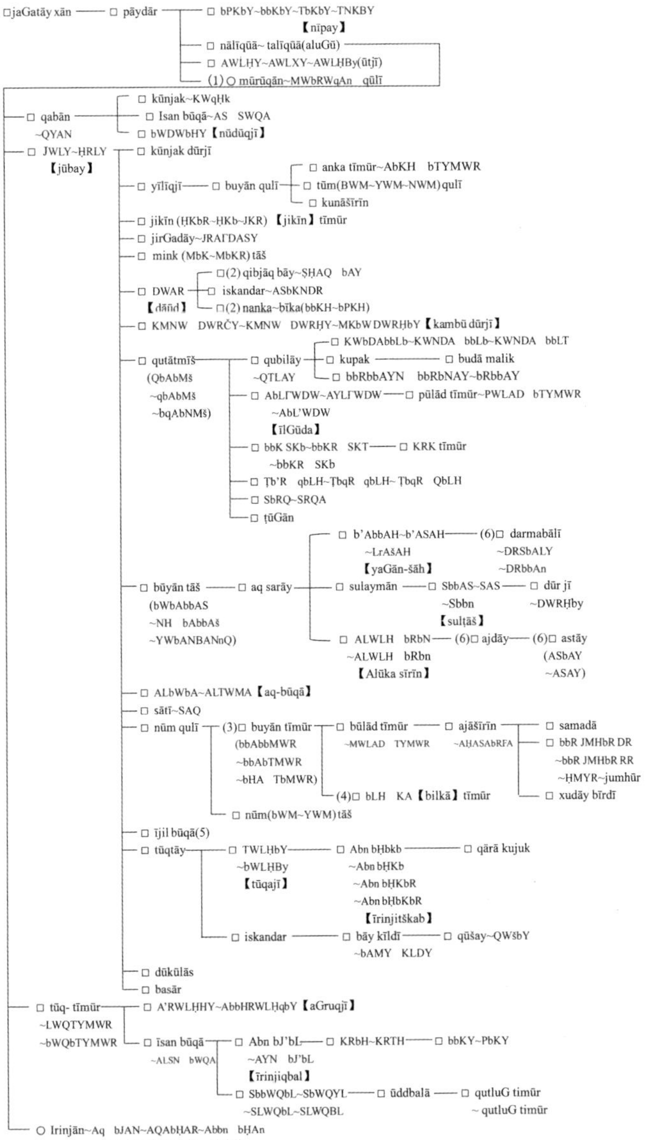

（1）在 MA/A2 中，无连线。

（2）在 MA/L14306 中，为 iskandar 之子。MA/A2 之间无连线。

（3）在 MA/L14306 中，为 ALbW bA 之子。

（4）在 MA/L14306 中，为 YWM[nūm] tāš 之子。

（5）在 MA/A1 中，īJil būqā 的左侧配有未见记载人名的男性人名方框。

（6）在 MA/A1 中，无连线。

□为男子 ○为女子

系图 2 《贵显世系》印度系统诸写本的拜答儿裔系谱

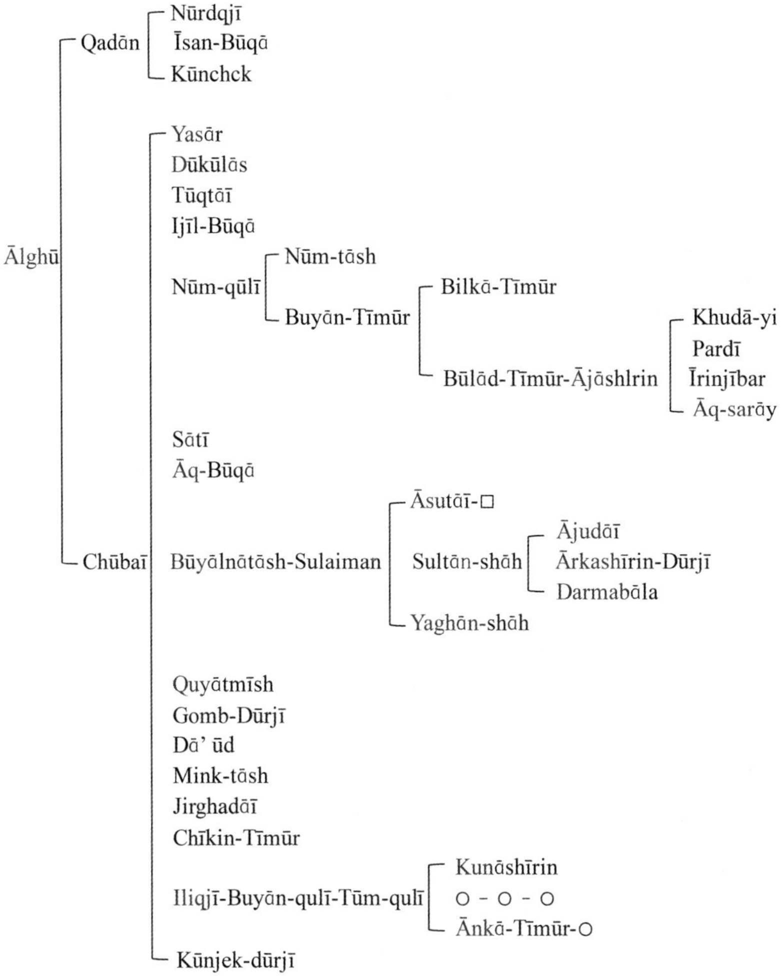

系图 3　杉山正明提供的《贵显世系》阿鲁忽汗系谱

以上面诸系图为基础，以出伯、合班诸子家支为线索，与汉文史料中的王号传承相对照，可以大致勾勒清楚出伯家族的系谱及其王号传承，进而揭示其所扮演的历史角色。

出伯诸子中那木—忽里（喃忽里）、那木—达失、亦里黑赤三人较重要，《贵显世系》、《胜利之书》记载了他们的家支，《元史》及黑水城文书则记载了他们传承的王号。为叙述方便，分列如下：

一、那木忽里家支与豳王王号传承

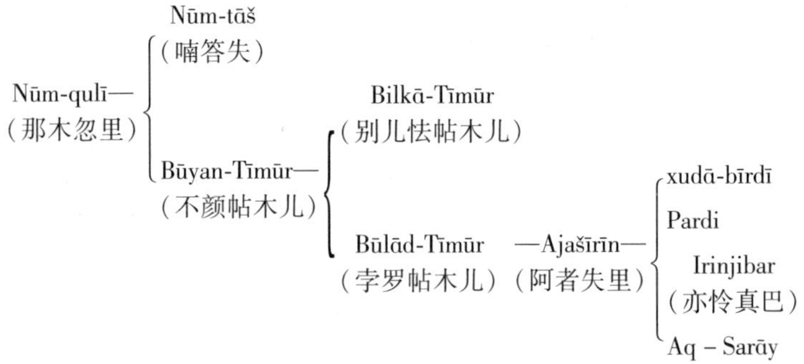

那木忽里家支图

该家支多人拥有出伯家族最重要的豳王王号，其地位相当于本兀鲁思的宗主。根据《元史·武宗本纪》，出伯最后一次出现是在武宗至大元年（1308）春正月，同年十一月，“乙丑，赐诸王南木忽里金印”，《元史》卷108《诸王表》也记“南木忽里王，至大元年”。据《重修文殊寺碑》《贵显世系》《胜利之书》及《完者都史》的记载，出伯死后由南木忽里袭位，在当时出伯家族仅拥有一个王号的情况下，赐印即意味着袭位，可知出伯卒于是年。从一些迹象推测，出伯死后曾发生了家族内乱，南木忽里的地位受到了挑战。《元史》卷23《武宗纪》至大二年条载：

> 八月壬子，中书省臣言：“甘肃省僻在边垂，城中蓄金谷，以给诸王军马，世祖、成宗常修其城池。

近撒的迷失擅兴兵甲，掠豳王出伯辎重，民大惊扰。今撒的迷失已伏诛，其城若不修，虑启寇心。又，沙、瓜州摘军屯田，岁入粮二万五千石，撒的迷失叛，不令其军入屯，遂废。今乞仍旧遣军屯种，选知屯田地利色目、汉人各一员领之”。皆从之。

关于撒的迷失之乱，《元史》仅此一见，语焉不详。虞集所撰《昔里哈剌襄靖公神道碑》也言及此事，可以对照参详。其云：

（大德）九年，拜资善大夫甘肃等处行中书省左丞。甘肃之为地，军储之实有待于运输，不知其方则阙事而民困。公之为法，先办于常年，费省而不扰。特拜荣禄大夫就本省平章政事。而撒的迷失阻兵沙州，诸王南忽里之室家陷焉。公竭力御侮，护之以安。至大初，与其人入见。[1]

综合两条材料，可以推测撒的迷失之乱发生在至大元年（1308年）出伯去世前后，地点是在沙州，攻击的对象是出伯、南木忽里家族。沙州是出伯家族的地盘，当地镇戍诸军均听其节制，一般将领是没有力量攻击其家族的，因此有理由怀疑这次战乱是察合台系宗王内乱，撒的迷失可能是出伯家族的成员，即波斯文史籍《史集》和《贵显世系》所记的出伯之子撒的（Sātī，也许波斯文遗漏了词尾mīshī），他发动兵乱是为了争夺本兀鲁思宗主之位，失败后被杀。另一个可能是察合台之孙不里系的撒的（详后），他当时也有可能在河西西部一带活动。当然，最大的可能是郡王忙兀带忽都忽之子撒的迷失叛乱。史载至元二十年元军在斡端被叛王击败，至元二十六年罢斡端宣慰司元帅府，斡端一带的元军包括忙兀带部可能退回到

〔1〕〔元〕虞集：《雍虞先生道园类稿》卷42，《元人文集珍本丛刊》（六），台北：台湾新文丰出版公司，1985年，第278页。

哈密、沙州、吐蕃一线。《元史》多处记载此忙兀带是跟随出伯集团的诸王（应该是以驸马身份称诸王）之一。《元史》卷19《成宗纪》元贞二年（1296）夏四月己亥朔，“命撒的迷失招集其祖忙兀台所部流散人户”。则元成宗元贞二年撒的迷失已接替忙兀带忽都忽统其军，所以能阻兵沙州。从时间上看，也正好吻合。《完者都史》记载当时“在吐蕃之地，忙古带（Mughūltaī）Dudinsar之子章台（Jantai）驻守着”，与哈密的合班之子宽彻、出伯之子南木忽里等共同构成一条防线。可证忙兀带之子撒的迷失有条件在沙州兴兵作乱。撒的迷失伏诛后，忙兀带另一子章台统领其军，继续驻守塔里木盆地南缘地区。

南木忽里袭位后，其身份地位与出伯一样，统率镇戍诸军防守哈剌火州至吐蕃一线。哈沙尼记载成宗大德年间元朝与察合台汗国军队沿边对峙屯戍的态势时写道：

> 合罕的军队的前锋BHIRKA（?）在边界上，如同并联的手指一样相连地驻扎着。与之相对、相平行的也先不花的军队也有禹儿惕。首先，与占据其禹儿惕阔客·火亦（kukhui，按应源自蒙古语kukhoi，译言“青林”）的都哇之子也先不花和也不干相峙，属于合罕之军的不花元帅（BuqaWinsha）之子脱火赤（Tughaji）丞相，率十二土绵之军，有其禹儿惕和居地，其驻夏地是野孙沐涟之畔，而其驻冬地则在火孛（Futaq，应为qubaq之误）。紧接着他的是因征服了蛮子和南家诸国而（成为）伯颜大丞相的那可儿的钦察种的土土哈把阿秃儿之子床兀儿Dang（? 疑为Wang“王”之误），在其侧率五土绵军队驻于Qunqurtu-WalaiTaq。与之相对，彻彻秃（JJKTU）之子失烈（Shira）斡兀立及其那可儿忽秃忽把阿秃儿率本部人马相峙而驻。他们的下面是术伯（原文为chupan，疑

误，似应为 chupai）之诸子喃木忽里（LMGHULI，疑误，似应为 Namghuli）和伯颜塔失（Biyantash）以及 Qiyan（按，疑拼法误，似应为 Qaban，哈班）之子宽彻，率十二土绵之军，驻于从 Sikhu——正是如此——直至感木鲁（Qamal）和畏兀儿思单之境（Walayat）。与他们相对的是都哇之子也先不花的兄弟叶密里·火者（Imilkhwaja）率二土绵军队驻扎着。这些都是合罕军队的西部和南部侧翼的前锋和前线。[1]

可知出伯死后，其诸子南木忽里等统十二土绵（万户）之军驻于沙州（Sikhu）至哈密一带，与《史集》所记忽必烈至成宗时期出伯家族受重用的情形完全一样。此后《元史》有八处提到南忽里，全是有关赈济贫乏、赏赐给钞的记载，次数多，数量大，由此可以想见南忽里是以本兀鲁思首领身份受赐的。黑水城出土文书 M1·0267［F116：W561］《军用钱粮文书》也记有暖忽里（那木忽里）豳王事迹：

皇帝圣旨里，甘肃等处行中书省，据畏兀儿文字译该：行□/火者文字里说有：在先/暖忽里入川去呵，炒……炒，这……。今奉/入川去的时分/里根底依在先与来的体例……嗦有，怎生？行与亦火□/者。得此，照得延祐二年六月初一日据肃州路申：忽都伯……/暖忽里豳王入川炒米炒依/术伯豳王入川的例与者，申乞明降。得此，照得至元廿六年……/术伯大王入川炒米两石，炒……本处税粮并仓屯……/豳王入川炒米炒，照依……行札付肃州路亦只失……/本位下收管去讫。今……省府合下仰照验明……/就支/本位下收管，年终通行照算施行□/右札付亦集乃路

［1］《完者都史》，1969 年罕伯里校勘本，第 202－203 页。转引自刘迎胜《皇庆、至治年间元朝与察合台汗国和战始末》，载《元史论丛》第 5 辑，北京：中国社会科学出版社，1993 年，第 13－49 页。

总管府，准此/炒米炒/（朱色官印）（八思巴字年款）/刘思忠承。[1]

可见，亦集乃路也是出伯集团入川（河西走廊以西以北的戈壁地带）的前出基地，属于出伯系的势力范围。《经世大典》站赤门也多次提到南木忽里，记载他的领地在“西面川两接界地”，即与察合台汗国交界处的沙州、瓜州和曲尤（苦峪城）一带[2]。

《元史》卷108《诸王表》豳王位下载：“喃忽里，延祐七年袭封”。次年，即英宗至治元年（1321）四月丙午，又“给喃答失王府银印，秩正三品；宽彻、忽塔迷失王府铜印，秩从三品。”[3] 可知其时出伯家族已分为三支，故设三王府，喃答失袭位约在至治元年，其印与秩均高于本系其他诸王宽彻、忽塔迷失等一级，这种差别正反映了他本兀鲁思宗主的地位。史载至治年间，喃答失与亦都护高昌王帖睦儿补化“同领甘肃诸军”[4]，其河西方面最高军事统帅的身份也没有变化。有一点疑问，就是据《元史·仁宗本纪》等记载，皇庆二年（1313）以后，喃忽里始终以豳王见称，可知《诸王表》所记有误，也许延祐七年（1320）袭封豳王的是喃答失而误为喃忽里了。喃答失于泰定三年（1326）整修文殊山寺院，立碑发愿，并在碑中叙述了察合台以来本兀鲁思汗位的世系传承，从以上史实可以看出，这一自述是完全可信的。

《元史》卷24《仁宗本纪》皇庆元年十一月，“庚申，赐诸王宽彻、忽答迷失金百五十两、银一千五百两、钞三千锭、

---

[1]塔拉：《中国藏黑水城汉文文献》第2卷，北京：国家图书馆出版社，2008年，第369页。

[2]〔明〕姚广孝、解缙：《永乐大典》卷19420站赤五，北京：中华书局，1986年，第7228页。

[3]〔明〕宋濂：《元史》卷27《英宗纪一》，北京：中华书局，1976年，第611页。

[4]〔元〕虞集：《道园类稿》卷39《高昌王世勋碑》，元人文集珍本丛刊（六），台北：台湾新文丰出版公司，1985年，213页。

币帛有差”。英宗至治元年夏四月丙午，“给喃答失王府银印，秩正三品；宽彻、忽塔迷失王府铜印，秩从三品”[1]。忽答迷失即忽塔忒迷失，前已述及，他是《史集》缺载而《贵显世系》作了补充的出伯另外两个儿子之一，他与宽彻、喃答失一道出现说明他很早就成为出伯集团的代表人物之一。至治元年四月条的记载还说明出伯集团分为以喃答失为首的忽塔忒迷失、宽彻、喃答失三个分支，即三个王府。泰定二年闰正月，“戊寅，诸王忽塔梯迷失等来朝，赐金、银、钞、币有差。”[2]天顺二年，封忽塔忒迷失为西宁王[3]，文宗天历二年(1329)，西宁王忽塔忒迷失进封豳王[4]，以别支而袭位，耐人寻味。此后他突然从史籍中消失，更是异乎寻常。因为他是在天历天顺相争期间受封的，所以有可能因卷入两都之战而遭到株连。豳王王号也回到南木忽里家支。

《元史》卷34文宗纪至顺元年（1330）闰七月丙午，“诸王卜颜帖木儿请给鞍马，愿从诸军击云南，帝嘉其意，从之”。《元史》卷35文宗纪至顺二年（1331）八月丁巳条记：“命邠王不颜帖木儿围猎于抚州”。次年又“命甘肃行省为豳王不颜帖木儿建居第”[5]。可知邠王就是豳王，不颜帖木儿相当于表1中的Būyan－Tīmūr，是喃答失的兄弟。《元史》卷108《诸王表》邠王位下载：“卜颜帖木（花）〔儿〕，至顺二年封”。可知他因自告奋勇出征云南而得宠于文宗，于至顺二年袭位。豳王与邠王实是同一王号的异写，《诸王表》将豳王与邠王分列是错误的。此前泰定元年（1324)，“诸王伯颜帖木儿出镇阔连

〔1〕〔明〕宋濂:《元史》卷27《英宗纪》,北京:中华书局,1976年,第611页。

〔2〕〔明〕宋濂:《元史》卷29《泰定帝纪》,北京:中华书局,1976年,第654页。

〔3〕〔明〕宋濂:《元史》卷108《诸王表》,北京:中华书局,1976年,第2739页。

〔4〕〔明〕宋濂:《元史》卷33《文宗纪》载天历二年十二月“甲申,给豳王忽塔忒迷失王傅印”。

〔5〕〔明〕宋濂:《元史》卷36《文宗纪五》,北京:中华书局,1976年,第799页。

东部”[1]，想必亦即此人。杉山正明认为阔连即坤闾城（今新疆库尔勒），说明泰定帝时期吐鲁番一带尚在元朝治下的察合台家支手中。文宗时期镇守阔连的不颜帖木儿远征云南，实际上是执政的燕铁木儿集团为了绥靖支持明宗的察合台汗国，而放弃了吐鲁番一带。豳王不颜帖木儿在元末政治风云中相当活跃。至正二十四年，孛罗帖木儿、扩廓帖木儿各拥强兵于外，以权势相轧，权臣搠思监、朴不花党于扩廓帖木儿，诬孛罗帖木儿以非罪，削夺官爵，发兵讨之。“而宗王不颜帖木儿、秃坚帖木儿等皆称兵与孛罗帖木儿合，表言其无罪”。逆转了局势，迫使元廷改变态度，其诏文提到：“今宗王不颜帖木儿等，仰畏明威，远来控诉，以表其情，朕为恻然兴念，而搠思监、朴不花犹饰虚词，簧惑朕听。其以搠思监屏诸岭北，朴不花窜之甘肃，以快众愤。”[2] 此远来兴风作浪之宗王不颜帖木儿当即豳王不颜帖木儿，因不颜帖木儿曾与孛罗帖木儿之父答失八都鲁同征云南，有旧交，而搠思监屏诸岭北，朴不花远窜甘肃，“实执送与之”[3]，即分别执送盘踞大都以北的孛罗帖木儿和甘肃的不颜帖木儿。孛罗帖木儿复位后，专权跋扈，形势又一变，皇太子调遣岭北、甘肃、辽阳、陕西及扩廓帖木儿军进讨，即魏、辽、齐、吴、豫、豳诸王兵[4]，参与政争的以上五王，只有豳王有名不颜帖木儿者。

明洪武十三年（1380），河西守将濮英请督兵略地，开哈梅里（哈密）之路，以通商旅，得许便宜行事。是年五月，“都督濮英兵至白城，获故元平章忽都帖木儿。进至赤斤站之地，获故元豳王亦怜真及其部属一千四百人，金印一。”[5] 七

[1]〔明〕宋濂:《元史》卷29《泰定帝纪一》,北京:中华书局,1976年,第649页。

[2]〔明〕宋濂:《元史》卷205《奸臣传》,北京:中华书局,1976年,第4587页。

[3]〔明〕宋濂:《元史》卷207《逆臣传》,北京:中华书局,1976年,第4603页。

[4]〔明〕宋濂:《元史》卷141《察罕帖木儿传》,北京:中华书局,1976年,第3390页。

[5]《明太祖实录》卷131洪武十三年五月壬寅条,台北:台湾“中央研究院”历史语言研究所,1962年影印本,第2087页。

月甲辰，“都督濮英兵至苦峪，获故元省哥失里王、阿者失里王之母、妻及其家属，斩部下阿哈撒答等八十余人，遂还兵肃州。”[1] 白城在肃州东北120里，“北通和林、亦集乃路，当冲要”[2]，约今金塔县绿洲。《大元马政记》作“甘肃州察罕八剌哈孙”，顺帝至元二年（1336），“以甘肃行省白城子屯田之地赐诸王喃忽里”[3]。此后成为豳王领地。赤金站在今玉门市西北20里，苦峪在今玉门镇一带。阿者失里王相当于家支图中的Ajashirīn，为豳王不颜帖木儿之孙。亦怜真、桑哥失里（黑水城出土延祐四年汉文文书中多次提到桑哥失里大王，蒙古文文献中作sangasiri，应即此人），从其王号、活动地域及其连带关系上判断定他们可能也是出伯后裔。然而在《贵显世系》等系谱文献中没有对应记载，尚存在疑点。

经过洪武十三年的讨伐，豳王家族退往哈密。洪武二十四年（1391），明军再次由凉州出发，西出哈密之境，乘夜包围了哈密城。《明实录》载城破后，“斩豳王列儿怯帖木儿、国公省阿朵儿只等千四百人，获王子别列怯部属千七百三十人，金印一，银印一，马六百三十匹”[4]。同时，另有一种不同记载曰：“擒其伪王子别列怯、豳王桑里失哥、知院岳山等，杀其国公阿朵只，俘获虏众千三百人及金银印，悉送京师”[5]。

---

〔1〕《明太祖实录》卷132洪武十三年七月甲辰条，台北：台湾“中央研究院”历史语言研究所，1962年影印本，第2104页。

〔2〕《明太祖实录》卷247洪武二十九年九月庚申条，台北：台湾“中央研究院”历史语言研究所，1962年影印本，第3584页。

〔3〕〔明〕宋濂：《元史》卷39顺帝纪至元二年岁末条，北京：中华书局，1976年，第837页。

〔4〕《明太祖实录》卷211洪武二十四年八月乙亥，台北：台湾“中央研究院”历史语言研究所，1962年影印本，第3138页。

〔5〕〔明〕方孔炤：《全边略记》卷5《甘肃略》，上海：上海古籍出版社，2002年《续修四库全书》影印本，史部738册，第364页。

《明太宗实录》又作“虏其王子别列怯及伪国公省哈朵儿只”〔1〕。《明史》卷155《宋晟传》则作“擒其王子列儿怯帖木儿”，《明史》卷330《西域传》作“斩豳王别儿怯帖木儿”、“获王子别列怯部属千七百三十人”。各种记载颇不一致，对照《贵显世系》的记载，可以判定列儿怯帖木儿为别儿怯帖木儿之误，相当于家支图中的 Bilkā－tīmūr，为豳王南木忽里之孙、不颜帖木儿之子。黑水城汉文文书 TK204、TK208 中的必立杰帖木儿大王可能也是此人。依《明实录》的记载，他应该是出伯家族的最后一位豳王。王子别列怯，尽管有些记载将其与别列怯帖木儿并列，但二者是同一人的可能性很大。

关于别儿怯帖木儿大王，文献中还有其他记载。《至正条格》断例卷5《职制·泛滥给驿》顺帝至元三年六月初一日条载：“中书省奏：奉圣旨：‘除军情勾当外，其余不忙的，不拣甚么勾当里差的使臣，休教纳麟站里行，教兀鲁思里行者。又，西手里诸王驸马每，不拣甚么勾当里差的使臣铺马，教别里哥帖木儿大王提调着，分拣了教来者。又，各投下，除军情紧急重事，其余催办钱粮，不许悬带员〔圆〕牌，泛滥给驿。’说来。去年怯乩肃王位下，差也的迷失名字的人，悬带员〔圆〕牌，令旨内该写：‘争理营盘草地。’别里哥内却称：‘为军情事，赴枢密院计禀’，及不经由别里哥帖木儿大王差来的上头，也的迷失根底，要了招伏。又，违例泛滥差使来的王傅官唐兀根底，也要了招伏。教刑部拟呵：‘将唐兀决二十七下，标附，依旧勾当。也的迷失二十七下，标附的。’说有。‘依部家定拟来的，教行呵，怎生？’奏呵。奉圣旨：‘那般者’。”这里的别里哥帖木儿大王位居西道蒙古诸王之上，手握总兵之权，身负提调驿马之责，其身份地位类似于当年的出伯

〔1〕《明太宗实录》卷69永乐五年秋七月癸丑，台北：台湾“中央研究院”历史语言研究所，1962年影印本，第966页。

大王，即察合台兀鲁思宗主——大大王，与家支图中的 Bilkā－tīmūr 正相吻合。杉山正明认为明代史料中的别儿怯帖木儿就是黑水城文书中的必立杰帖木儿大王，于 1380 年继承豳王王位[1]。李治安先生则推测《至正条格》中至元三年出现的别里哥帖木儿大王与《明实录》洪武二十四年在位的豳王别儿怯帖木儿是同一人，其寿命至少在 80 岁左右，在至元三年（1337）和洪武二十四年先后两次充当豳王出伯支系的宗主、西部蒙古诸王首领及总兵者[2]，这是很重要的发现。

《明实录》洪武二十四年出现的桑里失哥应为桑哥失里之误，也就是洪武十三年从苦峪逃走的省哥失里王，同时不应有两位豳王，所以《全边略记》将桑哥失里称为豳王看起来似乎是错误的。但是，考虑到别儿怯帖木儿（别里哥帖木儿）80 岁以上的寿龄，以及至元三年后还有其他豳王存在，所以，称他为豳王可能是指前豳王，而非现任豳王，故又称王子。桑哥失里也有可能是最后一任豳王。

又，《元史》卷 42《顺帝纪》至正十二年（1352）的记事中提到过豳王嵬厘以杀获西蕃首贼功而受赐，黑水城出土《甘肃行省宁夏路支面酒肉米钞文书》（TK－248）有“嵬力豳王”[3]，此人与亦里黑赤家支中的 Būyan－qūlī 及 Tūm－qūlī 的读音部分吻合，应是其中的某一个，由于有材料证明 Būyan－qūlī 拥有威武西宁王王号，所以“嵬力豳王”应为 Tūm－qūlī。

综合以上，豳王王号传承如下：

出伯—南忽里—喃答失—忽塔忒迷失—不颜帖木儿—别儿怯帖木儿—嵬里（Tūm－qūlī）—亦怜真—桑哥失里（？）

[1]（日）杉山正明：《蒙古帝国与大元兀鲁思》，东京：京都大学学术出版会，2004 年，第 268 页。

[2]李治安：《元代甘肃行省新探》，《元史论丛》第 11 辑，天津：天津古籍出版社，2009 年，第 171－207 页。

[3]俄罗斯科学院东方研究所圣彼得堡分所等合编：《俄藏黑水城文献》第 4 册，上海：上海古籍出版社，1997 年，第 314 页。

二、不颜那木达失家支与西宁王号传承

- Buyālnātāsh-Sulamān—（不颜那木达失）（速来蛮）
  - Āsudāy（阿速台）— samadāy
  - Sultān - Shāh—（速丹沙）
    - Darmabāla
    - Ārkashīrīn（阿鲁哥失里）—Dūrjī
    - Ājūdāy
  - Yaghān - Shāh（牙罕沙）

不颜那木达失家支图

《史集》和《贵显世系》《胜利之书》都记出伯有子名那木达失或不颜那木达失（Būyālnātāsh），当即前引《完者都史》提到的与喃木忽里、宽彻一同驻守沙州至哈密一线的伯颜塔失（Būyāntāsh）。他在《元史》中完全没有得到反映，但他的儿子速来蛮却屡见于史。《元史》卷34《文宗纪》至顺元年（1330）三月甲戌，“封诸王速来蛮为西宁王”。《诸王表》西宁王位下载“速来蛮，天历三年封”。天历三年即至顺元年。上已述及，前任西宁王忽塔忒迷失于1329年进封豳王，所以由其侄子速来蛮（那木达失之子）袭封西宁王。此后西宁王号一直留在该支。据《皇庆寺碑记》，速来蛮死于至正十一年（1351）八月，其子牙罕沙袭西宁王位[1]，至正十三年十二月，“西宁王牙罕沙镇四川，还沙州”[2]。点明了其投下所在。佐口透曾据敦煌莫高窟至正八年造像记对速来蛮家族作过研究，但没有论及速来蛮的出身[3]。杉山正明将《贵显世系》中那木达失家支系图与《重修皇庆寺记》《敦煌莫高窟至正八年

---

〔1〕张维：《陇右金石录》卷5，《历代石刻史料汇编》13，北京：北京图书馆出版社，2000年，第1061页。

〔2〕〔明〕宋濂：《元史》卷43《顺帝纪六》，北京：中华书局，1976年，第912页。

〔3〕（日）佐口透：《河西的蒙古封建王侯》，《和田博士还历纪念东洋史论丛》，1951年，第255－272页。

造像记》中所见人名作了对比研究，结果对音相符的有西宁王速来蛮（Sūlamān）、西宁王牙罕沙（Yaghān - shāh）、王子速丹沙（Sultān - shāh），阿速歹（Āsūtay）、孛罗大王（Darmabāla），从而证实了《贵显世系》的可靠性[1]。更重要的是他解决了速来蛮的出身问题，把他同出伯联系起来，其意义是重大的[2]。牙罕沙之后，其兄速丹沙也曾袭西宁王号[3]，此事《诸王表》也失载。还有一点值得注意，《明史》卷330《西域二·沙州卫传》载，“洪武二十四年，蒙古王子阿鲁哥失里遣国公抹台阿巴赤、司徒苦儿兰等来朝，贡马及璞玉”。阿鲁哥失里无疑就是系图中的速丹沙之子 Ārkashīrīn，与元代的西宁王家一脉相承。又，洪武本《华夷译语》鞑靼来文有《撒蛮答失里等书》[4]，是明初沙州等地的蒙古首领撒蛮答失里等给明朝的文书，文书的内容是明朝统治天下之后，居住在沙州的蒙古部落头目派使者朝见明太祖，朱元璋命令他们在原来的属地居住，并要求其部落头目入觐。来文中“在沙州与指挥古出克一同观看洪福大明主人圣旨”的蒙古头目撒蛮答失里，与《贵显世系》中拥有西宁王号的不颜那木达失家支的速来蛮之孙 samadāy（撒蛮答）应为同一人。此人与明初来降的沙州蒙古王子阿鲁哥失里是堂兄弟，同属西宁王家支。“指挥古出克”，当为《贵显世系》中出伯之子脱黑塔家支的 qarā - kujuk。联系洪武十三年濮英西讨还师后沙州复为蒙古部人所据，以及洪武

[1]（日）杉山正明：《豳王出伯及其系谱——元明史料与〈贵显世系〉之比较》，《史林》65 卷 1 号，1982 年，第 1 - 40 页。

[2]近年来，对敦煌文书《回鹘文西宁王速来蛮赞》的研究，也展示了速来蛮家族的佛教信仰及其与敦煌的关系。参见阿不都热西提·亚库甫：《北京大学图书馆藏回鹘文〈西宁王速来蛮赞〉新探》，朱玉麒主编《西域文史》第六辑，科学出版社 2011 年，第 61 - 77 页。

[3]H · Franke, A 14th Century Mongolian Letter Fragment, Asia Major, 11 - 2, 1965, pp. 120 - 127。

[4]〔明〕火源洁：《华夷译语》，《丛书集成续编》第 20 册，上海书店 1994 年，第 969 页。

二十四年明军攻破哈密后沙州蒙古来降的事实，可知沙州始终为出伯家族西宁王一支的领地，属于出伯兀鲁思的一部分。豳王家族在哈密覆灭后，阿鲁哥失里支系归顺明朝，转化为明代的沙州卫[1]。

综合以上，西宁王号传承如下：

忽塔忒迷失—速来蛮—牙罕沙—速丹沙

三、亦里黑赤家支与威武西宁王号传承

Īliqjī（亦里黑赤）—Buyān－qulī（不颜嵬里）—Tūm－qulī（图木嵬里）—

- Kunāshīrīn（忽纳失里）
- —□—□—□
- Āakā－Tīmūr—□（安克帖木儿）

亦里黑赤家支图

《元史》卷38《顺帝纪》元统二年（1334）五月乙丑条载："诏威武西宁王阿哈伯之子亦里黑赤袭其父封"。据《贵显世系》等谱系，出伯之子的确有名亦里黑赤（Īlīqjī）者，而威武西宁王又是出伯的第一个王号，所以阿哈伯就是出伯，阿哈伯当是阿哈出伯脱一"出"字，意谓大兄出伯。杉山正明也提到了这种可能性。此外，《元史》卷29《泰定帝纪》一载泰定元年（1324年）六月乙卯朔，"诸王宽彻、亦里吉赤来朝"。此亦里吉赤当为亦里黑赤之误，他与合班之子宽彻一起出现也说明了这一点。

从家支图中可知亦里黑赤之子名不颜嵬里（Buyān－qulī），而日本有邻馆收藏的中国文物藏品中，有一件蒙古文手稿（No. 4，"redseries"）残片第4行中有这样一行内容，罗马字母译写为"buyānqulī uei vu sining ong un"，汉文译作"威武西宁王不颜嵬厘"[2]，与《贵显世系》的记载可以互相补充。近

[1]（日）杉山正明：《两个察合台家族》，（日）小野百合子编《明清时代的政治和社会》，京都大学人文科学研究所，1983年，第651－706页。

[2]H·Franke，A 14th Century Mongolian Letter Fragment，Asia Major，11－2，1965，pp. 120－127。

年来，在安西榆林窟第 12 窟南壁回鹘文题记中也发现了 buyānqulīong（不颜嵬厘王）这样的题记[1]。可证亦里黑赤之子不颜嵬里继承了威武西宁王号。此事《元史》失载。

《明史》卷 329《西域一·哈密卫传》载："元末以威武王纳忽里居之，寻改为肃王，卒。弟安克帖木儿嗣。"纳忽里为兀纳失里之误。《明史》卷 330《西域二·哈梅里传》云："元诸王兀纳失里居之。"《元史·诸王表》威武西宁王下只记出伯一人，以上记载可补《诸王表》之缺漏。

综合以上，威武西宁王号传承如下：

出伯—亦里黑赤—不颜嵬里—忽纳失里

四、合班家支与肃王王号传承

对合班家支的记载还存在出入，主要是《胜利之书》与《贵显世系》的系谱存在差异。据赤坂恒明的研究，《贵显世系》关于忽塔忒迷失家支怯乩（köpek）三兄弟以下的系谱，因混淆了世系连线与框线而造成误植，正确的标示应如《胜利之书》所载，将忽必来（qubīlāy）之子怯乩三兄弟归于出伯之兄合班之子也先不花之名下（如下图所示）[2]。

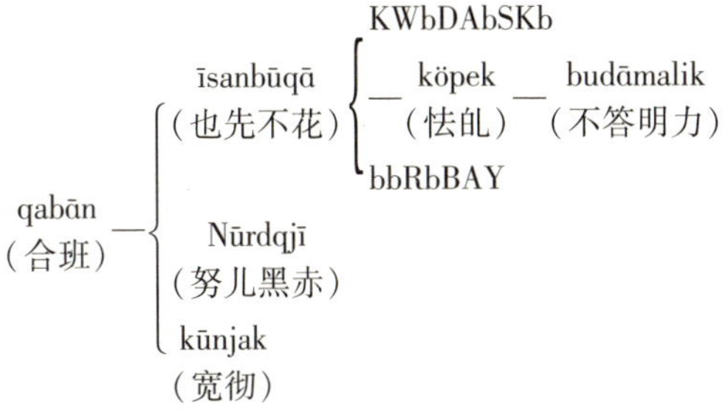

合班家支图

[1]（日）松井太:《东西チヤガタイ系诸王家とヴイグル人チベット仏教徒——敦煌新发见モンゴル语文书の再検讨から》,《内陆アジア史研究》第 23 号,2008 年,第 25－48 页。

[2]（日）赤坂恒明:《拜答儿裔系谱情报和哈剌浩特汉文文书》,《西南亚细亚研究》,No. 66,2007,第 43－66 页。

波斯文史料《贵显世系》载合班有子三人，分别是努儿黑赤（Nūrdqjī）、也先不花（Īsan－Būqā）、宽彻（Kūnjak）。《元史》卷22《武宗纪》至大元年春正月，“豳王出伯进玉六百一十五斤，赐金千五百两，钞万锭，从人四万锭；宽彻、也先孛可等金二千三百两，银一万七千两，钞三万九千一百锭”。这里宽彻、也先孛可同出伯一起出现，因此有理由认为他们就是《贵显世系》所说的合班之子，而应与同时期的察合台汗国都哇汗之子宽彻、也先不花兄弟相区别。特别是此宽彻曾多次同忽塔忒迷失、喃答失、亦里黑赤等出伯子孙一道出现，更证实了他是出伯家族的成员。前引哈沙尼的记载则明确说宽彻是合班之子。《宗室世系表》将他列为术赤之孙是错误的。英宗至治元年，“给喃答失王府银印，秩正三品；宽彻、忽塔忒迷失铜印，秩从三品”。可知宽彻此时已拥有领地，与喃答失王府、忽塔忒迷失王府以及后来的亦里黑赤王府所分别代表的游牧军事集团共同构成以河西西部为游牧领地的出伯兀鲁思集团，并奉豳王喃答失家支为本兀鲁思宗主首领。文宗天历二年（1329）八月，诸王宽彻受封肃王[1]。

肃王宽彻的领地所在《元史》没有讲。但他的镇戍地是在哈密。哈沙尼的《完者都史》写道：“在感木鲁，合班之子率一支大军屯驻着，（为）对抗他，机敏的Siqan和万户阿合马相峙而居”。而在另一处，哈沙尼又说明“术伯之诸子喃木忽里和伯颜塔失以及合班之子宽彻，率十二土绵之军，驻于从Sikhu——正是如此——直至感木鲁（Qamal）和畏兀儿思单之境”[2]。Sikhu似为沙州，感木鲁即哈密，可知宽彻的驻地在哈密。《永乐大典》卷19421站赤六皇庆元年十月条载中书省奏：“臣等曾议于脱火赤八秃儿、宽彻之地，择廉慎人充脱脱禾孙，合赐物力津遣。今拟选拜住怯薛内扎撒孙唐兀解充迤北脱火赤

〔1〕〔明〕宋濂：《元史》卷108《诸王表》，《元史》卷33《文宗纪》，北京：中华书局，1976年，第739、2743页。

〔2〕转引自刘迎胜：《皇庆、至治年间元朝与察合台汗国和战始末》，《元史论丛》第5辑，北京：中国社会科学出版社，1993年，第13－49页。

脱脱禾孙，武备寺阿八赤充宽彻脱脱禾孙，副之者各一人。”从下文十一月条说，“今诸王宽彻暨司徒阔阔出、太傅铁哥塔失、铁木儿知院等，会议川地东西两界所置驿站，预宜斟酌给钱买与马驼……至于阙役蒙古站户，从行省，与诸王南忽里、宽彻委官追收，以复初役”。以及延祐元年闰三月六日“宽彻言塔失城立站”，转运察合台汗国哈儿班答所遣使臣过川的记事可知，“宽彻之地”在与察合台汗国交界处的川地（沙漠）旁塔失城一带。《经世大典》中统三年的记事云：“中书省奏：近以西夏之西近川黄兀儿于量站、塔失八里站、揽出去站，此三处阙铺马”[1]。塔失八里就是塔失城，突厥语石城之意。《经世大典》附图将塔失八里标在阿模里（哈密）之东北，当即今哈密东北的沁城乡石城子。宋《王延德行记》记载了北宋从夏州通往高昌的道路，其伊州（哈密）东面一站就称“小石州”，当即回鹘语“塔失八里”的意译，可见此地早就是交通要道。明初其地为瓦剌所据，在把思阔（巴里坤）与哈密之间。联系明初西北蒙古诸王的分布，宽彻的领地无疑在哈密一带。

黑水城出土汉文文书 TK204 和 TK248 中有“怯乩肃王”[2]，赤坂恒明认为即合班家支中的也先不花之子 köpek。又，大英博物馆藏斯坦因第三次中亚探险所获黑水城汉文文书 N.519. –KK.I.0232(t)所记有“不荅明力肃王”，赤坂恒明认为即怯乩（köpek）之子不荅明力（budāmalik）[3]。这是很重要的发现，且与《胜利之书·选史》记载的世系相吻合，从肃王王号与合班家支的关系看，《胜利之书·选史》记载的世系无疑更值得信任。

《贵显世系》对合班一支的记载止于不答明力，此后似乎

---

〔1〕〔明〕姚广孝、解缙等：《永乐大典》卷 19417 站赤二，北京：中华书局，1986 年，第 7196 页。

〔2〕以前误作“帖乩”，今改正。

〔3〕（日）赤坂恒明：《拜答儿裔系谱情报和哈剌浩特汉文文书》，《西南亚细亚研究》，No. 66，2007，第 43 – 66 页。

是绝嗣了，所以由出伯之子亦里黑赤一支袭封。《明史》卷329《西域传一》哈密卫条载：“元末以威武王纳忽里居之，寻改为肃王，卒。弟安克帖木儿嗣。”《明史》卷330《西域传二》哈梅里条云：“元诸王兀纳失里居之。”《明史》作者将哈密、哈梅里当作两地而分别立传，是众所周知的疏忽，所以纳忽里当为忽纳里之误，亦即兀纳失里或忽纳失里、阿纳失里。《贵显世系》记载兀纳失里（Kunāshīrīn）、安克帖木儿（Āakā - Tīmūr）都是亦里黑赤的后裔。这样，威武王当是威武西宁王的省称。该支始终保有威武西宁王的王号，其领地约在沙州一带，兀纳失里时继承了本兀鲁思的肃王王号，移住哈密，与宽彻系合并。明初豳王家族退往哈密，依附于兀纳失里，无疑也是基于这种亲缘关系。明永乐初年设立的哈密卫就是由出伯兀鲁思的威武西宁王、肃王二支转化而来。

综合以上，肃王王号的传承如下：

宽彻—怯皑—不答明力—忽纳失里—安克帖木儿

五、脱黑塔家支与宁肃王王号传承

《史集》和《贵显世系》所载出伯诸子见于汉文记载的还有脱黑塔（Tūqtāy）。黑水城出土文书F116：W552记有大德四年诸王出伯所部经由亦集乃路入川征进的准备活动，其中一段说：

术伯大王位下复回说称
术伯大王军马经由本路入川征进准备炒米
等事本路□系小麦一色又兼数少委
是不敷申禀早为于甘州等□
术伯大王位下使臣也帖立秃思不花等赴
晋王位下传奉
脱忽帖木儿大王
脱忽答大王令旨经由本路入川征进准备炒
米面□
敬此
……

文中可见脱忽帖木儿大王、脱忽答大王都是隶属于出伯大王的，其中脱忽帖木儿即《贵显世系》中出伯之弟脱忽帖木儿(Tūq－tīmūr)；脱忽答即出伯之子Tūqtāy，读音完全吻合。《元史·诸王表》宁肃王条下有“脱脱，至大元年封”。至大二年十一月“甲申，赐宁肃王脱脱金印”[1]。赤坂恒明认为，此宁肃王脱脱就是《史集》等记载的出伯之子Tūqtāy。这是出伯系统在出伯之后获封王号的第二人。

脱黑塔（脱脱）之后的第二任宁肃王是阿黑不花。黑水城出土文书M1·0426［F26：W101］《至大四年七月阿黑不花宁肃王分例文卷》和M1·0428［F249：W23］《延祐三年八月仁字二十号阿黑不花宁肃王分例文卷》等显示，从武宗至大四年到文宗延祐四年期间，亦集乃路存在阿黑不花宁肃王其人。从《史集》《贵显世系》等记载的出伯家族系谱看，此阿黑不花就是出伯之子阿黑不花（aq－būqā）。《元史·武宗纪》载至大元年八月，“赐诸王脱欢金三百两、银二千五百两、钞二千锭，阿里不花金百两、银千两、钞千锭”。这里的阿里不花，赤坂恒明等学者认为或为阿黑不花之误[2]。

第三任、第四任宁肃王是亦思干答儿和撒昔。英国探险家斯坦因所获黑水城汉文文书N.518.—KK.I.0231中提及“撒昔宁肃王”[3]：

〇迷失答海答〇/……等三人前赴/撒昔宁肃王位下/开读/圣旨本路住至十五……

《元史·顺帝纪》至元元年十月条载，“以宗王亦思干儿弟撒昔袭其兄封”。从上列《贵显世系》出伯之子脱黑塔家支系

[1]［明］宋濂：《元史》卷23《武宗纪》，北京：中华书局，1976年，第519页。

[2]（日）赤坂恒明：《拜答儿裔系谱情报和哈剌浩特汉文文书》，《西南亚细亚研究》，No.66，2007，第43－66页。张笑峰：《黑水城文书中的宁肃王》，《图书馆理论与实践》2014年第7期，第94－97页。李逸友《黑城出土文书》中将几件“阿黑不花宁肃王”文书中的“阿黑不花”均误录为“阿里不花”，可能是受到《武宗纪》这条材料的影响。

[3]Henri Maspero. Les Documents Chinois de la troisième expédition de Sir Aurel Stein en Asie Centrale. London，Trustees of the British Museum，1953：211。

谱看，脱黑塔之子有名 iskandar 者，当即此亦思干儿（亦思干答儿），可知亦思干答儿与撒昔相继为宁肃王，两者是兄弟关系，这一点在各系谱中没有得到反映。

第五任宁肃王是亦怜真失监。黑水城文书 TK204 中的“亦令只失加大王”，TK248 中的“亦令只失加普宁肃王”[1]，M1·1033 中的“亦令只失加普大王”[2]，“（亦）怜只实监宁肃王”等，据赤坂恒明等的研究，都是《贵显世系》脱黑塔家支所显示的脱黑塔之孙 īrinjiškab，他在位活动的时间约在顺帝至元年间到至正二十年之前。

综合以上，脱黑塔家族拥有宁肃王王号，分布在亦集乃路。脱黑塔家支系图如下：

tūqtāy（脱黑塔）—
- tūqajī—īrinjiškab（亦怜真失监）—qarā-kujuk（合剌－古出克）
- —iskandar（亦思干答儿）—bāy kīldī—qūšay
- 撒昔

脱黑塔家支图

宁肃王王号传承如下：

脱黑塔（脱脱）—阿黑不花—亦思干答儿—撒昔—亦怜真失监

六、柳城王系统

俄藏黑水城文书 TK204 提到一些军事长官的名字，其中有“亦令只巴柳城王”。黑水城文书 TK248 又有“令真巴柳城王”。其正确写法应是“亦怜真班”或“亦怜真巴”。《元史·诸王表》柳城王项下：“亦怜真八，天历三年封”。《元史·明宗纪》天历二年五月，“封亦怜真八为柳城郡王”[3]。大概是天历二年初封郡王，次年进封王位。《顺帝纪》至正十二年闰

〔1〕史金波、魏同贤、克恰诺夫：《俄藏黑水城文献（四）》，上海：上海古籍出版社，1998 年，第 208 页，313—314 页。

〔2〕塔拉：《中国藏黑水城汉文文献》第 6 卷，北京：国家图书馆出版社，2008 年，第 1295 页。

〔3〕〔明〕宋濂：《元史》卷 31，北京：中华书局，1976 年，第 699 页。

三月，“命诸王亦怜真班、爱因班，参知政事也先帖木儿与陕西行省平章政事月鲁帖木儿讨南阳、襄阳贼”[1]。上述亦令只巴、令真巴、亦怜真八、诸王亦怜真班当是同一人，即柳城王亦怜真八。明洪武十三年四月，“都督濮英练兵西凉，袭虏故元柳城王等二十二人，民一千三百余人，并获马二千余匹，遣使以所获符印来上。”[2] 从上述柳城王出现的地点判断，应属河西蒙古诸王。据《贵显世系》，出伯之弟脱黑（忽）帖木儿之孙有名 īrinjinbal 者，与此柳城王亦怜真巴名字读音相同，赤坂恒明认为是同一人。他认为此柳城即《西域番国志》中的“鲁陈”（今新疆吐鲁番鲁克沁），这是出伯系最西端的王号所在地。这样，连同上面探讨过的豳王、西宁王、威武西宁王、肃王、宁肃王，出伯家族共拥有6个王号。

第三节　河西西部的其他察合台系诸王

除了出伯家族外，元代河西西部还有其他察合台系诸王，但《元史》记载不详，学界研究甚少。杉山正明在《两个察合台家族》中作过相关考察，值得重视。

一、不里系阿合马之子八八

《元史》卷14《世祖纪》至元二十四年九月，“给诸王八八所部穷乏者钞万一千锭”。至元二十五年五月“丙申，赐诸王八八金百两、银万两、金素段五百、纱罗绢布等四千五百”。同年十二月“丙子，也速不花以昔列门叛。甘肃行省官约诸王八八、拜答罕、驸马昌吉，合兵讨之，皆自缚请罪。”[3] 至元二十六年六月，“移八八部曲饥者就食甘州。”[4] 关于此活动

[1]〔明〕宋濂:《元史》卷42,北京:中华书局,1976,898 页。

[2]《明太祖实录》卷131 洪武十三年四月甲申,台北:台湾“中央研究院”历史语言研究所,1962 年影印本,第2078 页。

[3]〔明〕宋濂:《元史》卷15《世祖纪十二》,北京:中华书局,1976 年,第317 – 318 页。

[4]〔明〕宋濂:《元史》卷15《世祖纪十二》,北京:中华书局,1976 年,第323 页。

于河西的“诸王八八”，屠寄和佐口透据《元史》卷107《宗室世系表》，将其比定为阔列坚家族条下的八八[1]。杉山正明不同意这一说法，他认为《宗室世系表》的错误很多，不值得信赖。经过与《史集》和《贵显世系》的比较，他认为《宗室世系表》阔列坚条下混有察合台之孙不里的第四子阿合马后裔的系谱。先看《宗室世系表》阔列坚部分：

阔列坚	河间王忽察	忽鲁歹大王	也不干大王	八八大王	允秃思帖木儿王
					合宾帖木儿王
			八八剌大王	安定王脱欢	安定王朵儿只班
			也灭干大王	伯答罕王	

杉山正明认为，这个阔列坚世系表是有问题的，该表可分为A、B、C三个部分：

表A

阔列坚	河间王忽察	忽鲁歹大王	也不干大王
			八八剌大王
			也灭干大王

表B

八八大王	允秃思帖木儿王
	合宾帖木儿王

表C

安定王脱欢	安定王朵儿只班
伯答罕王	

杉山正明认为，表A部分与《史集》《贵显世系》中的有

〔1〕〔清〕屠寄：《蒙兀儿史记》卷148《宗室世系表》，北京：中国书店，1984年，第928页。（日）佐口透：《河西的蒙古封建王侯》，《和田博士还历纪念东洋史论丛》，1951年，第255－272页。

关部分大致相同，因而作为阔列坚家族的系谱是没有问题的。而表 B 部分则明显与《史集》和《贵显世系》所列不里之子阿合马家谱（系谱 2）雷同。试将表 B 与下面的阿合马世系加以比较：

- Ahmad
  - Bābā
    - Hābīl – Tīmūr
    - —Qābīl – Tīmūr
    - Yūldūz – Tīmūr
  - Sātī

《贵显世系》和《史集》阿合马世系谱

表 B 中的八八大王就是阿合马系谱中的 Bābā。同样地，允秃思帖木儿王就是 Yūldūz – Tīmūr。另一个合宾帖木儿王，从音韵上说，Hābīl – Tīmūr、Qābīl – Tīmūr 都有可能。也就是说，阿合马之子八八的家谱，由于某种原因，在《元史·宗室世系表》中被纳入阔列坚系谱之中。《元史》卷 108《诸王表》无国邑名者条下载：“八八大王，延祐四年诏以世祖所赐印赐其子合宾帖木儿王”。可知在忽必烈时期，八八就已被授予王号爵印，仁宗时期又由其子 Hābīl – Tīmūr 或 Qābīl – Tīmūr 承袭。英宗至治元年五月庚寅，又“赈诸王哈宾铁木儿部”[1]。

那么，察合台该支系是如何到河西的呢？不里参加过长子西征，到过匈牙利，据柏朗嘉宾和鲁布鲁克的说法，他的分地在中亚塔拉斯河流域，因他主要活动在西方，所以《元史》中没有他的记载。据《史集》记载，八剌远征呼罗珊失败后，欲惩罚背叛诸王，曾遣军往执已赴别失八里的阿合马，杀之。《史集·察合台汗纪》称被杀者为察合台庶长子莫赤·耶别之子阿合马。然而《史集·阿八哈汗纪》中明确说是不里之子阿合马，《瓦萨夫史》还特意将不里系的阿合马记作 Ahmad – Būrī。对下诏编撰此书的旭烈兀家族来说，《阿八哈纪》相当于本纪，可信度自然更高。也就是说，八八的父亲阿合马，是察合台家族内乱的牺牲品，八八心怀杀父之恨，自然要疏远八剌

〔1〕〔明〕宋濂：《元史》卷 27《英宗纪一》，北京：中华书局，1976 年，第 612 页。

派，寄身于靠近父亲任地的元朝方面。《元史》卷7《世祖纪》至元九年秋七月“戊寅，赐诸王八八部银钞”。当时同名八八的宗王还有一位出身合撒儿系却属于察合台集团的，由于他后来作为海都派聚集在中亚细亚，所以这里的八八很可能是阿合马之子八八。若此，他大概是1271年八剌死后不久来到元朝的[1]。但是，《元史》卷133《旦只儿传》载：“（至元）二十年，诸王八巴叛，以兵来攻，旦只儿独破其五百余众，拔亡卒二千余人以出，进副万户”。《元史》卷166《刘恩传》载：“海都又遣八把率众三万来侵，恩以众寡不敌，成师而还”。这个1283年随海都来犯的八巴或八把应是分地在天山南麓西道诸王，杉山正明将他比定为合撒儿系的诸王八八，如果我们同意佐口透的观点，将其看作至元二十四年至二十六年元朝方面的八八，那么他是在1283年以后才归顺元廷的。实际上，元朝皇帝常以大汗的身份赏赐西道诸王，包括海都、都哇等诸汗国宗主，所以不能因至元九年曾赐诸王八八银钞就认定他已归属于元朝。除非至元二十年来犯的八巴确如杉山正明所说是成吉思汗之弟拙赤·合撒儿的孙子只儿乞带之子八巴。但据《史集》记载，合撒儿分地在蒙古高原的额儿古纳河和海拉尔河一带，他的一个分支曾应察合台的请求到了察合台汗国，在八剌与伊利汗阿八哈作战失败后，包括只儿乞带及其子孙在内的该支系归顺了伊利汗国，并无追随海都之事。所以《元史》出现之八八、八巴、八把均为一人，即察合台系阿合马之子，他约于1283—1287年之间降元。现将八八家族的系谱梳理如下：

察合台—木秃坚—不里—阿合马—八八—合宾帖木儿{哈必勒帖木儿
允秃思帖木儿

二、莫赤·耶别之孙拜答寒

《元史·诸王表》无国邑名条下载，“拜答寒大王，至元

〔1〕(日)杉山正明:《两个察合台家族》,(日)小野百合子编《明清时代的政治和社会》,东京:京都大学人文科学研究所,1983年,第651－706页。

七年赐印，仍赐海青金符。”[1] 此拜答寒在《元史·世祖本纪》多次出现，至元七年八月，“诸王拜答寒部曲告饥，命有车马者徙居黄忽儿玉良之地，计口给粮，无车马者就食肃、沙、甘州”[2]。至元二十五年十二月“丙子，也速不花以昔列门叛。甘肃行省官约诸王八八、拜答罕、驸马昌吉，合兵讨之，皆自缚请罪”[3]。至元二十七年春正月，“章吉寇甘木里，诸王术伯、拜答寒、亦怜真击走之”[4]。二月，“庚辰，伯答罕民户饥，给六十日粮”[5]。可知世祖时期有诸王拜答寒活动在河西到哈密一带。又，《民国昌乐县续志》卷17金石志《赵敦武先茔记》中，也可看到至元二十年左右，瓜州存在“大王伯答罕”这样的人物。此拜答寒，《元史·宗室世系表》将其列为阔列坚后裔，但《史集》和《贵显世系》所记阔列坚系谱中并无他的名字。杉山正明说《史集》察合台汗纪所列出的察合台庶长子莫赤·耶别的第三子迭克失诸子中有 Baīdaghān 之名[6]，《贵显世系》所记帖木儿朝以前所有蒙古王族中，拜答寒之名只有这一处。所以，1270—1290年在河西方面活动的拜答寒或伯答罕，很有可能属于莫赤·耶别后裔。

《宗室世系表》阔列坚条下，拜答寒兄弟一栏，列有安定王脱欢，由于《史集》和《贵显世系》没有相应记载，所以也是有疑问的。而且，《史集》所载莫赤·耶别后裔拜答寒的长子就叫脱欢 Tūghān。《宗室世系表》又记脱欢之子名朵儿只班，此名虽不见于《史集》，但《元史·诸王表》安定王条下有：“朵儿只班。脱欢，皇庆二年封”。与《宗室世系表》一致，只是次序倒误。《元史·仁宗纪》皇庆二年九月戊申，“封脱欢为

---

[1]〔明〕宋濂：《元史》卷108《诸王表》，北京：中华书局，1976年，第2748页。

[2]〔明〕宋濂：《元史》卷7《世祖纪》，北京：中华书局，1976年，第130页。

[3]〔明〕宋濂：《元史》卷15《世祖纪》，北京：中华书局，1976年，第317－318页。

[4]〔明〕宋濂：《元史》卷16《世祖纪》，北京：中华书局，1976年，第333页。

[5]〔明〕宋濂：《元史》卷16《世祖纪》，北京：中华书局，1976年，第334页。

[6]《史集》第2卷，俄译本作塔不都合儿；波义耳英译本《成吉思汗的继承者》中译本作塔不都忽儿 Tabudughar。

安定王，赐金印”。泰定二年二月辛卯，“赐安定王朵儿只班部军粮三月”[1]。后又“置王傅官四人，铸印给之”[2]。俄藏黑城文书 TK—248 还提到北元宣光年间的“朵立只巴安定王”，当即朵儿只班。这样，在时间上就可以考虑以《明史》和《明实录》中出现的安定王卜烟帖木儿直承朵儿只班。所以元代的安定王家无疑是明代安定卫的前身。明安定卫驻牧的撒里畏兀儿之地，与拜答寒、脱欢活动的地域也是一致的。明代记载屡称曲先安定王与哈密忠顺王同祖，“是一父母所生的”[3]，天顺年间忠顺王卜列革死后绝嗣，而安定王阿儿察有兄弟七人，在哈密卫众的请求下，明廷还特意派使臣前往安定卫选取王子一人掌管哈密卫事。由此可见安定王系也属察合台后裔。《宗室世系表》将拜答寒、脱欢列入阔列坚家族是错误的。前面杉山正明将阔列坚世系分为 A、B、C 三个部分，认为 A 部分是阔列坚家谱，B 部分是不里系阿合马之子八八家谱，C 部分则应是莫赤·耶别之孙拜答寒家谱[4]。只是脱欢与朵儿只班究竟是兄弟关系，还是父子关系，尚无法取舍。

前引《元史·世祖纪》至元七年八月己巳条载：“诸王拜答寒告部曲饥，命有车马者徙居黄忽儿玉良之地，计口给粮，无车马者，就食肃、沙、甘州”。即将拜答寒部曲分为可以维持游牧生活的和不可以维持游牧生活的，将后者收容于河西。关于前者移牧的黄忽儿玉良，元代史籍又写作晃火儿月连、黄兀儿于量，杉山正明将其考订为《西域同文志》Yar 路之一地名 Qongur - olung[5]，即中华民国五年编《百万分之一中国舆图》中的“乌鲁布拉克台”图中所见之“霍努尔乌连河”。该

〔1〕〔明〕宋濂：《元史》卷 29《泰定帝纪一》，北京：中华书局，1976 年，第 655 页。

〔2〕〔明〕宋濂：《元史》卷 36 文宗至顺三年三月，北京：中华书局 1976 年，第 802 页。

〔3〕〔明〕姚夔：《姚文敏公遗稿》卷 10《为夷情事》，济南：齐鲁书社，1997 年，《四库存目丛书》影印本，集部第 34 册，第 591 页。

〔4〕（日）杉山正明：《两个察合台家族》，（日）小野百合子编《明清时代的政治和社会》，东京：京都大学人文科学研究所，1983 年，第 651 - 706 页。

〔5〕淡棕色苔之意。又，旭列兀家族的孙丹尼牙也曾这样称呼。

河流经塔儿巴哈台山脉东麓，注入准噶尔沙漠中的达布逊淖儿。该河谷一带清代为北土尔扈特旗的牧地。但从“黄忽儿玉良”的意思来看，耶律铸《双溪醉隐集》所见的“黄草泊”很可能是它的意译，《中国历史地图集第七册·元明》将黄草泊标在艾比湖。因为史料缺乏，很难在两说之间作出抉择。两地南北均有两百多公里长，都是准噶尔西边的好牧地。由两地经艾比湖西侧的博尔塔拉草原，过赛里木湖东南，越达里吉山口，就是察合台家族的根据地伊犁河谷〔1〕。杉山正明的这一观点有些疑问，即忽必烈时期元朝的西境是否到达了准噶尔，还有待研究。

如此看来，在八剌丧失权力的那一年，1270年，拜答寒已经与元朝接洽，进入元朝治下的牧地。从年代、地域看，前引记事所说的“部曲饥”的理由，实际上也许是拜答寒脱离八剌、归附元朝的换用语。在此前仅14天，七月乙卯，“赐诸王拜答寒印及海青、金符二”〔2〕。也支持这一推测。总之，似乎是察合台后裔的拜答寒或伯答罕，在察合台家族内乱的初期，作为元朝方面的人物，活动于从黄忽儿玉良到河西一带是确实的。据《元典章》，至元十六年临洮府脱脱禾孙上言：“至元十四年、十五年，二次伯答罕、土里作乱，人事不能作活”〔3〕。《元史》卷165《綦公直传》则云：“时伯延伯答罕、秃忽鲁叛于西夏，命公直率军讨平之”〔4〕。此指发生在六盘山、武川一带的南平王秃鲁之乱，伯答罕似曾卷入叛乱，则其居地曾与秃鲁相近，约在宁夏一带，靠近哈密。现将拜答寒家族系谱整理如下：

察合台—莫赤·耶别—帖克失—拜答寒—安定王脱欢—安定

〔1〕(日)杉山正明:《两个察合台家族》,(日)小野百合子编《明清时代的政治和社会》,东京:京都大学人文科学研究所,1983年,第651－706页。

〔2〕〔明〕宋濂:《元史》卷7《世祖纪》,北京:中华书局,1976年,第130页。

〔3〕〔明〕姚广孝、解缙等:《永乐大典》卷19417站赤二,北京:中华书局,1986年,第7200页;卷19424站赤九,第7265页。

〔4〕〔明〕宋濂:《元史》卷165《綦公直传》,北京:中华书局,1976年,第2592页。

王朵儿只班……安定王卜烟帖木儿

三、不里系阿合马的支系秃剌·斡兀儿

《元史》卷117《秃剌传》载，在武宗海山即位前后，诸王秃剌立有大功，以此受封为忽必烈系亲王以外绝少封授的一字王号的越王。本传称秃剌是“察合台四世孙”，《宗室世系表》也将其列在四世孙的位置。虽然《史集》和《贵显世系》在察合台家族系谱中没有出现秃剌的名字，但《瓦萨夫史》却详细记载了海山即位始末，其中提到的 Turā – Ughūl 就是秃剌，他是“不里之孙（实际是子）阿合马（Ahmadfar）之孙（实际是子）撒的（Shādī）之子”。Ahmadfar 就是前述的阿合马，Shādī 就是前引阿合马系谱中的八八之弟 Sātī。如果秃剌是 Sātī ~Shādī 之子不误的话，他就不是察合台的四世孙而是五世孙。同辈的八八之子合宾帖木儿在秃剌被杀8年后受封，因而在辈分上也无不合之处，视为事实大体不会有什么问题。秃剌之子阿剌忒纳失里在两都之战中与燕铁木儿联手，成为大都派的中坚而著名于史。就是说，越王秃剌和自天历内乱以降的文宗、顺帝时代的元末政治史中显示了巨大作用的诸王（应为越王）阿剌忒纳失里确实是察合台的后裔。其家族归附于元朝的情形概与八八相同。至大三年（1314）二月，“宁王阔阔出谋为不轨，越王秃剌子阿剌纳失里许助力，事觉，阔阔出下狱，赐其妻完者死，窜阿剌纳失里及其祖母、母、妻于伯铁木儿所。”[1]泰定元年（1324）七月“庚子，诸王伯颜帖木儿出镇阔连东部，阿剌忒纳失里出镇沙州，各赐钞三千锭”。伯铁木儿就是伯颜帖木儿，即后来的豳王不颜帖木儿，“阔连”可能是坤闾城（今库尔勒），耶律铸《双溪醉隐集》的“阔里”，似乎元朝治下的察合台兀鲁思当时还领有吐鲁番周边地区。阿剌忒纳失里窜于伯铁木儿所，就是被发遣到豳王分地沙州，由本兀鲁思宗主监管，故后又云出镇沙州。这种安排也说明他是察合台系宗王，其住地在河西西部一带。天历二年十一月丙子，“诸

〔1〕〔明〕宋濂:《元史》卷23《武宗纪二》,北京:中华书局,1976年,第523页。

王阿剌忒纳失里翊戴有劳，以其父越王秃剌印与之”[1]。至顺二年四月，“中书省臣言：‘越王秃剌在武宗时以绍兴路为食邑，岁割赐本路租赋钞四万锭。今其子阿剌忒纳失里袭王号，宜岁给其半。’从之。”[2] 可知此阿剌忒纳失里承袭其父秃剌越王之号，与封为豫王的奥鲁赤之后阿剌忒纳失里判为两人。阿剌忒纳失里与豳王不颜帖木儿共同翊戴文宗，以功获重用，亦可见出二人之特殊关系。为便于参考，兹据各书将秃剌家族的系谱整理如下：

察合台—木秃坚—不里—阿合马—撒的—越王秃剌—越王阿剌忒纳失里

四、不里之子阿只吉

阿只吉在中西史籍都有记载，是较著名的人物。由于其父不里是被蒙哥和拔都杀死的，怀此仇恨，他和兄弟阿必失哈在内争中倒向了忽必烈，并受到重用。他曾在抵御海都、都哇的战争中总别失八里方面军事，因在至元二十二年的一次战斗中失律而被解除统军之权。《史集·察合台传》说成宗铁穆耳时期他在元朝所有宗王中最受尊敬，掌握大权，威望很高。关于他的儿子《史集》等波斯文史书和《宗室世系表》的说法完全不合，前者的说法似更可信。阿只吉因分地在删丹而与河西发生联系，《史集·忽必烈合罕纪》也记载阿只吉驻于唐兀惕地区的甘州省。但从《元史》看，他和他的子孙主要驻在河东太原路的投下领地。此外，礼店文州军民元帅府的按竺迩家族与他有主从关系，《元史》卷132《步鲁合答传》就称诸王阿只吉命步鲁合答代领其祖按竺迩之军。《元史·地理志·西北地附录》别失八里条下载诸王只必帖木儿管下二十四城内有原属察合台二城，阿只吉要求归还，得到同意，二城重新成为其分地，这两城据考乃泾州、邠州[3]。

---

〔1〕〔明〕宋濂：《元史》卷33《文宗纪二》，北京：中华书局，1976年，第745页。

〔2〕〔明〕宋濂：《元史》卷35《文宗纪四》，北京：中华书局，1976年，第782页。

〔3〕（日）松田孝一：《察合台家族千户的陕西南部驻屯军团》（上），《国际研究论丛》第5卷2号，1992年，第67－85页。

第四节　出伯家族在元朝的地位

《重修文殊寺碑》列出的出伯家族传承是察合台—拜答儿—阿鲁忽—出伯—喃忽里—喃答失，并称“以上诸王皆坐叉合歹金位”，喃答失太子本人也“现登叉合歹金轮宝位”，将出伯家族完全等同于察合台汗国汗统。这就提出了下述问题，即究竟有几个察合台汗国？谁是察合台汗国的正统？出伯家族在元朝统治集团中具有什么样的地位？获得了什么权力？这方面只有日本学者杉山正明作过研究，需要在此基础上重新加以探讨。

自蒙古大兀鲁思建立以来，大汗有权决定察合台汗国的汗位继承人。因此，当蒙古汗位虚悬或发生争夺时，都会对察合台汗国的稳定造成冲击。汗位从窝阔台系转移到拖雷系、忽必烈与阿里不哥的汗位之争、海都对忽必烈汗位合法性的质疑乃至举兵称乱，在察合台系宗王中造成了流血和分裂。特别是蒙哥汗死后，同时以大汗自居的忽必烈、阿里不哥、海都，都曾从各自身边的察合台系宗王中，择定人选，使赴国就任，造成察合台汗国的混乱。反过来，这些被选中的察合台汗为了自身的利益，也依违于争位者之间，去就不定，更使形势错综复杂，但总体趋势是离心力越来越大。察合台汗国自八剌死后，继位的聂古伯、不合帖木儿、都哇诸汗，都是凭借窝阔台汗国海都汗的支持登上汗位的，在他们心目中海都就是蒙古大汗。所以他们在位期间，亲附海都，合兵内侵，给元朝造成很大的压力。在这样的背景下，与海都交恶的阿鲁浑诸子出伯、合班等投奔忽必烈，无疑是大受欢迎的。合班、出伯投奔忽必烈的最主要原因可能一是因为汗位转入八剌—都哇系，他们希望在大汗的帮助下打败海都支持下的都哇，夺回察合台汗国汗位；二是因为海都夺取了察合台汗国的天山南北地区，而将察合台系诸王压缩在河中地区，阿鲁浑诸子很有可能因此而失去了其故领。既然元朝方面视海都扶立的聂古伯、都哇诸汗为叛王，那么行使大汗权威，另立忠于大汗的察合台系宗王为汗就成为必然之举。拥有一定实力的出伯当然是最佳人选。虽然没有官方的记载证明元朝曾立出伯为察合台汗，但是上述大批察合台系宗王及其部民涌入元朝暗示着察合台汗国确曾发生过分裂，如何安置这些来归的察合台系宗王而不引起牧地纠纷甚至更大的混乱，并利用这些力量来对抗海都与都哇的内侵，恢复大汗在中亚的权威，也是棘手的问题。最好的方法莫过于将归顺的察合台系宗王集中配置，并从他们之中选立新汗，形成新的兀鲁思，以维系元朝与察合台汗国的宗藩关系，而宣布都哇派为叛王。《重修文殊寺碑》正反映了这一历史事实。碑文称出伯、喃忽里、喃答失“皆坐叉合台金轮宝位”，不仅仅是出伯系诸王的理念，更是出自元朝政府的操作。此碑既然堂而皇之地立于大元肃州路管辖之下的文殊山寺院，肯定是得到元廷或行省认可的。

前述拉施特、哈沙尼等史家著作和《元史》的记载表明，以出伯家族为首的察合台系诸王的镇戍地在别失八里、哈剌火州和吐蕃之间，当时设在塔里木盆地南北的曲先塔林都元帅府、北庭都元帅府均归出伯节制，游击于斡端、可失哈儿一带的探马赤军兀浑察部也隶属于出伯。察合台孙阿只吉也曾总别失八里军事。元廷之所以将出伯及其大军布置于此，可能是因为这一带原属察合台汗国领地。按照成吉思汗最初的分封蓝图，从畏兀儿之边直到乌浒河外不花剌、撒麻耳干的草原地带属于察合台的分地。蒙古灭西夏后，察合台系势力范围似向东延伸到了河西西部。《元史》卷60《地理志》载：元太祖二十二年，破沙州，“以隶八都大王”。这里的八都大王，我们认为不一定是术赤之子拔都，很可能是察合台之子拜答儿。因为从河西置驿通往察合台汗国的情况看，整个河西西部都应是察合台领地。明代察合台吐鲁番政权就将哈密、沙州一带看作拜答儿子孙住坐之地。山丹州“元初为阿只吉大王分地。至元六年，行山丹城事，删讹为山。二十二年，升为州，隶甘肃行省”。阿只吉为察合台之孙，其分地既有可能是大汗直接授予的，也有可能得自其家族即察合台兀鲁思内的再分封。元明善《清河集·雍古按竺迩》载："夏国平。戊子（1228），皇兄（察合台）命公镇删丹，怀徕新附，置驿张掖、酒泉，通道西域"〔1〕。按蒙古国习俗，诸王自立自管境内站赤，即《黑鞑事略》所说"置蘸之法，则听诸酋头项自定差使之久近"。《蒙古秘史》也载：

斡歌歹皇帝说，我成吉思艰难创立国家，如今教百姓每安宁快活，休教他辛苦，遂将合行之事，与察阿歹处商议：……使臣往来，没百姓处经过，事也迟了。百姓也生受。如今可教各千户每出人马，立定站赤……察阿歹听了这话，都道是，只依着这般行。再说，站赤一节，我自这里立起，迎着你立的站，教巴秃自那里立起，接着我立的站。说将来了。斡歌歹皇帝于是将这事，又宣布于诸王驸马等知道。其诸王驸马等皆道便当，好生是……〔2〕

《史集》与《秘史》所记大体相同，同时补充了拖雷兀鲁思也依例设站的情节，还详列察合台、拔都、唆儿忽黑塔尼别吉派出的置站臣属的名字〔3〕。从这一点看，察合台命部将按竺迩在删丹、酒泉、敦煌置驿，怀徕新附，正说明他将此地看作自己的分地而加以管理。置驿的目的之一是"通西域"，即通往其在中亚的领地，将二地连成一片。中统初年，忽必烈与阿里不哥相持，按竺迩又秉承阿只吉大王旨意，率军参加了在河西删丹的战斗，其行为也可以说是包含着维护其领主权益的意图吧。中统初，忽必烈在漠南设十路宣抚司，其范围西止于关中京兆。中统二年，设西夏中兴等处行中书省，管辖西部地区，据《元史·董文用传》，当时行省事务颇受封地在西凉的

〔1〕〔明〕姚广孝、解缙等：《永乐大典》卷10889，北京：中华书局，1986年，第4507页。

〔2〕《元朝秘史》卷15，济南：齐鲁书社出版社，2005年，第203页。

〔3〕（波斯）拉施特主编，余大钧、周建奇译：《史集》第2卷，北京：商务印书馆，1986年，第61页。

永昌王只必帖木儿的阻挠，说明行省权力尚未在河西走廊达到畅通无阻的地步，河西仍为诸王列地[1]。据《元史·世祖本纪》，直至至元六年，河西沙州、肃州尚未行钞法。据《元史·地理志》，河西诸路总管府的设置（包括删丹城的升州隶省）多在至元以后，即忽必烈的削藩措施实施之后。至元二十三年，随着西北战事吃紧，始立甘肃行中书省于甘州，以供镇戍诸王及轮戍诸军军储，行省的号令才畅通于河西西部。

察合台汗国宗王的涌入似乎中断了河西西部行省化的进程。由于以出伯为首的察合台系宗王集团长期驻牧镇守上述地区，不可避免地产生了镇戍地向分地演化的趋势，这是蒙古旧俗在元代政治军事领域内顽强起作用的表现。有两个因素强化了出伯镇守之地转变为本兀鲁思领地的可能性：首先，根据成吉思汗分封的蓝图，上述地区属于察合台兀鲁思，不管忽必烈如何附会汉法，处心积虑地加强中央集权，也无法从根本上消除黄金家族共有天下的政治原则，在蒙古游牧民的观念里，上述地区始终是察合台兀鲁思的一部分。元朝治下的察合台系宗王，几乎都在这一带活动，就说明了这一问题。其次，是出于以彼制彼、同族相攻的战略考虑。察合台系宗王既已分裂为亲附海都和归顺大汗这样两部分，双方自然要争察合台汗国正统的地位，在大德八年（1304）蒙古诸汗国约和之前，元朝视察合台诸汗聂古伯、都哇为叛王，则其心目中察合台汗位的继承人当另有其人，从各种迹象看，非出伯莫属，喃答失的自况就很说明问题。因此，元朝就有必要甚至必须让出伯等察合台后王拥有投下领地，形成共同的兀鲁思，至少在形式上要符合其察合台汗国宗主的形象和身份。一旦要这样做，镇戍之地转化为分地就是最自然、最方便的方式，何况上述地区本来就是察合台汗国的财产。

《元史》卷21《成宗本纪四》大德八年十二月辛丑条云：

---

[1]〔元〕苏天爵编：《元文类》卷65元明善《平章政事廉文正王神道碑》，台北：台湾商务印书馆，1986年文渊阁《四库全书》影印本，集部1367册，第853页。

“封诸王出伯为威武西宁王，赐金印”。接着，大德十一年又进封为豳王[1]。这意味着出伯已经拥有王位下。作为说明，《元史》卷22《武宗本纪一》大德十一年秋七月条载：

诸王出伯言：“瓜州、沙州屯田逋户渐成丁者，乞拘隶所部。”中书省臣言：“瓜州虽诸王分地，其民役于驿传，出伯言宜勿从。”[2]

这条关于察合台系诸王与中央争夺民户的记载，清楚地反映了瓜、沙一带已成为出伯的分地。而据《元史·地理志》，早在至元二十八年，瓜州便“徙居民于肃州，但名存而已”。《元史》卷17《世祖本纪十四》至元二十九年九月癸酉条也有“沙州、瓜州民徙甘州，诏于甘肃两界画地使耕”的记载。这两次徙民的原因，《元史》没有讲，除了摘军屯田需要耕地外，恐怕最主要的原因是拟将瓜州赐予诸王做分地，所以才将系官民户内徙行省辖区。“但名存而已”意谓已撤销其行政建置，再不受行省管辖。大德七年六月己丑记事云：

御史台臣言：“瓜、沙二州，自昔为边镇重地，今大军屯驻甘州，使官民反居边外，非宜。乞以蒙古军万人分镇险隘，立屯田以供军实，为便。”从之[3]。

可知在政府心目中，瓜、沙一带属边外之地。沙州虽然始终是甘肃行省所辖七路之一，但从上述情况看，恐怕也是有名无实，至多是相当于诸王投下路州性质。

关于瓜、沙一带民户归属的问题，还有一条材料可以说明情况。《经世大典》站赤门延祐元年七月十八日条载：

中书省奏：前者以西边川地军人当站消乏，奏准令甘肃行省买马驼应副支遣，仍追复蒙古站户当役。今本省回咨，钦遵上命，追究原当站瓮吉剌准行哈等户，仍令复役。及与曲尤、沙州、瓜州上户内佥补一

[1]〔明〕宋濂：《元史》卷108《诸王表》，北京：中华书局，1976年，第2741页。
[2]〔明〕宋濂：《元史》卷22《武宗纪》，北京：中华书局，1976年，第483页。
[3]〔明〕宋濂：《元史》卷21《成宗纪》，北京：中华书局，1976年，，第452页。

百户，以充察巴站役。既而诸王纳忽里执把圣旨，云属本位下种田户，有司不得侵犯，于所佥站户内，指择位下户计者取去。咨请照详。臣等谓元降圣旨，止以百姓数目属之，岂可不令当站。合依元佥民户，仍复其役。奉圣旨准。[1]

据此可知，出伯系诸王除了从中亚带来的部民外，还从元朝皇帝处受赐百姓数目，分布在曲尤（今玉门市玉门镇）、瓜州、沙州一带。从行文看，这些百姓属诸王位下户计是没有疑问的，甘肃行省、中书省也是承认的，争议只是在于诸王民户有无义务承担国家站役。

泰定三年，喃答失立碑于肃州西南之文殊山，是否意味着该地已成为其领地呢？回答也是可能的。因为不仅上引元代史料揭示了出伯、喃忽里等与瓜州、沙州、曲尤、哈密等地的密切关系，明代的记事也可说明其领属关系。前述洪武十三年五月明军西讨，"都督濮英兵至白城，获故元平章忽都帖木儿。进至赤斤站之地，获故元豳王亦怜真及其部属一千四百人，金印一"[2]。同年七月，"都督濮英兵至苦峪，获故元省哥失里王、阿者失里王母、妻及其家属，斩部下阿哈撒答等八十余人，遂还兵肃州"[3]。这次作战的对象为元豳王所部，前面我们已述及。这里仅就出现的地名作一交代。白城当即所说的"甘肃州察罕八剌哈孙"，在肃州东北 120 里，"北通和林、亦集乃，路当冲要"[4]。地在今金塔县绿洲。顺帝至元二年，曾"以甘肃行省白城子屯田之地赐宗王喃忽里"[5]。此时喃忽里已死多年，赐地系指豳王位下而言，可知白城于顺帝时成为豳

[1]〔明〕姚广孝、解缙等:《永乐大典》卷 19421 站赤六，北京：中华书局，1986 年，第 7232 页。

[2]《明太祖实录》卷 131，洪武十三年五月壬寅条。台北：台湾"中央研究院"历史语言研究所，1962 年，第 2087 页。

[3]《明太祖实录》卷 131，洪武十三年五月壬寅条。台北：台湾"中央研究院"历史语言研究所，1962 年，第 2104 页。

[4]《明太祖实录》卷 247，洪武二十九年九月庚申条，第 3584 页。

[5]〔明〕宋濂:《元史》卷 39《顺帝纪二》，北京：中华书局，1976 年，第 837 页。

王分地。直至明宣德九年，沙州卫掌卫事都督佥事困即来还因不堪吐鲁番侵侮，上书明廷，要求迁回“察罕旧城居住”〔1〕。赤斤站当即明代的赤斤卫所在地，在今玉门市西北的赤金一带。苦峪即达儿兔（与瓜州城之苦峪即上达儿兔东西相对），在今玉门市赤金西之玉门镇。两军的作战态势充分说明肃州以西确乎是豳王分地。直至明弘治年间，吐鲁番速檀阿黑麻冒认残元之裔，致书沙州头目追溯这段历史时还说：

在前我祖宗拜答儿主人的子孙在哈密往（住）来，你沙州、瓜州大小人民皆属管束，进贡好物，和气住坐。此地原是我祖宗住的地方，如今我得了，缘何不照前例进贡?”〔2〕

正因为肃州以西在元代因成为诸王分地而出现蒙古化、部落化、游牧化的趋势，所以明代的行政建置止于肃州，在嘉峪关外设羁縻诸卫，因俗而治，即以归顺的故元蒙古诸王游牧部落为单位设立卫所，进行管辖。与元代情形一脉相承。从明初陈诚出使西域起，明人有关瓜沙一带人文、地名的记述都反映出嘉峪关外游牧化、部落化的现实。

本来，忽必烈即位以后，对前朝诸王领地一贯奉行削弱政策，忽必烈朝分封的诸王大都是皇子皇孙或拖雷系，目的是以亲制疏，将汗位保持在本系。新崛起的异系诸王只有河西走廊的出伯家族，不但进行了分封，而且王号众多，独当一面，可见元朝确曾一度想扶持出伯系作为察合台汗国的正统。但经过多年的战乱消耗后，元朝政府逐渐放弃了恢复在中亚的政治统治的打算，于是形成了东西两个察合台汗国并存的格局，只是元朝统治下的察合台汗国一向没有被人注意罢了。最后，我们引用明初的《纳门驸马书》来证实一下这个东部察合台兀鲁思的存在：

〔1〕《明宣宗实录》卷110宣德九年四月壬申，台北：台湾“中央研究院”历史语言研究所，1962年影印本，第2473页。

〔2〕〔明〕许进：《平番始末》，《续修四库全书》影印本（第433册），上海：上海古籍出版社，2002年，第261页。

上大明皇帝行纳门驸马、昂客秃剌勇士奏事，俺的根源兀鲁思主人成吉思合罕的圣旨里，主人察阿歹合罕行随分出达达百姓行整治着，祖宗里俺的委付着管教着有来，那时以来天护助着，平常但在前道理依着委付着，有今恩赐呵大国的基址，这些上相接的时分，使臣传言语的道理依着行教着，商贾路道教开通，古纳失里王行合迷里从行的大兀鲁孙基址行寻着整治的皇帝的圣旨知者，奏事俺的龙年冬的头目的八初行，合剌迭列有的时分写了。[1]

龙年即洪武二十一年，合剌迭列当为合剌迭别之误，即《西陲土地人物略》所记钵和寺城与腊竺城之间的哈剌帖乩，在今哈密西五堡。古纳失里即兀纳失里，为出伯之子亦里黑赤的后裔。书中可见在当时吐鲁番、哈密一带蒙古人的观念中，占据哈密的兀纳失里王是大兀鲁思的整治者，该兀鲁思即成吉思汗分给察合台让其整治的那个兀鲁思。元末明初时其范围东抵肃州，西近吐鲁番。明洪熙元年，“命哈密忠义王差来……兀鲁思舍人速来蛮为正千户”[2]。可见杉山正明将出伯集团称作“出伯兀鲁思”是很有道理的。明时以哈密卫领袖关外诸卫也是有历史根源的。只是出伯兀鲁思性质不同于中亚的察合台汗国，领地部民不仅要对国家承担包括站役、军役在内的各种封建义务，而且元政府还在其领地内立屯储万户府、征西元帅府、沙州总管府等军政建置，摘军屯田，镇守要隘，进行控制。不过，随着时代的推移，这种控制似乎越来越弱。

[1]〔明〕火源洁：《华夷译语》，《丛书集成续编》第20册，上海书店1994年，第970页。译文参见乌云高娃：《明四夷馆鞑靼馆〈华夷译语〉鞑靼“来文”研究》，北京：中国社会科学出版社，2014年，第125–127页。

[2]《明宣宗实录》卷5洪熙元年闰七月乙巳，台北：台湾“中央研究院”历史语言研究所，1962年影印本，第137页。

第六章 蒙古弘吉剌部赤窟驸马系诸王

《元史》卷60《地理志三》载：

> 西宁州……元初为章吉驸马分地。至元二十三年，立西宁州等处拘榷课程所。二十四年，封章吉为宁濮郡王，以镇其地。[1]

章吉，又作昌吉、掌吉、长吉等，系出与黄金氏族世代通婚联姻的蒙古弘吉剌部。章吉驸马一系被分封于湟水流域，终元之世，世袭罔替。但是，关于该系统较完整的介绍仅此一处，也是语焉不详，其他零星记载散见各书，爬梳不易，故史学界对该系统的研究很不够，现有的研究也存在不少问题，需要作些辨析。

第一节 分封于湟水流域的弘吉剌部宁濮郡王

20世纪60年代青海省编写的《青海历史纪要》称，公元1227年成吉思汗灭夏攻金占领河湟地区后，章吉驸马即受命镇守西宁，1258年蒙哥汗征蜀时，章吉驸马扼守西宁州[2]。1986年出版的《青海省情》观点略同。可见这种观点在当地是很流行的。对此，青海民院教授芈一之持有不同意见。他指出章吉兄弟主要活动在元世祖、成宗至仁宗几代，活动在太祖、太宗时期的则是其祖先按陈驸马及其三子赤窟、斡陈、纳陈等，1227年时忽必烈才十三岁，章吉尚未出世，怎么可能有镇

〔1〕〔明〕宋濂：《元史》卷60《地理志三》，北京：中华书局，1976年，第1452页。

〔2〕青海省志编纂委员会：《青海历史纪要》，西宁：青海人民出版社，1987年，第681页。

守西宁之事？他认为1227年按陈及其子赤窟曾率所部从成吉思汗平西夏来到陇右河西等地，但当年秋大汗逝世，大军北返，会葬于客鲁涟之侧起辇谷，不曾留驻。尔后，1239年秋，驻守凉州的阔端派达尔罕多达波和杰门率兵进军乌斯藏，1241年撤返。在此次经过青海的军事活动中，曾抽调赤窟属下一千户从征，赤窟之孙怀都和爱不哥一支可能于此役后留驻湟水中下游地区而未东返，故爱不哥之子章吉和脱脱木儿于元世祖及其以后时间驻守在这里〔1〕。

应该说，芈一之的意见是有一定道理的。章吉驸马自1227年即镇守西宁的说法明显是站不住脚的。成吉思汗时期对夏、金的攻伐以掠获为主，基本上是得地不守，即使在人力物力充裕且战略意义重要的金朝统治下的汉地，也只是扶持利用汉人地主武装割据而已，从不拘泥一城一地，以保持蒙古军队的机动性。史载元太祖二十二年（1227）三月，蒙古兵破洮、河、西宁三州后，还师中兴府，六月，西夏主李岘降，七月，成吉思汗崩于萨里川哈老徒行宫。蒙古军在焚掠中兴后，奉灵车归葬漠北。此后，金朝恢复了其在陇右的统治，隔断了漠北与河湟地区的联系。所以说当时即以西宁为弘吉剌部的分地是不可能的，何况有史料明确记载说蒙古军平西夏后，曾“徙西宁民于云京”〔2〕。这也是蒙古当时不曾派兵镇守的一个旁证。

从各种迹象看，弘吉剌部分封于湟水流域的时间当在1229年窝阔台即位后封次子阔端于唐兀惕之地至丙申年（1236）分封之间。《圣武亲征录》载：

> 戊寅（1218年），封木华黎为国王，总率王孤部万骑、火朱勒部千骑、兀鲁部四千骑、忙兀部将木哥汉札千骑、弘吉剌部安赤那颜三千骑、亦乞剌部孛徒驸马二千骑、札剌儿部及带孙等二千骑同北京诸部乌

〔1〕芈一之：《散论章吉驸马及其它——治史杂谈》，《青海社会科学》1990年第4期，第140－144页。

〔2〕〔明〕宋濂：《元史》卷134《刘容传》，北京：中华书局，1976年，第3259页。

叶儿元帅、秃花元帅所将汉兵及北剌儿所将契丹兵南伐。[1]

此后，按陈（安赤）那颜部随木华黎转战西夏、山东、河北之间。《元史》卷118《特薛禅传》载：

子曰按陈，从太祖征伐，凡三十二战，平西夏，断潼关道，取回纥寻斯干城，皆与有功。岁丁亥（1227年），赐号国舅按陈那颜。壬辰（1232年），赐银印，封河西王，以统其国族。[2]

可见弘吉剌部按陈驸马曾于1232年左右镇守西夏故地。也正是在此前后，窝阔台将拖雷系所辖的逊都思、雪你惕三千户拨赐次子阔端，遣其驻牧西凉，全权负责川陕甘宁青藏一带的攻略征伐。1235年蒙古两路攻宋，在这次行动中，西路军由皇子阔端、都元帅达海绀卜等统率，首先招降了割据巩昌二十四城的故金将领汪世显，随后由此南下四川，西出藏区。此后阔端领有整个西夏故地。按蒙古出征惯例，1235年攻宋之役中驻守西夏的按陈理应遣千户从阔端出征。《元史》在征蜀诸军中没有提到赤窟所部并不等于赤窟没有参加这次战役，因为有一条材料前人没有注意，《圣武亲征录》在记载征蜀之役时，曾简略地说："丙申，大庆和林城宫。冬十一月，赤曲、阙端等克西川"[3]。这里"阙端"无疑为"阔端"之误，"赤曲"当即赤窟驸马，《圣武亲征录》另一处又作"赤渠驸马"，译音无定字耳。从身份地位看，目前所能搜集到的蒙古宗室驸马诸将名录中，丙申年（1236）能与皇子阔端并列为征蜀统帅的这个"赤曲"，比定为赤窟驸马最为合适。所以，赤窟所部前往湟水流域可能就在这次征伐之后。也就是说，弘吉剌部赤窟驸马系分封于湟水流域是与窝阔台汗次子阔端分封于河西同时发生

[1]《圣武亲征录》，[明]陶宗仪等编：《说郛三种》卷55，上海：上海古籍出版社，1988年，第849页。

[2][明]宋濂：《元史》卷118《特薛禅传》，北京：中华书局，1976年，第2915页。

[3]《圣武亲征录》，[明]陶宗仪等编：《说郛三种》卷55，上海：上海古籍出版社，1988年，第851页。

的，很可能是作为阔端系的附庸势力配置的。有些藏文史料就记载说湟水流域的蒙古军受凉州王子阔端支配。

《史集》第1卷第1分册部族志载：

在成吉思汗时，有一个被称为阿勒出那颜的受尊敬的异密，名为迭儿客（dārkeh）驸马。他有个名为申窟（š（i）nkkú）驸马的儿子。成吉思汗从弘吉剌惕其他部落中拨出四千壮士赐给他；并把自己的女儿、拖雷汗之姊秃马伦嫁给他，派他到秃马惕地区去，直到现今，他们的后裔都住在那里。[1]

《史集》第1卷第2分册则云：

阿勒赤那颜的儿子弘吉剌惕部人失窟驸马千户。失窟娶成吉思汗的女儿秃马仑哈敦〔为妻〕。成吉思汗从弘吉剌惕部拨出这四个千户赐给他，派〔他〕到吐蕃地区去。他们〔迄今〕还全部在那里……由于这支军队自古以来就是他的产业，故由他亲自指派千夫长。[2]

查《元史》卷109《诸公主表》，郓国公主位下有秃满伦公主适赤窟驸马。可证申窟、失窟即《元史》的赤窟，阿勒出、阿勒赤即《元史》的按陈驸马，不同语言之间译写有出入。这两条材料说的是同一件事，因汉文史料缺载，故显得十分重要，但这两条材料又存在一些问题，需要澄清。

首先，赤窟所镇之地不是秃马惕而是吐蕃。秃马惕之地在蒙古高原以北叶尼塞河上游一带，秃马惕属“林木中百姓”之一支。1207年，成吉思汗派长子术赤征伐斡亦剌、秃马惕等“林木中百姓”，斡亦剌部首领忽都合别乞在“林木百姓”中首先归服，并作向导，立下功绩。成吉思汗将其女及术赤女嫁给忽都合别乞的两个儿子，结成姻亲。1217年，成吉思汗再次征

〔1〕(波斯)拉施特主编，余大钧、周建奇译：《史集》第1卷第1分册，北京：商务印书馆，1983年，第265页。

〔2〕(波斯)拉施特主编，余大钧、周建奇译：《史集》第1卷第2分册，北京：商务印书馆，1983年，第373页。

服秃马惕后，将该部那颜的妃子赐给斡亦剌部首领忽都合别乞。自此，斡亦剌势力进入秃马惕故地，即《史集》所说的谦河之八河口（今叶尼塞河上游），忽都合别乞成为秃马惕地区事实上的主人[1]。所以，曾经领有秃马惕之地的应为斡亦剌部而非弘吉剌部，史籍也未见弘吉剌部在此活动的记载，相反，弘吉剌部在吐蕃地区的活动却屡见于史。斡亦剌部与弘吉剌部、汪古部均为世代与黄金氏族通婚的姻亲之族，情形颇为相近，这可能是造成《史集》部族志有所混淆的原因。拉施特说他们迄今还全部在那里，可见赤窟部自出镇后并无移封之事，湟水流域的弘吉剌部是始封于此而不是从遥远的叶尼塞河移封来的。所以《史集》第1卷第2分册关于成吉思汗军队简述部分驸马赤窟镇守于吐蕃地区的记载应当是正确的可靠的。

其次，将赤窟派往吐蕃地区的不是成吉思汗而是窝阔台汗。其理由除了前面已经说过的外，还有一点就是阔端攻蜀期间，太宗丙申年（1236）又一次大封诸王功臣，其内容以分封汉地五户丝食邑为主，赤窟家族也在受封之列。《元史》卷2《太宗本纪》载是年七月：

> 中原诸州民户分赐诸王、贵戚、斡鲁朵：……皇子阔端、驸马赤苦、公主阿剌海、公主果真、国王查剌温、茶合带、锻真、蒙古寒札、按赤那颜、圻那颜、火斜、术思，并于东平府户内拨赐有差。[2]

至少说明此时赤窟尚健在，并与按陈、圻等弘吉剌部那颜同时受封。《元史》卷95《食货志三》记载更为具体，“郓国公主位：五户丝，丙申年分拨濮州三万户。”这次分封除了汉地五户丝食邑外，还可能实封了一批诸王贵戚，赤窟系获得湟水流域作分地，可能也在此前后。《元史·特薛禅传》记其子孙甚详，特别是对本藩万户的传承交代得很清楚，但对赤窟却

[1]杜荣坤、白翠琴：《厄鲁特族源初探》，收入《西蒙古史研究》，乌鲁木齐：新疆人民出版社，1986年。白翠琴：《斡亦剌贵族与成吉思汗系联姻考述》，《民族研究》1984年第1期，第46－59页。

[2][明]宋濂：《元史》卷2《太宗纪》，北京：中华书局，1976年，第35页。

只字未提，是否因其从本藩分离之故。按陈死后，其次子斡陈（赤窟之弟）于戊戌岁（1238）授万户，可见赤窟脱离本藩在此之前。芈一之先生说1239—1241年阔端派军入藏，曾抽调赤窟属下一千户从征，赤窟之孙怀都和爱不哥一支可能于此役后留驻青海，不知何据。

第二节　宁濮郡王系统的传承和封号

赤窟系在河湟流域的活动，史籍有明确记载的始于章吉驸马。《元史》卷8《世祖纪》至元十二年三月，“仍敕安西王忙兀剌、诸王只必帖木儿、驸马长吉，分遣所部蒙古军从西平王奥鲁赤征吐蕃。”[1] 忽必烈第六子奥鲁赤于至元六年受封为西平王，以皇子身份出镇吐蕃等地，诸王忙兀剌、只必帖木儿和驸马昌吉等均因分地毗邻吐蕃地区而有义务遣兵从征。由此也可看出昌吉系分封于西宁只能早于西平王奥鲁赤出镇吐蕃。

实际上在此之前，昌吉之父爱不哥驸马在湟水流域的活动，史籍也有蛛丝马迹。《经世大典》载中统三年十月：

> 中书省奏近以西夏之西，近川黄兀儿于量站、塔失八里站、揽出去站，此三处阙铺马。奉旨令塔察儿、奇罗不解与都省制国用使司区处增置之。今已定拟合增羊马牛之数，委麻合马、航木里等，如彼买备，奏取圣裁。上从之。黄兀儿于量站，令阿木干驸马民户出骟马一百五十疋、牝马五十疋、牛五十只，外增买走迎骟马牝马二百疋、孳生牝马一百五十疋。[2]

此处的阿木干驸马为河西至高昌间的驿站提供马牛等物力，其驻地当近于河西，联系到后来元廷又先后在诸王只必帖

〔1〕〔明〕宋濂：《元史》卷8《世祖纪五》，北京：中华书局，1976年，第164页。
〔2〕〔明〕姚广孝、解缙等：《永乐大典》卷19417站赤二，北京：中华书局，1986年，第7196页。

木儿和昌吉驸马位下民户内、忙哥台公主百姓处为河西驻军刷马之事[1]，很有可能阿木干驸马就是爱不哥驸马的异写。又据《元史》卷129《纽邻传》，宪宗丁巳岁（1257），攻蜀蒙古诸王有名阿卜干者，世次无考，从赤窟曾随阔端伐四川，元代驸马亦称诸王，而此阿卜干与爱不哥音近等几点看，或亦爱不哥之异写。

有关赤窟系的传承记载前详而后略。《元史》卷109《诸公主表》郓国公主位载：

> 秃满伦公主，适赤窟驸马。瓮吉八忽公主，适赤窟孙怀都驸马。采真公主，适（怀）都弟爱不哥驸马。郓国大长公主忙哥台，适爱不哥子宁濮郡王昌吉。大长公主桑哥不剌，适爱不哥子岐王脱脱木儿。札牙八剌公主，适驸马。[2]

秃马伦公主，为成吉思汗之女，中外史籍均有记载，没有异议。瓮吉八忽公主，中华书局校点本校勘记疑当作弘吉剌八忽公主，即《元史》卷5世祖中统四年正月、六月、七月条三次出现的拜忽公主[3]。《元史》卷108《诸王表》岐王条下有："脱脱木儿驸马，延祐四年（1317）由濮阳王进封。琐南管卜，泰定四年（1327）封。"驸马濮阳王条云："脱帖木儿，大德十年封，延祐四年进封岐王。"《元史》卷21《成宗本纪四》大德十年（1306）五月，"封驸马脱铁木而为濮阳王，赐以金印，公主忙哥台为鄄国大长公主。"濮阳为弘吉剌部分邑濮州旧称，鄄与郓二地相邻，均属濮州，可知鄄国大长公主忙哥台即郓国大长公主忙哥台，驸马脱铁木而即驸马脱脱木儿。

---

[1]《大元马政记》第11页、第29页，杨家骆主编《中国法制史料》第二辑第三册，台北：台湾鼎文书局，1979年，第2091页、第2109页。

[2]〔明〕宋濂：《元史》卷109《诸公主表》，北京：中华书局，1976年，第2757－2758页。

[3]中统四年春正月"甲午，给公主拜忽符印，其所属设达鲁花赤"。六月，"癸酉，赐拜忽公主所部钞千锭"。秋七月"给公主拜忽银五万两"。中华书局1976年版，第90页、93页。

与《诸王表》所记一致。但是《元史》卷24仁宗皇庆元年（1312）十一月条又云“丙辰，封驸马脱脱木儿为岐王”。在脱脱木儿进封岐王的时间上《本纪》与《诸王表》所记不合，相差5年。有一条材料有助于我们作出判断，仁宗延祐元年忙兀氏伯都任甘肃行省平章政事，“三年（1316）冬，关陕有变，公抵岐王府，谋议檄各镇兵执叛党，修武备，得民间马五百匹，以助进讨”〔1〕。此处的岐王无疑即脱脱木儿，说明延祐四年以前已经有岐王的王号，《本纪》的说法较为可信。《诸公主表》未言明尚札牙八剌公主者何人，《元史》卷27延祐七年秋七月有，“辛丑，赐公主札牙八剌等钞七万五千贯”。《元史》卷27英宗至治元年二月，“戊辰，赐公主札牙八剌从者钞七十五万贯。”而《元史》卷30泰定帝四年七月，“岐王锁南管卜诉荆王也速也不干侵其分地，命甘肃行省阅籍归之。”可知札牙八剌公主活动的时间大体与岐王琐南管卜一致，尚札牙八剌公主者，非琐南管卜莫属。

《诸王表》与《诸公主表》关于章吉驸马世系的记载至琐南管卜止，实际上琐南管卜以后尚有数人承袭岐王。《元史》卷42《顺帝纪》至正九年闰七月，“戊子，命岐王阿剌乞镇西番”。同卷十二年秋七月，“庚寅，以杀获西番首贼功，锡岐王阿剌乞巴钞一千锭”。《元史》卷46《顺帝纪》至正二十五年二月戊午，“命甘肃行省平章政事朵儿只班以岐王阿剌乞儿军马会平章政事臧卜、李思齐，各以兵守宁夏”。中华书局校点本校勘记认为前条脱一“巴”字，后一条“儿”为“巴”之误，当以“阿剌乞巴”为是。俞本《纪事录》载洪武三年，“河北岐王阿剌乞巴亦赍金印降，遂设岐山卫于河州，以阿剌乞巴为指挥同知，颁以金筒敕诰命。”〔2〕河北岐王是与同时归

〔1〕〔元〕吴澄：《吴文正集》卷64《故光禄大夫江南诸道行御史台大夫赠银青荣禄大夫江浙等处行中书省左丞相上柱国鲁国元献公神道碑》，台北：台湾商务印书馆，1986年文渊阁《四库全书》影印本（集部第1197册），第630页。

〔2〕（美）陈学霖：《史林漫识》附录三俞本《明兴野记》（《纪事录》），北京：中国友谊出版公司，2001年，第141页。

降的河南武靖王卜纳剌对举而言，说明其地在黄河以北的湟水流域。这是阿剌乞巴最后一次出现，同年就有末代岐王朵儿只班的纪事。《明太祖实录》卷55记洪武三年八月，明军攻克兰州，“故元高昌王和尚、岐王桑哥朵儿只班以其所部来降”[1]。《明太祖实录》卷74洪武五年六月戊寅条载明将冯胜进至亦集乃路，元“守将卜颜帖木儿全城降。师次别笃山口，元岐王朵儿只班遁去，追获其平章长加奴等二十七人及马驼牛羊十余万”[2]。桑哥朵儿只班当即朵儿只班，为末代岐王。由此可知弘吉剌部宁濮郡王—岐王系统传承为：

赤窟（秃马伦公主）—怀都（八忽公主）—爱不哥（采真公主）—章吉（忙哥台公主）—脱脱木儿（桑哥不剌公主、忙哥台公主）—琐南管卜（札牙八剌公主）—阿剌乞巴—朵儿只班。

只是琐南管卜以下世次关系不明。该系先后拥有三个王号：宁濮郡王、濮阳王和岐王。

第三节　宁濮郡王—岐王系统在青海的分封实态

宁濮郡王—岐王系统在西宁地区的存在实态如何呢？湟水流域是其实封投下，还是食邑州县，抑或镇守地呢？这是本节重点讨论的问题。

元代的分封制度大体上有两个层次，第一层为宗室（“哥哥弟弟每”）的“忽必”（份子）分封，这是真正意义的领地领民分封；第二层为功臣的“莎余儿合勒”（赏赐）分封，实际上是世袭管辖权的授予。虽然通称“投下”，但性质有别，前者往往又称“位下”。与皇室联姻的贵戚具有双重性：由于

---

〔1〕《明太祖实录》卷55洪武三年八月，台北：台湾“中央研究院”历史语言研究所，1962年影印本，第1077页。

〔2〕《明太祖实录》卷74洪武五年六月戊寅条，台北：台湾“中央研究院”历史语言研究所，1962年影印本，第1359页。

世代尚主的关系而“亲视诸王”，在岁赐和分地的权益上享有优越地位；同时，驸马又任所领部民的万户、千户长，是大汗直辖千户的军民长官，与其他功臣同属“莎余儿合勒”的分封范畴，其地位与“哥哥弟弟每”的亲王显然不同[1]。前面已经考明，赤窟系约于太宗丙申年前后分封于湟水流域，而宗王出镇之制始于世祖之时，出镇者均为皇子皇孙，所以宁濮郡王—岐王系统绝非镇戍西宁者，而是分封于西宁者，属于“莎余儿合勒”的分封。顺治《西宁志》：

车卜鲁川，（西宁）城北五里许，一名斡儿朵川，其源出垒加儿山，下流五百六十里，入西宁河。[2]

《西宁府新志》：

车卜鲁川渠，在县西北九十里，即北川河。[3]

斡儿朵，又作斡耳朵，蒙古语指汗帐或王帐所在，历史上蒙古诸王驻帐西宁一带的只有弘吉剌部岐王一支，这一斡儿朵无疑为岐王所有，今北川河流域为当时岐王斡耳朵牧地。仁庆扎西曾考定今青海省互助县松多之地为西平王府算木多所在地[4]。算木多，藏语意为三岔口。算木多地处互助东南部，因三条山谷交叉而得名，山高沟深，地势险要，三岔中东岔连着牧草丰腴的科申张草原，西岔通西沟就是著名黄教寺院塔尔寺，前岔直通乐都至湟水边的古城碾伯，是湟水流域的军事要地。算木多前岔的张卡岭下有一座规模宏大、气势磅礴的古城堡遗址。土观却吉尼麻在《佑宁寺志》中写道：“以前这个地方，蒙古王朝时修的城堡，前后城门还在，现在已经变成废墟了”。因而可以判定是元代遗址。仁庆扎西认为是西平王府，于史不合。因为这与弘吉剌部岐王分地相重合，一地不可能二王。元代诸王集团入明后，均袭故王号或所在地名而置卫，如

[1]李治安：《元代分封制度研究》第一章，天津：天津古籍出版社，1992年，第21－26页。

[2]〔清〕苏铣：《西宁志》，西宁：青海人民出版社，1993年，第23页。

[3]〔清〕杨应琚：《西宁府新志》，西宁：青海人民出版社，1988年，第187页。

[4]仁庆扎西：《西平王府今地考》，《青海社会科学》1986年第6期，第105－108页。

以沙州西宁王、豳王系统置沙州卫，以哈密肃王、威武西宁王系统置哈密卫，以撒里畏兀儿安定王部置安定卫。洪武三年，明军平河陇，四年，以来降河湟蒙古诸王部置武靖、岐山、高昌三卫，其中武靖卫以河州一带的故元镇西武靖王部置，岐山卫以湟水流域故元岐王部置，高昌卫以故元脱思麻探马赤军万户府高昌畏兀儿部置，未见西平王部。唯一的解释是西平府不在湟水流域。

《元史·食货志》载郓国公主位下五户丝食邑在山东濮州，至元十八年分授江南户钞时，又分拨横州等处四万户，计钞一千六百锭。没有提及西宁州，何况湟水流域以牧业为主，人力物产有限，与中原江南汉地经济形态完全不同，不可能作为征收丝钞的食邑分封。《蒙兀儿史记》卷150论曰：

> 蒙兀诸王驸马赐印者曰札撒兀亦作札萨克，其出师也，临时加赐行军印，征调用海青符，乘传用驿券，而民事不属焉。亲贵分地遍九州，其位下丝钞则有司代征之，朝廷按籍岁赐之，藩邸拜受坐食焉耳，非可自取于民也。[1]

从诸王驸马与其在中原江南汉地食邑的关系看，屠寄的这段话大体是准确的，但边疆草原诸王的情况更为复杂一些，即上述诸王往往还拥有自己的千户部民，以及供这些千户部民游牧的足够的牧地，所以草原诸王兼管投下军民诸事。综该史实，岐王位下与阔端系永昌王—荆王位下的情况十分相似。两者大致在同一时期分封于相邻地区，都经历了由相对独立的分地削弱为一般王位下的转变。但始终都拥有概管军民，征收税粮，自立自管境内站赤的权力。

《蒙古秘史》说成吉思汗统编军队时，按陈、赤窟所统弘吉剌部民编为三千户[2]。《史集》载赤窟统有四千户弘吉剌部

---

〔1〕〔清〕屠寄：《蒙兀儿史记》卷150，北京：北京市中国书店，1984年，第975页。

〔2〕特·官布扎布，阿斯钢译：《蒙古秘史》卷8记"……赤古驸马、阿勒赤驸马等翁吉剌惕三千户"，北京：新华出版社，2006年，第166页。

民，除了后来自身繁衍增殖外，可能还从其他弘吉剌部落拨赐了一些。赤窟到吐蕃地区后，“由于这些军队自古以来就是他的产业，故由他亲自指派千夫长”。而湟水流域的草原自然而然地成了他的禹儿惕，从而形成了自己的草原游牧军事集团。前述章吉驸马多次率军参加甘肃行省和镇戍诸王的军事行动，说明他拥有自己的草原千户部民。又，《大元马政记》载：

> （至元）二十年正月四日，丞相火鲁火孙等奏：忙古解拔都军二千人，每人给马三疋，今现在一千疋，乞降价钱，再买五千疋，每三疋内两疋牝马一疋乘马，于大王只必铁木儿、驸马昌吉两位下民户内并甘肃州察罕八剌哈孙数处差人买之。奉旨，依卿等所议行之。[1]

《大元马政记》又载：

> （大德）三年二月一日，枢密院奏前者有旨赈给红袄军物力，今省官议，每人支马价五锭……又忙奇解百姓及河西不曾刷马之地，和尚先生也里可温答失蛮马疋尽行拘刷，依例与价……具呈中书省及咨甘肃行省札付征西都元帅府，钦依施行。[2]

忙奇解当为忙哥解之误，即章吉之妻郓国大长公主忙哥台。这两条材料中所说的驸马昌吉位下民户、忙哥解百姓也均指其投下部民。

《元史》卷30载泰定帝四年七月，“岐王锁南管卜诉荆王也速也不干侵其分地，命甘肃行省阅籍归之”。说明岐王不仅拥有自己的分地，而且还在朝廷立籍，得到保护，非单纯的镇戍诸王。其分地范围大致可以考得。明宗天历二年四月二十七日，“中书省准甘肃省咨，锁南管卜岐王位下火儿忽秃、红城儿两站，与荆王位下蒙古七站一路接连。见准都省咨文，接济

〔1〕《大元马政记》第11页，杨家骆主编《中国法制史料》第二辑第三册，台北：台湾鼎文书局，1979年，第2091页。

〔2〕《大元马政记》第29页，杨家骆主编《中国法制史料》第二辑第三册，台北：台湾鼎文书局，1979年，第2109页。

马料，本投下二站，若蒙依例应副，似不偏负。送兵部拟，合比依前例，官为应副冬季三个月料粟相应，都省准拟。”[1] 红城儿站即今永登红城，在今永登县东南六十里左右。火儿忽秃是蒙古语黑城（哈刺和屯）之意，即今永登县黑城，距岔口驿八十多里，由此西北行，即与荆王位下蒙古七站一路相连。可知从今兰州以西永登直至西宁，为岐王位下分地，其西北与荆王分地相邻，故有领土纠纷。《经世大典》称“其本位下与荆王位下站赤，即系一体”[2]。是说岐王位下诸站与荆王位下诸站一样，系诸王自立自管站赤。省部官员认为荆王位下概管军民，自收税粮，最为富庶，除特殊情况外，不应接济其位下站赤。由于岐王位下站赤受到了几乎同样的对待，因此也可以想象岐王位下与荆王位下一样有自己独立的经济来源，否则是不能维持出征和站赤所需。

由于赤窟系拥有一定数量的草原游牧部民，军事实力可观，因而在元代相当活跃。综观其活动，主要集中在两个方面：一是镇守湟水流域，维护元朝对藏区的统治。元代诸王分地本身就有军事镇戍意义，弘吉刺部岐王系统分封于西宁，自然而然地担负起了维护当地统治秩序的职责。史书记载驸马昌吉、阿刺乞巴等屡次发兵讨吐蕃、西番事可证。二是出军从征，提供人力物力，抵御西北叛王的内侵。昌吉驸马在甘肃行省官员及诸王出伯、奥鲁赤的节制下，与诸叛王作战，以及元廷在其位下民户内拘刷、和买马匹等事史书均有记载。如《元史》卷15《世祖纪》至元二十五年春正月，“癸卯，海都犯边。敕驸马昌吉，诸王也只烈，察乞儿、合丹两千户，皆发兵从诸王术伯北征。”同年十二月丙子，“也速不花以昔列门叛，甘肃行省官约诸王八八、拜答罕，驸马昌吉，合兵讨之，皆自缚请罪。”正因为该系在甘肃行省事务中发挥着重要作用，又

[1]〔明〕姚广孝、解缙等：《永乐大典》卷19421站赤六，北京：中华书局，1986年，第7237页。

[2]〔明〕姚广孝、解缙等：《永乐大典》卷19421站赤六，北京：中华书局，1986年，第7237页。

是亲视诸王的世婚姻族，因而深受元朝诸帝信任，久盛不衰。《元史·地理志》载章吉于至元二十四年受封为宁濮郡王，《元史》卷14《世祖纪》至元二十四年二月壬子条亦云“封驸马昌吉为宁濮郡王”，标志着该系地位的上升。实际上早在至元十九年二月已有“敕改给驸马昌吉印”[1]的记载。至元二十年正月，又“赏诸王必赤帖木儿、驸马昌吉军钞”[2]。此后，关于此类恩赐的记载接连出现：《元史》卷24仁宗皇庆元年夏四月，“封郓国大长公主忙哥台为大长公主，赐金印”。《元史》卷24英宗皇庆元年五月，“已未，以西宁州田租、税课赐大长公主忙古台”。《元史》卷24仁宗皇庆二年秋七月“赐驸马脱铁木儿金百五十两、银七百五十两、钞二千锭、币帛五十匹”。《元史》卷26仁宗延祐四年五月，“乙亥，加封大长公主忙哥台为皇姑大长公主”。同年七月，“庚辰，赐皇姑大长公主忙哥台金百两，银千两，钞两千锭，币帛各百匹”。

荆王系统绝嗣后，岐王位下镇遏西番的责任就更为重大了。从元末明初的记载看，岐王的活动范围似已扩展到河西东部即原荆王位下。

需要指出的是，湟水流域并非完全是弘吉剌部赤窟系的独立王国，元朝廷也在此设州置官领民征税。《元史·地理志》明确记载西宁州为甘肃行省所辖一州，《元史》卷93《食货一》也载至元“八年，又定西夏中兴路、西宁州、兀剌海三处之税，其数与前僧道同”。可见至迟于至元八年元廷已在西宁州征税所，其地位与中兴路、兀剌海路相同。至元二十四年所立拘榷课税所，其性质有所不同，参照元廷在永昌王只必帖木儿位下巩昌二十四城设立拘榷课税所的情况，当是元廷对昌吉位下的让步，即该机构不完全是朝廷有司，课税收入在朝廷和诸王位下之间分配。但是，仁宗皇庆元年五月己未，又“以西

[1]〔明〕宋濂：《元史》卷12《世祖纪》，北京：中华书局，1976年，第240页。
[2]〔明〕宋濂：《元史》卷12《世祖纪》，北京：中华书局，1976年，第249页。

宁州田租、税课赐大长公主忙古台”[1]，似乎又将西宁州赐作岐王投下州。分析而言，湟水流域原为赤窟系军事游牧集团拥有世袭管辖权的分地，忽必烈即位后，一度大力削弱宗藩，西宁州的设立征税及奥鲁赤的出镇，就是针对赤窟系所采取的措施之一。但由于元朝政治二元性的制约，忽必烈对宗藩只能是削弱而不能削平，故元廷对赤窟系的限制只能停留在上述措施上，赤窟系分地内的权力基本得到保留。

明洪武三年，明西征军进兵甘肃，同年八月攻克兰州，故元岐王桑哥朵儿只班与高昌王和尚来降，《明太祖实录》卷60洪武四年春正月“置武靖、岐山、高昌三卫指挥使司，以卜纳剌为武靖卫指挥同知，桑加朵儿只为高昌卫指挥同知。”其中武靖卫以故元镇西武靖王卜纳剌所部置，岐山卫当以岐王桑加朵儿只班所部置，高昌卫当以高昌王和尚所部置。《明实录》此条所记不准确。实际上朵儿只班并未亲自来降，也未奉诏，而是远遁甘肃。《明太祖实录》卷78洪武六年正月己未条载：

> 朵儿只失结，西宁人，仕元为甘肃行省右丞。初，王师下关陕，与太尉朵儿只班在青海，朵儿只班遣其来朝进马。上赐以袭衣、文绮，令还招谕其部曲，朵儿只班不奉诏，遁甘肃。[2]

洪武五年六月，明将冯胜在亦集乃城北击败岐王朵儿只班，明军退走后，朵儿只班又深入至湟水流域。《明太祖实录》卷76洪武五年九月条载：

> 故元右丞朵儿失结会河州卫指挥徐景等领兵至西宁息利思沟闪古儿之地，攻破故元岐王朵儿只班营，朵儿只班遁去，获岐王金印一，司徒银印一，及其士马而还。[3]

---

[1]〔明〕宋濂：《元史》卷24《英宗纪》，北京：中华书局，1976年，第552页。

[2]《明太祖实录》卷78，洪武六年正月己未条，台北：台湾“中央研究院”历史语言研究所，1962年，第1430页。

[3]《明太祖实录》卷76，洪武五年九月壬申条。台北：台湾“中央研究院”历史语言研究所，1962年，第1406－1407页。

《明太祖实录》卷 83 洪武六年七月己巳条载：

> 洮州三副使阿都儿等以出猎聚众，约故元岐王朵儿只班寇边。朵儿只班等遂率众驻大通山黑子城，入寇河、兰二州。西宁卫千户祈者公孙哥等领兵击之……寇遂解去。[1]

此后，朵儿只班顺额济纳河退往亦集乃，结束了弘吉剌部在湟水流域的统治历史。

第四节　蒙古族徙入与土族的形成

元代蒙古族大批徙入湟水流域，对今日土族的形成有直接影响。据《史集》记载，赤窟率蒙古四千户出镇吐蕃地区，这一数字似有些夸大，但元代湟水流域分布有大批蒙古部落应是不争的事实。今日土族主要分布于青海互助县、大通县、西宁、民和三川地区及甘肃天祝县等地，与元代弘吉剌部岐王所部分布大体一致，这当不是偶然，两者之间存在着内在联系。

今互助、大通、天祝一带土族自称“蒙古尔”“蒙古尔孔”察罕蒙古尔等，前两者意为“蒙古人”，后者意为“白蒙古”。藏族称其为“霍尔”，此为藏族对北方民族的通称。土族有自己的民族语言，其语言属阿尔泰语系蒙古语族，根据语言学家研究，土族语中大约有百分之五十至六十以上都是蒙古语，并且土族语中至今仍保留着许多13 世纪以前的蒙古语词汇。土族民歌《唐德格玛》这样自况：“我们是蒙古的子孙，唱一支蒙古的歌……”这些民族特征显然得自蒙古族。

从民间传说看，在互助、大通、民和土族中广泛地流传着他们的祖先是来自蒙古人的传说，大意为13 世纪时成吉思汗的部将格日利特带兵来到今互助县一带，因故在索卜滩（今互助县境内，意为蒙古滩）停留。不久，格日利特病死，其部属便

〔1〕《明太祖实录》卷 83，洪武六年七月己巳条。台北：台湾“中央研究院”历史语言研究所，1962 年，第 1492 页。

留驻下来，和当地霍尔人通婚，繁衍而成土族。互助有很多地名叫“霍尔郡”“霍尔川”“霍尔屯”等，这是由于过去霍尔人居住而得名。这种传说在清代藏文文献《佑宁寺志》中也有明确记载：“从前，大地梵天姜格尔汗（指成吉思汗）的部将格日利特带领部属来到这里，现在的霍尔多为他们的后裔”。1604年佑宁寺落成时，格日利特被追封为“尼达”（地方保护神），并将其铜像供奉在佑宁寺中。这位“尼达”神身着蒙古服装，头戴蒙古帽，有着明确的蒙古族身份。传说是历史的影子，透过传说我们依稀可以辨别出与元代有关的史实。

蒙古族大规模地徙入青海，历史上有两次，一次是元代，一次是明代，如前述元代徙入的蒙古弘吉剌部主要分布于湟水流域，而明代徙入青海的蒙古部落主要在青海湖一带，且与明王朝处于敌对状态，所以土族的形成与明代徙入的蒙古族没有关系，土族的形成与元代徙入的蒙古族有关。此格日利特，一般认为与阔端有关，但从前面所述看，应与分封于湟水流域的弘吉剌部赤窟驸马系统有关。

土族的形成与明王朝在河湟流域推行土司制度也有一定关系。明初，河湟流域的各族首领率部归附明王朝后，明廷“待之以礼，授之世官”，利用他们统治本族人民，从而使原有的社会结构和民族成分原封不动得到保持，也使异族部落之间难以沟通交流，湟水流域元以来的蒙古民族特色也在土司制度保护下延续下来。以青海省民和县土族李土司为例，明《会宁伯李英神道碑》载：

> 公讳英，字世杰，其先出于元魏，至唐拓跋思恭，以平黄巢功赐姓李氏，世长□□□□及元以武勋显白者甚众，其居西宁者曰赏哥，元岐王府官。子孙传袭，至管吉禄为司马，生南哥为西宁州同知。[1]

《民和李土司族谱》也云李赏哥曾任岐王府司马，岐王将

〔1〕录文见张维《陇右金石录补》卷2，转引自王继光《安多藏区土司家族谱辑录研究》，北京：民族出版社，2000年，第45页。

今互助红崖子沟封给李家。《李土司族谱》又称李英之前五世均“卒葬灵州”，可能李氏系弘吉剌部按陈驸马封河西王时所统西夏国族，随其后人分封于西宁。李土司的事例表明，湟水流域众多土司当与故元岐王系统有关，即他们都是分封于当地的蒙古部落千户、百户之类的首领官，明王朝因其旧职而官之，俾世统其部民。《西宁府新志》说：

> 按宁郡诸土司计十六家，皆自前明洪武时授以世职，安置于西、碾二属。是时地广人稀，城池左近水地给民树艺，边远旱地赐各土司，各领所部耕牧。[1]

这些土司“或以元时旧职投诚，或率领所部归命。嗣后李氏、祁氏、冶氏皆膺显爵而建忠勋矣。迨至圣朝，俱就招抚。孟总督乔芳奏请仍赐以原职世袭，今已百年，输粮供役与民无异，俊秀读书亦应文武事。”[2] 可见上述土司都源自元朝部落官，历明清而世袭不替，正是这种人身领属关系强固的土司制度聚拢了蒙古部落而不致流散，最终吸收周围其他各种民族成分而融合形成新的民族——土族。

〔1〕〔清〕杨应琚：《西宁府新志》卷24，西宁：青海人民出版社，1988年重刊本，第618页。

〔2〕〔清〕杨应琚：《西宁府新志》卷24，西宁：青海人民出版社，1988年重刊本，第618－619页。

第七章　明代的西北边疆政策

明朝建立后，退居漠北的蒙古势力始终是北方边境乃至周边的最大威胁，明初确立的“北边为上，东北边次之，西番及苗蛮又次之，内地反贼又次之”[1] 的防御战略，反映了明朝在制定边疆民族政策时蒙古势力具有决定性地位。就西北地区而言，明朝在此实施的一系列民族政策都围绕着“隔绝蒙藏”“南抚北征”的战略目的而展开。

第一节　民族政策

一、针对蒙古的剿抚并用

自洪武肇兴到“土木之变”，明朝在对蒙关系中处于主动地位，其政策也具有开创性和积极性。洪武二年（1369），明军按计划进兵关陇，洪武三年（1370）二月，明军在沈儿峪（甘肃定西附近）大败扩廓帖木儿，俘其将校 8 万余人，粉碎了元朝在西北地区唯一的重兵集团，趁势肃清其残余势力，顺利地建立起西北地区军政统治体系。自 1499 年“土木之变”和 1550 年的“庚戌之变”后，明朝国力阶梯式衰弱，无力面对蒙古频繁南下攻扰，对蒙政策日渐保守，也缺乏稳定性和连续性，即所谓“御虏无定策”。“俺答封贡”之后，经过隆庆议和，明朝与蒙古在较大范围内实现了较长时期的和平往来，贡市政策成为对蒙政策的主流。

明初，朱元璋高举民族主义的旗帜进行反元号召，至正二十八年（洪武元年，1368 年）八月，朱元璋晓谕天下，表明自

〔1〕〔清〕张廷玉：《明史》卷 92《兵志四》，北京：中华书局，1974 年，第 2261 页。

己“逐胡虏，除暴乱，使民皆得其所，雪中国之耻”的志向，但同时强调“蒙古、色目，虽非华夏族类，然同生天地之间，有能知礼义，愿为臣民者，与中夏之人抚养无异”[1]，多次宣布优待蒙古君臣及百姓的政策。对蒙古由单纯的军事打击转变为军事征服与分化瓦解、政治招抚相结合的政策，取得了很好的效果。洪武、永乐年间，大批故元官吏归附明朝，大多仍被安置在明代的西北边陲，与内地军民交错杂居。

明朝政府对归附的蒙古上层大多通过颁赐诰命、印信和官服等方式将其任命为朝廷的命官，并根据归附蒙古部落民众的人数多少等情况设置卫所，任命归降的蒙古首领为官，给以印信，仍领所部，于原地驻牧，使其成为明朝的藩属，拱卫西北地区的安全，当虏寇来犯，战事危机，兵员不足时常以其作为补充，明朝史籍常把这些官兵称为“达官达军”，边疆诸藩燕王、秦王等麾下都有大量的达官达军。对一般归附民众则安置居住地，提供牛、羊等生产生活资料，免除或减轻徭役。明朝还通过赐姓更名、通婚和与汉族杂处等手段实行对归附蒙古的同化政策。永乐年间明成祖开始大规模赐姓名，以示嘉奖和安抚，如永乐三年（1405）七月，“近鞑官把都帖木儿等归附，其部属五千余人、驼马二万余匹皆留甘肃。把都帖木儿等赐之姓名，优与爵赏。”[2] 通婚也是非常重要的方式，《万历野获编》记太祖第二子秦愍王娶故元太傅中书右丞相河南王扩廓帖木儿女王氏为正妃，洪武十八年戊辰科状元任亨泰，其妻亦蒙古人，赐国姓朱氏，而亨泰的母亲也是色目人[3]。

明正德年间开始，先后有许多东蒙古部落迁入青海湖周围地区，扩大领地，役属诸番，并与明朝边卫发生了一系列军事

[1]《明太祖实录》卷26 吴元年冬十月丙寅，台北：台湾“中央研究院”历史语言研究所，1962 年影印本，第404 页。

[2]《明太宗实录》卷44 永乐三年七月己酉，台北：台湾“中央研究院”历史语言研究所，1962 年影印本，第695 页。

[3]〔明〕沈德符：《万历野获编》补遗卷1《宗藩》，北京：中华书局，1959 年，第806 页。

冲突。正德九年（1514），三边总制彭泽率大军征剿，蒙古永谢布领主亦不剌太师和鄂尔多斯领主阿尔秃斯领众由河州渡黄河，逃入乌斯藏，正德十年（1515），明军还，亦不剌再次率部返回西海驻牧。嘉靖二年（1523），明朝遣官招抚亦不剌，“许为藩臣”，杨一清提出应彻底对其征剿，但未被明朝采纳。嘉靖十一年（1532），东蒙古卜儿孩请求内附，但因其势衰微，不足以对明朝构成威胁，明朝对其请求未予理会。而此时，土默特部俺答汗势力崛起，将整个青海变成了自己的领地，同时征服了甘肃河西南部、甘南草原及喀木（康区）等地。隆庆五年（1571），俺答与明朝通贡议和，受封为“顺义王”，双方关系有了较大改善。万历十年（1582），俺答汗病卒后，蒙古火落赤和永邵卜等东蒙古部落相继进入西海，给明朝造成了很大的威胁。万历十八年（1590）六月，明军两次出兵“御之，尽覆”，“西陲大震”，于是明朝派兵部尚书郑洛经略青海。郑洛采取了“断其假道”“招抚诸番”“散其党羽”等手段将火落赤、真相势力驱逐出青海，招抚藏族部落，并于万历十九年（1591）进兵青海湖，还师途中焚烧了仰华寺，逐其余众而归[1]。随后，明军又以“湟中三捷”重挫蒙古部落，从此，在青海活动长达80多年的西海蒙古势力渐趋衰微。

二、针对吐蕃的恩威并施

吐蕃，明代也称西番，广泛分布于明朝的西北地区，是左右明朝西北边疆民族政策的又一重要因素。明朝在中央取消了元代所设的宣政院，在地方上则借鉴了故元制度，在“朵思麻”地区设立西安行都指挥使司[2]，并遥控朵甘卫、乌斯藏卫。从洪武四年到洪武十二年，先后设立河州卫、西宁卫、洮州卫、岷州卫四个军事卫所，将河、湟、洮、岷番地分别划属

[1]〔清〕张廷玉：《明史》卷330《西域传二》，北京：中华书局，1974年，第8548页。

[2]元朝在“朵思麻”设立吐蕃等处宣慰使司都元帅府，亦称朵思麻宣慰司，辖今青海省大部及甘肃省南部；在“朵甘思”设土蕃等路宣慰使司都元帅府，亦称朵甘思宣慰使司，辖今青海省玉树地区和康区。

陕西行都司、陕西都司和四川都司，在建制上卫所与土司并行。明朝的对藏政策在因袭元朝的基础上又有所创新，主要采取了以安抚为主的策略，在政治上优待，经济上互通有无，将甘青等地的大量番族吸引到明朝统一政权下，减少了摩擦力，企图实现“诸番恃我为庇护，我恃诸番为藩篱”[1] 的态势。

明朝对西番怀柔招抚的同时，对他们仍多加防范，认为“旧降胡兵非出征不可轻纵，恐盗马潜遁，阴泄事机，所系甚重，若欲用以御敌，当使参错为伍，庶几无虑。”[2] 对叛乱的番族则采取“且剿且抚”的策略。如嘉靖八年（1259）洮、岷诸番骚乱，藩篱动摇。嘉靖九年（1530）二月，明军自固原进至洮、岷，遣人开示祸福，洮州东路木舍等三十一族，西路答禄失等十三族，岷州西宁沟等十五族，皆听抚。惟岷州东路若笼族、西路板尔等十五族及岷州剌即等五族恃险不服，后也被明出兵抚定，“凡斩首三百六十余级，抚定七十余族。自是，洮、岷获宁”[3]。

三、卫所制度与土流参治

明朝在西北地区实行了两套行政管理系统，一是司府（州）县（土州）系统，一是都司卫所系统。陕西布政使司下辖延绥、宁夏、陕西和甘肃四个巡抚辖区，管辖范围包括今甘肃、青海和宁夏的部分地区。在战略要地及边地设置军政合一的地方行政组织——卫所，据《明史》卷42《地理志》记载，西北地区的卫所分属陕西都指挥使司（简称“陕西都司”，治今西安）和陕西行都指挥使司（简称“行都司”，治所初设于河州，后移至庄浪，洪武二十六年移至甘州）管辖。陕西行都司是明朝控制河西走廊及湟水流域的重要军事建置，为实现

〔1〕〔明〕郑洛：《收复蕃族疏》，引自陈子龙《明经世文编》卷404，北京：中华书局，1962年，第4375页。

〔2〕《明太祖实录》卷226洪武二十六年三月乙卯，台北：台湾“中央研究院”历史语言研究所，1962年影印本，第3305页。

〔3〕〔清〕张廷玉：《明史》卷330《西域传二》，北京：中华书局，1974年，第8544－8545页。

“北拒蒙古，南捍诸番，俾不得相合”[1] 的战略目的而设。《明史》记：“天下既定，度要害地，系一郡者设所，连郡者设卫，大率五千六百人为卫，千一百二十人为千户所，百十有二人为百户所”[2]，卫设指挥使1人，指挥同知2人，指挥佥事4人，镇抚司镇抚2人，其属官有经历、知事等[3]。

（一）卫所制度

明朝在今青海、甘肃南部吐蕃地区和嘉峪关以西的地区设置卫所，直接管理或任命土司管理。洪武后期及永乐时期，明朝中央以肃州（甘肃酒泉）、嘉峪关为界，以东地区直接派军屯守，以西地区设立“关西七卫”进行间接管理，关西七卫即安定、阿端、曲先、罕东、赤斤蒙古、哈密、沙州七卫，也称“西北七卫”或“蒙古七卫”，其中安定、阿端、曲先、罕东四卫在今青海省境内，哈密卫在今新疆维吾尔自治区境内，沙州和赤斤蒙古卫在今甘肃省境内。关西七卫与甘肃镇互为表里，宛如唇齿，“内附甘肃，外捍达贼”，是陕西行都司卫所的外部屏障。

明代，我国新疆地区处于封建割据的状态，仅哈密地区是受明朝直接管辖的藩属。永乐二年（1404）六月，哈密王安克帖木儿遣使来朝表请赐爵，明朝封其为忠顺王[4]，标志着哈密实际上已从属于明朝统治。但从15世纪上半期开始，哈密陆续受到瓦剌、吐鲁番的劫掠，至弘治四年（1491），吐鲁番速檀阿黑麻将哈密城和金印献还明朝，明朝政府从河西安定卫选择蒙古贵族后裔陕巴（与原哈密王室有亲属关系），立为忠顺王，镇守哈密。但弘治六年（1493），阿黑麻又发兵攻占了哈密。总的来说，明朝对哈密地区的统治随其国力的兴衰及政策

〔1〕〔清〕张廷玉：《明史》卷330《西域传二》，北京：中华书局，1974年，第8549页。

〔2〕〔清〕张廷玉：《明史》卷90《兵志二》，北京：中华书局，1974年，第2193页。

〔3〕〔清〕张廷玉：《明史》卷76《职官志五》，北京：中华书局，1974年，第1873—1874页。

〔4〕《明太宗实录》卷32永乐二年六月甲午，台北：台湾“中央研究院”历史语言研究所，1962年影印本，第0573页。

的调整呈现出时紧时松的状态，但在有条件的情况下，明朝一直在积极地经营这一地区，使其负担起执行明朝皇帝的指令，管理本地区的日常事务以及与西域、中亚诸地往来事务的重任。另外，明代新疆地区与中原地区的政治、经济联系仍是很密切的，尤其是与中原地区的贸易往来已经成为当时新疆各族人民经济生活中不可缺少的组成部分。

洪武四年（1371）至洪武十二年（1379）间，明朝在河、湟、洮、岷地区陆续设立卫所，即河州卫（今甘肃临夏市）、西宁卫（今青海西宁）、岷州卫（今甘肃岷县）和洮州卫（今甘肃临潭），统辖以西番为主的各部族，被称为“西番诸卫”。西番诸卫在官吏任用上实行土流参治制度，将故元官兵和地方少数民族酋豪纳入卫所管理之中，以卫所旗军制约和监督少数民族军队，同时以流官制约土官，此举不仅是明代西北防御体系的一大特色，而且也是与腹里诸卫的最大区别。西番诸卫除了担负镇戍防卫的军事职责之外，还代行地方行政职权，在河、湟、洮、岷边地形成了军卫统辖的体制。

（二）土流参治

明代卫所的官吏任用常采用土流参治的形式。世袭土司的官职是由卫所长官演变而来的，每代世袭均由当地政府具文上报，由兵部奏呈皇帝朱批下诏授予，兵部无权直接任免。凡属世袭土司，明朝均授以虎符、印信，不宜授以军政权力之部族首领则只给土司名号，这类土司被称为外委土司，或外委千户、百户，其岁俸与官职很低，不一定世袭，形同流官。明朝各类卫所中均参用地方人士为官，他们各率所属部落，听从中央号令，“自都督府，都指挥司，留守司，内外卫守御、屯田、群牧千户所，仪卫司，土司，诸番都司卫所，各统其官军及其部落，以听征调、守卫、朝贡、保塞之令。”[1] 如关西七卫大多以故元宗王统领，其下包括有蒙古、西番、撒里畏兀儿各

〔1〕〔清〕张廷玉：《明史》卷72《职官志一》，北京：中华书局，1974年，第1752－1753页。

族，《明史》载：“西北诸部，在明初服属，授以指挥等官，设卫给诰印”[1]，朝廷对他们虽有遵守法度的要求，但一般不加干预，其官均世袭。土司下都有自己所辖的土民组成的军队，且有的部分与中央有一定的隶属关系，由官府拨给粮食，有的部分完全属土司掌管，《西宁府新志》中记有“李家土兵四百一十名食粮”，“祁家土兵五百名不食粮”[2]即可说明。土官大多只被委予指挥同知及以下官职，而卫指挥使这一要职则主要由流官担任，以保证明朝对西北地区的有效统治，其出发点与实质是以正规军整合制约土兵[3]，通过对地方政治势力的吸纳，卫所的军事力量也因此得到充实和增强。明英宗正统二年（1437）二月开始，明朝打破了不给土官俸禄的常规，特准陕西河州、洮州、西宁等八卫土官享受俸禄，河、湟、洮、岷地区的土官被纳入了世官体系，大大淡化了地方势力统治的色彩。

第二节　内地移民及儒学推广

为了军事防御和充实地广人稀的边陲地区，造成与番夷杂处的态势，明朝，尤其是洪武年间，就开始将人烟稠密的“江右”（长江下游）、“淮泗”（安徽北部）一带汉族居民大量移居至西北地区，以卫所军士及其家属的军籍移民为主体，戍守和屯垦是移民的主要形式。卫所军士的来源“有从征，有归附，有谪发。从征者，诸将所部兵，既定其地，因以留戍。归附，则胜国及僭伪诸降卒。谪发，以罪迁隶为兵者。其军皆世

〔1〕〔清〕张廷玉：《明史》卷90《兵志二》，北京：中华书局，1974年，第2227页。

〔2〕〔清〕杨应琚：《西宁府新志》卷18《武备》，《中国西北文献丛书》55册，兰州：兰州古籍书店，1990年影印本，第302页。

〔3〕武沐：《岷州卫：明代西北边防卫所的缩影》，《中国边疆史地研究》2009年第2期，第31－43页。

籍。此其大略也。"[1] 明代军户有以下特点：军籍固定，家属同守，父死子继，世代承袭，全家死亡便从原籍勾族人顶充；军卒需携家室往指定卫所；戍地固定，屯田自给，军卒一旦被发往某一卫所屯种或戍守，不得变更驻地；为了防止逃亡和共策反抗，军卒一般不在原籍服役，常规做法是江南调拨江北，江北调拨江南，使他们远离故土。卫所军士大多携带家属同赴守地。卫所平时固定驻扎一地，战时听从调动，战毕回原地，大部分军人、军余及其后裔在驻地世世生息。伴随着藩王镇戍也有一部分汉族迁入。明初分封藩王参与边务，"凡百军马，俱听节制，以藩屏王室"[2]，与都司卫所相配合以加强北部边防。分封于西北地区的有三王：秦愍王樉、肃庄王楧、庆靖王㮵。另外，移民还有安定人心的作用。俞本《纪事录》记：洪武三年（1370）邓愈继冯胜之后复克河州，令韦正守其地，七月，"河州军士饥甚，夜逾城而遁者七百余人"，因此，民间有讹传说"官军某月某日弃城去矣，人心不安"，为安定人心，解决军粮问题，"正即遣军占荒田屯牧，民心遂安"[3]，说明军屯不仅是一项经济保障政策，也是安定边地的战略性政策。

历史上，西北各族人民"习俗颇异，高上气力，轻视诗书，尚鬼信巫，乡饮不举"[4]，作为刚刚推翻少数民族统治而建立的汉族政权，明朝统治者大力复兴汉文化，在兴办学校的基础上开科取士，以期"用夏变夷"，少数民族聚居地区则是推行教化的重点。明朝诏令"天下府、州、县、卫所，皆建儒学"[5]，洪武五年（1372），建河州府儒学，成化年间，改为州儒学。继此之后，岷州卫学（洪武十七年）、洮州卫学（永

〔1〕〔清〕张廷玉：《明史》卷90《兵志二》，北京：中华书局，1974年，第2192－2193页。

〔2〕〔明〕马文升：《为经略近京边备以预防虏患事疏》，《明经世文编》卷64，北京：中华书局，1962年，第545页。

〔3〕〔明〕俞本撰，李新峰笺证：《纪事录笺证》，北京：中华书局，2015年，第316页。

〔4〕〔清〕杨应琚：《西宁府新志》卷11《建置》，《中国西北文献丛书》（第55册），兰州：兰州古籍书店，1990年影印本，第245页。

〔5〕〔清〕张廷玉：《明史》卷69《选举志一》，北京：中华书局，1974年，第1686页。

乐十七年)、西宁卫学(宣德二年)相继建立。经过官办学校的大力发展，洮州、岷州、河州等地都呈现出一片倾心向化的面貌，崇尚儒雅已经蔚然成风。儒学教育的发展不仅培养了一批汉族人才，同时也培养了很多少数民族的优秀子弟。洪武二十三年(1390)，准许土司子弟入太学并许其参加科举考试。弘治九年(1496)，朝廷明确规定："以后土官应袭子弟，悉令入学，渐染风化，以格顽冥。如不入学者，不准承袭。"[1] 这种措施无疑迫使各族土司纷纷进入官学，普遍受到汉族儒家文化的洗礼。

伴随着汉族移民以军队镇戍、屯田等形式大规模充实西北地区和政府的大力推广，中原农耕文化进一步加速了其浸润和扩张，以儒学为代表的汉文化在更大范围内得到普及。明朝对西北民族地区实施"温和同化"的政策，以显示对少数民族传统文化及习俗的"尊重"，但是，这种"尊重"必须建立在"有能知礼义愿为臣民"的前提下，承认"边夷"民族的文化习俗仅是一种统治策略上的考虑，而"变其土俗同于中国"才是其理想的"天下"模式。将儒学为核心的中原内地文化深入地推广到西北民族地区，从政治和文化两方面将西北民族地区与中原内地连接成一体才是根本目的。

第三节　宗教政策

明朝利用宗教强化中央对民族地区的管理。西番群众信仰藏传佛教，寺族合一现象普遍。为了笼络甘青藏传佛教僧团，加强对佛寺和僧人的管理，明朝制定了一套完整的藏传佛教政策，将各宗教派别的信众都纳入到中央政权的统治下。伊斯兰教在明代获得了较为宽松的发展环境，影响地域和民族都大大扩展。

[1]〔清〕张廷玉:《明史》卷310《湖广土司》,北京:中华书局,1974年,第7997页。

一、藏传佛教政策

甘青藏区是藏传佛教后宏期的发祥地。经过元朝的大力扶植，藏传佛教已经成为甘青藏区民族文化的主要内容，渗透到藏族群众的道德观念、处世哲学、风俗习惯等各方面。更重要的是，藏传佛教逐渐成为这一地区政治势力的重要代表，僧侣和寺院不仅成为神权的象征，而且成为政治上的代表，“番俗惟僧言是听”[1]。明朝政府采取平等对待藏传佛教各派的政策，以稳定自己的南部边疆。洪武六年（1373），朱元璋在给摄帝师喃加巴藏卜等人的诏书中[2]故元向藏传佛教各派表明其不侧重一派一系的公平态度，尽可能广泛地封赠各派领袖，并给予经济上的利益。《明史》记：“洪武初，遣人招谕，又令各族举旧有官职者至京，授以国师及都指挥、宣慰使、元帅、招讨等官，俾因俗以治。自是番僧有封灌顶国师及赞善、阐化等王，大乘大宝法王者，俱给印诰，传以为信，所设有都指挥使司、指挥司。”[3] 因此，甘青藏区的僧侣纷纷归附明朝，明朝在甘青一带所封的国师、大国师往往是管辖藏族部落的首领，在朝廷征召时要领兵出征，立有战功者可得到升赏。明朝还大力支持藏传佛教寺院的修建，并赐名、颁赐佛教经典，西宁卫的瞿昙寺，河州卫的弘化寺、显庆寺，岷州卫的大崇教寺均由皇帝赐名。

明太祖和永乐帝时期，还在甘青藏区积极推行僧纲制度，设置番、汉僧纲司。一般设都纲和副都纲各一人，并常以番僧任都纲，僧官“分土司民”，职位世袭，接受明王朝的敕封[4]。甘青地区最早设立的是西宁、河州僧纲司，洪武二十六年（1393），“立西宁僧纲司，以三剌为都纲司。又立河州番、

---

〔1〕〔清〕张廷玉:《明史》卷331《西域传三》,北京:中华书局,1974年,第8588页。

〔2〕〔清〕张廷玉:《明史》卷331《西域传三》,北京:中华书局,1974年,第8587页。

〔3〕〔清〕张廷玉:《明史》卷90《兵志二》,北京:中华书局,1974年,第2227页。

〔4〕僧纲土司,也有学者称“僧职土司”,关于甘青藏区僧纲土司的设置、管理、传承和影响等问题。参见王继光:《安多藏区僧职土司初探》,《西北民族研究》1994年第1期,第259－274页。

汉二僧纲司，并以番僧为之，纪以符契”[1]。永乐帝时，封给瞿昙寺属民，置军守护，成为明代管理西宁地区藏传佛教寺院的僧纲司所在地[2]。甘青地区番僧纲司和汉僧纲司是分设的，分别管理藏传佛教和汉传佛教的僧人。后河西的甘州、凉州，汉藏通道上的洮州、岷州及临洮、巩昌等地，都先后设置了番僧纲司。通过僧纲制度，明朝在政治上承认并确立了佛教僧侣地位的同时，把甘青藏区置于中央的统一管理之下，既可笼络番僧，又可使抚绥番民，为明王朝效忠，终明一世，明朝的西南一线都较为稳定。

明朝政府同样利用藏传佛教对西海蒙古加以笼络和控制。明朝不仅多次赠送佛经佛像，还专门派北京的佛教高僧去蒙古传布教法，并对俺答汗兴建寺院和进行佛事活动给予人力、物力上的大力援助，期望通过佛教化导蒙古民众，使其放下好武争胜之心，专心供佛诵经，不再扰掠明边。隆庆五年（1571），俺答与明朝通贡议和，受封为“顺义王”，明朝与蒙古的关系有了较大改善。万历二年（1574），俺答汗的侄子丙兔在青海湖南岸的查布齐雅勒（今共和县境）召请汉族能工巧匠建寺，然后上报明朝批准，明朝资助了部分建材，万历四年（1576），寺成，应俺答汗的要求，由明朝赐名为“仰华寺”，成为明朝认可的青海地区蒙藏政治和宗教活动的中心。俺答汗还派人到西藏迎请格鲁派首领三世达赖喇嘛来蒙古传法，万历六年（1578），蒙古右翼三万户全部皈依藏传佛教格鲁派。鉴于三世达赖在蒙古贵族中的影响，万历十六年（1588），明朝派人到土默特封索南嘉措为“朵儿只唱”（藏文意为“金刚持”），并请进京朝见。之后，蒙汉之间近二十年没有发生大的战事，边境晏然，各族人民呈现出较为和谐的关系。《西宁府新志》载：“先是，亦不剌之据青海，边臣犹以外寇视之。至是，以俺答

[1]〔清〕张廷玉：《明史》卷330《西域传二》，北京：中华书局，1974年，第8541－8542页。

[2]智观巴·贡却乎丹巴绕吉著，吴均、毛继祖、马世林译：《安多政教史》，兰州：甘肃民族出版社，1989年，第167－168页。

故，竟视若属番，诸酋亦以父受王封，尚不敢大为边患”[1]。在明朝扶植下，河湟地区及河西走廊一带成为藏传佛教格鲁派发展的中心，出现了众多著名的寺院，如塔尔寺、瞿坛寺、佑宁寺、灵藏寺、宏化寺、西纳寺、扎藏寺、天堂寺、妙因寺、马蹄寺等。

二、伊斯兰教政策

明代，由于西域政局动荡，西域回回大量入附中原，历时较长，形成了继元代之后的又一次高潮。明初，各族穆斯林，尤其是回族，已经成为重要的、具有很大影响的社会力量，大批回回将士为明王朝的开创立下了汗马功劳而受到重用。明代，政府与伊斯兰教并无明显冲突，明太祖、成祖、武宗等都表示尊重伊斯兰教，在各个方面都对穆斯林以宽容和优待。经济方面，实行移民屯田，使回回人获得土地，农业得到了发展，鼓励贸易的措施也刺激了手工业和商业的发展。明朝对伊斯兰教的优待突出地表现在对清真寺的修建和保护上，如永乐三年（1405）明成祖朱棣特赐修清真寺，并颁给其教长赛亦的哈马鲁丁以诰谕：“今特赐尔敕谕，获持所在，官员军民人等，一应毋得侮慢，敢有故违联命，侮慢欺凌者，以罪罪之。”[2]明代皇帝敕建、敕修以及敕名的清真寺遍及全国各地，如今青海地区最大的清真寺——西宁东关清真大寺就是明洪武年间建成的。今青海循化县境内的街子清真大寺、甘肃临潭县旧城清真寺、宁夏同心县的韦州大寺、同心县城清真寺等都是明初建成的，这些清真寺的修建不仅起到了恩抚西北回族等穆斯林的作用，使伊斯兰教在西北地区得到了迅速发展。

由于穆斯林数量众多，明朝也制订了一些较强硬的限制性措施，试图从血统和文化上模糊其种族意识，达到同化的目的。洪武元年（1368）二月，诏复衣冠如唐制，规定：“胡服、

---

[1]［清］杨应琚：《西宁府新志》卷20《武备志》，《中国西北文献丛书》（第55册），兰州：兰州古籍书店影印，1990年，第332页。

[2]傅统先：《中国回教史》，银川：宁夏人民出版社，2000年，第61页。

胡语、胡姓，一切禁止，斟酌损益，皆断自圣心，于是百有余年，胡俗悉复中国之旧矣。"[1]《大明律》规定："凡蒙古、色目人，听与中国人为婚姻。务要两相情愿。不许本类自相嫁娶。违者，杖八十、男女入官为奴。其中国人不愿与回回、钦察为婚姻者，听从本类自相嫁娶，不在禁限。"[2] 万历年间，南京兵部右侍郎王世贞建议："回夷饮食丧葬皆仍其俗，虽解辫之化已覃，蛮夷之法未尽，宜于军册更其夷号，而回夷色目人不得别造寺宇，崇奉满剌"[3]。这些政策的确使大量穆斯林改姓汉姓，并改变了服饰、语言等生活习俗，但却没有达到同化的目的。通过与异族婚配和他族人改奉伊斯兰教等形式，在吸纳其他民族成员的基础上，穆斯林人口不断增加，最终催生了回族等穆斯林民族的形成。

第四节　经济政策

一、屯田制度

明朝的北边防线形成后，为了解决大批军队的给养问题，减轻地方财政负担，明朝政府采取"寓兵于农"的政策，在西北地区大兴屯田。顾炎武说，明代"屯田遍天下，九边为多，而九边屯田，又以西北为最。"[4] 洪武六年（1373），太仆丞梁埜僊贴木尔建议："宁夏境内及四川西南至船城，东北至塔滩，相去八百里，土膏沃，宜招集流亡屯田。"[5] 洪武二十五年（1392），"上以天下澄平，八荒宾服，厌以用兵，以内外卫及沿边城池军士以十分为率，三分守城，七分屯田，如临洮、

---

〔1〕《明太祖实录》卷30，洪武元年二月壬子，台北：台湾"中央研究院"历史语言研究所，1962年影印本，第525页。

〔2〕怀效锋点校：《大明律》卷6《户律三·婚姻》，北京：法律出版社，1999年，第65页。

〔3〕《明神宗实录》卷205，万历十六年十一月庚戌，台北：台湾"中央研究院"历史语言研究所，1962年影印本，第3822页。

〔4〕〔清〕顾炎武：《天下郡国利病书》卷62，道光三年成都龙万育燮堂刻本。

〔5〕〔清〕张廷玉：《明史》卷77《食货志一》，北京：中华书局，1974年，第1883页。

河州、洮州、岷州、巩昌、兰州、西宁、西凉、甘州、庄浪、山丹、沙州、蔚州屯于数百里之外者"[1]，"北边自墩（敦）煌起，至辽东一万一千五百余里，地势平易，又界以山，便于水泉，便于瞭望，部曲相保，可为屯田。甘州可屯，次凉州。其庄浪、西宁俱可屯"[2]。隆庆五年（1571），进士徐贞明在其所著《潞水客谈》中总结西北兴屯的"十四利"时谈到："招南人以耕西北之田，则民均而田亦均，利七。东南多漏役之民，西北罹重徭之苦，以南赋繁而役减，北赋省而徭重也。使田垦而民聚，则赋增而北徭可减，利八。……塞上之卒，土著者少。屯政举则兵自足，可以省远募之费，苏班戍之劳，停摄勾之苦，利十一。宗禄浩繁，势将难继。今自中尉以下量禄之田，使自食其土，为长子孙计，则宗禄可减，利十二。"[3] 这一归纳可以说是较为全面和中肯的，屯田的实施保证了边疆有足够的兵源，并能长期留驻边地，所谓"备边在足兵，足兵在屯田"[4]，这正是明朝在对以往历史经验总结的基础上实施的一项有效的边疆政策。

二、贡赐贸易

明朝的各项边疆民族政策中，朝贡和回赐制度是非常重要且具有代表性的内容，学术界习惯称其为"贡赐贸易"[5]，即明王朝为了表示"恩典"和笼络人心，按照"厚往薄来""宁厚毋薄"的原则，对甘青藏区进京贡纳马匹和方物的僧侣给予茶叶、丝织品、金银器皿等物品作为"回赐"，回赐品的价值

[1]〔明〕俞本撰，李新峰笺证：《纪事录笺证》，北京：中华书局，2015 年，第 469 页。

[2]〔清〕孙承泽：《春明梦余录》卷 43《兵部二》，北京：北京古籍出版社，1992 年，第 859 页。

[3]〔清〕张廷玉：《明史》卷 223《徐贞明传》，北京：中华书局，1974 年，第 5883－5884 页。

[4]〔清〕谷应泰：《明史纪事本末》卷 10，北京：中华书局，1977 年，第 141 页。

[5]有学者指出"贡赐贸易"这一说法极不准确，因为贡赐本身并不以经济规律和原则进行运作，尤其对于明王朝来说其实质是一种驾驭少数民族的手段，是象征臣服的标志，更何况贡赐本身所带来的产品远远不能满足需要。

远远高于入贡品的价值，通常有3倍之多[1]，使臣往返还可借沿途驿乘之便交易买卖，促进物资交流。因此，入贡者返回藏地以后，往往招引更多的头人入贡。“厚赐”的目的一是对诸族首领进行笼络，二也是宣扬中原物产丰富精美，无须向这些地区或邻国掠夺，令其安心。

从史料记载来看，甘青藏族部落入贡时间最早，次数相当频繁。据《明实录》所记，仅1370年到1375年间，藏区上层人物入明或遣使入明者即多达40余起，从空间顺序上看，则是自明设立河州卫开始，先青海东部，然后朵甘西部、乌思藏、朵甘东部，最后及于阿里。最初的贡赐完全是明朝占据主动，西番各部僧俗争相入贡，明朝也给予慷慨的回赐，对入贡番僧的一些违制行为也十分宽容，如宣德二年（1427），“贡使尝殴杀驿官子，帝以其无知，遣还，敕王戒饬而已。九年，贡使归，以赐物易茶。至临洮，有司没入之，羁其使，请命。诏释之，还其茶。”[2] 一贡一回之间，“统治与被统治、保护与被保护关系”[3] 就此确定下来，明朝获得了“固番人心，且以强中国”[4] 的重大成果，而番僧朝贡极大提高了僧侣的政治地位和影响力，也大大增加了寺院的经济收入。到了明朝中后期，贡赐制度逐渐显现出许多弊端。首先，明朝的财政对佛教僧侣、喇嘛频繁入贡已感力不可支，入贡僧团沿途的花销成为地方财政的沉重负担；另外，乌斯藏和甘青藏区的僧侣很有可能通过朝贡加强联系，对明朝构成威胁，最为严重的是，明朝回赐的大量财富竟为番僧对抗朝廷提供了经济支持。针对这些问题，明朝中央政府的应对措施也越来越严格，开始只是计定贡期、人数及存留起送之额以闻，后规定入贡路线，限制入贡僧团进京，减轻地方财政压力。

---

〔1〕王森：《西藏佛教发展史略》，北京：中国社会科学出版社，1987年，第238页。

〔2〕〔清〕张廷玉：《明史》卷331《西域传三》，北京：中华书局，1974年，第8580页。

〔3〕郑天挺：《明代在东北黑龙江的地方行政组织——奴儿干都司》，《史学集刊》1982年第3期，第28－33页。

〔4〕〔清〕张廷玉：《明史》卷80《食货志四》，北京：中华书局，1974年，第1949页。

贡赐制度使明朝和藏族部落的交往走向经常化和制度化，并通过“厚往薄来”的原则，以经济利益作为交换实现了对藏区政治上的控制。同时，贡赐贸易政策的调整反映出了丰富的历史信息，从中我们能窥见明朝的国力由盛而衰的变化、贡赐贸易由政治主导向经济主导的转变及明朝和西番诸族关系的变化。

三、茶马互市

贡赐带来的产品交换远不能满足明朝与蒙、藏等民族的需要，通过战争来获取所需更加得不偿失，于是双方都有互市的要求。茶马互市是游牧民族与农耕民族之间以物易物的一种特殊贸易形式，明代的茶马互市“是与当时军事防御相配套的一种带有政治谋略的经济政策”[1]，游牧经济与农耕经济间非平衡性的互补需求[2]，为明朝“以茶驭番”政策的实施提供了条件。为了加强对互市的管理，方便各族交易，明朝在西番聚居、交通便利、养马业发达的秦州、河州、洮州、西宁陆续设置茶马司、茶课司直接进行茶马的交易和管理，实行茶叶专卖，严禁私茶贸易。马市主要沿长城一线设立，贸易对象为女真、蒙古诸部，茶市主要分布在河、湟、洮、岷一线，贸易对象主要为“番人”。明初，明政府在交易中常“率厚其值以偿”[3]，官方易马的价格明显高于市场价格，因此，前来交易马匹的少数民族络绎不绝，就连贵德一带的藏族也长途跋涉前来进行交易，茶马贸易空前繁荣。

茶马贸易中的“差发马赋”制度是专门针对“番族”的特殊赋征制度，实际推行主要在河州、西宁及洮州地区，明朝将上述三卫所属大部分番族部落确定为“纳马番族”，并额定其纳马数量。为防范不法官员“假朝廷之名，横科马匹，致番人

[1]魏明孔:《西北民族贸易述论——以茶马互市为中心》,《中国经济史研究》2001 年第 4 期,第 118 - 131 页。

[2]贺卫光:《中国古代游牧民族经济社会文化研究》,兰州:甘肃人民出版社,2010 年,第 161 页。

[3][清]张廷玉:《明史》卷 330《西域传二》,北京:中华书局,1999 年,第 8540 页。

悖信朝廷"[1]，又给纳马番族颁发"金牌信符"。金牌是政府和西番进行茶马贸易的凭证，更是由中央政府控制茶马贸易的象征，也是熟番区别于生番，与明朝远近亲疏的衡量指标。"马赋差发"与"金牌之制"是明朝在河、湟、洮、岷番族部落社会中建立"朝廷体统"的重要举措，"贤于数万甲兵矣。此制西番以控北虏之上策也"[2]。但是，明代中后期，由于受瓦剌的侵扰和私茶交易兴盛的影响，官营茶马互市已呈衰落之势，马赋之征也还原为茶马交易。

明朝中后期，也开放了与蒙古的通贡。正德年间，卜儿孩曾数次派人向明朝边将进献金牌、马匹，求通贡市，都被明朝以各种借口回绝。隆庆和议后，明朝沿长城一线先后向蒙古各部开设马市 11 处。万历二年（1574）冬，明朝允许丙兔一年一次市易于甘肃，丙兔市易于庄浪，实际上等于默许蒙古在青海长久驻牧。明朝于甘肃、宁夏地区设马市 5 处，即宁夏清水营（今灵武东）、平虏卫（今平罗）、中卫三处，甘肃有红水扁都口（今民乐县洪水乡）、庄浪高寨沟和烨尖墩等处，每年开市一两次，每次或数日、数十日不等，明朝政府派员进行监督管理，并选蒙古部落酋长担任"市长"。明朝一般用银两、钱钞购买蒙古马匹，或用丝绸布帛、粮食、铁锅等折价易马，而不实行以茶易马，以防蒙古贵族用茶操纵藏族，妨害明朝"以茶驭务，以番制蒙"的国策，硝黄、铜铁、盔甲、兵刃等也属违禁之列，严禁互市贸易。互市形式既有官市，又有民市。

明朝通过贡赐制度和茶马贸易这些特殊的经济手段使北方各族在政治上顺从自己，继而又以断绝通贡、关闭马市控制和制裁不服从中央管理的部族，在政治博弈中占据有利地位，以

---

[1]［明］徐学聚:《国朝典汇》卷 95《户部九 · 茶法》,济南:齐鲁书社,1996 年《四库存目丛书》影印本,史部 265 册,第 586 页。

[2]［明］杨一清:《为修复茶马旧制抚慰番夷安靖地方疏》,《杨一清集》卷 3《茶马类》,北京:中华书局,2001 年,第 74 页。

达到“羁縻戎心，充实边厩”[1]的双重目的。通过茶马互市这种大范围的经济交流，明朝将甘青草原地区纳入帝国的经济体系之中，保持与中原地区的经济联系和交往至此已成为各族部落的一种本能。明朝中后期，对西番的经济政策逐渐由“予民以利”转化为“与民争利”，茶马比价上推行贱马贵茶，通过官方法定茶马比价，强制藏族人民接受不等价交换，以进行经济剥削，并由于茶马贸易官营机构的腐败和管理不善，茶叶品质或制作不佳，或保管不当，以致发生粗劣霉变等情况，明朝官军时常以劣质茶叶强制向藏民易马，造成群众的严重不满，因而受到抵制。金牌勘合制度把具有独立性的经济活动变成政治和军事的附庸形式，高度的垄断违背了商品流通的运行规律，因而随着国家政权干预能力的下降及经济发展对商业自由流通要求的日益迫切，官营茶马贸易的衰落不可避免。

综上所述，明朝根据不同民族实施了各项针对性的政策。采取怀柔招抚的策略分化融合了大批故元军民，通过优待藏传佛教稳定了西番局势，同时以行政管理与经济文化渗透相结合的方式，加强了各民族之间的经济和文化往来。但总的来说，消极、退缩和羁縻的政策最多只能达到“纲纪粗定、夷汉粗安”的效果，而随着其国力的衰退，明朝最终失去了对西北地区的控制权，在蒙、藏和后金三股势力的联合打击下走向了灭亡。

[1]《明神宗实录》卷182，万历十五年正月戊午，台北：台湾“中央研究院”历史语言研究所，1962年影印本，第3404页。

第八章　明代西北地区的行都司

陕西行都司是明代西北地区拥有全部实土卫所的、军管型的特殊地方行政机构。明代陕西行都司的治所先后经历了河州—庄浪—甘州的三次变迁。洪武七年，明政府在河州（今临夏）置西安行都卫；洪武八年改为陕西行都司；洪武九年罢；洪武十二年复置于庄浪（今永登县）；洪武二十六年自庄浪徙于甘州（今张掖）。从此直至明朝灭亡，甘州皆为陕西行都司的固定治所。

陕西行都司的发展变化，是明朝对西北民族地区控制方式的一个缩影，直接影响着西北地区的民族关系。

第一节　河州时期的陕西行都司

洪武三年（1370），明军将领邓愈大军压境，招降了元朝陕西行省世封贵族吐蕃宣慰使何锁南普、镇西武靖王卜纳剌等人，河州（今临夏市）及其以西故元辖地得以并入明朝版图。河州是汉藏杂居地区，历来为藏区与中原地区联系纽带上的政治、经济重镇。元代河州是脱思麻宣慰司（亦称吐蕃等处宣慰使司都元帅府）治所。它也是元朝在藏族地区设置的三个宣慰使司都元帅府之一，隶属元朝中央政府的宣政院管辖。当地故元蒙古诸王与官吏投效后，河州成为明朝在西北地区控驭吐蕃诸部的重要枢纽。之后，邓愈率军北上，占领了青海循化、贵德地区。第二年，居于西宁（今西宁市）的元朝甘肃行省官员右丞朵儿只失结、西宁州同知李南哥相继归附明朝。此后，河湟洮岷地区的部落头领纷纷归降，接受明朝的封赠。

与明朝进军轨迹相沿，明朝对新附地区的管理机构也迅速跟进。洪武七年（1374），明朝在河州置西安行都卫，辖管河州、乌思藏（今阿里地区）、朵甘（今青海、西康一带）及周边部分番族地区，其区域大致相同于元代脱思麻宣慰司辖地。关于这点，明太祖在诏书中说：

> 朕自布衣开创鸿业，荷天地眷佑，将士宣劳，不数年间削平群雄，混一海宇，惟尔西番、朵甘、乌思藏各族部属闻我声教，委身纳款，已尝颁赏授职，建立武卫，俾安军民。迩使者还言各官公勤乃职，军民乐业，朕甚嘉焉。尚虑彼方地广民稠，不立重镇治之，何以宣布恩威？兹命立西安行都指挥使司于河州，其朵甘、乌思藏亦升为行都指挥使司，颁授银印，仍赐各官衣物。[1]

次年，随着明朝政府对全国范围内军事卫所机构重新命名活动的调整，“以在外各处所设都卫并改为都指挥使司”。西安行都卫得以更名为陕西行都司。

洪武九年（1376）十月，陕西行都司即被罢撤。究其原因，学者们一般认为是明初政府机构设立的体制不稳定造成的。陈梧桐认为这是由于明朝中央政府强化中央集权，进行地方政治改革的结果[2]。梁志胜认为这是明朝中央政府战略重心的转移。明朝为对付辽东和云南的残元势力而放松了对西部西番诸部的控制，纯属于决策失误[3]。马顺平则引用明人解缙论据来解释被罢撤的原因：“国朝初置陕西行都司于河州，控西夷数万里……军卫既肃，夷戎率服，通道置驿，烟火相望，乃罢行都司”[4]。解缙的说法是指当时洮岷地区的局势趋

〔1〕《明太祖实录》卷91，洪武七年七月己卯，台北：台湾“中央研究院”历史语言研究所，1962年影印本，第1595页。

〔2〕陈梧桐：《明太祖与明成祖对西北民族地区的经营》，《民大史学》1996年第1期，第368－396页。

〔3〕梁志胜：《洪武二十六年以前的陕西行都司》，《中国历史地理论丛》1999年第3期。

〔4〕〔明〕解缙：《解春雨先生文集》卷6《送习贤良赴河州序》，明嘉靖刻本；《明经世文编》卷11《送习贤良赴河州序》，北京：中华书局，，1962年，第85－86页。

于缓和，吐蕃诸部羁縻之势已成，明军的目标主要转向了北方青海与河西地区。这一看法较为可信。明朝在洪武三年（1370）到九年（1376）对洮岷地区的军事讨伐和政治招降活动较为顺利。作为战时而设的临时镇戍机构，其迁转或建置上的撤销体现着明朝在西北地区战略的灵活性。但需要指出的是，在某种程度上，这种暂时的羁縻状态是无法长久的。明朝与西北地区少数民族首领之间名义上的效忠关系一旦在明军大规模转战他处后，叛乱事件就层出不穷。这迫使明朝在陕西行都司迁转治所时不得不就近设衙于庄浪地区。

洪武三年（1370），明军在沈儿峪（今定西巉口）大败元将扩廓帖木儿（王保保）主力。青海的西宁、循化、贵德地区军民于洪武四年（1371）归附了明朝政府。部分残元势力名义上归顺了明朝，但实际上时有背叛，对明朝在西北边疆地区的统治造成了严重威胁。并且，明军在边疆地区驻军较少，这就造成明朝在当地镇戍的困难。洪武三年（1370），明太祖就曾遣使敕谕大将军徐达曰："近闻甘肃一路守兵甚少，当量势调拨以守之。"[1]

明朝在西北军事实力直接关系到残元势力的反弹强度。元岐王朵儿只班在洪武三年（1370）被明军击溃后，长期游弋在青海东南部，不时寇边。他对西宁、庄浪、兰州、河州的安全造成严重威胁。这种情况在洪武五年之后变得尤为严重。洪武五年（1372），"洮州三副使阿都儿等以出猎聚众，约故元岐王朵儿只班寇边。朵儿只班等遂率众驻大通山黑子城，入寇河、兰二州。"[2] 又有洪武九年（1376）十一月，吐蕃川藏部邀杀明朝使者。洮岷地区的政治局势再次紧张起来。至洪武十年（1377）四月，面对吐蕃川藏部逐渐升级的叛乱，明太祖派征西将军邓愈、副将军沐英等率师前往平定叛乱。五月，"邓愈

[1]《明太祖实录》卷51洪武三年四月戊寅，台北：台湾"中央研究院"历史语言研究所，1962年影印本，第1008页。

[2]《明太祖实录》卷83洪武六年七月己巳条，台北：台湾"中央研究院"历史语言研究所，1962年影印本，第1492页。

兵至吐蕃，攻败川藏之众，追至昆仑山，斩首甚众，获马牛羊十余万，遂遣凉州等卫将士分戍碾北等处而还。”[1] 然而，旋征旋还的战略行动无法彻底平定西番叛乱部落。这是由于一旦明军大军压境，叛乱者就作鸟兽散。只要明军撤回，叛乱者又会互相召集在一处继续屡屡“寇边”。如此，事态逐渐扩大到河州、洮州、岷州等地方。洪武十一年（1378）十一月，明太祖再派征西将军沐英、都督蓝玉等率京卫及河南、陕西、山西等地官军征讨西番叛族。为表明平叛决心，明太祖亲自作文祈祷：“惟神有灵，尚克相之。”并且数次赏赐征讨西番将士，以资激励。至洪武十二年（1379）正月，洮州十八族番族又叛，沐英领军讨伐。明太祖又再次作文祷告。一个月后，明太祖又派曹国公李文忠对河州、岷州、临洮、巩昌等处的军事进行督理。同年九月，沐英率军大破西番，擒其部长三副使瘿嗉子等，得胜班师。洮岷地区的局面得以暂时稳定。

而从明朝北方边疆整个大的背景来看，由于洪武五年（1372）的漠北大战中，明朝远征没有获得预期战果，在最终决策上明太祖由此吸取教训，完全改变方针，从此以后尺进寸取，专事经营沿边地区，向辽东和青海方面延伸，而暂时避免孤军长驱朔北地方。这种为固守已有防区而将防守边界推向敌人中心部位两翼的做法，实则是在完成对残元势力的战略包围。即使明军无力征伐，也可以在漫长的边界上造成对敌活动范围的压制局面。明朝将西北边疆地区的军事活动重心向青海和河西走廊方面逐渐转移，就是对这种战略构想的逐步实现。

第二节　庄浪时期的陕西行都司

洪武十二年（1379），明朝在撤销陕西行都司三年后，复置行都司于庄浪（今永登县）。设立行都司于此地大致有两方

[1]《明太祖实录》卷112洪武十年五月癸卯，台北：台湾“中央研究院”历史语言研究所，1962年影印本，第1858页。

面的考虑。首先，在地理上，庄浪“其于河东西为兰州门户，凉、湟堂奥，甘、肃之咽喉，靖、夏之捷径。车马络绎，毂击肩摩，乃诸郡之统会，九达之庄逵也。”[1] 庄浪距西宁三百七十里，凉州在其西北三百四十里，东至兰州二百二十里。从战略位置上看，庄浪是控扼河西走廊、青海河湟地区并且是连接内地的绝佳枢纽。其次，相对于先前的治所河州，将行都司迁至庄浪仍可以对河州地区进行近距离牵制。

而就庄浪设衙时期的陕西行都司管辖范围而言，学者们的认识，仍然存在一定分歧。当时的陕西行都司以庄浪为基点，背靠陕西都司，面对河、湟地区及河西走廊。据史料反映，河湟与河西地区的军队后勤补给在洪武十年（1377）之前和之后很多年是由陕西都司来进行管理，而非由陕西行都司管理。如《明实录》中就有直接证据可以证明。洪武十年九月“陕西都指挥使司言，庄浪卫旧军四千，后复增新军四千，地狭人众，难于屯驻。乞将新军一千人往碾北守御，一千人于西宁修城，暇则俱令屯种，止以旧军守御庄浪。诏从之。”[2] 又如洪武十九年八月，“诏陕西都指挥使司，令诸卫土著铁甲马军悉令整备器械，赴京给赏听操。惟西宁、西凉二卫临边，且留守御。”[3] 这种情况大致持续到洪武二十六年（1393），陕西行都司正式迁至甘州立衙之后才有变化。据《明太祖实录》记载：

> 陕西行都司言，山丹、永昌、凉州、西宁四卫军士之马系临边征调之数。宜以官仓所储料豆支与饲养，庶可调用。其屯田军士之马，则于各军岁输数内免其十之二以给饲之。又言甘州五卫军士，分耕塞

[1]〔清〕梁份著，赵盛世、王子贞、陈希夷校注：《秦边纪略》卷1《庄浪卫》，西宁：青海人民出版社，1987年，第87页。

[2]《明太祖实录》卷115洪武十年九月丁丑，台北：台湾“中央研究院”历史语言研究所，1962年影印本，第1881页。

[3]《明太祖实录》卷179洪武十九年十一月，台北：台湾“中央研究院”历史语言研究所，1962年影印本，第2713页。

上，一伍之中有远至二百里者，军不成伍，将吏不能朝夕督视，以致军士怠惰，所获不足自食，继今宜令一百户为一屯，以便耕种。[1]

上述记载表明，此时的陕西行都司的职能依然停留在战时前沿指挥部门的层面上，而非日后旨在屯戍一体的军事管理机构。明朝将河湟以及河西地区军事后勤调度的权力交由陕西都司统一规划，并不能说明陕西行都司就没有所属卫所。其真实的状况应该是陕西行都司负责该地区的军事战争活动，而把后勤交由陕西都司。这样一来，陕西行都司的军事补给直接由陕西都司负责。一则强化和突出了陕西行都司的军事职能，二则使得其军事补给来源更为稳定和坚实。

而就其治所位置与管辖区域的相比较来看，陕西行都司当时的局势则反映了明朝在西北地区进取的局限性。陕西行都司治所被设立于庄浪，而没有设立在管辖区域较为居中之地。这说明：第一，至少在洪武十二年（1379）至洪武二十六年（1393）之间，明朝在青海河湟及其河西走廊地区的统治没有趋于稳定，明朝采取的是一种逐片梳理的策略。第二，明朝军事实力暂时无法满足于西北地区的镇戍活动。短时期的收缩应该是为了支援对全国别的地区的统一战争活动。

就河西及青海河湟地区而言，虽然在洪武初年明军对该地区的征服活动促使了地方上层政治势力向明朝政府的归附。但明朝政府对于新附边疆地区的管理依然保持在与当地少数民族首领和故元官员在政治上约定性质的层面。明军只是少量驻守当地重要枢纽和要塞。一旦出现变乱，明朝政府只能从邻近的陕西都司抽调兵马进行干预。洪武十二年（1379），明朝将陕西行都司治所设于庄浪，根本目的应是在于日后对河西走廊和青海河湟地区的军事进取和长期驻守。而其直接目的在于策应明朝当时在该地区及其周边的军事活动。就在同一年，西平侯

〔1〕《明太祖实录》卷236洪武二十八年二月庚午，台北：台湾“中央研究院”历史语言研究所，1962年影印本，第3451－3452页。

沐英大破西番各部。对此，明太祖敕书沐英制定戍守策略。明太祖在敕书中说："捷音至，知番寇溃散，大军见追余党，西番已定，河州二卫之兵止留一卫，以一卫守洮州，其岷州守御士卒未可轻动，宜留以镇静之。"[1] 敕书中流露出明太祖对当地动荡局势的担心。即使如此，一旦该地局势暂时平静下来，明朝为进行统一战争而不得不调动明军主力继续转战他处。洪武十三年（1380）明太祖"以故元国公脱火赤、枢密知院爱足率众万余屯于和林，恐为边患，命西平侯沐英率陕西兵往讨之。"[2] 沐英率军越过贺兰山，度流沙，攻取甘肃边外亦集乃路（今额济纳旗），并且"擒脱火赤、爱足等，尽获其部曲以归"[3]，取得了对元战争的又一次巨大胜利。

与沐英攻取亦集乃路相呼应，濮英和宋晟在河西走廊训练军士，并在针对西域地方政权的军事活动中取得较大成果。《明太祖实录》中称："都督濮英练兵西凉，袭虏故元柳城王等二十二人，民一千三百余人，并获马二千余匹，遣使以所获符印来上，"[4] 并且"复请督兵略地，开哈梅里之路以通商旅"。明太祖答复二人："所获人畜略地之请，听尔便宜，但将以谋为胜，慎毋忽也，所获马二千可付凉州卫。"[5] 从《明太祖实录》这两条史料中可看出明军当时在河西地区的军事据点主要是以凉州（今武威）为中心。虽然早在洪武五年（1372）十一月就设立了甘肃卫，但当时的凉州才是明军在河西地区的大本营。明朝在河西地区镇戍体系的重心是逐步向西域地区推

---

[1]《明太祖实录》卷123洪武十二年三月庚午，台北：台湾"中央研究院"历史语言研究所，1962年影印本，第1982页。

[2]《明太祖实录》卷130洪武十三年二月壬申条，台北：台湾"中央研究院"历史语言研究所，1962年影印本，第2060－2061页。

[3]《明太祖实录》卷130洪武十三年三月壬子，台北：台湾"中央研究院"历史语言研究所，1962年影印本，第2074页。

[4]《明太祖实录》卷131洪武十三年四月甲申，台北：台湾"中央研究院"历史语言研究所，1962年影印本，第2078页。

[5]《明太祖实录》卷131洪武十三年四月丁亥，台北：台湾"中央研究院"历史语言研究所，1962年影印本，第2286页。

进的。

洪武十五年（1382），沐英转战于云南后，明太祖对于西北边疆地区的策略开始转向于守势。同年六月，明太祖给河西驻军的诏书中告诫他们以守卫为要务。他说：

> 七月二十日晚，彗星出西北，主有贼兵出入，宜警备。自今回回之地有马驼羊畜入境，止遣亲信一二人往视，切勿发兵迎之，此辈或假以贸易为词，伏贼兵于后也。慎之！慎之！[1]

而据《明太祖实录》中记载的明太祖的一道敕书中可得知当时明军主力的动向。这条史料可以进一步解释明朝在河西地区采取守势的直接原因。洪武十五年（1382），明朝大军在云南粮草转运中出现问题，使得明军难以动弹，胶着在当地。明太祖下旨给征南将军颍川侯傅友德、左副将军永昌侯蓝玉、右副将军西平侯沐英。他说道：

> 近得报知盘江道路尚梗，且乏粮食，符到可留兵四百守水西城，以观霭翠动静。普定亦留兵如水西，且令两军合势，日攻乌撒诸蛮，取粮为食，彼将奔命不暇，尚暇捣我空城耶，不然则士卒饥困矣。[2]

明军主力转战云南造成戍守河西地区军力的明显不足，这成为明朝戍守西北地区的制约因素。而且早在洪武十三年（1380），濮英、宋晟横扫西域残元势力之后，明太祖在战利品的分配问题上指示他们“所获马二千可付凉州卫。”从中可见当时驻守河西的明军对于马匹的需要是十分迫切的，这从一个侧面反映明军补给的不足，从而也反映出河西明军大多是装备和给养不足的守卫军队。

洪武十九年（1386），濮英“奏西宁卫旧城卑狭，不堪戍

［1］《明太祖实录》卷146洪武十五年七月己巳，台北：台湾“中央研究院”历史语言研究所，1962年影印本，第2292页。

［2］《明太祖实录》卷146洪武十五年六月丙戌，台北：台湾“中央研究院”历史语言研究所，1962年影印本，第2286页。

守，今度城西百二十里许，其地平衍，可以改筑。”[1] 因物资和军力两方面都匮乏，虽然明朝“调巩昌、临洮、平凉三卫军士筑之，”但最终还是“未几复停其役”。从《明太祖实录》中我们还发现明太祖在洪武二十年（1387）九月，“命长兴侯耿炳文率陕西诸卫军士城西宁。”[2] 一个月后，明太祖又“诏长兴侯耿炳文率陕西土军三万三千人往云南屯种听征。”[3] 足可见当时从西北地区调集了大量军士前往云南，直接导致西北地区军力和物资匮乏。

由上可知，明政府在西北地区采取守势的原由，首先是由于西北地区基本归属明朝，局势暂时趋于稳定；其次是由于全国性统一战争需要，明军主力转向他处。

第三节　甘州时期的陕西行都司

洪武二十三年（1390），明朝基本平定了辽东和云南地区，重新将注意力投向对河西地区的控制。从战略地位来看，甘州在地理位置上更具枢纽意义。明朝将镇戍中心放在甘州，对于周边的肃州、西宁、亦集乃路都可以居中控驭。加之明初在边卫推行卫所屯田制度，土地肥沃、灌溉充足的甘州平原则更是明军大规模屯守河西地区的不二之选。同时，在明朝君臣看来，控制河西走廊不仅可以防止北方蒙古和西番诸族的联合，而且可以效法汉唐将其作为出击北虏的重要策源地，通过河西走廊继续向西域开拓。所以，洪武二十四年（1391）至洪武三十年（1397）前后，是明朝以甘州为核心巩固和加强河西诸卫所的主要时期。

明代甘州五卫，“其地东有武威，西有酒泉，南有祁连之阻，北有合黎之环。南北相距，仅可百里，如筑甫道，中通一

[1]《明太祖实录》卷177洪武十九年正月壬午，台北：台湾“中央研究院”历史语言研究所，1962年影印本，第2677页。

[2]《明太祖实录》卷186洪武二十年十月丙寅，第2784页。

[3]《明太祖实录》卷186洪武二十年十月丙寅，第2789页。

线，通饷道而接声援耳。”〔1〕肃州卫在其卫西五百四十里，祁连山在卫南一百五十里。“南临番夷，北接胡虏。广一百八十五里，袤三百五十里。”虽然早在洪武五年（1372）明军就横扫了河西走廊及其周边地区，但故元势力仍然继续周旋在该地区。至洪武十三年（1380）前后，在濮英和宋晟的诸多努力下，故元势力渐渐败退出甘、凉一线。明朝借此良机加紧了对河西及其河、湟地方的军事力量的布置。洪武十四年（1381），明朝“置庄浪、西宁马驿四，庄浪卫二，曰在城、曰大通河，西宁卫二，曰在城、曰老鸦城。”〔2〕明朝此举加强了西宁、庄浪一线之间的军事联系。洪武二十年（1387）九月，明太祖“命长兴侯耿炳文率陕西诸卫军士城西宁”〔3〕，西宁卫虽然早在洪武六年就已设立，但在管理层面上等同于内地卫所则是通过此次驻军而得以完成。洪武二十三年（1390）九月，明朝在元朝山丹州的旧址置山丹卫指挥使司，“调凉州卫左等三所并武功屯田官军、各卫多余军士，设立左、右、中、前、后五所。”山丹位于甘州以东一百二十里，“石硖山口在卫东八十里”，“祁连山在卫南五十里”，“焉支山在卫城东南一百二十里”，“连甘、肃、凉诸卫”，为河西屯兵之要塞。时隔仅三月，也就是洪武二十三年（1390）十一月，明朝在洪武五年所设立的甘肃卫的基础上在肃州正式“置甘州左卫”。

与之同时，明朝也在努力扫清河西周边有威胁的地方政权。位于河西走廊地区西北部的哈密兀纳失里王是其中较为突出的一例。洪武二十四年（1391）二月，“西域哈梅里王兀纳失里遣使请于延安、绥德、平凉、宁夏以马互市。”〔4〕对此明

〔1〕〔清〕梁份著，赵盛世、王子贞、陈希夷校注：《秦边纪略》卷三《甘州卫》，西宁：青海人民出版社，1987年，第169页。

〔2〕《明太祖实录》卷140洪武十四年十二月乙卯，台北：台湾“中央研究院”历史语言研究所，1962年影印本，第2209页。

〔3〕《明太祖实录》卷185洪武二十年九月，台北：台湾“中央研究院”历史语言研究所，1962年影印本，第2784页。

〔4〕《明太祖实录》卷207，洪武二十四年二月戊午朔条，台北：台湾“中央研究院”历史语言研究所，1962年，第3087页。

太祖认为兀纳失里"黠而多诈"，并且担心其"今求互市，安知其不觇我中国乎？"所以告诫边臣说："利其马而不虞其害，所丧必多，宜勿听。"[1] 可见明朝对于当时的哈密政权较为提防。对此，和田清认为："哈梅里王兀纳失里这种深入明境内地要求互开马市的势力，必定扩展到今河套西套地方。如此风靡四邻的哈梅里，更进一步，便阻碍了西域各国与明通贡。"[2] 和田清一语点明了其中缘由：除了哈密当时没有归附明朝这一情况外，另外一个最重要因素就是哈密阻碍和意欲垄断对明朝的贸易。为达到此目的，"西域回纥来朝贡者多为哈梅里王兀纳失里所阻遏，有从他道来者，又遣人邀杀之，夺其贡物。"[3] 鉴于此种情况，明朝遂"命左军都督佥事刘真宋晟率兵征哈梅里。……（刘）真等由凉州西出哈梅里之境，乘夜直抵城下四面围之。……真等遂攻破其城，斩豳王列儿怯帖木儿国公省阿朵儿只等千四百人，获王子别列怯部属千七百三十人，金印一，银印一，马六百三十四。"[4] 哈密兀纳失里王就此一蹶不振，从河西走廊北部地区退缩至哈密城周边。明朝就此降服了阻碍在西域贡道上的哈密政权。西域诸国得以与明朝通贡往来。哈密政权更是在次年十二月"遣回回哈只阿里等来贡马"[5]，以示臣服。

而就在哈密政权遣使朝贡以示臣服前，即洪武二十五年（1392）三月，明太祖派遣功臣宿将前往各地整备军务。除河南外，整顿的重点在于山、陕地区的边备，河西及河湟地区则

[1]《明太祖实录》卷207，洪武二十四年二月戊午朔条，台北：台湾"中央研究院"历史语言研究所，1962年，第3087页。

[2]（日）和田清著，潘世宪译：《明代蒙古史论集》上册，北京：商务印书馆，1984年，第42－43页。

[3]《明太祖实录》卷211洪武二十四年八月乙亥，台北：台湾"中央研究院"历史语言研究所，1962年，第3138页。

[4]《明太祖实录》卷211洪武二十四年八月乙亥，台北：台湾"中央研究院"历史语言研究所，1962年，第3138页。

[5]《明太祖实录》卷223洪武二十五年十二月辛未，台北：台湾"中央研究院"历史语言研究所，1962年，第3264页。

由宿将蓝玉前往主持。他下旨：

命宋国公冯胜等往陕西、山西、河南简阅士马。……颍国公傅友德理山西都指挥使司属卫。曹国公李景隆理巩昌、岷州、洮州、临洮、河州五卫。凉国公蓝玉往理兰州、庄浪、西宁、西凉、甘肃等七卫。宣宁侯曹泰理汉中、秦州、金州三卫。长兴侯耿炳文理庆阳、延安、绥德、宁夏左、右二屯凡五卫。东平侯韩勋理潞州、平阳二卫。安庆侯仇政理振武、朔州二卫。西凉侯濮玙理岢岚、蔚州二卫。定远侯王弼理彰德、怀庆、宁山三卫。江阴侯吴高理睢阳、归德、武平三卫。全宁侯孙恪理河南、安吉、宁国、宣武、弘农、潼关六卫。东莞伯何荣理陈州、颍川二卫。卫先伯桑敬理南阳、信阳等三卫，仍戒以各慎乃事，务安军民。”[1]

到五月，蓝玉率兰州诸卫将士追击寇边的番族至青海东部地区，顺道大败罕东诸番，进而廓清了西宁卫周边敌对势力。明朝因势利导，在甘州地面相继设立前、后、中、右、左（中中）等卫所。

关于陕西行都司迁移至甘州的时间问题，《明太祖实录》中记载：洪武十二年“复置陕西行都指挥使司于庄浪，后徙于甘州”。而没能提及陕西行都司迁移至甘州的确切时间。《大明一统志》中将陕西行都司治所迁移至甘州的时间明确为“二十六年，始于此置陕西行都司”[2]。清代所撰修的《明史》中应该是沿用《一统志》里的说法，亦确定为“二十六年，陕西行都指挥使司自庄浪徙置于此。”[3] 这在清代已基本被认同，在顾祖禹所著《读史方舆纪要》和杨春茂《重刊甘镇志》中也都确定是在洪武二十六年。

---

〔1〕《明太祖实录》卷217洪武二十五年三月癸未，台北：台湾“中央研究院”历史语言研究所，1962年，第3187－3188页。

〔2〕〔明〕李贤、彭时等：《大明一统志》90卷，1965年台湾影印本。

〔3〕〔清〕张廷玉等：《明史》卷42《地理志三》，北京：中华书局，1974年，第1013页。

从陕西行都司相关官员的迁调上，我们可以将设立时间更加精确一步。洪武二十五年（1392）二月戊午，明太祖“诏在外公侯伯还京师”[1]，同时命“都督宋晟于凉州卫，都督刘真于甘肃卫”[2]，“仍训练军马以俟后命”[3]。同月，明太祖“以西凉、山丹等处远在西陲，凡诸军务宜命重臣专制之，乃命都督宋晟为总兵，都督刘真副之，遣使制谕曰：‘其西凉、山丹诸卫军马凡有征调悉听节制’”[4]。这样一来，将原本宋晟和刘真分别镇守的凉州、山丹和甘州、肃州两个区域合并为一个区域，成为洪武二十六年以后陕西行都司辖区的最早雏形。紧接着洪武二十六年二月“丙戌，置陕西行都指挥使司所属经历、断事二司。”[5] 以此最终判定陕西行都司迁移至甘州就是在洪武二十六年一月前后。时隔二月，明朝“命右军都督府都督佥事宋晟、刘真同署陕西行都指挥使司事。”[6] 这更是宣布了陕西行都指挥使司在人事层面上的正式确立。次年四月，“以尚宝司丞杨能为都指挥使，洮州卫指挥使陈晖、宋国公冯胜子克让为都指挥同知，俱署陕西行都指挥使司事。”[7] 二十八年四月，又以“王英为陕西行都指挥使司都指挥同知”[8]。在一年多的时间里增设机构和补充官员的密集行为，可以视作

[1]《明太祖实录》卷216洪武二十五年二月戊午，台北：台湾“中央研究院”历史语言研究所，1962年影印本，第3178页。

[2]《明太祖实录》卷216洪武二十五年二月戊午，台北：台湾“中央研究院”历史语言研究所，1962年影印本，第3179页。

[3]《明太祖实录》卷216洪武二十五年二月癸酉，台北：台湾“中央研究院”历史语言研究所，1962年影印本，第3179页。

[4]《明太祖实录》卷216洪武二十五年二月癸酉，台北：台湾“中央研究院”历史语言研究所，1962年影印本，第3183页。

[5]《明太祖实录》卷225洪武二十六年二月丙戌，台北：台湾“中央研究院”历史语言研究所，1962年影印本，第3297页。

[6]《明太祖实录》卷227洪武二十六年四月乙酉，台北：台湾“中央研究院”历史语言研究所，1962年影印本，第3312页。

[7]《明太祖实录》卷232洪武二十七年四月癸未，台北：台湾“中央研究院”历史语言研究所，1962年影印本，第3396页。

[8]《明太祖实录》卷238洪武二十八年四月辛巳，台北：台湾“中央研究院”历史语言研究所，1962年影印本，第3470页。

明朝将陕西行都指挥使司移驻甘州后，加强机构人事建设的重要举动。

洪武年间，调配官员充实陕西行都司的用意也在于协助肃王戍守，加强对河西及河湟地区的控制，实现军政中心从凉州推进到甘州的军事策略。皇子受封藩王出镇各地是洪武年间军事制度的重要组成部分，前后共有19位藩王出镇各地。洪武二十五年（1392）三月庚寅，明太祖改封汉王楧为肃王，并且下令开始在甘州修建其驻地，陆续配置护卫指挥使司。”[1]

洪武二十六年正月，明太祖下诏命令肃王就藩，希望早日派遣藩王镇守各地以巩固中央政权。明太祖“初命肃王都甘肃”，但“以陕西各卫兵未集，命驻平凉”[2]。而甘州卫所也在继续加强军力，修筑城池的工作。明太祖将甘州作为肃王守边的据点，成为河西以及河湟地区的军事和政治中心，取代了先前凉州的地位。洪武二十八年（1395），包括肃王在内的五位塞王同时派驻各个边镇，正式拉开了明代塞王守边的序幕。《明实录》就此记载：

> 诏置辽、宁、谷、庆、肃五王护卫指挥使司。命武定侯郭英会辽东都司，分调广、宁、义州等卫官军，置辽王广宁左、右二护卫。北平都司调大宁左、右二卫为宁王营州左、右二护卫。宣府左、右二卫为谷王宣府左、右二护卫。改兴州中护卫为宣府中护卫。陕西都司调庆阳卫为庆王宁夏左护卫，改宁夏卫为右护卫。调甘州在城官军，置肃王甘州右护卫，凡有差遣从王调用。[3]

[1]〔清〕张廷玉等:《明史》卷117《诸王二 · 肃王楧》,北京:中华书局,1974年,第3585页。

[2]〔清〕张廷玉等:《明史》卷117《诸王二 · 肃王楧》,北京:中华书局,1974年,第3585页。

[3]《明太祖实录》卷238洪武二十八年四月甲申,台北:台湾“中央研究院”历史语言研究所,1962年影印本,第3471页。

六月乙丑，“肃王楧始就国甘肃”[1]。当月明太祖下诏命令肃王节制陕西行都司军马。诏书中说：“陕西行都司甘州五卫及肃州、山、甘、永昌、西宁、凉州诸卫从肃王理之。”[2]这就足见在洪武二十六年以后陕西行都司从一个临时前沿指挥机构转变成为有着实际管辖地域的镇戍机构。而洪武二十八年肃王就藩镇守甘肃更是将河西及河湟地区强化成为明朝正式的军管行政区之一。

〔1〕《明太祖实录》卷239洪武二十八年六月乙丑，第3475页。
〔2〕《明太祖实录》卷239洪武二十八年六月丁亥，第3477页。

第九章　明代的关西诸卫

明初，征西大将军冯胜经略河西，破元军于亦集乃（今额济纳），收河西为明地，并设嘉峪关。明廷为安定边界统治西域，加强对西北少数民族的控制，在嘉峪关以西先后设置安定、阿端、曲先、罕东、赤斤蒙古、沙州（后沙州卫裁撤，又在其地增设罕东左卫）和哈密七个羁縻卫，史称“关西七卫”。其中，安定、阿端、曲先、罕东四卫在今天的青海省境内至新疆罗布泊一带；沙州卫和赤斤蒙古卫在今甘肃省河西走廊西部；哈密卫在今新疆境内。从历史渊源看，嘉峪关以西的元朝残余势力都属于察合台后裔诸王集团，主要分为二支：一是以沙州、哈密为中心的出伯后裔诸王集团，控制着西域北道咽喉；一是据有撒里畏兀儿之地的拜答寒后裔安定王集团，在沙州西南。明朝根据他们的政治地位和态度，采取了不同的策略。

第一节　关西七卫的设置及作用

一、关西七卫的设置

元世祖时，中亚蒙古宗王战乱不止，察合台汗国诸王纷纷投奔元朝，在元政府的帮助下，他们帐下的各游牧集团驻守于河西西部至畏兀儿之地。与此同时，元朝还在西域各地设有斡端宣慰司都元帅府、曲先塔林元帅府、北庭都元帅府等军政机构。元中期以后，察合台汗国势力渐盛，元朝在西域的诸王势力及军政机构逐步向东收缩。

明朝初年，明军收复河州及河西走廊后，开始招抚西宁、嘉峪关以西的蒙古诸王势力，按其历史渊源及活动地域，设立了七卫。

（一）安定卫

源于察合台后裔元朝安定王的一支。元仁宗皇庆二年（1313）九月戊申“封脱欢为安定王，赐金印”[1]。元末，其后裔卜烟帖木儿称“宁王”，应是明人译法不同。

洪武三年（1370）时，明廷派人持诏书招谕撒里畏兀儿众人。洪武七年（1374）六月，宁王卜烟帖木儿派属下麻答儿等带着贡品去朝见朱元璋。洪武八年正月卜烟帖木儿派卜颜不花带着贡品“上元所授金、银字牌，请置安定、阿端二卫，从之。乃封卜烟帖木儿为安定王，以其部人沙剌等为指挥”[2]。据《明太祖实录》，安定、阿端二卫分为四部，即安定、阿端（斡端/和阗）、苦先（曲先）、帖里（塔林/塔里木）[3]。可见安定王集团实际上是由退守塔里木盆地东缘的察合台后王、元代所设斡端宣慰司都元帅府、曲先塔林都元帅府残部组成。最初有二卫，元明以安定王统之，故统称为安定卫或安定诸卫。其族群主要是蒙古人和撒里畏兀儿人。《明史》记载：“安定卫，距甘州西南一千五百里。汉为婼羌，唐为吐蕃地，元封宗室卜烟帖木儿为宁王镇之。其地本名撒里畏兀儿，广袤千里，东近罕东，北迩沙州，南接西番”[4]。其方位大致在今新疆维吾尔自治区东南与甘肃、青海交界一带。此为安定三卫的早期驻地。

三卫渊源不同，内部矛盾重重。洪武十年，曲先卫指挥沙剌弑安定王卜烟帖木儿，王子板咱失里诛杀沙剌，沙剌的部将

[1]〔明〕宋濂：《元史》卷24《仁宗纪》，北京：中华书局，1976年，第558页。

[2]〔清〕张廷玉等：《明史》卷330《西域二》，北京：中华书局，1974年，第8550页。

[3]曲先、帖里实为一体，源自曲先塔林元帅府。所以安定四卫实际上是安定三卫。明初所设两卫，一种说法是设安定卫和阿端卫，另一种说法是设安定卫和曲先卫（安定卫即安定斡端卫，源自元安定王和斡端宣慰司都元帅府，曲先卫即曲先帖里卫，源自元曲先塔林都元帅府），蒙古突厥游牧集团发展到一定规模后，为适应游牧需要，往往分为左右两翼分散住牧，所以两卫分为四部，发展为四卫。就安定诸卫而言，二卫、三卫、四卫的说法都可以成立。

[4]〔清〕张廷玉等：《明史》卷330《西域二》，北京：中华书局，1974年，第8550页。

又杀了板咱失里，这一系列的变故引起了安定三卫内部大乱，又遇到了番将朵儿只巴叛乱，乱军在逃亡沙漠的时候，经过安定卫“大肆杀掠，夺其印去，其众益衰”[1]。到肃王就藩甘州时，安定部人派僧侣谒肃王，请求授官以安部众，肃王替他们向皇帝奏请此事，皇帝应之。洪武二十九年（1397），朱元璋派陈诚到达撒里畏兀儿地，“复立安定卫，其酋长哈孩虎都鲁等五十八人悉授指挥、千百户等官”[2]。此后至永乐初年，明廷陆续再置阿端卫、曲先卫。安定三卫遂为明代定制。

永乐四年（1406），安定卫迁徙到了苦儿丁，“苦儿丁”又做“昔儿丁”，史学界一般认为是柴达木盆地西缘的“色尔腾”的音变，位于今天青海冷湖镇苏干湖至哈尔腾下游，此为安定卫的第二个驻地。永乐二十二年（1424），朝廷派中官乔来喜和邓诚出使乌斯藏，安定指挥哈三孙散哥及曲先指挥散即思等率众截杀他们，并且杀朝使，抢夺财物。仁宗朱高炽大怒，派人追杀他们，一直到昆仑山西数百里，在雅令阔之地，截住了安定卫的人，而曲先卫的人望风而逃，哈三等部众不敢回到其故地。宣德元年（1426），朝廷派人将其招谕，回到故地的有七百余人。正统九年（1444），安定卫的都指挥佥事那南奔率众劫掠曲先人畜，朝廷命其归回，不听，反劫其行李。朝廷命令安定王出面追回，安定王为其求情，皇帝饶恕了那南奔。正德时，蒙古大酋长亦不剌、阿尔秃斯侵扰青海，“安定遂残破，部众散亡”[3]。据此可知，安定卫存在了大概一百三十多年。其迁移后的具体位置应是当时的肃州，即今天的甘肃酒泉肃州区附近。高自厚的《明代关西七卫及其东迁》中根据清朝和民国初年颁发给该族的草原执照，认为这部分部众继续东迁，最后到达了裕固族民间传说的八字墩草原[4]，此地在当时属肃

[1]〔清〕张廷玉等:《明史》卷330《西域二》,北京:中华书局,1974年,第8550页。

[2]〔清〕张廷玉等:《明史》卷330《西域二》,北京:中华书局,1974年,第8550页。

[3]〔清〕张廷玉等:《明史》卷330《西域二》,北京:中华书局,1974年,第8553页。

[4]高自厚:《明代的关西七卫及其东迁》,《兰州大学学报(社会科学版)》1986年第1期,第42－48页。

州辖区。

（二）阿端卫

阿端卫，也同安定卫一样在撒里畏兀儿地，也是洪武八年（1375）设置的，后来被朵儿只巴所侵扰而破散。永乐四年的冬天，阿端卫的酋长小薛、忽鲁札等入朝贡献，并且“复请置卫设官，从之，即授小薛等为指挥佥事”[1]。到了洪熙时，曲先酋长散即思欲抢劫朝廷使臣队伍，胁迫阿端卫指挥索鲁丹一同行事。事后，朝廷派兵征讨，阿端指挥索鲁丹便率众远逃，阿端卫的卫印又一次丢失。宣德年间，朝廷派人招抚，索鲁丹不敢回故地，便“依曲先杂处”[2]。后索鲁丹的儿子真只罕率部众回到帖儿谷旧地。帖儿谷在今青海茫崖镇尕斯湖西[3]，而《明史》提到“阿端故城在回回境，去帖儿谷尚一月程”[4]。由此可见，阿端的迁徙过程大致是从阿端故城（据岑仲勉考证阿端当为古“和阗”的变音）到撒里畏兀之地，再到帖儿谷。直到明英宗正统年间，阿端卫还数次入贡，宣德年间部分卫众与曲先部众一起迁至肃州南山。

（三）曲先卫

《明史》记载：“曲先卫，东接安定，在肃州西南。古西戎，汉西羌，唐吐蕃，元设曲先答林元帅府”[5]。由此可知，曲先卫在安定卫的西边，其东北方向为肃州。洪武初年，其酋长入贡，设置了曲先卫，后来也和安定、阿端一样遭到了朵儿只巴之乱的影响，其部众逃散，此后曲先一度并入安定，留居在阿真之地。永乐四年（1406）时，安定指挥哈三、散即思、三即等上奏：“安定、曲先本二卫，后合为一。比遭吐蕃把秃侵扰，不获宁居，乞仍分为二，复先朝旧制。”明廷从之，“即

---

〔1〕〔清〕张廷玉等:《明史》卷330《西域二》,北京:中华书局,1974年,第8553页。

〔2〕〔清〕张廷玉等:《明史》卷330《西域二》,北京:中华书局,1974年,8553页。

〔3〕邓锐龄:《明初安定、阿端、曲先、罕东等卫杂考》,《历史地理》第2辑,1982年,第58-65页。

〔4〕〔清〕张廷玉等:《明史》卷330《西域二》,北京:中华书局,1974年,8553页。

〔5〕〔清〕张廷玉等:《明史》卷330《西域二》,北京:中华书局,1974年,8554页。

令三即为指挥使，掌卫事，散即思副之。又从其请，徙治药王淮之地。自是屡入贡”[1]。药王淮大致在柴达木盆地西缘、青海尕斯湖附近。洪熙时，散即思和安定部酋长劫杀朝廷的使臣，事后，朝廷派人征讨，散即思率领部众远逃，不敢回到故地。宣德初年，皇帝赦免了他们的罪，派遣都指挥陈通等人前去招抚曲先众人，回到故地的有四万二千余帐。宣德五年（1430）六月，朝廷使臣从西域回京城，称散即思数次率领部众劫杀来往贡使，梗塞其道。皇帝大怒，命令都督史昭为大将，率左右参将赵安、王彧及中官王安、王瑾，督西宁诸卫军和安定、罕东之众一起征讨曲先。等到史昭等人到达曲先领地的时候，散即思率众逃跑，只有他的同伙脱脱不花等人迎战，结果脱脱不花被生擒，明军俘虏三百四十余人，获驼马牛羊三十四万多只。宣德六年（1431），散即思派他的弟弟千户坚都等向明朝进马赎罪。明宣宗赦免曲先罪责，放回了俘虏，令回故地居住。正统二年（1437），曲先头目黑麻乩遣指挥火丁等到京城入贡。成化中期，吐鲁番多次侵扰曲先，部众多逃溃。正德七年（1512），蒙古亦不剌、阿尔秃斯等部众窜逃青海，先后多次蹂躏曲先，部族逃离故地，其卫遂破，部分卫众迁居肃州南山。

（四）赤斤蒙古

《明史》记载：“出嘉峪关西行二十里曰大草滩，又三十里曰黑山儿，又七十里曰回回墓，墓西四十里曰骟马城，并设墩台，置瞭卒。城西八十里即赤斤蒙古。”[2] 可知赤斤蒙古大致在嘉峪关西二百四十里处，大约在今天玉门赤金堡附近。据《殊域周咨录》，王子庄、骟马城、大草滩一带，均为赤斤蒙古部落住牧地。

永乐二年（1404），“有塔力尼者，自称丞相苦术子。率所部男妇五百余人，自哈剌脱之地来归。诏设赤斤蒙古所，以塔

[1]〔清〕张廷玉等：《明史》卷330《西域二》，北京：中华书局，1974年，第8554页。
[2]〔清〕张廷玉等：《明史》卷330《西域二》，北京：中华书局，1974年，第8556页。

力尼为千户……八年，回回哈剌马牙叛于肃州，约塔力尼为援。拒不应，而率部下擒贼六人以献。天子闻之喜，诏改千户所为卫。”[1] 卫治在今甘肃玉门市赤金堡。十年，叛将老的罕逃匿到赤斤卫，塔力尼将老的罕交给明军，明廷将塔力尼封为指挥同知，赐予了丰厚的赏赐。正统元年（1436），赤斤蒙古指挥可儿即抢劫了阿端的贡品，并杀使臣二十一人，明廷严令其归还所抢之物。赤斤蒙古卫与蒙古脱欢帖木儿、猛哥不花大战，结果胜利了，朝廷封其首领为都指挥使。当时，瓦剌势力强大，经常侵略临近地区，赤斤首领且旺失加借口受到瓦剌的侵略，想要迁移到肃州，而朝廷基于种种考虑未答应其要求，并且要求边地将领加强对其的警戒。正统八年（1443），瓦剌酋长也先想要娶且旺失加之女为其儿妇，娶沙州困即来之女为其弟妇，困即来和且旺失加不同意，并且把这件事告知朝廷。朝廷以瓦剌势力强大不能轻易挑起争端为借口命令其同意这件事，而此二人始终没有从其愿。且旺失加死后，其子阿速嗣为都督佥事。正统十一年（1446），赤斤蒙古卫内部发生动乱，此后由哈密前去京城的使臣经常遭受来自赤斤蒙古侵扰。成化十九年（1483），野乜克力侵犯赤斤卫，大肆劫掠，赤斤遂破败，此后一蹶不振。正德八年（1513），吐鲁番又来劫掠赤斤，夺走卫印，部众多逃亡。随后，番族多次侵扰肃州，赤斤部众大部分迁移到肃州南山。

（五）沙州卫

《明史》记载：“自赤斤蒙古西行二百里曰苦峪，自苦峪南折而西百九十里曰瓜州，自瓜州而西四百四十里始达沙州。”[2] 其治所在今甘肃敦煌。宣德十年，小部分迁置苦峪（今玉门市玉门镇）。

永乐二年，沙州酋长困即来、买住率部众归附朝廷，设置沙州卫，赐印诰、冠带、袭衣。宣德七年（1432）沙州发生饥

〔1〕〔清〕张廷玉等:《明史》卷330《西域二》,北京:中华书局,1974年,第8556页。
〔2〕〔清〕张廷玉等:《明史》卷330《西域二》,北京:中华书局,1974年,第8559页。

荒，朝廷命令肃州授粮五百石对其进行救济。宣德九年，其酋长借口受到了罕东及西番的侵扰，希望迁徙到察罕旧城耕牧，朝廷拒绝其请求，但是敕令罕东及西番归还所劫财物。宣德十年又为哈密所掠，并且又惧瓦剌的侵扰，遂率部众二百余人出走，后又迁移到苦峪。这部分人从此再未回到沙州。正统元年，西域阿端的贡物被罕东头目及西番所劫掠，困即来奉命追回其财物，因而得到皇帝嘉奖，升其为都督同知。正统四年（1439）沙州都指挥使阿赤不花等一百三十余家获罪逃匿于哈密，而罕东头目班麻思结又侵占沙州领地。朝廷命令哈密归还阿赤不花等人，罕东归还侵占领地，并要求困即来安抚其部人，不得寻衅滋事。正统九年，困即来卒，长子喃哥率其弟克俄罗领占入朝，喃哥被授都督佥事之职，克俄罗领占授都指挥之职。回到沙州后，兄弟二人发生内斗，其部众遂分为两部分，甘肃镇将任礼等人欲乘其内部分裂将其部众迁至塞内，而喃哥使人告知欲居肃州小钵和寺，任礼便在正统十一年的秋天令都指挥毛哈剌等人带着喃哥先行回到沙州安抚其部众，而其亲自率人随后而至。但是，喃哥却徒生二意，他的部下大部分想要投奔瓦剌，任礼遂派兵将其部众全部迁至甘州，迁入甘州的有二百余户、一千二百三十余人。而沙州卫故地被罕东班麻思结所独有。

（六）罕东卫

《明史》记载："罕东卫，在赤斤蒙古南，嘉峪关西南，汉敦煌郡地也。"[1] 据赖家度的考证，其地西接曲先，南达安定，北至沙州，东界祁连[2]，学界部分人认为其有可能是党河上游的海屯地方，《殊域周咨录》记载："罕东在赤斤蒙古南，肃州卫境之西南也，古为瓜州地"[3]。诸书记载有些混乱，综合考虑，西宁北一百二十里的说法比较合理。

---

〔1〕〔清〕张廷玉等:《明史》卷330《西域二》,北京:中华书局,1974年,第8562页。

〔2〕赖家度:《明代初期西北七卫的设置》,《历史教学》1957年第8期,第30－32页。

〔3〕〔明〕严从简著,余思黎点校:《殊域周咨录》卷14,北京:中华书局,1993年,第474页。

罕东卫于洪武三十年设置，授其酋长索南吉剌思卫指挥佥事。永乐二年（1404），索南吉剌思与其兄答力袭等16人贡马，晋升为指挥使，答力袭晋升为指挥同知。洪熙元年，罕东卫指挥同知绰儿加从征曲先有功。宣德元年，晋升绰儿加都指挥同知。正统四年，罕东、安定一起侵犯西番申藏族，掠其牛马等畜数以万计。朝廷严厉斥责其归还财物。次年，绰儿加和班麻思结共同侵犯哈密，抢夺其人口、牛马。忠顺王遣人向其索要所获财物，而始终未曾归还。成化九年，吐鲁番攻陷哈密，罕东跟随都督李文出征，然而并不积极出力。后来吐鲁番每次侵扰四邻，因罕东有间道，明军假其道，皆索要给养。当时吐鲁番日渐强盛，几个卫都不能抵抗，正德时，蒙古大酋长入青海，罕东遭其蹂躏，后又有吐鲁番占据哈密，侵犯肃州，罕东残破。嘉靖七年，总督王琼将罕东都指挥枝丹部众安置在甘州南山。

（七）罕东左卫

罕东左卫位于沙州故城。永乐年间，罕东部人奄章不能与卫内部众和平相处，于是率领其部众逃到了沙州境内。朝廷允许其在沙州耕牧，其部落日益强盛起来，逐渐不受罕东的统率。宣德七年，奄章子班麻思结以从征曲先之功，被授为罕东卫指挥使。正统四年，沙州卫困即来以班麻思结侵占沙州领地为由，乞求朝廷命令班麻思结归还其地，而班麻思结拒不听令。沙州卫众全部内迁后，班麻思结尽占沙州之地，与瓦剌、哈密周旋。成化时，班麻思结卒，其孙只克嗣职。当时吐鲁番势力强大，屡次侵占哈密，与哈密相邻的罕东也经常受到侵扰。这时只克欲自成一卫，便上奏朝廷，自告奋勇守御西陲。成化十五年（1479），明朝下兵部商议，决定在沙州故城设置罕东左卫，以只克袭族职领卫事，不久晋升为都督佥事。亦不剌、罕东、安定经常侵扰罕东左卫，只克屡向朝廷求援。正德十一年，吐鲁番用兵罕东，只克之子乞台率其部众内迁至肃州。其部下帖木哥、土巴二人率部分卫众仍居沙州，服属吐鲁番。嘉靖七年夏，因不堪吐鲁番诛求，帖木哥、土巴率部族五千四百余人内徙肃州。

(八) 哈密卫

明初，哈密一带为察合台后裔元肃王兀纳失里领地。洪武二十四年，太祖命令刘真、宋晟率兵征讨哈密，攻陷其城，威震西域。永乐二年，其首领安克帖木儿（兀纳失里之弟）遣使来朝，明廷封安克帖木儿卫忠顺王。永乐四年明朝正式设立哈密卫，哈密卫是关西七卫中政治地位最高、地理位置最重要的一个卫。

哈密，地处天山东部，是丝绸之路与中西交通孔道，《明史纪事本末》卷40记载："东去肃州，西去土鲁番各千五百里"[1]。明人陈诚、李暹称"东南去肃州约一千六百余里，中间亦有大川，约三百余里，二三日方出川。北至瓦剌地面，疾行约一月程，西去火州三个城约千里。"[2] 成化八年（1472）哈密遭到吐鲁番部众的侵扰，金印被夺，其都督罕慎率部逃至甘肃苦峪，在此地休养十年后又复夺哈密。因其重要的地理位置，明王朝和吐鲁番开展了一系列争夺哈密的军事行动。《明史纪事本末》中明确记载，哈密部众为了躲避战乱，一部分迁至肃州东，一部分迁至金塔寺，在嘉靖四年又置哈密诸部在肃州。这件事在明人张雨的《边政考》有所记载："哈密卫新哈剌灰头目马黑麻打力，原在哈密城北他失把失城住坐，正德十一年暂安本城（肃州）关厢寄住"[3]。由此可见，在正德和嘉靖年间哈密卫的部众陆续迁移到肃州居住。

这八个卫所中，安定、阿端、曲先、罕东是在洪武年间初置、永乐年间复置的，赤斤蒙古、沙州、哈密是在永乐年间设置的，而罕东左卫设置时间最迟。下面将这几个卫所刚开始设置的地点及时间、迁移地点及时间、最终迁居地及时间加以归纳，以便直观察看这几个卫所的时间和空间变化情况。

---

〔1〕〔清〕谷应泰:《明史纪事本末》卷40,北京:中华书局,1977年,第587页。

〔2〕〔明〕陈诚著,周连宽校注:《西域番国志》,北京:中华书局,1974年,第112页。

〔3〕〔明〕张雨:《边政考》卷九《西羌族口》,《续修四库全书》第738册,上海:上海古籍出版社,2002年,第157页。

	设置时的位置及时间	迁移地点及时间	最终迁居地及时间
安定卫	汉代婼羌国地 洪武八年 （1375）	昔儿丁 洪武二十九年 （1397）	肃州 正德年间 （1512 年之后）
阿端卫	且末附近 洪武八年 （1375）		肃州南山 正德七年 （1512）
曲先卫	安定西 洪武十年之前 （1377 年之前）	药王淮 永乐四年 （1406）	肃州南山 正德七年（1512）
赤斤蒙古卫	今玉门赤斤堡附近 永乐八年（1410）		肃州南山 正德八年 （1513）
沙州卫	今甘肃敦煌 永乐二年 （1404）	苦峪 宣德十年 （1435）	甘州 正统十一年 （1441）以后
罕东卫	青海湖北 洪武三十年 （1397）		甘州南山 嘉靖七年 （1528）
罕东左卫	沙州故地 成化十五年 （1479）		肃州 正德十一年 （1516）
哈密卫	今哈密地区附近 永乐四年 （1406）	苦峪	肃州 嘉靖四年 （1525）

二、关西七卫设置的作用

明朝设立关西七卫的主要目的就是隔绝蒙古和西番，拱卫西北边疆。《明史》记载："我朝建哈密、赤斤、罕东诸卫，授官赐敕，犬牙相制，不惟断匈奴右臂，亦以壮西土藩篱”[1]。这是兵部给朝廷的奏疏，从中可以看出关西诸卫的重要作用。首先，收编嘉峪关外故元势力，设置卫所，任用当地部族的首领来管理，给予他们官职并使其相互监督，岁时朝贡，在一定程度上保证了中央对此地的控制。其次，各卫的设置起到了缓冲带的作用，减缓明廷的边防压力。《明史》称，诸卫设置后“西番之势益分，其力益弱，西陲之患亦益寡”[2]。这一段话充分说明关西诸卫与西番诸卫相辅相成，其体制是卓有成效的。用当时人的话来讲：“取不亡失遗镞，守不留兵屯戍，百年逋寇，扼其吭而有之，为国西藩，计诚盛哉!”[3] 成化十九年（1483），退居在苦峪城的哈密都督罕慎，在赤斤卫的援助下，曾从吐鲁番手中收复哈密城。诸卫接受明廷指挥调遣，视明朝为政治靠山，在遭遇瓦剌或者西番侵扰时能相互帮助，不论是卫所部众跟随明朝军队出征，还是卫所首领面对瓦剌的拉拢不为所动，都体现了其西陲屏障的作用。

关西诸卫的另一作用是维护丝绸之路的畅通，为西域各国的朝贡提供服务和保护。哈密诸卫“当西域要冲，诸番入贡至此，必令少憩以馆谷之，或遭他寇剽掠，则人马可以接护，柔远之道可谓至矣。”[4] 在吐鲁番东侵中断“金路”之前，即关西诸卫破散之前，明朝与西域之间的交通总的来说是畅通的。

关西七卫除哈密卫地位比较特殊、享有藩王的待遇外，其余诸卫与西番诸卫所辖的属番一样，承担岁纳差发马的义务，甚至“岁纳孳畜什一”。其中，沙州、赤斤二卫隶肃州，纳马于肃州；其余各卫纳马于西宁。

关西七卫的存在固然有许多积极方面的影响，但有限介

---

〔1〕〔清〕张廷玉等:《明史》卷330《西域二》,北京:中华书局,1974年,第8566页。

〔2〕〔清〕张廷玉等:《明史》卷330《西域二》,北京:中华书局,1974年,第8542页。

〔3〕〔清〕蒋棻:《明史纪事·兴复哈密》,《清代稿本百种汇刊》,台北:文海出版社,1974年。

〔4〕〔清〕张廷玉等:《明史》卷330《西域二》,北京:中华书局,1974年,第8565－8566页。

入、分而治之的政策带来的消极影响也是不言而喻的，七卫始终未形成合力。就这几个卫所本身来说，内部首领为争夺领导地位不断地发生内斗，“以剽掠为性”的生活方式等，削弱了其整体的实力，《殊域周咨录》中记载：“自肃州至于哈密千五百里之间，赤斤蒙古、罕东左等卫番夷，其初俱能睦族自保，厥后本类自相仇杀，部落遂渐离散。”[1]

由于明廷有恩无威的保守政策，关西诸卫与明廷的关系并不总是那样密切，其部众抢掠朝使的事情时有发生，对于朝廷的命令诸卫也不总是执行，如《明史》载，安定指挥使散哥和曲先指挥使散即思在永乐二十二年时，相约劫杀朝使并抢夺其财物。宣德初年，在朝廷出兵征讨时，命令安定卫和罕东卫随同出征，罕东卫不仅不听从其命令，反而乘机尽掠安定部庐帐和牲畜。正统九年，安定首领那南奔“率众掠曲先人畜”，朝廷派人去讨要，那南奔不仅不听其命令，还“反劫其行李”[2]。各卫相互的斗争，增加了此地不安定的因素，给瓦剌以可乘之机。

各卫的民族成分比较多元，有蒙古、畏兀儿、撒里畏兀儿、西番等族，其中蒙古族政治地位较高，其头目“根基正大”，有元室血统者称王，充任忠顺王、忠义王、安定王等，各卫的首领也多为蒙古人，其统辖之下的民族包括了撒里畏兀儿为主体的蒙、藏、汉等族，他们随着诸卫的东迁，在一个多世纪的融合中形成了河西特有的民族——裕固族。这个民族由于族源由两个主要部分，即撒里畏兀儿和蒙古族组成，因此在语言上形成了东西两个部分，但是共同的生活地域、共同政治生活和共同的民族文化使裕固族成为河西所独有的民族发展至今。

总之，在洪武、永乐时期，关西诸卫屏障作用十分明显。

---

〔1〕〔明〕严从简著，余思黎点校：《殊域周咨录》卷14，北京：中华书局，1993年，第468页。

〔2〕〔清〕张廷玉等：《明史》卷330《西域二》，北京：中华书局，974年，第8552页。

中央政府怀柔为主武力为辅，对于不服从命令的卫不是强制镇压，而是以宽容的政策来处理，使中央政府始终对七卫保持一种柔性的控制，既控制嘉峪关以西大局，又使中央政府以微小的代价换取长期的相对稳定。对于河西而言，诸卫的设置为其经济、文化的发展提供了稳定外部环境。明代中后期七卫的东迁，增加了河西的劳动力，为当地农业的发展提供了有利条件，农牧区之间的茶马互市和朝贡贸易不仅促进了汉藏地区的经济发展，满足了人民的生活生产需要，且有利于河西经济的发展。

第二节　出伯后裔诸王集团与哈密、沙州、赤斤三卫

明初，据有哈密、沙州、瓜州一带的是故元肃王、豳王和威武西宁王集团，这一集团主要由元世祖忽必烈至元年间从中亚归来的察合台后裔诸王及其部属组成。简单说，察合台第六子拜答儿之子阿鲁浑曾为察合台汗，由于汗位旁落，其子出伯和合班投奔元朝，在元朝扶持下形成了另一个察合台兀鲁思，与中亚的察合台汗国相对应。

明军攻下陇右后，河西元军以镇守哈密的肃王兀纳失里为首，作为北元政权的右翼集团，与明朝相抗衡。兀纳失里是出伯之子亦里黑赤之孙[1]，元末为出伯系察合台兀鲁思的宗主——大大王。洪武五年（1372），明太祖朱元璋发兵北征，企图“永清沙漠”，彻底平定北元政权的抵抗。他以徐达为征虏大将军，总兵十五万，分三路北征。其中冯胜、傅友德所率西路军出兰州，趋西凉，在永昌击败元军后，兵分两路，一路进抵亦集乃城（今内蒙古额济纳旗黑城），守将卜颜帖木儿以城

〔1〕顺帝元统二年五月己丑：“诏威武西宁王阿哈伯之子亦里黑赤袭其父封”，“阿哈伯”当为‘阿哈出伯”之误，意为大兄出伯。见《元史》卷38《顺帝纪》，北京：中华书局，1976年，第822页。

降；一路西至瓜州、沙州，驱走元军，获马驼牛羊二万而还[1]。尽管后来明军在肃州站稳了脚跟，但由于中路军、东路军相继败还，北元政权乘机反扑，明军疲于守边，只能划嘉峪关而守。

明洪武十三年（1380），河西守将濮英请督兵略地，开哈梅里（哈密）之路，以通商旅，得许便宜行事。是年五月，“都督濮英兵至白城，获故元平章忽都帖木儿。进至赤斤站之地，获故元豳王亦怜真及其部属 ·千四百人，金印一。”[2] 七月甲辰，“都督濮英兵至苦峪，获故元省哥失里王、阿者失里王之母、妻及其家属，斩部下阿哈撒答等八十余人，遂还兵肃州。”[3] 白城约今金塔县绿洲。《大元马政记》作“甘肃州察罕八剌哈孙”，顺帝至元二年（1336），“以甘肃行省白城子屯田之地赐宗王喃忽里”[4]。此时喃忽里已死多年，赐地系指豳王位下而言，可知白城于顺帝时成为豳王分地。直至明宣德九年，沙州卫掌卫事都督佥事困即来还因不堪吐鲁番侵侮，上书明廷，要求迁回“察罕旧城居住”[5]。赤金站在今玉门市西北20里，即明代赤斤卫所在地，苦峪在今玉门镇一带。诸王阿者失里、豳王亦怜真、诸王省哥失里等，从其王号及亲属关系看，都是豳王出伯后裔。两军的作战态势充分说明肃州以西确实是豳王分地。

经过洪武十三年的讨伐，豳王家族受到重创，退往哈密。加上洪武二十年以后，明军在辽阳、捕鱼儿海（今内蒙古呼伦贝尔湖）两大战役中，大败北元主力，脱古思帖木儿汗逃至土

---

〔1〕《明太祖实录》卷74洪武五年六月戊寅条，台北：台湾“中央研究院”历史语言研究所，1962年影印本，第1358页。

〔2〕《明太祖实录》卷131洪武十三年五月壬寅条，台北：台湾“中央研究院”历史语言研究所，1962年影印本，第2087页。

〔3〕《明太祖实录》卷132洪武十三年七月甲辰条，台北：台湾“中央研究院”历史语言研究所，1962年影印本，第2104页。

〔4〕〔明〕宋濂等：《元史》卷39《顺帝纪》，北京：中华书局，1976年，第837页。

〔5〕《明宣宗实录》卷110宣德九年四月壬申条，台北：台湾“中央研究院”历史语言研究所，1962年影印本，第2473页。

拉河一带，被西蒙古支持的阿里不哥后裔也速迭儿王袭杀，北元走向分裂，出伯后裔诸王集团也与邻境部落混斗不断，在明使招抚下，开始向明纳贡输诚。洪武二十一年的《纳门驸马书》反映了这一转折：

上大明皇帝行纳门驸马、昂客秃剌勇士奏事，俺的根源兀鲁思主人成吉思合罕的圣旨里，主人察阿歹合罕行随分出达达百姓行整治着，祖宗里俺的委付着管教着有来，那时以来天护助着，平常但在前道理依着委付着有，今恩赐呵大国的基址，这些这些上相接的时分，使臣传言语的道理依着行教着，商贾路道教开通，古纳失里王行合迷里从行的大兀鲁孙基址行寻着整治的皇帝的圣旨知者，奏事俺的龙年冬的头目的八初行，合剌迭列有的时分写了。[1]

合剌迭列当为合剌迭别之误，即《西陲土地人物略》所记钵和寺城与腊竺城之间的哈剌帖乢。古纳失里又作兀纳失里，即出伯之子亦里黑赤的后裔。书中可见在当时吐鲁番、哈密一带蒙古人的观念中，占据哈密的兀纳失里王是大兀鲁思的整治者，该兀鲁思即成吉思汗分封给察合台让其整治的那个兀鲁思。元末明初时其范围东抵肃州，西近吐鲁番。直至明弘治年间，吐鲁番速檀阿黑麻冒认察合台正统，致书沙州头目追溯这段历史时还说：

在前我祖宗拜答儿主人的子孙在哈密往（住）来，你沙州、瓜州大小人民皆属管束，进贡好物，和气住坐。此地原是我祖宗住的地方，如今我得了，缘何不照前例进贡？[2]

《纳门驸马书》的内容表明，洪武二十一年以后，哈密的出伯后裔诸王集团已经接受明朝招抚，在纳贡互市、保证商路

[1]〔明〕火源洁：《华夷译语》，《丛书集成续编》第20册，上海：上海书店，1994年，第970页。

[2]〔明〕许进：《平番始末》，上海：上海古籍出版社，2002年，《续修四库全书》（史部第433册）影印本，第261页。

畅通的前提下，明朝让其延续元朝以来在当地的统治。由于兀纳失里并未履行开通道路的承诺，“西域回纥来朝贡者，多为哈梅里王兀纳失里所阻遏，有从他道来者，又遣人邀杀之，夺其贡物。”[1] 引起明朝不满。洪武二十四年（1391），明军再次由凉州出发，西出哈密之境，乘夜包围了哈密城。《明实录》载城破后：

> 斩豳王列儿怯帖木儿、国公省阿朵儿只等千四百人，获王子别列怯部属千七百三十一人，金印一，银印一，马六百三十匹。[2]

《全边略记》则云：

> 擒其伪王子别列怯、豳王桑里失哥、知院岳山等，杀其国公阿朵只，俘获虏众千三百人及金银印，悉送京师。[3]

对照《贵显世系》的记载，可以判定列儿怯帖木儿为别儿怯帖木儿（Bilka – Timur）之误，为豳王南木忽里之孙、不颜帖木儿之子。桑里失哥应为桑哥失里之误，也就是洪武十三年从苦峪逃走的省哥失里王。

经过这次打击，出伯集团元气大伤，豳王家族覆灭，肃王家族也一蹶不振，此后连年向明朝纳贡。明成祖即位后，对外采取积极的进取政策，可能是慑于这种压力，永乐二年六月，继承兄位的安克帖木儿遣使来朝，表请赐爵。明成祖命礼部尚书李志刚会太子太傅、成国公朱能等议。志刚等议奏：“安克帖木儿兄忽纳失里元封威武王，改封肃王。忽纳失里卒，安克帖木儿继为肃王。今既内属，宜仍王爵而改封之。”明成祖说：“前代王爵，不足再论。今但取其能归心朝廷而封之，使守其

---

〔1〕《明太祖实录》卷211洪武二十四年八月乙亥条，台北：台湾“中央研究院”历史语言研究所，1962年影印本，第3138页。

〔2〕《明太祖实录》卷211洪武二十四年八月乙亥条，台北：台湾“中央研究院”历史语言研究所，1962年影印本，第3138页。

〔3〕〔明〕方孔炤：《全边略记》卷5《甘肃略》，上海：上海古籍出版社，2002年《续修四库全书》影印本，第738册，第364页。

地，绥抚其民可也。”遂封为忠顺王，遣指挥使霍阿鲁秃等赍敕封之，并赐之彩币。同时，“以头目马哈麻火只等为指挥等官，分其众居苦峪城”[1]。说明其统治仍及于瓜、沙一带。

永乐三年，安克帖木儿卒，无嗣，明朝册封安克帖木儿兄子脱脱为忠顺王，因脱脱自幼被俘入中原，在当地没有根基，难以服众。永乐四年（1406）三月，设哈密卫，给印章，以其头目马哈麻火者等为指挥、千百户、镇抚，辜思诚、哈只、马哈麻为经历，周安为忠顺王长史，刘行为纪善，以辅脱脱。在一定程度上直接介入了对当地的统治。

沙州卫的设立与哈密大体同步，《明史》卷330《沙州卫传》载，“洪武二十四年，蒙古王子阿鲁哥失里遣国公抹台阿巴赤、司徒苦儿兰等来朝，贡马及璞玉”。阿鲁哥失里无疑就是《贵显世系》中的速丹沙之子 Arkashirin，与元代的西宁王家一脉相承，沙州为其分地。联系洪武十三年濮英西讨还师后沙州复为蒙古人所据，以及洪武二十四年明军攻破哈密后，沙州蒙古王子阿鲁哥失里来降的事实，可知明初据有沙州的仍是这支蒙古。永乐二年，沙州蒙古“酋长困即来、买住率众来归，命置沙州卫，授二人指挥使，赐印诰、冠带、袭衣”[2]。该卫无疑与出伯家族的西宁王系统有密切关系，但困即来、买住并非王室，可能是阿鲁哥失里之后王统绝嗣。

赤斤卫的设立也与出伯后裔诸王集团有地域和隶属关系。永乐二年九月，“诏设赤斤蒙古所，以塔力尼为千户，赐诰印、彩币、袭衣”[3]。八年，“诏改千户所为卫，擢塔力尼指挥佥事”[4]。塔力尼自称丞相苦术子，这里的丞相，当然不是一般

[1]〔明〕严从简著，余思黎点校：《殊域周咨录》卷12《哈密》，北京：中华书局，1993年，第412页。

[2]〔清〕张廷玉等：《明史》卷330《西域二·沙州卫传》，北京：中华书局，1999年，第5736页。

[3]〔清〕张廷玉等：《明史》卷330《西域二·赤斤蒙古卫》，北京：中华书局，1999年，第5734页。

[4]〔清〕张廷玉等：《明史》卷330《西域二·赤斤蒙古卫》，北京：中华书局，1999年，第5735页。

意义上的丞相，而应是《重修文殊寺碑》所提到的察合台兀鲁思的“众宰相官员”，即出伯后裔诸王集团中某王府的王傅或王相。苦术（阔出）为蒙古人名，塔力尼则为蒙藏混血儿，“先是，苦术娶西番女，生塔力尼；又娶蒙古女，生都指挥琐合者、革古者二人。各分所部为三，凡西番人居左帐，属塔力尼，蒙古人居右帐，属琐合者，而自领中帐。后苦术卒，诸子来归，并授官。”[1] 可知赤斤蒙古卫主要由蒙古族和藏族组成。

从设立的时间和部落关系看，哈密、沙州、赤斤同属出伯后裔诸王集团，三卫的设立是统一行动。如沙州头目只克所言：“先年设立哈密、赤斤、罕东三卫，如一家一般。”[2] 这里的罕东卫指迁到沙州取代了沙州卫的罕东部落，设立之初是沙州卫。

第三节　安定王集团与撒里畏兀儿诸卫

在盘踞哈密、沙州的出伯后裔诸王集团与明军对抗期间，游牧于撒里畏兀儿之地的故元安定王集团却接受了明朝的招抚。《明史》卷330《西域二·安定卫》载：

> 洪武三年（1370），遣使持诏招谕。七年（1374）六月，卜烟帖木儿使其府尉麻答儿等来朝，贡铠甲刀剑诸物。太祖喜，宴赍其使者，遣官厚赍其王，而分其地为阿端、阿真、苦先、帖里四部，各锡以印。

《明太祖实录》卷90亦云：

> 至是来朝贡，诏遣使赐卜烟帖木儿织锦文绮四匹、麻答儿等罗衣二袭，仍命诏其酋长，立为四部，给铜印，曰阿端、曰阿真、曰苦先、曰帖里。

《明史》卷330《西域二·安定卫》又载洪武八年（1375）

〔1〕〔清〕张廷玉等：《明史》卷330《西域二·赤斤蒙古卫》，北京：中华书局，1999年，第5735－5736页。

〔2〕〔明〕许进：《平番始末》，上海：上海古籍出版社，2002年《续修四库全书》（史部433册）影印本，第262页。

正月：

其王遣傅卜颜不花来贡，上元所授金银字牌，请置安定、阿端二卫，从之。乃封卜烟帖木儿为安定王，以其部人沙剌等为指挥。

《明太祖实录》卷96洪武八年正月条亦云：

置安定、阿端二卫指挥使司，从撒里畏兀儿卜烟帖木儿之请也。

后两处都没有提到曲先卫，从洪武九年已有曲先卫之名、洪武十年“曲先卫指挥沙剌杀故元王卜烟帖木儿”[1] 来看，曲先卫的设立当也在洪武八年左右。

另外，新发现的俞本《纪事录》也提供了类似的信息：

洪武五年壬子正月，韦正遣镇抚张护神奴赍御榜，招谕撒立畏兀儿。安定王即以所授元朝金印及部下官员银铜印信、金银牌面、宣敕，遣府尉沙沙赍缴朝觐。上敕陕西参政盛周卿赍制往谕，赐以袭衣御酒、表里段匹，任择水草便益地方驻扎。开设安定斡端卫、曲先答林卫，以沙沙等为指挥同知，颁以金筒诰命，设千、百户所及卫镇抚，给以五花诰命。[2]

安定诸卫以撒里畏兀儿之地置，《明史》只提到“元封宗室卜烟帖木儿为宁王镇之”[3]，没有详细说明其来历，对四部或三卫的名称也未加解释，引起了许多猜测。实际上，安定王系也属于察合台后裔。《元史》卷107《宗室世系表》成吉思汗第六子阔列坚条下，拜答寒兄弟一栏，列有安定王脱欢。《元史·诸王表》无国邑名条下载，“拜答寒大王，至元七年赐

---

[1]《明太祖实录》卷111洪武十年四月，台北：台湾“中央研究院”历史语言研究所，1962年影印本，第1852页。

[2][明]俞本撰，李新峰笺证：《纪事录笺证》，北京：中华书局，2015年，第360页。此处之盛周卿，李新峰在361页注(二)指出是郑九成之误。

[3][清]张廷玉等：《明史》卷330《西域二·安定卫》，北京：中华书局，1974年，第8550页。

印，仍赐海青金符”[1]。此拜答寒在《元史·世祖本纪》多次出现，至元七年八月，“诸王拜答寒部曲告饥，命有车马者徙居黄忽儿玉良之地，计口给粮，无车马者就食肃、沙、甘州”[2]。至元二十五年十二月“丙子，也速不花以昔列门叛。甘肃行省官约诸王八八、拜答罕、驸马昌吉，合兵讨之，皆自缚请罪。”[3] 至元二十七年春正月，“章吉寇甘木里，诸王术伯、拜答寒、亦怜真击走之”[4]。同年二月，“庚辰，伯答罕民户饥，给六十日粮”[5]。可知世祖时期有诸王拜答寒活动在河西到哈密一带。又，《民国昌乐县续志》卷17金石志《赵敦武先茔记》中，也可看到至元二十年左右，瓜州存在“大王伯答罕”这样的人物。此“伯答罕”即拜答寒，《元史·宗室世系表》将其列为阔列坚后裔，但《史集》和《贵显世系》所记阔列坚系谱中并无他的名字。杉山正明说《史集》察合台汗纪所列出的察合台庶长子莫赤·耶别的第三子迭克失诸子中有Baideghan之名（《史集》第2卷波义耳英译本《成吉思汗的继承者》中译本作塔不都忽儿Tabudughar，俄译本作塔不都合儿，去掉头音节ta，主要音节基本相符），《贵显世系》所记帖木儿朝以前所有蒙古王族中，拜答罕之名只有这一处。所以，1270—1290年在河西方面活动的拜答寒（伯答罕），也属于察合台系的莫赤·耶别后裔[6]。他应是在元朝与察合台汗国的战争中，投诚到元朝方面来的察合台系宗王之一。而且，《史集》所载莫赤·耶别后裔拜答寒的长子就叫脱欢（Toghan），《宗室世系表》虽然误将安定王脱欢列为拜答寒兄弟，但至少证实了此安定王脱欢属于拜答寒集团。《宗室世系表》又记脱

[1]〔明〕宋濂等撰:《元史》卷108《诸王表》,北京:中华书局,1976年,第2748页。

[2]〔明〕宋濂等撰:《元史》卷7《世祖四》,北京:中华书局,1976年,第130页。

[3]〔明〕宋濂等撰:《元史》卷15《世祖十二》,北京:中华书局,1976年,第317-318页。

[4]〔明〕宋濂等撰:《元史》卷16《世祖纪十三》,北京:中华书局,1976年,第333页。

[5]〔明〕宋濂等撰:《元史》卷16《世祖纪十三》,北京:中华书局,1976年,第334页。

[6]（日）杉山正明《两个察合台家族》,（日）小野百合子编:《明清时代的政治和社会》,东京:京都大学人文科学研究所,1983年,第651-706页。

欢之子名朵儿只班，此名虽不见于《史集》，但《元史·诸王表》安定王条下有："朵儿只班。脱欢，皇庆二年封"。与《宗室世系表》一致，只是次序倒误。《元史·仁宗纪》皇庆二年九月戊申，"封脱欢为安定王，赐金印"[1]。泰定二年二月辛卯，"赈安定王朵儿只班部军粮三月"[2]，并"置王傅官四人，铸印给之"[3]。俄藏黑城遗书TK—248还提到北元宣光年间的"朵立只巴安定王"，当即朵儿只班。《明史》和《明实录》中出现的安定王卜烟帖木儿与安定王朵儿只班在时间上正好衔接（所谓"宁王"只是"安定王"的不同译法）。所以元代的安定王家无疑是明代安定卫的前身。明安定卫驻牧的撒里畏兀儿之地，与拜答寒、脱欢活动的地域也是一致的。明代记载屡称曲先安定王与哈密忠顺王同祖，"是一父母所生的"[4]，天顺年间忠顺王卜列革死后绝嗣，而安定王阿儿察有兄弟七人，在哈密卫众的请求下，明廷还特意派使臣前往安定卫选取王子一人掌管哈密卫事，也说明安定王系属于察合台后裔。《宗室世系表》将拜答寒、脱欢列入阔列坚家族是错误的。只是脱欢与朵儿只班究竟是兄弟关系，还是父子关系，尚无法取舍。正因为安定王卜烟帖木儿系出蒙古黄金家族，所以明廷授以王号，承认其对各部的统治权，与后来的哈密忠顺王平起平坐。

与安定王号传承自元代一样，安定诸卫名称的来历，也是依其所上故元"金银字牌"或"印绶"，因为这是"王者所执信物也"。除了安定卫得名于安定王号外，阿端、曲先、帖里等也应得名于故元官号。这一点，前人已经指出，如阿端为斡端（于阗）的对音，曲先为苦先（库车）的对音，帖里为塔里

[1]〔明〕宋濂等:《元史》卷24《仁宗纪一》,北京:中华书局,1976年,第558页。

[2]〔明〕宋濂等:《元史》卷29《泰定帝纪》,北京:中华书局,1976年,第655页。

[3]〔明〕宋濂等:《元史》卷36《文宗纪》,北京:中华书局,1976年,第802页。

[4]〔明〕姚夔:《姚文敏公遗稿》卷10《为夷情事》,齐鲁书社1997年《四库存目丛书》影印本,集部第34册,第591页。

木的对音，曲先塔林[1]就是今天新疆库车及其所在的塔里木河流域，岑仲勉先生首倡此说后[2]，和者甚众，而以刘迎胜先生所论最为详尽[3]，这一点已经没有疑问。那么，这些地名是怎样跑到撒里畏兀儿之地的呢？简单地说，这些地名迁移现象是随着元朝军队的撤退而发生的。

元世祖至元十六年（1279），拜延八都鲁之子兀浑察从元军征斡端，至元二十一年，“诸王术伯命兀浑察往乞失哈里（今新疆喀什）之地为游击军”[4]，由于战事不利，至元二十六年（1289），元朝“罢斡端宣慰使元帅府”，戍守此处的出伯属下兀浑察所部探马赤军撤回天山南麓曲先所在的塔里木河流域一带。至元三十年，戍守曲先的“兀浑察部兀末鲁罕军，每岁运米六千四百二十六石”[5]，因运费昂贵，诏“边境无事，令本军屯耕以食”[6]。同年兀浑察“以疾卒，次子袭，授曲先塔林左副元帅”。元贞元年（1295）正月，元设曲先塔林都元帅府，仍受诸王出伯节度。大德元年（1297）七月，还“罢蒙古军万户府入曲先塔林都元帅府”[7]。此后，曲先塔林元帅府一名再没有出现过。可能是随着战事向不利于元朝的方向发展，元军防线逐步东撤。到1304年蒙古诸汗国约和前夕，察合台汗国已经控制了吐鲁番盆地，与驻守哈密、沙州的出伯后王集团对峙。斡端宣慰使元帅府、曲先塔林都元帅府的军队大概撤到了撒里畏兀儿一线，其军政建置仍然保留，只是脱离出伯系诸王转受安定王节制。明朝遣使招抚后，根据惯例，按其所上印绶设立卫所，授予官职。“曲先”“帖里”“阿端”等名称

---

〔1〕萧启庆先生比定为《元朝秘史》第263节中的‘古先答邻勒”。萧启庆：《元代军事制度》，美国：哈佛大学出版社，1978年，第59页。

〔2〕岑仲勉：《明初曲先阿端安定罕东四卫考》，《金陵学报》第6卷第2期，1936年。

〔3〕刘迎胜：《西北民族史与察合台汗国史研究》，南京：南京大学出版社，1994年，第226～229页。

〔4〕〔明〕宋濂：《元史》卷123《拜延八都鲁传》，北京：中华书局，1976年，第3024页。

〔5〕〔明〕宋濂：《元史》卷17《世祖纪十四》，北京：中华书局，1976年，第369页。

〔6〕〔明〕宋濂：《元史》卷17《世祖纪十四》，北京：中华书局，1976年，第369页。

〔7〕〔明〕宋濂：《元史》卷19《成宗纪二》，北京：中华书局，1976年，第412页。

说明，安定王统治之下的撒里畏兀儿并不是单一民族成分的游牧集团，而是多种民族成分混杂，所谓“曲先”“帖里”“阿端”不是得名于种族或部落，而是得名于元朝曾设于西域各地的军政机构，正是这些西域驻军将西域地名带到了撒里畏兀儿，并演变成部落名或卫名，这也说明蒙古族在撒里畏兀儿各卫起着支配作用。

总之，明初设立的关西诸卫，可分为两个系统：一是以出伯后王集团为首的哈密、沙州、赤斤三卫，隶肃州卫管辖；一是以安定王集团为首的安定、阿端、曲先三卫，隶西宁卫管辖。明朝封察合台后裔为哈密忠顺王、安定王，让他们分别统率三卫，实际上是因袭了故元体制，体现了王与卫之间的统属或尊卑关系。其目的是利用蒙古贵族的政治资源，因为“番人重种类，且素服蒙古……非得蒙古后裔镇之不可”[1]，“夷人以种类高者为根基，非根基正大者，不能管摄其族类”[2]。在西部民族成分混杂的地区，承认蒙古贵族特别是元裔的政治特权，有利于稳定西部地区的局势，使其从敌对状态顺利过渡到明朝统治之下。由于哈密地理位置重要，哈密王家族历史上更有权势，血统更为尊贵，在西北各族中声望最显赫，明朝政府便有意擦亮察合台正统这面金字招牌，以哈密忠顺王领袖诸卫，拱卫西陲，并号召西域各地面，也就是说继续元朝以来与察合台汗国分庭抗礼的格局。只是在北元走向分裂的混乱中，同整个黄金家族一样，哈密王家衰落太快，未能达到明初统治者的预期。由于时过境迁，后人往往不能从这一角度认识明初经营西北的策略，如王世贞说：“西虏如忠义王，北虏如太平王，如和宁王，皆待之以王号，取羁縻而已。独永乐哈密忠顺王筑城池，赐金印，复设长史、纪善、卫经历，以中国庶僚周

〔1〕〔清〕张廷玉等：《明史》卷329《西域一·哈密》，北京：中华书局，1974年，第8518页。

〔2〕《明孝宗实录》卷93弘治七年十月甲申条，台北：台湾“中央研究院”历史语言研究所，1962年影印本，第1716页。

安、刘行、韦（辜）思诚充之，则俨然亲王矣”[1]。过高估计了明初对哈密的统治力度。郑晓的评价则走向反面：“四夷何以首安南也，我郡县也。次兀良哈何，我武卫也。哈密、女直非欤，羁縻之虏，非我官长也”[2]。又将哈密等卫视作羁縻之虏，低估了明朝对争取元裔的重视程度，这完全是不了解元明之际西北各族互动格局，特别是察合台正统的身份和作用所致。

第四节　忠顺王脱脱与哈剌灰源流

一、脱脱对哈密卫的影响

明朝平定西北之初，嘉峪关以西仍为察合台后裔诸王的游牧地。明廷交替运用剿抚策略，次第招抚了关外诸势力，将其纳入边疆卫所体系。明永乐二年（1404），明朝册封故元肃王安克帖木儿为忠顺王，并于1406年正式建立哈密卫，以领袖关西诸卫，屏障西陲。但哈密卫自第二任忠顺王脱脱之后，内部纷争不断，导致忠顺、忠义二王系并立，诸王多不得善终，实力渐衰，其内幕颇耐人寻味。哈密长期内争并最终脱离明朝掌控，原因是多方面的，学界已有深入研究[3]，但这些研究均未注意到忠顺王脱脱的身世疑云，而这一问题又至关重要，对哈密政局影响深远，有必要梳理清楚。

关于脱脱身世及其袭封忠顺王的过程，明朝方面有较详细记载，《明实录》载永乐三年三月，“哈密头目遣使奏忠顺王安

---

[1]〔明〕王世贞：《弇山堂别集》卷6，台北：台湾商务印书馆，1986年文渊阁《四库全书》（史部409册）影印本，第76页。

[2]〔明〕郑晓撰，李致忠点校：《今言》卷4，北京：中华书局，1984年，第194页。

[3]冯家升、程溯洛、穆文广编写：《维吾尔族史料简编（上）》，北京：民族出版社，1958年；谢玉杰：《明代哈密卫探研》，《西北民族文丛》1983年第3期；田卫疆：《明哈密、土鲁番速檀（王）世系补正》，《新疆大学学报》1986年第3期，第50－55页；杨林坤：《明代哈密察合台后王统治世系考》，《西北第二民族学院学报》2003年第2期，第24－28页；尹俊斧：《明代哈密忠义王小考》，《新疆大学学报》2007年第2期，第69－71页；施新荣：《关于明永乐初年哈密的两个问题》，《西域研究》2009年第2期，第21－27页。

克帖木儿卒。命礼部遣官赐祭，诏以脱脱袭封忠顺王，送还哈密。脱脱，安克帖木儿兄子，自幼俘入中国。上即位求得之，抚养甚至。及闻安克帖木儿卒，无嗣，欲以脱脱往嗣其爵，恐其众不从，尝遣回回可察吉儿等访其祖母速可失里及其头目。至是，哈密头目来告丧，且请脱脱还抚其众。乃命脱脱袭封忠顺王，赐印诰、玉带、文绮，并赐其祖母及母文绮表里。”[1]脱脱袭封忠顺王，可以说是明廷干预哈密内部事务，重新进行西北战略布局的重大举措，永乐帝的个人意志在其中起了决定性的作用。在明廷的强大压力下，哈密统治阶层被迫接受了脱脱袭封忠顺王的事实。虽然哈密王室承认了脱脱继统的合法性，但脱脱身世始终没有交代清楚，各种记载均含混地称其为“安克帖木儿兄子”，其父究系何人？无从得知，不能不令人生疑。既然脱脱为安克帖木儿兄子，那我们先来看看哈密王室系谱。波斯文史料《贵显世系》记录了察合台家族系谱，其中安克帖木儿所在的一支即威武西宁王（肃王）一系的系谱如下[2]：

出伯→亦里黑赤→不颜嵬里→图木嵬里→{ 兀纳失里 / →○→○→○ / 安克帖木儿→○ }

系谱中可见，兀纳失里兄弟有三人，长兄兀纳失里身后无嗣，三弟安克帖木儿虽有一子，但其死后妻子逃往东部蒙古，从此退出哈密政局，则安克帖木儿之后哈密王室仅剩不知名的二房一支，按道理脱脱只能出身于这一支，但脱脱之后哈密出现了忠顺、忠义二王并立局面，这就不免产生疑问，为什么哈密王室会多出一支？到底谁是哈密王室的唯一传人？比较而言，忠义王系应该没有假托的必要，反倒是明朝方面提供的脱

[1]《明太宗实录》卷40永乐三年三月己亥条，台北：台湾“中央研究院”历史语言研究所，1962年影印本，第662－663页。

[2]（日）杉山正明：《两个察合台家族》，（日）小野百合子编《明清时代的政治和社会》，东京：京都大学人文科学研究所，1983年；杉山正明：《豳王出伯及其系谱——对元明史料和〈贵显世系〉之比较》，《史林》65卷1号，1982年。胡小鹏：《元代西北历史与民族研究》，兰州：甘肃文化出版社1999年版，第50页。

脱身世有可疑之处，不能排除永乐帝为贯彻自己的战略意图而将脱脱身世强加于哈密王室的可能性。

我们再看脱脱作为安克帖木儿兄子自幼俘入中国的说法是否成立。明洪武十三年（1380），河西守将濮英请督兵略地，开哈密之路，以通商旅，得许便宜行事。是年五月，“都督濮英兵至白城，获故元平章忽都帖木儿。进至赤斤站之地，获故元豳王亦怜真及其部属一千四百人，金印一”[1]。七月甲辰，“都督濮英兵至苦峪，获故元省哥失里王、阿者失里王之母、妻及其家属，斩部下阿哈撒答等八十余人，遂还兵肃州”[2]。白城约今金塔县绿洲，赤金站在今玉门市西北20里，苦峪在今玉门镇一带，均为豳王家族分地。经过洪武十三年的讨伐，豳王家族退往哈密。洪武二十四年（1391），刘真、宋晟等率明军再次由凉州出发，西出哈密之境，乘夜包围了哈密城。“黎明，兀纳失里驱马三百余匹突围而出，我军争取其马，兀纳失里以家属随马后遁去。真等遂攻破其城，斩豳王列儿怯帖木儿、国公省阿朵儿只等千四百人，获王子别列怯部属千七百三十一人，金印一，银印一，马六百三十匹”[3]。同时，另有一种不同记载曰：“擒其伪王子别列怯、豳王桑里失哥、知院岳山等，杀其国公阿朵只，俘获虏众千三百人及金银印，悉送京师”[4]。《明太宗实录》又作“虏其王子别列怯及伪国公省哈朵儿只”[5]。《明史》卷155《宋晟传》则作“擒其王子列儿怯帖木儿”，《明史》卷330《西域传》作“斩豳王别儿怯帖木

[1]《明太祖实录》卷131洪武十三年五月壬寅条，台北：台湾“中央研究院”历史语言研究所，1962年影印本，第2087页。

[2]《明太祖实录》卷132洪武十三年七月甲辰条，台北：台湾“中央研究院”历史语言研究所，1962年影印本，第2104页。

[3]《明太祖实录》卷211洪武二十四年八月乙亥条，台北：台湾“中央研究院”历史语言研究所，1962年影印本，第3138页。

[4]〔明〕方孔炤：《全边略记》卷5，上海：上海古籍出版社，2002年《续修四库全书》（史部738册）影印本，第364页。

[5]《明太宗实录》卷69永乐五年秋七月癸丑，台北：台湾“中央研究院”历史语言研究所，1962年影印本，第966页。

儿”、“获王子别列怯部属千七百三十人”。各种记载颇不一致，对照《贵显世系》的记载，可以判定列儿怯帖木儿为别儿怯帖木儿（Bilka - Timur）之误，为豳王南木忽里之孙、不颜帖木儿之子。桑里失哥应为桑哥失里之误，也就是洪武十三年从苦峪逃走的省哥失里王，他应该是出伯家族的最后一位豳王。哈密围城之战的过程和结果均显示出，豳王一系担任了掩护，故损失惨重，被俘者甚众，肃王一系则成功突围，并无被俘的记载，所以脱脱是安克帖木儿兄子，自幼俘入中国的说法是靠不住的。永乐帝宣称脱脱是安克帖木儿兄子，却不说其父亲是谁，尚属含混之词。后来明英宗给忠顺王倒瓦答失里敕文中的“尔祖脱脱早亡父，继亡伯，茕茕无依，乃流来中国”[1]一语，则有摆乌龙之嫌，因为“继亡伯”中之伯显系指安克帖木儿，而安克帖木儿在三兄弟中最幼，不可能称“伯”，显示明廷给出的脱脱身世有漏洞。

正因为脱脱的身世有问题，所以在他承袭忠顺王位后，接连发生不正常的事情。

首先是脱脱被逐及暴卒。永乐四年正月，“甘肃总兵官西宁侯宋晟言哈密忠顺王脱脱为其祖母速哥失里所逐。遂遣（使）敕谕哈密大小头目曰：安克帖木儿死，朕念一方之人无所统属，其侄脱脱久在朝侍卫，朕抚之如子，遂令袭封王爵，仍回哈密承其宗祀，抚绥其人。比闻其祖母以脱脱不能曲意奉承，一旦逐出之。然脱脱朝廷所立，虽其有过，不奏而擅逐之，是慢朝廷。老人昏耄，任情率意，不顾礼法如此，尔大小头目亦不知有朝廷，故坐视所为而不言耶？朕念此事，初非出汝等本心，故持敕往谕尔等，宜即归脱脱，俾其复位，尔等尽心赞辅之，善事祖母，孝敬如初，则尔哈密之人，亦永享太平之福于无穷。”[2]脱脱被逐事件说明他在哈密毫无根基，上至

[1]《明英宗实录》卷124正统九年十二月癸亥条，台北：台湾“中央研究院”历史语言研究所，1962年影印本，第2480页。

[2]《明太宗实录》卷50永乐四年正月辛酉条，台北：台湾“中央研究院”历史语言研究所，1962年影印本，第759页。

王祖母，下至大小头目，均不表支持。明廷只得强力介入，永乐四年三月，“设哈密卫，给印章，以其头目马哈麻火者等为指挥、千百户、镇抚，辜思诚、哈只马哈麻为经历，周安为忠顺王长史，刘行为纪善，以辅脱脱。”[1] 并且至少派遣了一个百户的军队作为后盾。《明实录》载宣德二年（1427）十月丙子，“凉州、永昌、山丹土鞑官军摆摆罗哈剌等七十家居哈密者皆思归，令怕哈木来奏，愿赴京师效力。上遣内官李信、林春赍敕谕哈密忠顺王卜答失里、忠义王脱欢帖木儿，俾悉遣来。”[2] 这部分河西土达官军应该是永乐年间明廷护送脱脱归国即位的武装力量，后成为哈密的土著。显然，脱脱复位是明朝施加压力并派官员军队进驻哈密的结果。这一强制措施虽然确保了明廷对哈密的控制，但并不能消除哈密统治阶层对脱脱的敌意，矛盾激化的结果是脱脱暴卒，且背负恶名。永乐九年三月丁卯，“忠顺王脱脱未闻戒谕之命，先以暴疾卒”。永乐帝将脱脱不得善终归咎于其自身：“尔乃沉湎于酒，不治国事，肆为无道，方谕尔改过，尔遽云亡，盖尔自绝于天也。”[3] 事实上，脱脱之表现并不像永乐帝所说的那样差，明许进撰《平番始末》载：“哈密之人凡三种：曰回回，曰畏兀儿，曰哈剌灰，皆务耕织，不尚战斗，脱脱善抚之，国殷富。”[4] 说明脱脱还是有一定能力的。永乐帝在脱脱死后，一改此前力挺的态度，不过是对哈密政治现实的一种妥协。

其次是明廷对安克帖木儿妻子的打压与防范。《平番始末》等书称安克帖木儿死后“无嗣”，故脱脱以兄子身份袭位。而《明实录》《明史》都记载了脱脱袭位后，“安克帖木儿妻子往

〔1〕《明太宗实录》卷52永乐四年三月丁巳条，台北：台湾“中央研究院”历史语言研究所1962年影印本，第787页。

〔2〕《明宣宗实录》卷32宣德二年十月丙子，台北：台湾“中央研究院”历史语言研究所，1962年影印本，第826页。

〔3〕《明太宗实录》卷114永乐九年三月戊辰，第1450页。

〔4〕〔明〕许进：《平番始末》，续修四库全书第433册，上海：上海古籍出版社，2002年，第257页。

依鬼力赤”[1]，《贵显世系》也显示安克帖木儿有一位继承人，说明安克帖木儿一系其实是被迫离开了哈密，从此退出了哈密政局，故诸书云“无嗣”是借口，不符合事实。脱脱袭位是名副其实的鸠占鹊巢。为了确保脱脱对哈密的统治，明廷对安克帖木儿后裔持排斥态度，深恐其卷土重来。永乐五年七月，永乐帝敕甘肃总兵官宋晟曰：“安克帖木儿妻子往依鬼力赤，恐诱虏入侵哈密，不可不备”[2]，于是遣一千骑士，“由甘肃取道出哈密之北，觇虏动静”[3]。在这种情况下，安克帖木儿妻子是不可能回到哈密的，鬼力赤死后，鞑靼势衰，瓦剌崛起，安克帖木儿后裔下落不明，退出了历史舞台。明廷对安克帖木儿一系的排斥态度毫无道理，只能理解为会对脱脱造成威胁。如果不是脱脱身世有问题，何至于如此。

再次是脱脱死后哈密出现二王并立的奇怪现象。脱脱死后，永乐九年十月癸卯，明廷册封“哈密免力帖木儿为忠义王……免力帖木儿，脱脱从父之子也。”[4] 宣德元年（1426）免力帖木儿死后，明廷“仍命其侄卜答失里嗣封忠顺王”，因为“免力帖木儿初承其兄忠顺王脱脱，今脱脱子卜答失里亦长，宜仍立为忠顺王守其地，赐以绮帛”[5]。宣德三年正月庚寅，明廷又以“哈密忠顺王卜答失里尚幼，未能胜事，遣使立故忠义王免力帖木儿之子脱欢帖木儿嗣为忠义王，俾同忠顺王绥抚

[1]《明太祖实录》卷69 永乐五年七月壬子，台北：台湾“中央研究院”历史语言研究所，1962 年影印本，第 965 页。

[2]《明太宗实录》卷69 永乐五年七月壬子，台北：台湾“中央研究院”历史语言研究所，1962 年影印本，第 965 页。

[3]《明太宗实录》卷73 永乐五年十一月丙子，台北：台湾“中央研究院”历史语言研究所，1962 年影印本，第 1022 页。

[4]《明太宗实录》卷120 永乐九年十月癸卯，台北：台湾“中央研究院”历史语言研究所，1962 年影印本，第 1516 页。

[5]《明宣宗实录》卷13 宣德元年正月庚戌条，台北：台湾“中央研究院”历史语言研究所，1962 年影印本，第 351 页。

部属”[1]。“自是，二王并贡，岁或三四至”[2]。正统二年（1437）十一月甲午，脱欢帖木儿死，“封（其子）哈密脱脱塔木儿为忠义王”。脱脱塔木儿死后，忠义王系绝嗣，忠顺、忠义二王并立局面才告结束。对哈密忠义王系统及二王并立现象，学界已有讨论[3]，但都没有涉及其系谱所出，所以不能从根本上说明二王并立现象的本质。免力帖木儿既然是脱脱从父之子，则其父只能是兀纳失里三兄弟之一，从前引威武西宁王（肃王）一支系谱看[4]，兀纳失里死后绝嗣，安克帖木儿妻子离开了哈密，所以忠义王免力帖木儿只能出自兀纳失里三兄弟中佚名的二房一支，这样脱脱在系谱中就没有了位置，只能视作外来者。这就是为什么哈密内乱不止，甚至二王并立的根本原因。正因为免力帖木儿一系是哈密正统的实力派，在脱脱身死而其子尚幼的情况下，明廷只能选择立免力帖木儿为哈密的实际统治者，同时保留忠顺王位，这就是二王并立局面的由来。

最后是哈密内部反脱脱系活动始终存在，刺杀事件屡屡发生。永乐五年七月，“甘肃总兵官西宁侯宋晟奏：哈密头目陆十等作乱，忠顺王脱脱已杀之，恐有他变，遣人请兵为守备。敕晟以兵五百或一千，选才能之将率领赴之，且令熟计，使相更代。”[5] 同年十二月，“哈密指挥法都剌欲设把总官一员，

---

〔1〕《明宣宗实录》卷35宣德三年正月庚寅条，台北：台湾“中央研究院”历史语言研究所，1962年影印本，第877页。

〔2〕〔清〕张廷玉等：《明史》卷329《西域传·哈密卫》，北京：中华书局，1974年，第8513页。

〔3〕谢玉杰：《明代哈密卫探研》，《西北民族文丛》1983年第3期；杨林坤：《明代哈密察合台后王统治世系考》，《西北第二民族学院学报》2003年第2期，第24－28页；尹俊笋：《明代哈密忠义王小考》，《新疆大学学报》2007年第2期，第69－71页。

〔4〕《明实录》、《明史》等文献记载兀纳失里、安克帖木儿先后袭号肃王，实际上肃王为出伯之侄宽彻的封号，亦里黑赤袭自出伯的王号是威武西宁王，故《肃镇华夷志》记载兀纳失里、安克帖木儿的王号是威武王，这应当是正确的。肃王兀鲁思在哈密一带，该系绝嗣后亦里黑赤一支入主哈密，可能因此改称肃王。

〔5〕《明太宗实录》卷69永乐五年七月壬子条，台北：台湾“中央研究院”历史语言研究所，1962年影印本，第965页。

以理政务”，永乐帝敏锐地指出：“朕尝敕哈密官校惟听令于忠顺王，若复置把总官，则是又添一王，而政令不出于一。令出不一，则下难奉承，争强竞胜，乱所由生，宜审熟计具可否以闻。”[1] 予以否决。但“又添一王”的呼声也暴露了哈密内部存在着与忠顺王脱脱分庭抗礼的势力，二王并立其实早有端倪。尽管明廷力挺脱脱，脱脱还是莫名其妙地暴卒了。此后，忠顺王卜答失里的死因也很可疑，正统四年十月，沙州卫都指挥同知阿赤卜花奏：“先被阿台、朵儿只伯等劫掠，遁往哈密地面。后闻平定欲回，而哈密都督皮剌纳等不遣，意欲相图。且其国中仇杀，又与瓦剌有衅。臣恐祸及，因弃部属遁还。”[2] 同年十二月，明廷封已故哈密忠顺王卜答失里男倒瓦答失里为忠顺王，敕文中特地强调“不许头目人等互相仇杀，俾大小官员各安其职，军民各安其业。……如有头目人等不遵朝廷号令，仍前仇杀，不服管束者，王即具实奏闻，必罪不赦”[3]。从时间上看，卜答失里很可能就死于这次内部仇杀中。这次仇杀规模不小，甚至波及新立的忠顺王倒瓦答失里。正统五年九月，哈密使臣奏：“彼处都督皮剌纳潜通胡寇猛哥卜花等，谋杀忠顺王倒瓦答失里弟兄”[4]，倒瓦答失里只是幸免于难。倒瓦答失里之后继立的忠顺王卜列革（一名孛罗帖木儿，卜答失里之子，倒瓦答失里之弟）也被部下所杀。王世贞《弇州史料前集》卷 18《哈密卫》载：“忠顺王三传而至脱脱，卒，子孛罗帖木儿立，为其下者林所弑。王母弩温答力守国。”《肃镇华夷志》卷四《属夷内附略》载：“孛罗帖木儿乃脱脱子，被头目者林所杀。”这里将孛罗帖木儿误记作脱脱之子，实际是脱

---

[1]《明太宗实录》卷 74 永乐五年十二月甲午条，台北：台湾“中央研究院”历史语言研究所，1962 年影印本，第 1025－1026 页。

[2]《明英宗实录》卷 60 正统四年十月辛丑条，台北：台湾“中央研究院”历史语言研究所，1962 年影印本，第 1154 页。

[3]《明英宗实录》卷 62 正统四年十二月戊寅条，台北：台湾“中央研究院”历史语言研究所，1962 年影印本，第 1176－1177 页。

[4]《明英宗实录》卷 71 正统五年九月辛丑条，台北：台湾“中央研究院”历史语言研究所，1962 年影印本，第 1371 页。

脱之孙。孛罗帖木儿死后绝嗣，王母守国摄政，也曾遭遇暗杀，“孛罗帖木儿故，无嗣，王母努温答力理国事，严毅有威，国人畏服。有谋弑之者，见其面则战栗失措，剑器则堕。”[1]对于哈密内部无休止的纷争，文献中多归因于哈密回回、畏兀儿、哈剌灰三大种族并立，互相抗衡的结果。这当然是其中的原因之一，但外来的脱脱忠顺王系与本土的忠义王系之争也是不可忽视的原因。

如果忠顺王脱脱是外来者，那么其身世真相是什么呢？从成吉思汗分封以来的草原传统看，他肯定是蒙古黄金氏族血统，而且是察合台后裔，只有这样才可能承袭哈密忠顺王位。从各种迹象看，脱脱很可能出自于察合台后裔安定王一系。下面作具体分析。

首先，明代方志《肃镇华夷志》中关于脱脱和畏兀儿的记载很值得重视。《肃镇华夷志》卷四《属夷内附略·种属》载：“一种畏兀儿原系扬州乐户，元朝迁之，以侍脱脱者。凡其服食皆随于夷后，永乐初年因西夷入贡，又封脱脱为忠顺王，以居哈密。时脱脱从西宁往哈密，遂以此夷为撒力畏兀儿，带至哈密，加以指挥之职。后因哈密被扰不宁，正德间归附肃州，准其进贡。国师拜言卜剌管束，万历中属见袭国师把的卜剌管束。”[2]《肃镇华夷志》卷四《属夷内附略·族类》载：“头目拜言卜剌族原系撒力畏兀儿是也。祖乃乐户，元为撒力畏兀儿，明国初在于西宁安定王部下，永乐中封元之遗摩［孽］脱脱为忠顺王，居哈密卫，将此族迁以侍之，后加指挥职事，静［净］修国师之职。”[3]这两条史料说明，哈密卫三大种类之一的畏兀儿原是安定卫的撒里畏兀儿，永乐时由忠顺王脱脱从

---

〔1〕〔明〕许进：《平番始末》，续修四库全书第433册，上海：上海古籍出版社，2002年，第257页。

〔2〕〔明〕李应魁撰，高启安、邰惠莉校注：《肃镇华夷志》，兰州：甘肃人民出版社，2006年，第281页。

〔3〕〔明〕李应魁撰，高启安、邰惠莉校注：《肃镇华夷志》，兰州：甘肃人民出版社，2006年，第283页。

西宁边外带往哈密，也就是说，脱脱出自于西宁安定王家，永乐帝出于掌控哈密的战略目的，将其指定为安克帖木儿从兄之子，空降哈密承袭忠顺王位，所以与《贵显世系》记载的系谱不符。尽管脱脱不是兀纳失里三兄弟之后，但同属察合台后裔，血统尊贵，由他袭位符合成吉思汗以来北方游牧民族的正统观念。只是受到哈密王室的排斥，所以自脱脱以来，哈密内乱不断，甚至出现二王并立局面，根源概在于此。《肃镇华夷志》的撰者系嘉靖至万历年间的二任肃州兵备道张愚和李应魁，他们对与边备有关的属夷情况极为重视，当时自哈密内迁的畏兀儿、哈剌灰就寄居于肃州东关，这些不见于正史记载的内容当采自哈密寄居夷人的口碑资料，可信程度应当很高。

其次，忠顺、忠义两系绝嗣后，关于忠顺王的继承问题哈密内部出现了两种不同的声音，“哈密忠顺王卜列革死后世绝未封，屡诏哈密议当袭封者，其使臣哈只请以命王女之子把塔木儿，王母奴温答失里请于阿儿察王兄弟中命一人。至是使臣苦儿鲁海牙来言：把塔木儿难袭，阿儿察王见居阿真地面，乃王母同祖兄弟，宜袭。”[1] 在这一场争论中，卜列革之母努温答失里主张从安定王家选嗣，另一派则主张以忠义王疏属把塔木儿袭位，因为“他的根基是脱欢帖木儿王姐姐生的”[2]。这一争论实际上是忠顺、忠义两系对立的延续。因为脱脱出身于安定王家，所以忠顺王母努温答失里反对忠义王一系的把塔木儿承袭王位，“这把塔木儿虽好，只是王女所生，系臣宰的儿子，不相应做”，主张从安定卫阿儿察王兄弟中选嗣，“今有阿真地面与王母一祖所生的阿儿察王，见有弟七人，乞圣旨差使臣去拣选一人，着来掌管卫事”[3]。只是由于安定卫方面的拖

[1]《明英宗实录》卷359天顺七年十一月丙寅条，台北：台湾“中央研究院”历史语言研究所，1962年影印本，第7141－7142页。

[2]〔明〕姚夔：《姚文敏公遗稿》卷10《为夷情事》，济南：齐鲁书社，《四库全书存目丛书》影印本，1997年，第589页。

[3]〔明〕姚夔：《姚文敏公遗稿》卷10《为夷情事》，济南：齐鲁书社，《四库全书存目丛书》影印本，1997年，第590页。

延，王子多年未到，“经今八年有余，城中无人掌管……人心皆乱，多有反出各处达达地面并西番土儿地面去了”[1]。双方才不得不妥协，“以把塔木儿为右都督，摄行国王事”。把塔木儿死后，子罕慎立，罕慎死后，明廷最终从安定王家选取了陕巴继承哈密忠顺王位。明廷和忠顺王系多次主张从安定王家选嗣绝不是偶然的，应当与忠顺王脱脱的身世有关。值得注意的是，多种文献均强调安定王与忠顺王的血缘关系，声称安定王与忠顺王脱脱是一母所生。如《兴复哈密记》中称“曲先安定王遣使入贡，即忠顺王裔派也”。《平番始末》云：“大臣欲求忠顺王子孙袭封，询诸夷使，得安定王侄名陕巴者系其裔。”赵伸《筹边疏》“奏以脱脱裔派陕巴袭封忠顺王”[2]。《肃镇华夷志》称陕巴“乃西宁安定王亦板丹之孙，因与脱脱同宗，取立为王”[3]。《明史·西域传》则称：“陕巴实忠顺王之孙”。正是基于以上理由，弘治五年二月，明廷“诏哈密故忠顺王脱脱近属侄孙陕巴袭封忠顺王”[4]。上述文献在叙及忠顺王系与安定王家的血缘关系时，均上溯到脱脱止，这是很耐人寻味的。

再次，因为脱脱出身于安定王家，所以文献中有哈密曾受安定王统治的说法。如《肃镇华夷志》既说哈密畏兀儿“明国初在于西宁安定王部下”，又说“哈剌灰者，本安定王之部卒，前元之达种”[5]。畏兀儿、哈剌灰与回回并称哈密三大种类，远在沙州西南的安定王的势力从未伸展及哈密，说哈剌灰本安

---

〔1〕〔明〕姚夔：《姚文敏公遗稿》卷10《为夷情事》，济南：齐鲁书社，《四库全书存目丛书》影印本，1997年，第589页。

〔2〕〔明〕陈子龙等：《皇明经世文编》卷234《赵中丞奏疏》，济南：中华书局，1962年影印本，第2452页。

〔3〕〔明〕李应魁著，高启安、邰惠莉校注：《肃镇华夷志》，兰州：甘肃人民出版社，2006年，第275页。

〔4〕《明孝宗实录》卷60弘治五年二月丙寅条，台北：台湾“中央研究院”历史语言研究所，1962年影印本，第1157页。

〔5〕〔明〕李应魁著，高启安、邰惠莉校注：《肃镇华夷志》，兰州：甘肃人民出版社，2006年，第275页。

定王之部卒，只能理解为哈密忠顺王与安定王家有关。无独有偶，《高昌馆课》中收录的一篇西域来文中称："火州地面千户亦思麻因叩头奏：奴婢是安定卫所管的头目，在边效力年久，未蒙升赏，羊儿年土鲁番抢掠，也曾效力。仰望天皇帝怜悯，照例加升都指挥职事，奴婢在边好用心补报，今为此奏得圣旨知道。"[1] 所谓羊儿年当为成化十一年（1475），此时吐鲁番速檀阿力首次占据哈密，并威胁到沙州、赤斤诸卫，火州地面千户亦思麻因可能是在此期间依附于哈密，共同抵抗吐鲁番政权的东扩。《明宪宗实录》卷220成化十七年十月条曾提到"哈密故指挥同知亦思马因"其人，时间、人名、官职均相当吻合，或即一人，之所以称安定卫所管头目，当与哈密忠顺王出身于安定王家有关。

二、哈剌灰源流

哈密卫自安克帖木儿之后，诸王"率庸懦，又其地种落杂居，一曰回回，一曰畏兀儿，一曰哈剌灰，其头目不相统属，王莫能节制。众心离涣，国势渐衰"[2]。可知永乐年间，哈密卫部众主要由三大种族集团构成，其中"回回"是信仰伊斯兰教者的统称，主要来自吐鲁番及以西中亚各地；"畏兀儿"则指信仰佛教的哈密畏兀儿人（包括撒里畏兀儿），至于哈剌灰人学者多考释为蒙古种[3]，考虑到哈密自元世祖至元后期即为东归的察合台后裔出伯、合班兄弟之驻地，入明后仍"多蒙古、回回人"[4] 这一情形，所以哈剌灰与蒙古人当存在某种对

〔1〕《高昌馆课》，北京图书馆古籍珍本丛刊6，北京：书目文献出版社，1998年，第316页。

〔2〕〔清〕张廷玉等：《明史》卷329《西域传·哈密卫》，北京：中华书局，1974年，第8513页。

〔3〕马寿千：《明代哈密地方的哈剌灰人》，《新疆社会科学》1983年第2期，第116－119页。曾文芳：《明代哈剌灰人的来源、组成和名称诸问题》，《西域研究》2002年第2期，第32－36页；《明代哈剌灰人族源探讨》，《伊犁教育学院学报》2002年第1期，第31－34页。吐娜：《明朝哈密卫的哈剌灰人及其内迁》，《甘肃民族研究》2003年第3期。

〔4〕〔明〕严从简著，余思黎点校：《殊域周咨录》卷12，北京：中华书局，1993年，第413页。

应关系[1]，所谓哈剌灰系“前元之达种”[2]的说法也证实了这一点。只是“达种”的说法还比较笼统，“哈剌灰”一词的含义也不明确，有必要进行更深入的探讨。

（一）哈剌灰的成分

哈密卫三大种类并立格局的形成时间应不晚于明永乐朝，明许进撰《平番始末》载：“哈密之人凡三种：曰回回，曰畏兀儿，曰哈剌灰，皆务耕织，不尚战斗，脱脱善抚之，国殷富。”杨一清奏疏中亦称：“脱脱部下有三种：曰畏兀儿，曰哈剌灰，皆鞑靼之种，而回子则土鲁番之遗孽也。”[3]脱脱，为明永乐帝所立之哈密忠顺王，执政时间为明永乐初年（1405－1411），可知在永乐帝经略哈密之初，哈剌灰人即已成为哈密主要种落之一。由于哈密卫统治阶层是蒙古人，所以回回、畏兀儿二种以外的另一大种落哈剌灰当与蒙古有密切关系，《大明一统志》引陈诚《西域记》就说哈密“回回、鞑靼、畏兀儿杂处”[4]，《大明会典》卷107亦说“其国部落与回回、畏兀儿三种杂居”。《肃镇华夷志》更是明确指出哈剌灰“乃元之达种，属哈密卫都督管束，土鲁番之夷亦间有之”。可知哈剌灰当以蒙古人为主。从文献上看，哈剌灰虽以蒙古人为主，但其来源较复杂，除了元代迁居于此的蒙古人（察合台后裔诸王属民）外，还包括明代陆续迁入的瓦剌、哈密北山之野乜克力、沙州部落、吐鲁番之夷等多种成分。

（1）乜克力，亦称野乜克力。《辽史》作“密儿纪”“梅里急”，蒙元时期称“篾儿乞惕（markīt）”“篾克里惕（makrīt）”“篾克邻（makrīn）”“灭乞怜”“灭乞里”等，据

---

〔1〕施新荣：《明代哈密卫部众渊源考》，载余太山、李锦绣主编《欧亚学刊》第8辑，北京：中华书局，2008年，第209－220页。

〔2〕〔明〕李应魁撰，高启安、邰惠莉校注：《肃镇华夷志》，兰州：甘肃人民出版社，2006年，第275页。

〔3〕〔明〕杨一清撰，唐景绅、谢玉杰点校：《杨一清集》卷18《为处置属番成安边徼以杜后患事》，北京：中华书局，2001年，第674页。

〔4〕〔明〕李贤、万安等纂修：《大明一统志》卷89，北京：国家图书馆藏明天顺五年内府刻本，第18叶。转引自施新荣前揭文。

《史集·部族志》记载，属于“现今称为蒙古的那些突厥部落”之一，即乃蛮人的一支。成吉思汗战胜乃蛮部后，部分篾克邻人逃往畏兀儿国，被归顺成吉思汗的亦都护打败后收为属民，遂分布于高昌、哈密一带〔1〕。明代汉文史料称乜克力或野乜克力，蒙古文献中则称畏兀特、委兀慎，意为类畏兀儿，即畏吾儿化的蒙古人〔2〕。乜克力在元代隶属于东归的察合台后王出伯兀鲁思（包括沙州、瓜州、哈密一带），元仁宗延祐元年七月的一份文件专门提到了这支灭吉怜人，在讨论于哈密境内设立驿站事宜时，“中书省奏：迩者议将元佥站户发遣答失城当站，数内有四枝灭吉怜民，或称属阿八赤、昔宝赤，因以避役者。据诸王南忽里来文，称当时百姓众多，故充阿八赤、昔宝赤，今百姓数少，合令当站。此议诚然。又灭吉怜民有散居各处者，宜从彼省与南忽里差人收聚，悉令当站。奉圣旨准”〔3〕。诸王南忽里为出伯之子，时已袭位为本兀鲁思宗主，灭吉怜即乜克力，答失城即哈密境内的答失八里（今哈密沁城乡），可知元时哈密境内已有不少乜克力人，与明代“野乜乞里原属哈密”的记载一致〔4〕。明初，还有一支野乜克力人，即乩加思兰暨亦思马因遗落部种，原居于甘肃迤北亦集乃地方，后迁往哈密北山地方，其首领为亦剌思王、满哥王、不列因王等。这支野乜克力人也常有投奔哈密者。在明代文献中，常将乜克力与哈剌灰混称，如成化九年（1473），吐鲁番攻破哈密，哈密右都督罕慎率众逃往肃州，明廷将“哈密并乜克力、畏兀儿夷人”，安置“于甘肃苦峪等处安驻种牧”。明宪宗敕罕慎曰：“今特命尔掌管哈密人民，暂于苦峪等处驻扎，仍令乜克力指

---

〔1〕（波斯）拉施特主编，余大钧、周建奇译：《史集》第1卷第1分册第2编，北京：商务印书馆，1983年，第148页、186－190页；说郛本《圣武亲征录》58－60页。

〔2〕李文君：《明代西海蒙古史研究》，北京：中央民族大学出版社，2008年，第21页。

〔3〕《永乐大典》卷19421站赤六延祐元年七月，北京：中华书局，1986年，第7232页。

〔4〕《明孝宗实录》卷91弘治七年八月甲申，台北：台湾“中央研究院”历史语言研究所，1962年影印本，第1679页。

挥脱脱不花等协谋守护，蓄养锐气，以图后功”[1]。“哈密右都督罕慎、乜克力指挥脱脱卜花等为土鲁番所驱，在苦峪城暂住”[2]。这些内迁的哈密部众被称为寄住夷人，“初，哈密寄住夷人有三种：一曰回回，二曰委兀儿，三曰哈剌灰”[3]。到后期则专指畏兀儿、哈剌灰二种[4]。两相比较，此处的乜克力相当于哈剌灰。乜克力与哈剌灰混称的例子还有一些，如《明孝宗实录》记弘治六年四月，“哈密都督阿木郎两次引领野乜克力人马”，抢劫土鲁番牛羊[5]，魏焕《明九边考》卷4《甘肃夷情》则记作：“阿木郎勾引哈剌灰夷人潜往土鲁番地方盗马杀人，阿黑麻领众入哈密杀阿木郎支解。”《肃镇华夷志》卷4《属夷内附略》载：“曰新哈剌灰者，又他失把力城之达虏也。”其下小字注曰：“以其后归附肃州，故以先来者为旧哈剌灰，而后来者为新哈剌灰。”同卷《种属》载：“一种新哈剌灰，乃达种，在哈密北他失他力城住坐，与北山也密克力达虏交通，后因哈密不宁，瓦剌抢掠，见先哈剌灰投顺肃州近地，嘉靖初年亦投肃州。”[6] 王琼《晋溪本兵敷奏》卷7则有“他失把力城哈剌灰头目添哥乩儿的”。他失把力即前引《永乐大典》站赤门之答失城，又作答失八里，住坐于此之达虏即野乜克力，这部分乜克力人内迁肃州后被称为新哈剌灰。可见，乜

[1]《明宪宗实录》卷134成化十年十月己丑，台北：台湾“中央研究院”历史语言研究所，1962年影印本，第2516页。

[2]《明宪宗实录》卷151成化十二年三月甲子，台北：台湾“中央研究院”历史语言研究所，1962年影印本，第2766页。

[3]《明孝宗实录》卷93弘治七年十月甲申，台北：台湾“中央研究院”历史语言研究所，1962年影印本，第1716页。

[4]《明孝宗实录》卷57载“寄居苦峪城哈密卫都指挥阿木郎遣使臣阿力克等来贡，迄西哈剌灰及他失卜剌哈孙等地面头目，原属哈密，今同寓苦峪者亦遣使随之入贡”。《明世宗实录》卷86载刑部尚书胡世宁奏：“忠顺王速坛拜牙即已自归土鲁番，虽回哈密亦其臣属，其它裔族无可立者，回回一种久已归之，哈剌灰、畏兀儿二族逃附肃州已久。”

[5]《明孝宗实录》卷74弘治六年四月己亥，台北：台湾“中央研究院”历史语言研究所，1962年影印本，第1282－1283页。

[6]［明］李应魁著，高启安、邰惠莉校注：《肃镇华夷志》，兰州：甘肃人民出版社，2006年，第281页。

克力人是哈剌灰最早也是最重要的组成部分。

（2）瓦剌。明永乐朝以后，在绰罗斯部的脱欢、也先父子领导下，瓦剌联盟日趋强大，在统一漠北后，通过联姻与武力，曾将哈密纳入其控制之下。明英宗正统八年（1443），瓦剌“太师头目奄克土剌等率领人马寻猛哥不花，同哈密叛逃头目陕西丁围哈密城一月，杀头目三人，及城外男妇五十余人，抢去忠顺王母及人口千余并牛羊马匹等件，纵火焚其田禾。又令忠顺王逼年去瓦剌，见令陕西丁同忠顺王一处管事。”〔1〕明廷不得不封陕西丁为哈密正千户，承认了与瓦剌共管哈密的现实。也先死后，瓦剌势衰，一些瓦剌部落投奔哈密。天顺三年（1459）八月，“升哈密忠顺王使臣都指挥同知把秃帖木儿为都指挥使，伯都王使臣指挥佥事失剌力为指挥同知，命克失秃王使臣故都督佥事把伯子把秃孛罗为指挥佥事。伯都王、克失秃王皆自瓦剌寓居哈密者。”〔2〕天顺五年（1461）四月，明廷又“命瓦剌也先弟伯都王为都督佥事，侄兀忽纳为指挥佥事”〔3〕。可见瓦剌人已是哈密重要势力之一。据此，白翠琴《瓦剌史》认为：绰罗斯的一支在也先弟伯都王、侄子兀忽纳的率领下，投奔也先姊哈密忠顺王母弩温答失里，这一支后来成为哈密三大部之一的哈剌灰〔4〕。此后陆续还有瓦剌部落进入哈密，如成化五年（1469）五月，“有瓦剌虏酋拜亦撒哈率众四百人，皆披甲，至哈密城中屯聚”〔5〕。这就进一步充实了哈密瓦剌人的力量。一些记载还表明，进入哈密的瓦剌人也被称为哈剌灰人，如弘治十年十一月，明肃州官员称“哈剌灰头目拜迭力迷

〔1〕《明英宗实录》卷109正统八年十月庚子，台北：台湾“中央研究院”历史语言研究所，1962年影印本，第2208页。

〔2〕《明英宗实录》卷306天顺三年八月庚戌，台北：台湾“中央研究院”历史语言研究所，1962年影印本，第6443页。

〔3〕《明英宗实录》卷327天顺五年四月甲申，第6740页。

〔4〕白翠琴：《瓦剌史》，桂林：广西师范大学出版社，2006年，第121页。

〔5〕《明宪宗实录》卷67成化五年五月辛丑，台北：台湾“中央研究院”历史语言研究所，1962年影印本，第1346页。

失等家口一百九十人，乃瓦剌种类，留住肃州境外"[1]。"都督拜迭力迷失等乃哈剌灰头目，原非哈密之人"[2]。凡此种种，皆说明这些迁居哈密的瓦剌部众后来成为哈剌灰人的重要组成部分[3]。

（3）沙州等处蒙古部落。流入哈密境内的蒙古各部，除瓦剌、野乜克力以外，还有来自沙州等地的部落。如：宣德二年（1427年）十月丙子，"凉州、永昌、山丹土鞑官军摆摆罗哈剌等七十家居哈密者皆思归，令怕哈木来奏，愿赴京师效力"[4]。这部分土达官军应该是永乐年间明廷护送脱脱归国即位的武装力量，后成为哈密的土著。正统四年（1439）六月丁酉，沙州卫都督困即来等奏："都指挥阿赤不花等一百三十余家皆逃往哈密，屡奉命往取，不即发遣"[5]。后明廷出面干涉，哈密不得不将这部分逃人归还沙州一些，"都指挥桑哥失里等八十四家已遣还矣，尚有指挥哈剌苦木等六十八家仍留不遣"[6]。此后，沙州卫"所管人民往尔哈密趁食"的事仍时有发生[7]，直到沙州卫内迁入关时，还可见"沙州之众有散在哈密诸处者"[8]。说明两卫关系密切，有不少沙州蒙古人流入

[1]《明孝宗实录》卷131弘治十年十一月庚子，台北：台湾"中央研究院"历史语言研究所，1962年影印本，第2313页。

[2][明]王越：《黎阳王襄敏公集》卷1《处置夷情复国土以继封爵疏》。

[3]Oda, Juten. HistoricalStudiesonCentralAsia: Part1, Uiguristan. AA, No. 34(1978), pp. 22-25. 曾文芳：《明代哈剌灰人的来源、组成和名称诸问题》，《西域研究》2002年第2期，第32-36页；《明代哈剌灰人族源探讨》，《伊犁教育学院学报》2002年第1期，第31-34页。

[4]《明宣宗实录》卷32宣德二年十月丙子，台北：台湾"中央研究院"历史语言研究所，1962年影印本，第826页。

[5]《明英宗实录》卷56正统四年六月丁酉，台北：台湾"中央研究院"历史语言研究所，1962年影印本，第1080页。

[6]《明英宗实录》卷69正统五年七月丁巳，台北：台湾"中央研究院"历史语言研究所，1962年影印本，第1341页。

[7]《明英宗实录》卷141正统十一年五月庚辰，台北：台湾"中央研究院"历史语言研究所，1962年影印本，第2792页。

[8]《明英宗实录》卷160正统十二年十一月戊戌，台北：台湾"中央研究院"历史语言研究所，1962年影印本，第3114页。

哈密。这部分蒙古人既不是回回，又不是畏兀儿，只能成为哈剌灰的一部分。

（二）哈剌灰的分布

《肃镇华夷志》载，哈密“所辖地方若剌术城、哈剌哈尔畏堡，并速卜哈剌灰、畏兀儿巴力之属，皆领于都督，而听于忠顺王者也”[1]。

以上诸城多为哈剌灰人所居，“一种旧哈剌灰……在哈密卫剌术、哈剌哈儿畏等堡”，“一种新哈剌灰乃达种，在哈密北他失他力城住坐。”[2] 可知哈剌灰人居住在哈密四周的剌术城（《经世大典》作“揽出去”，《西域行程记》作“腊竺”，《西域图志》作“拉布楚喀”）、哈剌哈尔畏堡（《西域土地人物略》《哈密分壤》作“哈剌哈剌灰”）、速卜哈剌灰城（《新疆识略》作“苏门哈尔辉”，《西域闻见录》作“素木哈尔灰”，《辛卯侍行记》作“苏木哈喇灰”）、他失把力（塔失八里）城等[3]。剌术城为哈密西面的四堡[4]，塔失八里城即今哈密东面的沁城乡[5]，速卜哈剌灰城为今哈密西60里之头堡，佐口透认为，su－mu可以解释为蒙古语的sumun（寺院），并推测其来源于Qaraqoi人的佛寺及村落[6]。陶保廉则说：“苏木，部落也”。苏木哈喇灰“其地在前明为哈喇灰人所居地”。从《西域土地人物略》等所记载的西出嘉峪关到哈密的行程看，哈剌哈剌灰当在哈密南面与敦煌分界处的星星峡，《肃镇华夷

〔1〕〔明〕李应魁著，高启安、邰惠莉校注：《肃镇华夷志》，兰州：甘肃人民出版社，2006年，288页。

〔2〕曾文芳：《明代哈剌灰人的来源、组成和名称诸问题》，《西域研究》2002年第2期。

〔3〕吐娜：《明朝哈密卫的哈剌灰人及其内迁》，《甘肃民族研究》2003年第3期。

〔4〕〔清〕陶保廉著，刘满点校：《辛卯侍行记》卷6，兰州：甘肃人民出版社，2002年，第379－380页。

〔5〕胡小鹏：《〈契丹国志〉中的“小食国”考》，《西域研究》2006年第3期，第11－15页。

〔6〕（日）佐口透著，章莹译：《新疆穆斯林研究》，乌鲁木齐：新疆人民出版社，2012年，第157页。

志》作“哈剌骨”，康熙《皇舆全览图》称之为喀拉岭[1]，为明末清初哈密十三邑之一。这些堡镇均处在哈密周边迎来送往的要道，也就是说哈剌灰人实际上是哈密边境的守卫者。

从哈剌灰成分、居地两个特点还可以引申出第三个特点，即“传译”“通事”之特点。哈剌灰居于哈密周边咽喉要地，除了巡哨、守卫之职外，其传译护送、探听诸番消息的作用也十分突出。明廷与哈密周边民族的联系，也多借助于哈剌灰人。如弘治八年，主持兴复哈密事务的都御史许进先后两次遣“抚夷千户陈杰同夜不收杨荣洎哈密哈剌灰夷人二名”往谕野乜克力，令“哈剌灰头目拜迭力迷失量带本卫夷人十名”，往见小列秃及野乜克力[2]。即使东迁肃州后，哈剌灰人仍保持这一本色，“虽居关厢，实通四境”，“潜通四夷，恐非可养之虎也”[3]。如肃州顺城寺“内住番人俱是南山西番种族，与东关哈剌灰交相往来……凡城中事体，南山诸夷无不悉闻”[4]。因常与各族交往，其风俗也兼具各族特色，“诸番行礼各不同，若哈剌灰，则效回夷之礼，把斋为戒，散饭施恩，嫁女毡抬，相揖交股。今居东关厢，见汉人则长揖鞠恭，盖亦因人而施也。见头目则跪拜，见官府则如汉人。”[5]“凡有所为与回夷同俗，但不剔发缠头，自以为回回骨头是也”[6]。这种多元风俗当与其种族成分复杂，与周边各族往来密切有关。

---

〔1〕〔清〕陶保廉著，刘满点校：《辛卯侍行记》卷6，兰州：甘肃人民出版社，2002年，第360页。

〔2〕〔明〕许进：《平番始末》，上海：上海古籍出版社，2002年《续修四库全书》(史部433册)影印本，第265页。

〔3〕〔明〕李应魁著，高启安、邰惠莉校注：《肃镇华夷志·族类》，兰州：甘肃人民出版社，2006年，第283页。

〔4〕〔明〕李应魁著，高启安、邰惠莉校注：《肃镇华夷志·族类》，兰州：甘肃人民出版社，2006年，第151页。

〔5〕〔明〕李应魁著，高启安、邰惠莉校注：《肃镇华夷志·风俗》，兰州：甘肃人民出版社，2006年，第290－291页。

〔6〕〔明〕李应魁著，高启安、邰惠莉校注：《肃镇华夷志·族类》，兰州：甘肃人民出版社，2006年，第275页。

（三）哈剌灰的名称

关于哈剌灰名称的来源及含义，目前学界有多种说法：第一种意见认为哈剌灰就是“哈拉回”，即“黑帽回回”，原为蒙古人，由于受周围伊斯兰文化的影响，逐渐改变其生活习俗，成为伊斯兰化的蒙古人〔1〕。第二种意见认为哈剌灰人是信仰佛教的野乜克力人，野乜克力人是活动在哈密北山的一个蒙古部落，为瓦剌蒙古的一支，“哈剌灰”就是“哈剌辉特”的省称〔2〕。第三种意见认为“哈剌灰”本是地名，有时也作“哈剌垓”或“哈剌怀”，居住在哈剌灰地面的蒙古部落通称为“哈剌怀（灰）人”〔3〕，即以地名族。第四种观点是日本学者佐口透提出来的，他认为“哈剌灰”的原语似为 Qaraqoi，是突厥语“黑羊”的意思，这是一个部族的名字，分布在中亚〔4〕。这些研究虽然没有达成共识，但考虑了多种可能性，为进一步研究开拓了思路。分析以上观点，“黑帽回回”说明显受清代文献影响，《新疆图志》记载，哈密“其民三种杂居，而缠回为土著……畏兀儿、哈剌灰同奉摩哈默德教，衣服亦同，初以白布束头，故称‘白帽回’，后有杂色称‘红帽回’，各族久无分别”。《钦定外藩蒙古回部王公表传》卷 107《哈密回部总传》载哈密“其地皆缠头回种……尝以白布蒙头，故称曰缠头回，又称白帽回，回人自呼白帽曰达斯塔尔，别有红帽回、辉和儿、哈拉回诸族”。清顺治六年，“河西逆回丁国栋等煽哈密及

---

〔1〕马寿千：《明代哈密地方的哈剌灰人》，《新疆社会科学》1983 年第 2 期，第 116－119 页。还有一些观点与此相近，如赵俪生《明朝与西域的关系》（《东岳论丛》1980 年第 1 期）认为哈剌灰是哈剌汗王朝的后裔。王建民《新疆民族族称与族群》（载周大鸣主编《中国的族群与族群关系》，广西民族出版社 2002 年）认为哈剌灰是已皈依了伊斯兰教的哈剌鲁人，哈剌回为皈依伊斯兰教的瓦剌人。均有意无意地将“哈剌”释为“黑”，“灰”释为有伊斯兰教色彩的“回”。

〔2〕白翠琴：《瓦剌史》，长春：吉林教育出版社，1986 年，第 74 页。

〔3〕曾文芳：《明代哈剌灰人的来源、组成和名称诸问题》，《西域研究》2002 年第 2 期，第 32－36 页。

〔4〕（日）佐口透著，章莹译：《新疆穆斯林研究》，乌鲁木齐：新疆人民出版社，2012 年，第 157 页。

土鲁番部掠内地民，伪立哈密巴拜汗子土伦泰为王，据肃州叛，集缠头回、红帽回、辉和尔、哈拉回、汉回等数千，分置都督"[1]。故晚清学者丁谦认为，"哈剌"译言"黑"，"灰"亦"回"字转音，"哈剌灰"即"黑帽回"[2]。上述清代文献提到的哈剌灰或哈拉回显然已经伊斯兰化，而明代哈剌灰虽已有伊斯兰化的苗头，尚保持蒙古文化传统，并始终抵抗吐鲁番政权发动的伊斯兰圣战，其完全伊斯兰化是内迁肃州以后的事，所以，不能将明代哈剌灰等同于清代哈剌灰（哈拉回、黑帽回），二者不能混为一谈。尤其是自元代以后，"回"是涵盖所有伊斯兰信仰者的专用词，作为族群名称，"回""灰"绝不会混用。白翠琴的"哈剌辉特"说，从语音上说得通，与史实也有契合之处，但证据太少，对哈剌灰成分的复杂性估计不足。以地名族说则有倒果为因之嫌，因为文献中哈剌灰地名不止一处，有哈剌灰、速木哈剌灰、哈剌哈剌灰、乞台哈剌兀等，哈剌灰人的活动范围也不限于上述各地，他失把力城、剌术城等也是哈剌灰人居地，所以，应当是地因人而得名，即哈剌灰地名是因居住在其地的哈剌灰人而得名。比较而言，佐口透的"黑羊"说较为合理，不过哈密之哈剌灰与中亚的黑羊王朝并没有什么关系[3]，而是另有来源。据明代汉/畏兀儿双语文献《委兀儿译语·地名门》的记载，河西走廊西端苦峪城至吐鲁番之间有地名"噶剌块"，当即哈剌灰，释义为"黑羊群"[4]。由于在苦峪城和吐鲁番之间并没有出现哈密这一不可或缺的地名，所以此"噶剌块"（哈剌灰）应是哈密的别称，

---

〔1〕《钦定外藩蒙古回部王公表传》卷107《哈密回部总传》，台北：台湾商务印书馆，1986年《文渊阁四库全书》影印本，第882页。

〔2〕〔清〕丁谦：《〈明史·西域传〉地理考证》，《二十五史三编》第9册，长沙：岳麓书社，1994年，第591页上栏。

〔3〕黑羊王朝（Karakoyunlu，约1375～1468）是蒙古伊儿汗国解体后，土库曼游牧部落与札剌亦儿人在今伊朗西北部建立的以伊斯兰教什叶派为国教的王朝。因其旗帜上绘有黑羊图案，故名。

〔4〕袁氏贞节堂抄本《译语》，北京图书馆古籍珍本丛刊6，北京：书目文献出版社，1998年，第598页。

即以种名代称地名，这种用法史不乏例。现将该地名表记载的明代从撒马儿罕到北京之间的交通地名排列如下：

> 撒马儿罕/撒马儿酣、土鲁番/土儿番、石头城/他失把里、泥水滩/肯儿把儿赤、黑虎窝/噶剌巴儿思、狼地方/伯律叶儿、一个圣城/必儿哑禄兀子脱因、一个女人城/必儿哈吞炭、大天方/也客忝额力、小天方/兀出干忝额力、黑羊群/噶剌块、黑风川/噶剌克思剌、九眼泉/脱库子卜剌、苦峪城/苦欲把里、三颗树/玉除塔剌、骟马城/影聂赤、大草滩/条故禄自栾、夹峪关/叉剌兀儿、肃州/肃出、甘州/甘出、三跳涧/玉除阿力、凉州/额儿焦、黄羊川/者连串、黑松林/噶剌阿察塔剌、蓝州/噶剌木连、陕西/勤昌府、河南/客尔帖木连聂、北京/罕把里[1]。

比较同时期的《西域行程记》《西域土地人物略》[2]和《蒙古山水地图》[3]等的记载，可以确定吐鲁番以东的石头城/他失把里（Tashbaliq）就是今哈密东之沁城乡的石城子遗址，泥水滩/肯儿把儿赤就是哈密与格子烟墩之间的长流水，一个圣城/必儿哑禄兀子脱因（源于突厥语 Yalghuztoyin，意为“孤僧”）就是格子烟墩，一个女人城/必儿哈吞炭就是今吐鲁番鲁克沁镇的亚力忽思（Yalghuz）麻扎（意思是一个女人的麻扎），大天方/也客忝额力与小天方/兀出干忝额力则分别是今哈密二堡的阿斯塔纳和吐鲁番的阿斯塔纳（意为“圣贤之墓”），黑风川/噶剌克思剌指哈密西自三间房（今新疆哈密市西北、瞭墩西 160 里）经十三间房（在新疆鄯善县东北、接哈密市界）至七克腾木（今新疆鄯善县东北之七克台镇）之间的

---

[1]袁氏贞节堂抄本《译语》，北京图书馆古籍珍本从刊 6，北京：书目文献出版社，1998 年，第 598－599 页。

[2]这一地理文献版本众多，嘉靖《陕西通志》卷十、嘉靖《肃镇华夷志》、张雨《边政考》、顾炎武《天下郡国利病书》、梁份《秦边纪略》卷六都收有该篇。

[3]林梅村：《蒙古山水地图——在日本新发现的一幅十六世纪丝绸之路地图》，北京：文物出版社，2011 年。

大风砂碛地带。位于其间的噶剌块无疑就是哈密这一不可或缺的西陲门户。可见，哈剌灰是畏兀儿语，既是族群之称，也是地名，其意为“黑羊群”（Qaraqoi）。历史上，突厥—蒙古种落以“黑羊”命名的不乏其例，除上面提到的中亚黑羊王朝外，成吉思汗时代的漠北克烈部/客列亦惕，也有黑羊之称〔1〕，而克烈与蔑克邻（乜克力）关系十分密切，甚至有学者将二者混为一谈〔2〕。明代哈剌灰也许与蒙古时期的克烈部有渊源关系。又，明代文献《高昌馆课》中多次出现“哈剌怀”这一地名，如“哈剌怀地面马哈木王奏奴婢在边效力二十多年，赏蒙重赏，今进贡西马四匹”〔3〕、“哈剌怀地面也先卜花王叩头奏”〔4〕、“哈剌怀地面奴婢陕得克奏有”〔5〕等。刘迎胜先生怀疑这些西域来文中出现的“哈剌怀地面”可能就是“哈剌灰地面”，也就是哈密地面〔6〕。来文中出现的马哈木王、也先不花王，均为察合台汗国亦力把力政权首领，当时并未领有哈密之地，为什么会用这种措辞呢？如果来文中的“哈剌怀”是哈密的话，应与当时哈密卫的地位有关。明朝设立哈密卫，意在“为西域之襟喉，以通诸番之消息”〔7〕，具体而言，就是“使

---

〔1〕阿布尔－哈齐－把阿秃儿汗所著《突厥世系》中，将克烈人称为“黑绵羊”（qārā－barān），参见《突厥世系》，中华书局2005年版，第44页。《史集》第三编说，古代有个客列亦惕君主，他的七个儿子肤色全都是黑黑的，“因此之故，他们被称为客列亦惕”。由黑皮肤可以联想到qara，进而联想到客列亦惕（karāit）就是突厥语“黑绵羊”的意思。

〔2〕陈得芝：《十三世纪以前的克烈王国》，《元史论丛》第三辑，北京：中华书局，1986年，第1－22页。

〔3〕胡振华、黄润华：《高昌馆课》，北京图书馆古籍珍本从刊6，北京：书目文献出版社，1998年，第320页。

〔4〕胡振华、黄润华：《高昌馆课》，北京图书馆古籍珍本从刊6，北京：书目文献出版社，1998年，第312页。

〔5〕胡振华、黄润华：《高昌馆课》，北京图书馆古籍珍本从刊6，北京：书目文献出版社，1998年，第276页。

〔6〕刘迎胜：《十三—十六世纪中国与东亚以外地区交往的外交语言问题》，收入《华言与蕃音——中古时代后期东西交流的语言桥梁》，上海：上海古籍出版社，2013年，第369页。曾文芳也持这种观点。

〔7〕〔明〕马文升：《兴复哈密记》，《续修四库全书》影印本（第433册），上海：上海古籍出版社，2002年，第253页。

掌西夷贡事"[1]，"凡夷使入贡者，悉令哈密译语以闻"[2]，并由"哈密忠顺王差人伴送"[3]。因此，上述来文或是按惯例在哈密书写或译写的，负责迎送接待的可能就是哈剌灰人，故抬头即写"哈剌怀地面"，表明是从哈密地面向明廷报关的。但是，也不能排除地名重复的可能性，从现有的文献看，"哈剌怀"与"哈剌灰"（噶剌块）名称虽同，却很可能不是同一个地方，《蒙古山水地图》载有"哈剌欢"这一地名，标在今新疆伊犁阿里麻里城西北[4]，这里正是察合台汗国亦力把力政权的势力范围，《高昌馆课》中马哈木王、也先不花王所在的"哈剌怀地面"应即此处（哈剌欢）。

那么，哈剌灰（黑羊群）有什么含义呢？从前述史实看，哈剌灰人首先是一个混合集团，具体说是由哈密蒙古人、北山瓦剌、野乜克力种落、吐鲁番之夷等混合而成的新的地域性集团，故其内部有新旧哈剌灰之分，有速卜哈剌灰、哈剌哈剌灰之别，他们有旧称而不用，说明哈剌灰这一称呼带有明显的外部性，也就是说哈剌灰最初是他称而非自称。这对弄清哈剌灰一词的含义大有裨益。美国学者杰克·威泽弗德在《成吉思汗与今日世界之形成》一书中说："蒙古帝国内所有的非蒙古王国都被称为哈里（Khari），哈里来自于'黑'（black）这个词，并且暗含有姻亲的意思"。他在解释哈剌契丹一词时又说："因为'黑'表示他们的血缘关系疏远，而尤其是因为这种颜色象征西部"[5]。在蒙汉语对译过程中，蒙古语 qara（黑）一词可

[1]〔明〕严嵩：《南宫奏议》卷29《议处甘肃夷贡》，《续修四库全书》（第476册），第494页。

[2]〔明〕许进：《平番始末》，《续修四库全书》第433册，第257页。

[3]〔明〕严嵩：《南宫奏议》卷29《议处甘肃夷贡》，《续修四库全书》（第476册），第493页。

[4]林梅村：《蒙古山水地图·地名考释[一〇五]》，林梅村认为这里的"哈剌欢"一名源于突厥语 Qarakol（黑湖），与《西域土地人物略》的"哈剌灰"是同一地。

[5]（美）杰克·威泽弗德著，温海青、姚建根译：《成吉思汗与今日世界之形成》，重庆：重庆出版社，2006年，第82页、109页。威泽弗德可能把 qari（外邦）和 qara（黑）两个词搞混了，不过，qara 有血缘关系疏远的意思是可信的。

用不同的汉语词汇合里、合剌、哈剌等来表示〔1〕，用来称呼某一集团或人群时，表示其“异教”“异俗”“异邦”“血缘关系疏远”等特性。这是蒙古本位的命名习惯。我们还可以举出一些这方面的实例，《元史》中的“哈剌赤”虽有牧人之意〔2〕,但很少有人注意到此牧人特指外族牧人，“哈剌赤”或“哈剌赤军”实因他们是由钦察、康里、阿速等诸国人组成而得名〔3〕，冠以“哈剌”这一称号以区别于正统的蒙古牧民“兀剌赤”。又如，《元史》卷169《刘哈剌八都鲁传》载，刘哈剌八都鲁先以医术侍忽必烈，“初赐名哈剌斡脱赤”，后因立功于漠北，深受忽必烈赏识，“更其名曰察罕斡脱赤”，“斡脱赤”意为医生，同是医生，由“哈剌”（黑）更名为“察罕”(白)，表明关系由远到近，地位由低到高。这一解释与前述哈剌契丹、哈剌灰的族性特征是吻合的。瓦剌、乜克力等“原非哈密之人”，自外部流入，相对于哈密乃至东察合台汗国的统治者察合台后裔，族属疏离，地位低下，很可能因此被称为哈剌灰。哈剌灰又分新旧哈剌灰，新哈剌灰就是哈剌哈剌灰，意为“生哈剌灰”。关于这一点，文献中还有一些例证，据18世纪德国人帕拉斯对伏尔加河流域的土尔扈特部的考察，在卫拉特蒙古土尔扈特部的各鄂拓克中，除了起源于汗属兀鲁思和诸旁系亲属的鄂拓克外，“从其它兀鲁思逃过来的人（sabssar）以及其它因结婚或其它事由归属汗部的臣民被安置在特设的小鄂拓克中，诸如萨卜苏尔（sabssor)、哈喇霍思（charachus)

〔1〕文献中“哈里”、“哈剌”相通的例子很多,如明代西域诸国中的“哈烈”,明代文献有时译作“哈喇”,有时译作“哈里”。参见张文德《〈明史·西域传〉黑娄考》,《西域研究》2001年第1期,第25－33页。

〔2〕〔明〕宋濂:《元史》卷100《兵志三》,北京:中华书局,1976年,第2554页。

〔3〕姚家积:《元代的“驱军”和军驱》,《中国史研究》1986年第1期。姚文将“哈剌赤”释为“色目牧奴”。事实上,蒙古语牧人称兀剌赤,《黑鞑事略》就说:“牧者谓之兀剌赤,回回居其三,汉人居其七。”《元史·兵志》牧人则作哈赤、哈剌赤。有人认为哈剌赤与兀剌赤是同音异写或音转,不妥。从各种记载分析,蒙古贵族将战争中俘掠来的汉人、色目人等外族人称为哈剌赤,其中有些役为牧奴,并承担酿造黑马奶的工作,所以哈剌赤也有了牧人之意。

和哈布沁（chabutschiner）”[1]。从文意看，与萨卜苏尔（逃民）鄂托克并列的哈剌霍思鄂托克乃因非统治者亲属的流民或杂种组成而得名，与前考哈剌灰的音义有关联性。明代以哈密为首的关西七卫内迁后，以撒里畏兀儿人和蒙古人为主体，逐渐形成了今天的裕固族，据芬兰学者马达汉、俄罗斯学者波塔宁20世纪初的调查，西剌尧呼儿（撒里畏兀儿）内部分为说蒙古语和说突厥语的两个集团，说蒙古语的西剌尧呼儿称说突厥语的同部落集团成员为“哈剌尧呼儿”[2]，这一称呼当然是为了突出本集团的正宗地位，客观上也反映了两个集团与正统蒙古人不同的亲疏关系。综上所述，哈剌有外部落人、杂类、非正统、平人的意思，常用来表示种名，哈剌灰（黑羊群）这一称呼应该有这层意思，可释为“杂类平人”。

[1]（德）P. S. 帕拉斯著，邵建东、刘迎胜译：《内陆亚洲厄鲁特历史资料》，昆明：云南人民出版社，2002年，第213页。

[2]（芬兰）曼内海姆著，安惠娟译：《在西喇尧熬尔人中间》；（俄）G. N. 波塔宁著，范丽君译：《南山中的尧乎儿人》，均收入钟进文主编《国外裕固族研究文集》，北京：书目文献出版社，1998年，中央民族大学出版社，2008年。前文又见于《马达汉中国西部考察调研报告合集》，乌鲁木齐：新疆人民出版社，2009年，第197页。

第十章 裕固族几个历史问题的探讨

裕固族是甘肃特有的少数民族之一，其先祖可追溯到唐代游牧在鄂尔浑河流域的回纥。8世纪中叶，骨力裴罗建立回纥汗国，拥有近百年的发展史。在此期间，各游牧部落以回纥部为核心，逐渐融合成为统一的回纥族。唐德宗贞元四年(788)，顿莫贺可汗以自己骏健如鹘，请求唐朝改汉字“回纥”为“回鹘”，取“回旋轻捷如鹘”之意。

9世纪中叶，回鹘部众分几支向西、向南迁徙，其中一支沿弱水南下到达了河西走廊，建立了甘州回鹘政权。到13世纪初叶，甘州回鹘政权为西夏所灭，部众四散。其中一支退至敦煌以南，柴达木盆地以北的地区，自称“撒里畏兀儿”，汉文史籍称其为“黄头回鹘”。公元1226年，撒里畏兀儿人被蒙古军队征服。1368年，元朝灭亡，明朝在撒里畏吾儿地区设置安定、阿端、曲先三卫。15世纪初，塔里木盆地的叶尔羌汗国向东扩张，以武力推行伊斯兰教，信仰藏传佛教的撒里畏兀儿人被迫东迁，一些蒙古部落也与他们一起东迁到祁连山麓，到酒泉的黄泥堡和肃南一带定居。1953年，河西民族工作会议在酒泉召开，经与裕固族代表充分协商，一致同意以同“尧呼儿”相近的“裕固”兼取汉语“富裕巩固”之意，作为本民族的名称，报经国务院批准正式定名为裕固族。

关于裕固族历史文化，近年来学界研究较多。本课题仅就裕固族几个历史问题做一探讨。

第一节　关于裕固族的蒙古族源

关于裕固族的族源，中外学者比较普遍的看法是与唐代的甘州回鹘、宋代的“黄头回纥”、元代的撒里畏兀有渊源关系，元代进驻撒里畏兀儿地区的一部分蒙古部落构成裕固族的另一源流〔1〕。对于前者，学界讨论已很充分，毋庸置喙。对于后者，尚有补充的余地。

如前所述，元代河西西部乃至撒里畏兀儿之地都为察合台系后王所据。具体来说，出伯系在瓜州、沙州、苦峪、赤斤一带，宽彻系在哈密一带，安定王脱欢系在撒里畏兀儿之地，而且这些察合台系后王在元朝庇护下以出伯系为中心形成了自己的兀鲁思，与中亚的察合台汗国相对应。明朝建立后，在平定河西的过程中，采用了因俗而治的策略，即承认了元裔对嘉峪关外各族部落的传统统治地位，以哈密的肃王、威武西宁王系统置哈密卫，以豳王、西宁王系统置沙州卫，以安定王系统置安定卫，以赤斤蒙古部落置赤斤卫，此外，还有曲先、阿端等卫，统称关西七卫，将其纳入明朝的边疆经营体制。明廷以最为显贵的哈密王家为诸藩领袖，统领关西七卫，也是基于这种历史的民族的原因。关西七卫的民族成分尽管比较复杂，有蒙古、畏兀儿、撒里畏兀儿、哈剌灰、回回、藏族等，但上承蒙古统治之余绪，各卫的统治者基本都是蒙古贵族。

学界公认今日裕固族是以内迁关西七卫各族融合形成的，主源是撒里畏兀儿，蒙古族是汇入的最大支源。但是从本文的探讨可以看出，蒙古族才是裕固族的主源。

首先，虽然裕固族的历史可上溯至甘州回鹘或黄头回鹘，但在裕固族开始形成的13—14 世纪，蒙古族在其中居于支配地

〔1〕裕固族简史编写组:《裕固族简史》，兰州：甘肃人民出版社，1983 年，第 44 –45 页。高自厚:《撒里畏兀儿与蒙古宗王出伯——裕固族源流中蒙古支系的由来、演变及其重大影响》，《西北民族学院学报》1990 年第 4 期。

位，对民族的融合自然也具有主导地位。即使在裕固族形成以后的漫长岁月里，其各部落头目也都是蒙古族，有“天下头目都姓安”的民谚，表现出很强的蒙古特征，故《甘州府志》卷16《杂纂》说：“甘州南山、黑水以东皆黑番，其西黄番。黄番者故鞑靼族，皆元之支庶也”。裕固族有一个说法，叫作“天下头目都姓安”。新中国成立前，裕固族不仅大头目姓安，而且部落的正副头目也都姓安，并为世袭制。此外，据波塔宁等人的调查，裕固族下属的骨头（氏族）名称有蒙古语的，有突厥语的，有藏语的，暗示裕固族的族源与蒙古、畏兀儿、藏族有关。其中，属于蒙古的氏族有 Uirat（斡亦剌惕）、Andzhan（安帐）、Tuman（土绵）、Temürchin（探马赤）、Sultus（速勒都思）、Aq－tatar（白鞑靼）、Mongol（蒙古）、Arlat（阿儿剌）、Chunghyl、Kalka（喀尔喀）、Kargos、Kongyrat、Orge、Paghana 等[1]。以上现象与裕固族东迁的关系的解释，也有助于说明裕固族的蒙古族源问题。

其次，裕固族民歌说“尧乎尔来自西至哈至”，这是探索裕固族东迁起点的重要线索，也是解开裕固族族源之谜的关键。西至是沙州的对音，哈至是瓜州的对音，则尧乎儿来自沙州、瓜州。当然，尧乎儿未必全部来自西至哈至（沙州、瓜州），但其主体肯定来自这里。现已考明，元代以来，沙州、瓜州为察合台系出伯后裔诸王所据，其所统基本是蒙古部落，如果裕固族主体来自瓜沙一带，当然应以蒙古部落为主。如前所述，直接从瓜沙地区内迁的有沙州卫和罕东左卫，这二卫都是以蒙古部落置，裕固族当以此二卫，特别是罕东左卫为主体融合形成。统计史籍所载关西七卫的内迁人数，结果表明，在内迁的一万余人中，来自瓜沙地区的就有八千人左右，即主要来自沙州卫和罕东左卫。这一结果与西至哈至就是沙州瓜州的结论是一致的。《辛卯侍行记》卷5称“黄番本明罕东左卫丹

〔1〕（日）佐口透著，章莹译：《新疆民族史研究》第一章《裕固族的历史和社会》，乌鲁木齐：新疆人民出版社，1993年。

枝部落，亦蒙古裔也……俗称黄韃子”。《甘州府志》卷2亦云“罕东，蒙古裔也，今号黄番”。可见罕东左卫也以蒙古族为主。从今天裕固族的分布来看，大头目家属东部裕固族，其所操恩格尔语属蒙古语族，在词汇、语法上接近今天的蒙古语，也可证明其始祖奄章为蒙古族。许多学者认为安定卫部众构成内迁各卫的主体，因而是裕固族主源的观点实际是个错觉，是被甘州回鹘→黄头回纥→撒里畏兀儿这一思路所误导。

第二节　关于“西至哈至”地望

裕固族著名叙事民歌《尧呼儿来自西至哈至》保存着该民族朦胧的历史记忆，民歌以代代传唱的形式将“西至哈至”这一裕固族东迁以前的故地名称深深地印在其族人的心里，但却没有描述其确切的地理方位，给后人留下了难解之谜。20世纪以来，裕固族的历史和语言研究受到国内外众多学者的重视，但“西至哈至”之谜始终没有破解，它的确切位置在哪里？语源是什么？是一个地名还是两个地名？是泛称还是专指？需要一一考察。

目前，对“西至哈至”地望研究的结论有10种左右[1]，大体可归纳为以下几种说法：

提出最早也是影响最大的是西州说。芬兰学者C·G·E·曼内海姆于1907年末在甘肃河西裕固族农村和牧区调查，回国后写出了《撒里尧呼儿和西喇尧呼儿访问记》一文，发表在《芬兰·乌戈尔学会会刊》27（赫尔辛基1911年版）上。他在该文中说，尧呼儿自称黄回鹘，汉人称他们为黄番族，在他们的传说中讲，他们的祖先是一千多年前从西方迁来的，原来的住地叫Shiche－Hache，汉族人则叫chenfutun。文章没有详细研

〔1〕钟进文：《“西至哈至”考略》，《中央民族学院学报（哲学社会科学版）》1992年第4期，第53－54页；杨富学、李吉和：《近年国内裕固族历史、文化研究述评》，《甘肃民族研究》1994年第2期。

究该地的地望，只是猜测“西至哈至”可能指西州，但是并不十分肯定。1909—1911年，1913—1915年，俄国突厥语学家C·E·马洛夫先后两次到甘肃的裕固族地区进行语言的考察和调查，著有《黄回鹘语：词汇和语法》（阿拉木图1957年出版）、《黄回鹘语：原文和翻译》（莫斯科1967年出版）。他在这两本著作中说，“西至”是“西州”的音变，“哈至”是“火州”的音变，“西至—哈至”其实是一个地方，指今新疆的吐鲁番地区。此后陆续有人对“西州说”进行了补充论证，在论证过程中还出现了一些变种，如以“西至”对“西州”，以“哈至”对“高昌”[1]；或以“西至”对“沙州”，“哈至”对“火州”[2]，等等。

第二种较有影响的说法是关外诸卫说。集体编写的《裕固族简史》写道：“‘西至哈至’一词不见于史籍记载，究竟为何地，尚未有定说。有说是于阗、喀什，甚至是撒马尔罕来的，也有说是西州、火州（和州）的对音，即从今吐鲁番一带来的。综观文献记载和民间传说，撒里畏兀儿人是从关外诸卫东迁入关的。”[3]

第三种说法是撒里畏兀儿故地说。《裕固族》一书认为“西至哈至”指敦煌以西、哈密以南、柴达木盆地以北地区[4]。杜亚雄《民歌集成·肃南县卷前言》也说“西至哈至”是一个较大的范围，应该是元代撒里畏兀儿人的住牧地，在敦煌以西、哈密以南、柴达木盆地以北、罗布泊以东地区。以上两说都很宽泛，也没有解决“西至哈至”的语源问题。

第四种说法是罗布泊—甘州说。董文义在《裕固族操两种语言问题的初探》中说：“西至—哈至”不是特指某一个地方，

[1]钟进文：《“西至哈至”考略》，《中央民族学院学报》1992年第4期，第53－54页。

[2]杨富学、李吉和：《近年国内裕固族历史、文化研究述评》，《甘肃民族研究》1994年第2期。

[3]《裕固族简史》编写组：《裕固族简史》，兰州：甘肃人民出版社，1983年。

[4]范玉梅：《裕固族》，北京：民族出版社，1986年。

而是两个地名的连称，即“哈至”是指甘州，“西至”是指罗布泊。“哈至”是河西回鹘被西夏打败后，族众离散而迁到青海前的牙帐所在地，“西至”是撒里畏兀儿（黄头回鹘）受伊斯兰圣战的冲击被迫东迁的地区。这个历史传说概括了现在裕固族在历史上迁徙的实际过程[1]。

上述诸说均有明显缺陷，正如钱伯泉所批判的：主“西州说”者多为语言学家，他们着重从语言学的角度进行研究，主要依据为对音相近。他们也研究历史，但基本上是为其语言学结论服务的，其观点的正确程度是十分有限的；“关外诸卫说”和“撒里畏兀儿故地说”主要是依靠历史知识的直觉而推测出来的，并无可靠的根据，将“西至哈至”说成是一个广大地区的名称，与民歌的原意也不相符；“罗布泊—甘州说”则更难令人相信。钱伯泉从明代有关西域地理的记载《哈密分壤》中检出“哈至”这一地名，虽然同时期的《西域土地人物略》因颇有残缺而未能提供旁证，但他仍主张裕固族东迁前的故地在今甘、新交界以西 350 里左右的“哈至”与哈密东南某地的“西至”之间。即是说“西至—哈至”是两个确切的西域地名[2]。这种观点颇有新意，但将“西至”“哈至”说成是西陲几大主要绿洲之外的两个小居民点，也不符合民歌原意，而且仅凭一条孤证立论，尚难令人信服。

通过对元明史料的研究，可以肯定“西至”“哈至”是两个具体地名，是汉语沙州、瓜州译成阿尔泰语系语音后再译回汉语的过程中音变的结果。

（1）先从史实看沙州、瓜州的几种异写

在元明史籍中有三条材料值得注意。其一是《元史》卷149《移剌捏儿传》载：“癸未，从帝征河西，取甘、合、辛、蛇等州。”查癸未年（1223）成吉思汗在西域，夏蒙之间没有

---

〔1〕董文义：《裕固族操两种语言问题的初探》，《甘肃民族研究》1983 年第 4 期。

〔2〕钱伯泉：《裕固族的故地“西至——哈至”考索》，甘肃省民族研究所编《裕固族研究论文集》，兰州：兰州大学出版社，1996 年，第 13 – 21 页。

大的战事，次年（1224）成吉思汗因西夏背约而兴师问罪，率蒙古军从西域还攻西夏河西，从五月到十一月围攻沙州达半年之久，另遣军东路攻破银州，迫使夏主遣使请降，始解围去。移剌捏儿从征河西当指这一战事，同时也有可能混入了1226年蒙古军破河西诸城的史实。据《宋史·西夏传》载，西夏河西之州九："曰兴、曰定、曰怀、曰永、曰凉、曰甘、曰肃、曰瓜、曰沙"，与《移剌捏儿传》提到的河西诸州对照，只有甘州相合，未见合、辛、蛇三州，然而《移剌捏儿传》所记必有所本，不可能是杜撰，特别是没有理由不提战事最为激烈的沙州，因此需考虑异写的可能性，而从谐音的角度看，恰好合州与瓜州音同，蛇州与沙州音同，辛州与兴州音同。据此，合州、蛇州当是汉语重译之讹，即根据蒙古语音对瓜州、沙州的再一次译写。

其二是《元史》载大德七年（1303）六月御史台臣言："瓜、沙二州，自昔为边镇重地，今大军屯驻甘州，使官民反居边外，非宜。乞以蒙古军万人分镇险隘，立屯田以供军实为便。"[1] 次年二月"辛卯，命诸王出伯所部军屯田于薛出合出谷"[2]。由于这期间再没有其他屯田西陲的记载，所以这两条记事显然是上下文的关系，即出伯屯田于薛出合出谷是实施上一年御史台臣建言在甘州以外的瓜沙镇守屯田的计划。薛出合出这一地名曾令元史学家感到困惑，实际上它们也是根据蒙古语音对沙州、瓜州的又一写法。出伯是察合台系著名宗王，长期出镇河西至畏兀儿一线，其驻地就在瓜沙一带。早在世祖至元二十九年，元廷就已将沙州、瓜州系官民户内徙于甘、肃两界，让大军屯驻在甘州，而将此前的边镇重地瓜州和沙州空出，一方面赐作诸王分地，另一方面摘军屯田，故有大德八年命诸王出伯率所部军屯田薛出合出的记事。从地理条件看，甘肃以西直到哈密（畏兀儿地时为察合台汗国控制），具备大规

[1]〔明〕宋濂：《元史》卷21《成宗纪四》，北京：中华书局，1976年，第452页。
[2]〔明〕宋濂：《元史》卷21《成宗纪四》，北京：中华书局，1976年，第457页。

模屯田条件的地区只有瓜州、沙州之间的疏勒河谷绿洲，即薛出合出谷。

其三是明正德十一年（1516），吐鲁番速坛满速儿夺据哈密，欲侵肃州，在其送交明廷的番书中说称："你每原许下的都昧了，说了谎，你。一切反事都是你每引起的。我上马前来了，你承认不是有，好了。若不呵，写出、哈出、苦峪三处人都调将来，会合达子头儿伯彦猛可一处，与朝廷的人马对敌。"[1] 苦峪一名屡见于明代记载，即元代的曲尤，其地在今嘉峪关外玉门镇一带[2]，明廷在曾此设苦峪卫，安置陆续内迁的哈密卫流民。"写出""哈出"二地当与苦峪一线相连，苦峪向东为赤斤、嘉峪关，向西经瓜州、沙州到哈密，考虑到写出、哈出是从番书中音译过来的写法，因而很可能是沙州、瓜州的又一异写[3]。试析如下：

先是，正德八年（1513）秋，哈密卫忠顺王拜牙即弃城叛入吐鲁番，吐鲁番速檀满速儿即发兵据守哈密，又遣使者赴甘肃，声言为明代守，乞犒赐。九年，明廷遣都御史彭泽经略，泽至甘肃，谕令满速儿还城、印及忠顺王，许以重赏，并付给币帛二千及白金酒器一具。满速儿嫌少，复要重赏，始以城来归。边臣虑损朝廷威重，阻劳赐金币不出关。正德十一年（1516），满速儿以此为借口，率众裹胁沙州、瓜州、苦峪、赤斤等处诸番，内侵至肃州。前引满速儿给明廷番书中称："你每原许下的都昧了，说了谎，你。一切反事都是你每引起的。"即指此。从当时情形看，番书中所说的"写出、哈出、苦峪三处"应指吐鲁番由哈密东侵肃州途中必经的沙州、瓜州、苦峪

---

〔1〕〔明〕王琼：《晋溪本兵敷奏》卷6《为夷情事》，上海：上海古籍出版社，《续修四库全书》影印本，第475册，2002年，第726页。

〔2〕李正宇认为即今玉门市玉门镇东二里之古城。参见李正宇《曲尤考》，郑炳林、樊锦诗、杨富学：《丝绸之路民族古文字与文化学术讨论会文集》，西安：三秦出版社，2007年，第489－498页。

〔3〕西北各民族语言常用"出"之类的音译写汉语"州"，如《委兀儿译语》中"甘州""肃州"译写作"甘出""肃出"，《西番译语》中"河州"译写作"葛初"。

三地，此三地“土鲁番役属之，岁征妇女牛马”[1]，在内侵时需赖其供馈接济，甚至冲锋陷阵。如《殊域周咨录》卷13《土鲁番》描述当时情形说“番酋纠领西域回回并哈密北口瓦剌旌小列秃，并沙州土巴、帖木哥及瓜州遗孽各种二万余骑，困围甘肃，势甚危急。”卢问之奏疏也指出满速儿不过“势驱瓜、沙，姻连卫喇特，借名诸番”而已[2]，特别是“沙州头目帖木哥、土巴等系中国属番，受恩深重，去年回贼入寇，已率众跟随，侵犯肃州，去顺从逆，罪不胜诛”[3]。桂萼《土鲁番夷情》论及回夷羽翼时说“其山北为瓦剌达子……及驱沙、瓜州属番为前锋”[4]。李承勋《议土鲁番入贡事》也称“彼将入寇，必驱瓜、沙诸夷以为前驱，又约瓦剌以助其声势”[5]。综合以上材料，满速儿番书中所提到的“写出、哈出、苦峪三处……达子头儿伯彦猛可一处”等羽翼正好与诸明臣奏疏中胁从吐鲁番内侵的沙州、瓜州、苦峪诸夷及哈密北山瓦剌部落一一对应，这些部落都是介于明廷与吐鲁番之间的重要地方势力，满速儿东来裹挟其众，恐吓明廷。也就是说，写出、哈出是沙州、瓜州的又一种译写。也许有人会问写出、哈出会不会是“西域回回”地面名，翻检《明实录》登录的西域地面名，未见类似地面名，而记载东察合台汗国历史的《拉失德史》也只叙述了赛德汗对撒里畏兀儿的圣战，并未提及对明作战这样的重大事件，所以这种可能性是很小的。

---

[1]〔清〕张廷玉等:《明史》卷329《西域一·吐鲁番》,北京:中华书局,1974年,第8534页。

[2]〔明〕杨一清:《关中奏议》卷17《一为捉获奸细勾引大势回贼犯边等事》,台北:台湾商务印书馆,1986年《文渊阁四库全书》影印本,第521页。

[3]〔明〕杨一清:《关中奏议》卷13《一为传报回贼声息事》,《文渊阁四库全书》影印本,第385页。

[4]〔明〕陈子龙等:《皇明经世文编》卷181《桂文襄公奏议三·进哈密事宜疏》,北京:中华书局,1962年影印本,第1850页。

[5]〔明〕陈子龙等:《皇明经世文编》卷100《李康惠公奏疏》,北京:中华书局,1962年影印本,第889页。

（2）“西至”“哈至”与沙州、瓜州的对音关系

从前述蛇州、薛出、写出或合州、合出、哈出等地名出现的历史背景看，它们同沙州、瓜州之间明显存在着某种对应关系，即它们都指沙州、瓜州，是沙州、瓜州的异写。那么这些异写是怎样产生的呢？简略地说，是汉语沙州、瓜州译成阿尔泰语系语音后又译回汉语的过程中产生的，所谓重译之讹也。现从对音方面做一些分析。

先说蛇州、薛出或写出与沙州的对音。沙州，敦煌文书《钢和泰藏卷》作 Sacu，回鹘文书作 Sacu、Sacyu 或 Sacuda，新疆出土吐蕃文书作 Shacu，《马可波罗游记》作 Sachion 或 Sachiu。在元代材料中，沙（sa）与薛（se）是可以换用的，如伯希和言蒙古帝国里的基督教徒名曰 tarsa，即《长春真人西游记》中的迭屑，并从元代文献中检出许多基督教人名，其中有爱薛（大食语 Isa 之转写）、马薛里吉思（MarSargis）、习里吉思（Sargis）等[1]，均以薛或薛的近音字屑、习译写 sa。又如中亚名城撒马尔罕（Samarkand），《元史·地理志》西北地附录作撒麻耳干，《西游录》作寻思干，《西游记》作邪米思干，《蒙古秘史》作薛迷思加（Semisgen）、薛米思坚，《至顺镇江志》卷 9 作薛迷思贤。《元史·西北地附录》有撒剌哈夕（Sarakhs），《元史·世祖纪》作昔剌思。《蒙古秘史》续一页四九下二〇二节有种落名撒速惕（Sasut），同书续二页十五下二七〇节、页二十七下二七四节均作薛速惕（Sesut）。《蒙古秘史》卷 3 有人名撒察别乞，《圣武亲征录》及《元史·太祖纪》则均写作薛彻别吉。凡此都说明以薛出或写出译写沙州是完全可以成立的。那么薛出或写出与裕固族民歌所说的“西至”有什么关系呢？史实说明，沙（Sa）、薛（Se）、西（Si）音相通，均有换用的例子，如上举撒剌哈夕也作昔剌思。今蒙古境内的色楞格河，《旧唐书·回纥传》作娑陵水，《新唐书·地理

[1]（法）伯希和：《唐元时代中亚及东亚之基督教徒》，冯承钧译《西域南海史地考证译丛一编》，北京：商务印书馆，1962 年，第 49－70 页。

志》作仙娥河，《圣武亲征录》作薛良格河，《蒙古秘史》作薛凉格河，而王恽《玉堂嘉话》卷3则云“薛良河今悉连哥”。又，《华夷译语》衣服门带作“不薛”，《至元译语》衣服门系腰作“不昔”，《卢龙塞略》卷20记“带曰不薛，一曰哈儿他不斯，即系腰曰补色也”。另外，哈沙尼在介绍元仁宗时期元朝与察合台汗国军队沿边对峙屯戍态势时说，出伯之子南木忽里、不颜塔失和合班之子宽彻“率十二土绵之军，驻于从Sikhu——正是如此——直至感木鲁（Qamal）和畏兀儿斯坦之境（Walayat）”。南木忽里、不颜塔失所驻的Sikhu不仅与汉语薛出（secu/sicu）、西至（shiche）的读音很相似，而且从《元史》的记载看，也应把它对应为出伯诸子屯驻的地点沙州（合班之子宽彻驻于哈密）。所以，蛇州、薛出、写出与裕固族民歌中的地名“西至”在语音上是相通的。

再看合州、合出或哈出与瓜州的对音关系。从作为线索的三条材料看，蛇州合州、薛出合出、写出哈出以及后来西至哈至地名出现的背景均与阿尔泰语系民族有关，这个语系语言的最大特征就是元音和谐律，以唐代突厥文为例，k、g两个辅音只能和e、i、ö、ü四个前元音相拼，q、gh两个辅音只能和a、ï、o、u四个后元音相拼[1]；再从敦煌吐鲁番出土回鹘语言文献来看，其辅音和谐表现为k、g与前元音i、ü、ä、ö结合，q、γ和后元音ï、u、a、o结合[2]。这些区别在汉语中无法表现出来，如Qamal在汉语中既写作哈密、罕勉力、哈梅里，又写作感木鲁、甘木里、柯模里；Qarluq或写作哈剌鲁、匣剌鲁，或写作葛逻禄、割禄。而反过来，汉语瓜州（kuacu/guacu）译成阿尔泰语系诸语言时，则只能拼写为Qacu/xacu/γacu（q、x、γ均为小舌音，区别细微）。如安西榆林窟第十二窟元代回

[1]韩儒林：《关于西北民族史中的审音与勘同》，《穹庐集》，上海：上海人民出版社，1982年，第217页。

[2]邓浩、杨富学：《西域敦煌回鹘文献语言的语音与词汇》，《甘肃民族研究》1997年第3期。

鹘蒙文题记就将瓜州拼写作 γaju[1]，这是目前所见唯一一处阿尔泰语系语言对瓜州的拼写法，这一拼法可以视为瓜州＝哈出＝哈至的有力证据。另外，敦煌回鹘文书 P. Ouigour15 为一封回鹘文书信，信中提到了仲云、qamciu 等族名和地名，后者一般认为是甘州，但无论从语音还是从信的内容看，都不能排除 qamciu＝瓜州的可能性。又，突厥语言学家董文义认为“哈至”是“甘州”的对音，其理由一是汉语甘州（kant ʂou）的 k 音因为在后低元音 a 音之前，其发音的音响与突厥语中的 q 音相当，而古突厥语中的 q 音在现代突厥语言中，经常又与 x 音相对应；理由二是突厥语言中（包括裕固语——现在因借词而产生的音不算）没有 tʂ 音，故说突厥语族语言的人常把汉语的 tʂ 音换读成 tʂʻ 音，kant ʂou 就被读成了 xat ʂʻou，连读时 xat ʂʻ 之音就最后产生了[2]。董文历史部分的考证似难成立，但上引语音勘同则完全适用于“哈至”＝“瓜州”的场合。在这方面，伯希和关于辽金以后出现的“和州”“火州”是唐音“高昌”经突厥语 qoco 中介重译后的音变的经典分析也可供借鉴[3]。有些汉族撰著者（如明代满速儿番书的译写者）并不懂得这一语音对应规律，因而在将 Qacu 或 γaju 译回汉语时未能规范地还原为瓜州，而是机械地按语音写作了合州、合出、哈出。由此可见，蛇州、薛出、写出、西至是汉语沙州一词的重译之讹，合州、合出、哈出、哈至是汉语瓜州一词的重译之讹，即汉语译为其他民族语言之后又译回汉语过程中产生的不同译写。

（3）明代关西诸卫内迁人数统计说明“西至”“哈至”只能是沙州、瓜州。

学术界一致同意历史上裕固族是由明代嘉峪关外内迁诸卫各族部众融合形成的，分歧只是在于以谁为主。最简单可靠的

[1]《敦煌石窟回鹘蒙文题记考察报告》,《敦煌研究》1990 年第 4 期,第 1－19 页。

[2]董文义:《裕固族操两种语言问题的初探》,《甘肃民族研究》1983 年第 4 期。

[3](法)伯希和:《高昌和州火州哈喇和卓考》,冯承钧译《西域南海史地考证译丛七编》,北京:中华书局,1957 年。

方法应该是统计诸卫内迁人数。从明代关外八卫迁徙的情况看，“阿端一卫，不知所往矣。曲先则南入乌思藏矣。赤斤、安定、罕东，或数百为族，数十为落，皆内附肃州境土，如野鸟惧物为害，依人居止，衰败凋残，厌厌游游，止存气息矣，夫安望其振厉。惟罕东左卫少壮可战者仅有一二千人，即今亦来内附，而瓜沙空虚矣”[1]。以上诸卫中，阿端、曲先、安定、罕东显然不是内迁主体，故无内迁人数统计；有人数统计的内迁者主要是哈密卫、沙州卫、罕东左卫和赤斤蒙古卫。现将其内迁人数列在下面。

哈密卫：据桂萼《土鲁番夷情》称，哈密“前时部落繁盛，有一二千人……畏兀、哈剌灰二种，俱逃来肃州，见在东关厢及各山散住，部落十散七八，止有五六百人，且贫弱不勇”[2]。《殊域周咨录》卷12《哈密》记载更详细，内迁后“前项哈密卫所管畏兀儿一种部下男妇共三百七十名口……前项哈密卫所管哈剌灰一种部下男妇共五百一十名口。”可见内迁哈密卫人数不满千人。

赤斤卫：《明史》卷330《赤斤蒙古卫》载正德八年（1513）以后，赤斤屡遭土鲁番残破，“部众不能自存，尽内徙肃州之南山，其城遂空。嘉靖七年，总督王琼抚安诸郡，核赤斤之众仅千余人。”《殊域周咨录》卷14《西戎·赤斤蒙古》也统计其“各部下男妇共一千余人”。

沙州卫：《明史》卷330《沙州卫》载正统十一年（1446），明军“遂收其全部入塞，居之甘州，凡二百余户，千二百三十余人，沙州遂空。”

罕东左卫：沙州卫内迁后，明廷又于沙州故地设立罕东左卫，以统辖移徙于此的罕东部落。罕东左卫后亦内迁。《殊域周咨录》卷14罕东卫载嘉靖七年（1528）沙州帖木哥等哀乞

---

〔1〕〔明〕王廷相：《王氏家藏集》卷29《与胡静庵论土鲁番书》。

〔2〕〔明〕陈子龙等：《皇明经世文编》卷181《桂文襄公奏议三》，北京：中华书局，1962年影印本，第1851页。

口粮种子，王琼命抚夷官彭睿往审其部。查得罕东二卫：

> 左卫都督二员，一员只克掌印，故，其孙日羔剌（正德六年）袭祖职，居肃州东南，部下男妇五十三人；一员帕泥未袭职，并头目赏卜束（弘治十年）因与头目帖木哥、土巴等仇杀，投肃州南山黄草坝住牧，离肃州城一百五十里。怕泥部下男妇二百七十人，赏卜束部下男妇八百一十七人。右卫都指挥二员，一员总牙，收有授职敕书，未袭，（正德十二年）因回贼抢杀肃州北虏地方，离城一百五十里，部下男妇九百三十六人，后内移往南山黄草坝住牧。头目帖木哥、土巴等原在沙州住牧，今（嘉靖七年二月）因惧土鲁蕃贼杀，同回回头目牙木兰投肃州南白城山住牧，离肃州城二百八十里，部下男妇五千四百一十八人。一员始祖绰尔加，原住西海迤东住牧，（正德七年正月）被亦卜剌等达贼将本卫都指挥板丹等部落贼杀，其余所管剌咂等族逐奔南山一带，掳去敕诰金牌铜印，止有原授敕谕六道见存。板丹孙却授尔加等僧俗二十人在于城东三十里罗家湾住牧。

综合上述材料，诸卫内迁人数共约一万人左右，其中直接来自瓜、沙地区的沙州卫、罕东左卫部众就有八千人。将这一数字与稍后的张雨《边政考》卷9《西羌族口》及万历《肃镇志》的有关记载比较，后二者统计各卫部众都有所增衍，其中赤斤卫内迁部众有5320人，内多出藏族部落约2500人；罕东左卫内迁人口则达9729名，仍是来自瓜沙地区的占绝对优势。而赤斤卫所在以及哈密卫东迁的中转站苦峪也近于或属于瓜州疆域。

实际上，沙州卫、罕东左卫、赤斤卫本出一源，内迁后又合流。《肃镇华夷志》载：

> 若罕东、蒙古等卫，昔皆敦煌故地也。汉唐置县，宋元属夷。洪武初，宋国公冯胜兵下河西，时元守臣委的掠人民，遁入沙漠。时有青牛和尚，曰哥哥

> 把失者（乃巫师臧之番僧，牵青牛一只，念经乞化为生）游至沙州地界，投元之达卧耳交王部下，娶达女为妻，生子一曰阿卜尔加，阿卜尔加生子二，长曰俺章，次曰苦术。后奄章子者（也）［六］（一名哈剌秃，一名浪哨，一名红帽儿，一名绰林奔，一名失剌里，一名帖木儿）；苦术生子五（有曰强哨卜二计，有曰契咱卜儿计，有曰满谷，有曰可胎，有曰哈尼），支派绵延，财力渐盛。章、术商议，遂谋杀耳交王，自立为头目。耳交王之子孙欲报父仇，而力不副，阴连接诸达以报父仇。俺章、苦术觉，恐灭其族，于是以所属部落遂率领以逃于沙州地方，混称前元熟达，修贡自为属番。以鞑靼（承）［丞］相子孙，永乐二年，遂诏建赤斤蒙古所、罕东左卫千户领之，寻升为卫，以答力尼升指挥。后俺章、苦术升都督，苦术掌赤斤蒙古卫印，俺章掌罕东左卫印，其酋长散处各地，皆千户、舍人之职也，使为肃州藩蔽。[1]

这里的罕东卫即罕东左卫，蒙古卫即赤斤蒙古卫，俺章即罕东左卫都指挥使只克的始祖，苦术即《明史·西域传》所载赤斤蒙古卫前身赤斤蒙古所千户塔力尼之父，卧耳交王或耳交王，应是斡耳朵王之误，指兀鲁思王帐之主，即瓜、沙一带的察合台兀鲁思宗主，出伯后裔。有学者认为“耳交”即明代文献所见“阿骄”，亦即“阿真”“安定”的同音译写，进而把“耳交王”比定为安定王，无疑是错误的。上述记载表明，罕东左卫和赤斤蒙古卫部落原属沙州的出伯兀鲁思管辖，丞相苦术当是出伯兀鲁思王傅。《肃镇华夷志》的记载与《明史·西域传》的记载既有吻合之处，也有不一致的地方，虽然两书所见苦术世系混乱，但大致脉络还是清楚的。元末明初，沙州出伯兀鲁思的王傅官出身于乌思藏番僧与蒙古女子结合的藏传佛

〔1〕〔明〕李应魁著，高启安、邰惠莉校注：《肃镇华夷志》，兰州：甘肃人民出版社，2006 年，275－276 页。

教家庭，由于沙州蒙古部落深受藏传佛教浸染，王傅官家族因此“支派绵延、财力渐盛”，遂利用宗教影响弑王自立，明廷以其部落先后设赤斤蒙古卫、沙州卫、罕东左卫，三卫头目都出自苦术、俺章家族。内迁后，肃州近地诸夷，“皆俺章、苦术之部属也”。

以上事实充分说明，“西至哈至＝沙州瓜州”的推论是符合历史事实的，完全可以成立。“尧呼儿来自西至哈至”是说“尧呼儿来自沙州瓜州”。曼内海姆的调查材料称裕固人所说的Shiche－Hache，汉族人叫chenfutun，后者正如佐口透所推测，应为汉语千佛洞之译音[1]。实际上回过头来看，裕固族民歌《尧呼儿来自西至哈至》已经说明了一切：

听老辈人说唱才知道了，
西至哈至是我们祖先的故乡。
……
走过了千佛洞，穿过了万佛峡，
酒泉城下扎营帐。
沿着山梁走上那高高的祁连山，
望见了八字墩辽阔的牧场。
草绿花香的八字墩草原，
变成了裕固族可爱的家乡……

歌中的地名千佛洞、万佛峡分别在沙州、瓜州，它们是裕固族东迁的起点，也是西至哈至的同义语。

第三节　裕固族民谚“天下头目都姓安”的由来

裕固族有一个说法，叫作“天下头目都姓安”。新中国成立以前，裕固族不仅大头目姓安，而且部落的正副头目也都姓安，并为世袭制。关于这一现象的解释，也有助于说明裕固族

[1]（日）佐口透：《撒里畏兀儿的历史发展》，译文载《民族译丛》1988年第6期。

东迁前的居地就在敦煌。

据调查，关于裕固族内“天下头目都姓安”的原因解释至少有四种，其中有三种被认为与历史事实不符，较有说服力的第四种观点来自裕固族的最后一个大头目，曾任肃南裕固族自治县第一任人民政府主席的安·官布什加。他说：“头目姓安系由于始祖名安帐，由安帐传至今日已世袭二十一代。”这条素材首先由吴永明同志刊布，并且引用《明史·西域二·罕东左卫》的记载，认为安·官布什加说的“安帐”，正是《明史》所载“罕东左卫都指挥使只克的始祖奄章”〔1〕。这个观点又被《裕固族》一书所采纳，说：“安帐是来自部落首领奄章之名；安帐实为奄章之对音”。此后更有人发挥此说，认为古代北方民族在无文字记载的情况下，有口耳相传其祖先姓名、事迹及世次的习俗，如《魏书·序纪》和《蒙古秘史》成吉思汗以前的世系就是据口碑传说写成的。据《明史·西域传》记载：“初，罕东部人奄章与种族不相能，数仇杀，乃率其众逃居沙州境”，其子班麻思结受明封为“罕东卫指挥使”“都指挥使”，到班麻思结孙只克时，“奏请如罕东、赤斤例，立卫赐印，捍御西陲”。奄章徙居沙州，据考在洪熙元年（1425）以前，到万历四十四年（1616）《肃镇华夷志》撰修时止，奄章及其子孙世系如下：奄章—班麻思结—？—只克—乞台—日羔剌—？—羽章卜，约191年间共传8代，若以通常采用的25年为一代计算，正好相符。再到安·官布什加任头目的50年代，也刚好21代，与安·官布什加所说相符〔2〕。

高自厚对上述说法提出一些质疑：奄章所建立的罕东左卫是从罕东卫分裂出来的一部分，其始祖应是罕东卫的锁南吉剌思，并非奄章；奄章的子孙有史可考者如班麻思结、只克、乞台、日羔剌及帖木哥、土巴等，姓名中都无“安”“奄”，一百

〔1〕吴永明:《裕固族族源初探》,《中南民族学院学报》1984年第1期,第34－41页。

〔2〕高启安:《裕固族“天下头目都姓安”试释》,《中央民族学院学报(哲学社会科学版)》1991年第3期,第49－52页。

多年间不见安，怎能在一百多年后又成为“安”姓的由来呢？但他对官布什加提供的“安帐”说的素材却是肯定的，并将其考定为“安定”的谐音。认为“安定”与“安帐”音近，二者均为“阿真”或“阿尔金”之异译，官布什加提到的“安帐”，则为安定王号或安定卫名。安定王为元宗室，有权派亲属统治其他各卫，故当“安定”之音演变为“安”姓时，阿端、曲先、安定诸卫的统治者多属“安”姓[1]。

应该说，高自厚对安姓源于“奄章”说的质疑是很有道理的，但他提出的安姓源自“安定”说却更难令人相信。不仅因为安定卫东迁人数极少，还因为安定卫首领是元宗室后裔，如果内迁部落中有蒙古黄金家族继承人，他们怎么会抛弃自己的黄金姓氏而改姓“安”呢？而且明朝方面也不会轻率舍弃具有重要政治意义的高贵种姓而扶持普通部落首领，因为这是当时处理民族关系的重要原则。

笔者认为裕固族的安姓应源于“罕东”。其理由一是从语源上讲，“安”是“罕东”的首字“罕”脱落语头的 H－所致。对于蒙古语中语头的喉擦音 H－问题，伯希和、鲍培[2]、小林高四郎[3]诸家均有论证，亦怜真教授在他撰写的《畏吾体蒙古文和古蒙古语音》一文中也曾经提出自己的看法[4]。他们的意见综合起来，就是认为13—14 世纪蒙古语中保存有语头 H－，及至明朝中叶以后渐趋消失。如《元朝秘史》里“问”有时作“哈撒黑 Hasaq”，有时作“阿撒黑 Asaq”，而在明朝字书《华夷译语》中作“阿撒黑”[5]，他们还举出其他一些词例来证明这一语音现象。类此，明初的蒙古部落“罕东”

---

〔1〕高自厚：《裕固族“安姓”来源考查——浅谈裕固族中的“安”姓与明代安定王的关系》，《甘肃民族研究》1990 年 3－4 期合刊。

〔2〕（美）鲍培著，郝苏民译补：《〈八思巴字蒙古语碑铭〉译补》，呼和浩特：内蒙古文化出版社，1986 年。

〔3〕（日）小林高四郎：《元朝秘史研究》第 245－247，309－314 页。

〔4〕亦邻真：《畏吾体蒙古文和古蒙古语语音》，《亦怜真蒙古学文集》，呼和浩特：内蒙古人民出版社，2001 年，511－543 页。

〔5〕方龄贵：《元明戏曲中的蒙古语》，北京：汉语大辞典出版社，1991 年，第 160 页，。

的语音完全有可能演变为“安东”，依惯例取首音缩为“安”。按，蒙古等游牧民族有以部落名为姓或人名的习惯，裕固族的“安”姓当是从其部落名“罕东”音转而来。

二是从史实看，内迁诸卫中罕东左卫人数最多，起领导作用。从上述各卫内迁的情况看，分布于肃州、甘州一带的部落，主要有哈密卫、沙州卫、罕东左卫和赤斤蒙古卫，而以罕东左卫人数最多，占半数以上，势力强于其他诸卫，在各卫自然结合的过程中，罕东卫取得领导地位是不言而喻的。而且，“夷人以种类高者为根基，非根基正大者，不能管摄其族类”[1]。在经历蒙古长期统治后，各族皆以蒙古为贵种，明廷在任命各卫长官时也小心谨慎地遵循这一政治原则，在诸卫察合台后王绝嗣的情况下，关西七卫仍以蒙古贵族世袭卫所头目。从今天裕固族的分布来看，大头目家属东部裕固族，其所操恩格尔语属蒙古语族，在词汇、语法上接近今天的蒙古语。就可证明这一点。在沙州卫、哈密卫相继残破，元宗室绝嗣的情况下，罕东左卫成为西陲最强大的蒙古部落，《肃镇华夷志》多次提到罕东左卫是蒙古族，“都督头目日羔剌族，乃罕东左卫都督奄章之后，亦达类也”。《辛卯侍行记》卷5称“黄番本明罕东左卫丹枝部落，亦蒙古裔也……俗称黄鞑子”。《甘州府志》卷2亦云“罕东，蒙古裔也，今号黄番”。同书卷16说：“甘州南山、黑水以东皆黑番，其西黄番。黄番者故鞑靼族，皆元之支庶也”。所以尽管内迁后罕东左卫已经分化为几支，但明政府仍有意安排罕东卫都督统管各支乃至其他卫所的部众。如曲先卫头目牙木兰与沙州帖木哥一起内附，明政府将牙木兰安置于湖广，其余部众都受日羔剌管辖[2]。罕东各夷大多分属帖木哥、土巴掌管，此二人虽系日羔剌尊辈，但日羔剌

---

〔1〕《明孝宗实录》卷93弘治七年十月甲申，台北：台湾“中央”研究院历史语言研究所，1962年影印本，第1716页。

〔2〕〔明〕张雨：《边政考》卷9《西羌族口》载“土鲁番头目牙木兰，率领沙州投降番夷，安插肃州关厢寄住，挑选夷兵五百二十七名，部落男妇一千八百名口，令都督日羔剌管领，遇调截杀”。

系都督见掌印信，故明政府认为“宜先申明名分，设立条约，出给钧帖，晓谕夷众，使之统领，帖木哥等仍听节制，庶统纪有归，易于控制”。最终于嘉靖七年诏将“帖木哥、土巴等部落准令安插白城山、威虏两处，分散居住，并挑选精壮夷人分班更换。令都督日羔剌等管束，随军操练。自后其族渐盛，朝贡不绝至今”[1]。至“万历中日羔剌之孙羽章卜袭授前职”。根据以上史实，结合“安头目分派其亲属管理裕固族各部落”的历史传说，可以这样推断，在明政府的支持下，内迁后的罕东左卫都督及后来的七族黄番总管，有权分派自己的亲属到各部落去进行统治，他们以本部落名为姓，取首音名“罕”，后脱落语头喉擦音 H－转为“安”。由于各部落头目实行世袭制，从而世居其部落，繁衍成各部落的安姓。正是这种做法才使内迁各卫产生了组织力和凝聚力，逐渐融合形成了今天的裕固族。所以不仅历史上的黄番七族都总管当出自罕东左卫，今日裕固族之安姓也应出自罕东左卫。

〔1〕〔明〕严从简著，余思黎点校：《殊域周咨录》卷14《罕东》，北京：中华书局，1993年，第480页。

参考文献

1. 班固：《汉书》，中华书局1962年校勘本。

2. 陈寿撰，裴松之注：《三国志》，中华书局1959年校勘本。

3. 司马光等著，胡三省音注：《资治通鉴》，中华书局1956年标点本。

4. 赵珙：《蒙鞑备录》，王国维笺证本，《王国维遗书（十三）》，上海古籍书店1983年。

5. 彭大雅撰，徐霆疏：《黑鞑事略》，王国维笺证本，《王国维遗书（十三）》，上海古籍书店1983年。

6. 《圣武亲征录》，王国维校注本，《王国维遗书（十三）》，上海古籍书店1983年。

7. 《大元圣政国朝典章》，中国广播电视出版社1998年影印元刊本。

8. 《通制条格校注》，中华书局2001年方龄贵校注本。

9. 《大元马政记》，杨家骆主编《中国法制史料》第二辑第三册，台湾鼎文书局1979年。

10. 《大元仓库记》，杨家骆主编《中国法制史料》第二辑第三册，台湾鼎文书局1979年。

11. 宋濂：《元史》，中华书局1976年校勘本。

12. 孛兰肹等撰，赵万里校辑：《元一统志》，中华书局1966年版。

13. 刘应李：《大元混一方舆胜览》，四川大学出版社2003年郭声波整理本。

14. 李修生主编：《全元文》，江苏古籍出版社（凤凰出版社）2004年。

15. 郝经：《郝文忠公陵川文集》，北京图书馆古籍珍本丛刊影印明正德二年李瀚刻本，书目文献出版社2000年。

16. 姚燧：《牧庵集》，文渊阁四库全书影印本，台湾商务印书馆1986年。

17. 张养浩：《张文忠公文集》，北京图书馆出版社2006年版。

18. 许有壬：《至正集》，元人文集珍本丛刊影印本，台北新文丰出版公司1985年。

19. 苏天爵：《元文类》，上海古籍出版社1993年版。

20. 苏天爵：《元朝名臣事略》，中华书局1996年姚景安点校本。

21. 苏天爵：《滋溪文稿》，中华书局1997年陈高华、孟繁清点校本。

22. 马祖常：《马石田文集》，元人文集珍本丛刊影印明刊黑口本，台北新文丰出版公司1985年。

23. 王恽：《秋涧先生大全文集》，元人文集珍本丛刊影印明刊修补本，台北新文丰出版公司1985年。

24. 吴澄：《吴文正公集》，元人文集珍本丛刊影印明成化二十年刊本，台北新文丰出版公司1985年。

25. 虞集：《道园类稿》，元人文集珍本丛刊影印明初复刊本，台北新文丰出版公司1985年。

26. 虞集：《道园学古录》，四部丛刊初编影印本，上海商务印书馆1918年。

27. 魏初：《青崖集》，文渊阁四库全书本影印本，台湾商务印书馆1986年。

28. 黄溍：《金华黄先生文集》，四部丛刊初编影印本，上海商务印书馆1929年。

29. 释念常：《佛祖历代通载》，江苏广陵古籍刻印社1993年影印本。

30. 陈元靓：《事林广记》，中华书局1999年影印本。

31. 陶宗仪：《南村辍耕录》，中华书局1959年版。

32. 《明太祖实录》，台湾“中央研究院”历史语言研究所，1962年影印本。
33. 《明太宗实录》，台湾“中央研究院”历史语言研究所，1962年影印本。
34. 《明宣宗实录》，台湾“中央研究院”历史语言研究所，1962年影印本。
35. 《明英宗实录》，台湾“中央研究院”历史语言研究所，1962年影印本。
36. 《明孝宗实录》，台湾“中央研究院”历史语言研究所，1962年影印本。
37. 张廷玉：《明史》，中华书局1974年校勘本。
38. 《永乐大典》，中华书局1986年影印本。
39. 陈诚：《西域行程记》，中华书局2000年周连宽校注本。
40. 陈诚：《西域番国志》，中华书局2000年周连宽校注本。
41. 王琼：《晋溪本兵敷奏》，明嘉靖二十三年刻本。
42. 姚夔：《姚文敏公遗稿》卷10《为夷情事》，四库存目丛书集部第34册，齐鲁书社1997年版。
43. 俞本著，李新峰笺证：《纪事录笺证》，中华书局2015年版。
44. 许进：《平番始末》，续修四库全书史部433册，上海古籍出版社2001年版。
45. 方孔炤：《全边略记》，续修四库全书史部738册，上海古籍出版社2001年版。
46. 李贤、万安等纂修：《大明一统志》，国家图书馆藏明天顺五年内府刻本。
47. 马文升：《兴复哈密记》，续修四库全书第433册，上海古籍出版社2001年版。
48. 严嵩：《南宫奏议》，续修四库全书第476册，上海古籍出版社2002年版。
49. 严从简：《殊域周咨录》，中华书局1993年余思黎点校本。

50. 王廷相：《王氏家藏集》，明嘉靖十五年刻本。
51. 王越：《黎阳王襄敏公集》，明万历刻本。
52. 石茂华：《毅庵总督陕西奏议》，明万历刻本。
53. 沈节甫：《纪录汇编》，中华全国图书馆文献缩微复制中心，1994 年。
54. 火源洁：《华夷译语》，丛书集成续编第 20 册，上海书店 1994 年版。
55. 《高昌馆课》，北京图书馆古籍珍本丛刊 6，书目文献出版社 1990 年版。
56. 《译语》，北京图书馆古籍珍本丛刊 6，书目文献出版社 1990 年版。
57. 王世贞：《弇山堂别集》，中华书局 1985 年版。
58. 郑晓：《今言》，中华书局 1984 年李致忠点校本。
59. 杨一清：《杨一清集》，中华书局 2001 年唐景绅、谢玉杰点校本。
60. 张雨：《边政考》，续修四库全书史部 738 册，上海古籍出版社 2001 年版。
61. 徐学聚：《国朝典汇》，四库存目丛书影印明天启四年徐兴参刻本，齐鲁书社 1996 年。
62. 孙承泽：《春明梦余录》，北京古籍出版社 1992 年版。
63. 沈德符：《万历野获编》，中华书局 1959 年版。
64. 陈子龙：《皇明经世文编》，中华书局 1962 年影印本。
65. 陈子龙：《大明律》，法律出版社 1999 年怀效锋校点本。
66. 谷应泰：《明史纪事本末》，中华书局 1977 年版。
67. 李应魁撰，高启安、邰惠莉点校：《肃镇华夷志》，甘肃人民出版社 2006 年版。
68. 赵廷瑞：《［嘉靖］陕西通志》，明嘉靖二十一年刊本。
69. 吴祯：《［嘉靖］河州志》，甘肃文化出版社 2004 年马志勇校刊本。
70. 梁份：《秦边纪略》，青海人民出版社 1987 年赵盛世、王子贞、陈希夷校注本。

71. 鲁廷琰修，田吕叶纂：《［乾隆］陇西志》，兰州古籍书店1990年《中国西北文献丛书》影印本。
72. 黄文炜：《重修肃州新志》，甘肃省酒泉县博物馆1984年内部翻印本。
73. 钱大昕：《十驾斋养新录》，上海书店1983年版。
74. 赵翼：《廿二史札记》，中国书店1987年版。
75. 陶保廉：《辛卯侍行记》，甘肃人民出版社2002年刘满校注本。
76. 杨增新：《补过斋文牍》，新疆人民出版社2012年。
77. 杨应琚：《西宁府新志》，青海人民出版社1988年重刊本。
78. 顾炎武：《天下郡国利病书》，道光三年成都龙万育燮堂刻本。
79. 徐松：《西域水道记（外二种）》，中华书局2005年朱玉麒整理本。
80. 吴丰培：《丝绸之路资料汇钞（清代部分）》，全国图书馆文献缩微复制中心1996年影印本。
81. 张维编：《陇右金石录》，兰州古籍书店1990年《中国西北文献丛书》影印本。
82. 蔡美彪：《元代白话碑集录》，科学出版社1955年版。
83. 陈垣编，陈智超、曾庆英校补：《道家金石略》，文物出版社1988年版。
84. 吴景山编：《西北民族碑文》，甘肃人民出版社2001年版。
85. 汪楷主编：《陇西金石录》，甘肃人民出版社2011年版。
86. 《蒙古秘史》，内蒙古人民出版社1980年额尔登泰、乌云达赉校勘本。
87. 志费尼著，何高济译：《世界征服者史》上册，内蒙古人民出版社1980年版。
88. 拉施特主编，余大钧、周建奇译：《史集》，商务印书馆1983年、1985年、1986年版。
89. 波义耳英译、周良霄译注：《成吉思汗的继承者》，天津古籍出版社 1992 年版。

90. 马可波罗：《马可波罗游记》，福建科学技术出版社 1981 年冯承钧译本。

91. 郑麟趾：《高丽史》，西南师范大学出版社、人民出版社 2014 年版。

92. 蔡巴·贡噶多吉著，东嘎·洛桑赤列校注，陈庆英、周润年译：《红史》，西藏人民出版社 1988 年版。

93. 达仓宗巴·班觉桑布著，陈庆英译：《汉藏史集》，西藏人民出版社 1986 年版。

94. 大司徒·绛求坚赞著，赞拉、阿旺、佘万治译：《朗氏家族史》，西藏人民出版社 1989 年版。

95. 五世达赖喇嘛著，郭和卿译：《西藏王臣记》，民族出版社 1983 年版。

96. 智观巴·贡却乎丹巴绕吉著，吴均、毛继祖、马世林译：《安多政教史》，甘肃民族出版社 1989 年版。

97. 阿布尔—哈齐—把阿秃儿汗：《突厥世系》，中华书局 2005 年罗贤佑译本。

98. 盖耶速丁·纳哈昔：《沙哈鲁遣使中国记》，中华书局 1981 年何高济译本。

99. P. S. 帕拉斯著，邵建东、刘迎胜译：《内陆亚洲厄鲁特历史资料》，云南人民出版社 2002 年版。

100. 塔拉：《中国藏黑水城汉文文献》，国家图书馆出版社 2008 年版。

101. 俄罗斯科学院东方研究所彼得堡分所等合编：《俄藏黑水城文献》，上海古籍出版社 1997 年版。

102. 葛玛丽：《高昌回鹘王国的生活（850—1250 年）》，吐鲁番市地方志编辑室 1989 年邹如山汉译本。

103. 小野百合子编：《明清时代的政治和社会》，京都大学人文科学研究所 1983 年。

104. 佐口透著，章莹译：《新疆民族史研究》，新疆人民出版社 1993 年版。

105．佐口透著，章莹译：《新疆穆斯林研究》，新疆人民出版社2012年版。

106．阿里·玛扎海里著，耿昇译：《丝绸之路：中国－波斯文化交流史》，中华书局1993年。

107．伯戴克著，张云译：《元代西藏史研究》，云南人民出版社2002年版。

108．杉山正明：《蒙古帝国与大元兀鲁思》，京都大学学术出版会2004年版。

109．杰克·威泽弗德著，温海清、姚建根译：《成吉思汗与今日世界之形成》，重庆出版社2006年版。

110．马达汉著，阿拉腾奥其尔、王家骥译：《马达汉中国西部考察调研报告合集》，新疆人民出版社2009年版。

111．马达汉著，王家骥译：《马达汉西域考察日记1906—1908》，中国民族摄影艺术出版社2004年。

112．王国维：《观堂集林》，中华书局1959年版。

113．冯承钧原编、陆峻岭增订：《西域地名》，中华书局1980年。

114．谢晓钟：《新疆游记》，甘肃人民出版社2003年版。

115．冯家升、程溯洛、穆文广编写：《维吾尔族史料简编（上）》，民族出版社1958年版。

116．岑仲勉：《中外史地考证》，中华书局1962年版。

117．札奇斯钦：《蒙古与西藏历史关系之研究》，台北正中书局1978年版。

118．萧启庆：《元代军事制度》，哈佛大学出版社，1978年版。

119．萧启庆：《元朝史新论》，台北允晨文化实业股份有限公司1999年版。

120．额尔登泰、乌云达赉、阿萨拉图：《〈蒙古秘史〉词汇选释》，内蒙古人民出版社1980年版。

121．青海省志编纂委员会：《青海历史纪要》，青海人民出版社1980年版。

122．韩儒林：《穹庐集》，上海人民出版社1982年版。

123. 韩儒林主编：《元朝史》，人民出版社 1986 年版。

124. 王森：《西藏佛教发展史略》，中国社会科学出版社 1987 年版。

125. 陈高华、史卫民：《元上都》，吉林教育出版社 1988 年。

126. 方龄贵：《元明戏曲中的蒙古语》，汉语大辞典出版社 1991 年版。

127. 李逸友编著：《黑城出土文书（汉文文书卷）》，科学出版社 1991 年版。

128. 李治安：《元代分封制度研究》，天津古籍出版社 1992 年版。

129. 周清澍主编：《内蒙古历史地理》，内蒙古大学出版社 1994 年。

130. 鲍培著，郝苏民译补：《〈八思巴字蒙古语碑铭〉译补》，内蒙古文化出版社 1986 年。

131. 傅统先：《中国回教史》，宁夏人民出版社 2000 年。

132. 刘迎胜：《西北民族史与察合台汗国史研究》，南京大学出版社 1994 年版。

133. 刘迎胜：《华言与蕃音——中古时代后期东西交流的语言桥梁》，上海古籍出版社 2013 年版。

134. 张云：《元代吐蕃地方行政体制研究》，中国社会科学出版社 1998 年版。

135. 张云：《元朝中央政府治藏制度研究》，黑龙江教育出版社 2003 年版。

136. 尚延斌：《元代畏兀儿研究》，民族出版社 1999 年版。

137. 胡小鹏：《元代西北历史与民族研究》，甘肃文化出版社 1999 年版。

138. 白翠琴：《瓦剌史》，广西师范大学出版社 2006 年版。

139. 李文君：《明代西海蒙古史研究》，中央民族大学出版社 2008 年版。

140. 林梅村：《蒙古山水地图——在日本新发现的一幅十

六世纪丝绸之路地图》，文物出版社 2011 年版。
141. 裕固族简史编写组：《裕固族简史》，甘肃人民出版社 1983 年版。
142. 范玉梅：《裕固族》，民族出版社 1986 年版。
143. 甘肃省民族研究所编：《裕固族研究论文集》，兰州大学出版社 1996 年版。
144. 钟进文主编：《国外裕固族研究文集》，中央民族大学出版社 2008 年版。
145. 贺卫光：《中国古代游牧民族经济社会文化研究》，甘肃人民出版社 2010 年版。
146. 杜荣坤、白翠琴：《西蒙古史研究》，新疆人民出版社 1986 年。
147. 郑炳林、樊锦诗、杨富学主编：《丝绸之路民族古文字与文化学术讨论会文集》，三秦出版社 2007 年版。
148. 岑仲勉：《明初曲先阿端安定罕东四卫考》，《金陵学报》第 6 卷第 2 期，1936 年。
149. 岑仲勉：《从嘉峪关到南疆西部之明人行程》，《中外史地考证》下册，中华书局，1962 年版。
150. 宿白：《永乐宫调查日记——附永乐宫大事年表》，《文物》1963 年第 8 期。
151. 陈世松：《试论元代中期的少数民族起义》，《西北民族大学学报》1979 年第 2 期。
152. 耿世民、张宝玺：《元回鹘文〈重修文殊寺碑〉初释》，《考古学报》1982 年第 2 期。
153. 蔡美彪：《河东延祚寺碑译释》，《蒙古史研究》第 2 辑，内蒙古人民出版社 1986 年版。
154. 陈得芝：《元岭北行省诸驿道考》，《元史及北方民族史集刊》第 1 期。
155. 陈得芝：《十三世纪以前的克烈王国》，《元史论丛》第三辑，中华书局，1986 年。
156. 周清澍：《蒙元时期的中西陆路交通》，《元史论丛》

第四辑，中华书局，1992 年。

157. 芈一之：《散论章吉驸马及其它——治史杂谈》，《青海社会科学》1990 年第 4 期。

158. 敦煌研究院考古研究所、内蒙古师范大学蒙文系：《敦煌石窟回鹘蒙文题记考察报告》，《敦煌研究》1990 年第 4 期。

159. 何兹全：《中国社会发展史的元代社会》，《北京师范大学学报（哲学社会科学版）》1992 年第 5 期。

160. 王继光：《安多藏区僧职土司初探》，《西北民族研究》1994 年第 1 期。

161. 刘迎胜：《忙古带拔都儿及其在斡端的活动》，马大正主编《西域考察与研究》，新疆人民出版社 1994 年。

162. 罗贤佑：《元代畏兀儿亦都护谱系及其地位变迁》，《民族研究》1997 年第 2 期。

163. 方骏：《元初亚洲征伐战争的对内影响》，《元史及民族史研究集刊》第十五辑，南方出版社 2002 年版。

164. 方铁：《蒙元对贵州、广西与海南地区的统治和经营》，《蒙古史研究》第七辑，内蒙古大学出版社 2003 年。

165. 李治安：《元代政区地理的变迁轨迹及特色新探》（三），《历史教学》2007 年第 3 期。

166. 李治安：《元代甘肃行省新探》，《元史论丛》第 11 辑，天津古籍出版社 2009 年。

167. 李治安：《元中叶西北“过川”及“过川军”新探》，《历史研究》2013 年第 2 期。

168. 高荣盛：《关于蒙古征服动因及其“天下观”的思考》，《元史及民族与边疆研究集刊》第 19 辑，上海古籍出版社，2007 年。

169. 陈广恩：《读史札记三题》，《北方文物》2005 年第 4 期。

170. 陈广恩：《北庭元帅府与亦集乃路的关系初探——兼谈黄兀儿月良站的地理位置》，《元史论丛》第 14 辑，天津古籍出版社 2014 年。

171. 特木勒：《蒙元纳怜站道上的黄兀儿月良》，《中国史研究》2015 年第 2 期。

172. 谢玉杰：《明代哈密卫探研》，《西北民族文丛》1983 年第 1 期。

173. 田卫疆：《明哈密、土鲁番速檀（王）世系补正》，《新疆大学学报》1986 年第 3 期。

174. 杨林坤：《明代哈密察合台后王统治世系考》，《西北第二民族学院学报（哲学社会科学版）》2003 年第 2 期。

175. 董文义：《裕固族操两种语言问题的初探》，《甘肃民族研究》1983 年第 4 期。

176. 吴永明：《裕固族族源初探》，《中南民族学院学报（哲学社会科学版）》1984 年第 1 期。

177. 钟进文：《“西至哈至”考略》，《中央民族学院学报（哲学社会科学版）》1992 年第 4 期。

178. 尹俊昝：《明代哈密忠义王小考》，《新疆大学学报（哲学·人文社会科学版）》2007 年第 2 期。

179. 施新荣：《关于明永乐初年哈密的两个问题》，《西域研究》2009 年第 2 期。

180. 马寿千：《明代哈密地方的哈剌灰人》，《新疆社会科学》1983 年第 2 期。

181. 曾文芳：《明代哈剌灰人的来源、组成和名称诸问题》，《西域研究》2002 年第 2 期。

182. 曾文芳：《明代哈剌灰人族源探讨》，《伊犁教育学院学报》2002 年第 1 期。

183. 吐娜：《明朝哈密卫的哈剌灰人及其内迁》，《甘肃民族研究》2003 年第 3 期。

184. 仁庆扎西：《西平王府今地考》，《青海社会科学》1986 年第 6 期。

185. 阿不都热西提·亚库甫：《北京大学图书馆藏回鹘文〈西宁王速来蛮赞〉新探》，朱玉麒主编《西域文史》第六辑，科学出版社 2011 年。

186. 伯希和：《高昌和州火州哈喇和卓考》，冯承钧译《西域南海史地考证译丛七编》，中华书局 1957 年。

187. 伯希和：《唐元时代中亚及东亚之基督教徒》，冯承钧译《西域南海史地考证译丛一编》，商务印书馆 1962 年。

188. 佐口透：《河西的蒙古封建王侯》，《和田博士还历纪念东洋史论丛》，讲谈社，1951 年。

189. H·Franke：A 14th Century Mongolian Letter Fragment，Asia Major，11－2，1965。

190. 森安孝夫：《敦煌出土元代回鹘文佛教徒书简》，《东洋文库研究部欧文纪要》第 40 辑，东京，1982 年。

191. 杉山正明：《豳王出伯及其系谱——对元明史料和〈贵显世系〉的比较研究》，《史林》，65 卷 1 号，1982 年。

192. 杉山正明：《两个察合台家族》，小野百合子编《明清时代的政治和社会》，京都大学人文科学研究所，1983 年。

193. 杉山正明：《东西文献によるコデン王家の系谱》，《史窗》48，1991 年。

194. 松田孝一：《察合台家族千户的陕西南部驻屯集团》，《国际研究论坛》第 5 卷 2 号，1992 年 12 月。

195. 赤坂恒明：《拜答儿裔系谱情报和哈剌浩特汉文文书》，《西南亚细亚研究》，No. 66，2007 年。

196. 松井太：《东西チヤガタイ系诸王家とヴイグル人チベット仏教徒——敦煌新发见モンゴル语文书の再検讨から》，《内陆アジア史研究》第 23 号，2008 年。

后　　记

本书为酒泉历史文化研究重点课题，由孙占鳌、胡小鹏、张瑛合作完成。课题完成后，西北民族大学历史文化学院尹伟先教授审阅了书稿，提出了宝贵的修改意见，在此表示诚挚的谢意。

作者

2019年1月